# La Revolución francesa contada para escépticos



Historia

**Biografía**

Juan Eslava Galán es doctor en Letras. Entre sus ensayos destacan *Historia de España contada para escépticos* (2017), *Una historia de la guerra civil que no va a gustar a nadie* (2005), *Los años del miedo* (2008), *El catolicismo explicado a las ovejas* (2009), *De la alpargata al seiscientos* (2010), *Homo erectus* (2011), *La década que nos dejó sin aliento* (2011), *Historia del mundo contada para escépticos* (2012), *La primera guerra mundial contada para escépticos* (2014), *La segunda guerra mundial contada para escépticos* (2015), *La madre del cordero* (2016), *La Revolución rusa contada para escépticos* (2017), *La familia del Prado* (2018), *La conquista de América contada para escépticos* (2019), *La Biblia contada para escépticos* (2020), *La tentación del Caudillo* (2020), *Enciclopedia nazi* (2021), *Viaje a Tierra Santa* (2022), junto con Antonio Piñero, *La Reconquista contada para escépticos* (2022), *La Revolución francesa contada para escépticos* (2023) y *La historia de Roma contada para escépticos* (2024). Es autor de las novelas *En busca del unicornio* (Premio Planeta 1987), *El comedido hidalgo* (Premio Ateneo de Sevilla 1991), *Señorita* (Premio de Novela Fernando Lara 1998), *La mula* (2003), *Rey lobo* (2009) y *Últimas pasiones del caballero Almafiera* (2011), entre otras.

Más información en su página web: www.juaneslavagalan.com

**Juan Eslava Galán**

# La Revolución francesa contada para escépticos

Planeta

PEFC Certificado

Este libro procede de bosques gestionados de forma sostenible

PEFC

PEFC/14-38-00305 www.pefc.es


Avda. Diagonal, 662-664, 08034 Barcelona (España)
www.planetadelibros.com

Iconografía: Grupo Planeta
Ilustraciones de la retiración: © Universal Images Group / Universal History Archive / Album, © mikroman6 / Getty Images
Ilustraciones del interior: © Andreas Werth / Alamy / ACI, © MET/BOT / Alamy / ACI, © Pietro Baguzz / akg-images / Album, © Oronoz / Album, © Album, © National Gallery of Art, Washington DC / Album, © Bridgeman Images / Tallandier / Album, © akg-images / Album, © Christophel Fine Art / Universal Images Group / Album, © Fine Art Images / Album, © Archivo del autor, © Yogi Black / Alamy / ACI, © Bridgeman Images / Album, © Erich Lessing / Album, © PWB Images / Alamy / ACI, © Universal Images Group / Christophel Fine Art / Album, © ART Collection / Alamy / ACI, © Niday Picture Library / Alamy / ACI, © Vivian Carrón, © Stefano Bianchetti / Bridgeman Images / Album, © Fototeca Gilardi / akg-images / Album, © Grob / Kharbine-Tapabor / Album, © TopFoto / Album, © Collection IM / Kharbine-Tapabor / Album, © World History Archive / Alamy, © Hemis / Alamy, © IGDA, © Jean Vigne /Kharbine-Tapabor / Album, © akg-images / Pictures From History / Album, AESA, © David Gee / Alamy / ACI, © LOC / Science Source / Album, © EDR archives / Alamy / ACI, © Jimlop collection / Alamy / ACI, © Universal Images Group / Godong / UIG / Album, © quintlox / Album, © BNF, © Emilio Ereza / Alamy / ACI, © Danvis Collection / Alamy / ACI, © Documenta / Album, © DEA/G. Dagli Orti / Album, © Musée Carnavalet, © adoc-photos / Album / ACI, © Fine Art Images / Album / ACI, © MARKA / Alamy / ACI, © Shawshots / Alamy / ACI, © The Picture Art Collection / Alamy / ACI, © Wolfgang Diederich / ImageBroker / Album, © PVDE / Bridgeman Images / Album, © Archivah / Alamy / ACI, © Granger, NYC / Album, © incamerastock / Alamy / ACI, © Icastro

Adaptación de la cubierta: Booket / Área Editorial Grupo Planeta
Ilustración de la cubierta: © Heritage Images / Getty Images
Primera edición en Colección Booket: octubre de 2024

Depósito legal: B. 14.332-2024
ISBN: 978-84-08-29361-3
Impresión y encuadernación: Liberdúplex, S. L.
*Printed in Spain* - Impreso en España

# Índice

¡Nobleza, riqueza, jerarquía, cargos! ¡Todo esto os hace un individuo tan encumbrado y poderoso! ¿Qué habéis hecho para merecer tanto? Apenas os tomasteis el trabajo de nacer, eso es todo.

PIERRE AUGUSTIN DE BEAUMARCHAIS,
*Las bodas de Fígaro* (1778)

Todavía recuerdo el día en que, un poco antes de la guerra, mi abuela dijo de pronto: «Siento un infinito desprecio hacia los pobres». Y como todo el mundo se quedó con la boca abierta, explicó: «Sí, porque, ¿cuántos son ellos? Millones. Y los ricos, ¿cuántos somos? Muy pocos. Pero aquí estamos desde hace siglos sin que a nadie se le ocurra hacernos nada».

JOSÉ LUIS DE VILALLONGA,
*La cruda y tierna verdad: memorias no autorizadas* (2001)

Tu poder radica en mi miedo. Ya no te temo. Ya no tienes poder.

SÉNECA a Nerón

Cuando el pueblo ha probado la sangre, es como el tigre. ¡Desgraciado de aquel que cae en sus garras!

ALEJANDRO DUMAS,
*El camino de Varennes* (1858)

Comparemos nuestra situación a la de Francia y veamos cuál deberá preferirse. ¿Nuestras haciendas estuvieran seguras en un gobierno de esa clase? ¿Nuestras infelices mujeres, nuestros inocentes hijos, nuestros ancianos padres estarían libres de las tropelías de un pueblo insolente?

EXCELENTÍSIMO SEÑOR DUQUE DE HÍJAR,
«Discurso sobre la parcialidad», pronunciado
en el Real Consejo de Órdenes
(2 de enero de 1794)

CAPÍTULO 1

# Un globo y un volcán

El 19 de septiembre de 1783 era viernes, día laborable, pero los parisinos desampararon sus tareas para dirigirse a Versalles, el palacio real, a cuatro leguas de París. Los convocaba la curiosidad por presenciar un experimento científico: la elevación de un globo aerostático, espectáculo insólito que desafiaba las leyes de la física y la imaginación al demostrar que el hombre puede surcar los aires como los pájaros.

Agotadas las tartanas, las carrozas de la nobleza y los coches de alquiler, una inmensa muchedumbre invadió la carretera de macadam que atravesaba el bosque de Boulogne. En aquella festiva romería confraternizaban los más variados gremios que componen la colmena laboriosa de París sin que faltara la inevitable nube de mendigos, putas y descuideros.

Asistirían al evento el monarca Luis XVI, felizmente reinante, y su augusta esposa, la reina María Antonieta, rodeados por su familia, prelados, alta nobleza y ministros.

Frente a la tribuna real, en un prado que los guardias mantenían despejado, los hermanos Montgolfier, auxiliados por ocho operarios, habían descargado de un carro el artilugio volador de su invención. El aspecto no era nada espectacular: una especie de bolsa de tafetán azul que desplegada sobre el césped ocupaba un considerable espacio.

En otra tribuna, menos elevada, se acomodaban, en sillas de tijera —graves semblantes, venerables barbas blancas— los sabios de la Real Academia de Ciencias convocados para emitir un informe sobre el experimento.

—Una cosa es que ese juguete flote y otra que un hombre pueda elevarse en el aire —peroraba el físico Charles-Augustin de Coulomb, descubridor de la ley de atracción entre cargas eléctricas.

—Veremos a ver —le respondía Jacques Charles, inventor del densímetro—. Si eso vuela, me apuntaré para ser de los primeros en probarlo. ¿Me acompañaría en esa aventura, *sieur* Laplace? —preguntó volviéndose hacia el aludido.

—*Pardon?*

Pierre-Simon Laplace, el descubridor de la mecánica celeste, andaba distraído, como siempre, meditando sobre un sistema de pesas y medidas unificado para toda la humanidad.

—Preguntaba si me acompañaría en un viaje por el aire —insistió Charles.

—Claro que sí —respondió Laplace—. Algún día, si Dios quiere, la humanidad viajará por el espacio. Lo que pasa es que nosotros hemos nacido demasiado pronto y no lo veremos.

Un cañonazo de salvas interrumpió la conversación. Llegaba una carroza dorada con las lises de Francia en azul.

—¡La familia real! —exclamó Coulomb.

Iba a ser una de las escasas ocasiones en que los reyes condescendían a mostrarse en público. El sencillo pueblo lo agradeció con vítores y aclamaciones.

La carroza se detuvo delante de la tribuna real, profusamente adornada con lises y fragantes guirnaldas. Uno de los caballos del tiro aprovechó la parada para defecar abundantemente sobre la lujosa alfombra azul celeste tendida ante el estrado. Un paje de badil acudió solícito a recoger las boñigas mientras otro abría la portezuela de la carroza y desplegaba el estribo de doble peldaño para el apeo de sus majestades.

La aparición de Luis XVI provocó una gran ovación. Era un hombre de mediana edad, algo atocinado y de rostro tan plebeyo que le hubiera costado trabajo parecer rey sin el aderezo de la corte, la peluca empolvada, la casaca de seda azul esmaltada de condecoraciones, la corbata de blondas de Chantilly, las medias de Amberes y los zapatos de tafilete con hebilla de plata.

El monarca se apeó con ayuda del obsequioso gentilhombre de jornada que le tendía la mano. Después, se volvió atento y tendiendo la mano gordezuela ayudó a apearse a la reina.

Los aplausos desmayaron cuando apareció María Antonieta, más atenta a equilibrar su alta peluca coronada de plumas de avestruz y al ajuste de su vestido que a ofrecer la mano al augusto esposo que le tendía la suya. Era rubia y delgada, muy blanca de tez, los ojos bellos y vivos. Su nariz recta y aristocráticamente pequeña contrastaba con el apéndice probóscide de su esposo. Un corsé metálico le elevaba los pechos bajo el lujoso vestido de seda rosa y los resaltaba por encima del escote recto.

Cuando los monarcas ocuparon sus tronos, los hermanos Montgolfier acudieron al pie de la tribuna y, despojándose de los respectivos sombreros de tres picos, realizaron una ensayada reverencia. Luis XVI lo consultó con su esposa y, obtenida su aprobación, hizo un gesto amable con su pañuelo de encaje autorizándolos a comenzar el experimento.

Los Montgolfier regresaron a su instalación y encendieron una mezcla de paja mojada y algodón en la bandeja del quemador sobre la que sus operarios mantenían la boca del globo a prudente distancia de la llama. Minutos después, el aire caliente comenzó a henchir la estructura que descansaba fláccida sobre unos aros rígidos.

Una exclamación de sorpresa se elevó de los espectadores. La lona embolsaba el aire caliente, se ahuecaba y cobraba volumen. Se movía como si tuviera vida.

—Parece cosa de magia —comentó el monarca inclinándose hacia su mujer. Ella interrumpió su conversación con su favorita, la duquesa de Polignac, sentada a su derecha en un escabel bajo, y le sonrió.

—Sí, Luis, lo que tú digas.

El procedimiento fue largo y laborioso hasta que el aire caliente infló el globo y se tensaron las cuerdas que lo sujetaban al suelo. Mientras tanto, en la tribuna real, unos músicos amenizaban la espera. El sumiller real, seguido de dos pajes de librea, servía vino fondillón al séquito real y limonada fresca a las damas.

En el prado adyacente, el pueblo conversaba animadamente

en corrillos. Cansado de esperar, se había sentado en el césped y consumía su merienda en animada conversación. Lejos, en los límites del prado, bajo la arboleda, los taberneros y salchicheros habían instalado sus carretas para servir a la multitud. Más allá, en los jardines del Trianón, parejas furtivas removían los setos.

Entre la muchedumbre que concurría al gran acontecimiento figuraba el ebanista Jean-Paul Fournier, que había acudido al espectáculo en compañía de su amigo y colega François Guerin.

Desde la reja real coronada de puntas de lanza doradas, Fournier contemplaba la enorme fachada de Versalles embellecida con esculturas.

—¿Te has fijado en el palacio, François? Había oído decir que era enorme, un palacio de setecientas habitaciones, pero no me hacía la idea de que fuera tan grande.

—Más grande que París —convino Guerin.

—Y todo eso se ha levantado con nuestro sudor.

—Cuida tus palabras, compadre, porque no sabes quién las escucha —aconsejó Guerin—. Que unos vivan en la abundancia y otros en la roña es lo que hay. Nadie va a cambiar el mundo.

—No estoy tan seguro.

Jean-Paul Fournier era un hombre informado que leía los panfletos subversivos de los filósofos.

Una vez hinchado, el globo de los Montgolfier resultó ser un esferoide azul adornado con las lises y los soles de la monarquía, así como las iniciales entrelazadas del nombre del monarca.

Los inventores del aerostato informaron al mayordomo real de que su ingenio estaba listo. Con la anuencia del monarca tronó nuevamente el cañón de avisos y los operarios liberaron las cuerdas que mantenían el artefacto en sus anclajes.

Fue un momento emocionante. Los cuatrocientos kilos del artilugio se elevaron majestuosamente en el cielo. La corte y el pueblo diseminado por los prados prorrumpieron en entusiastas aplausos.

El experimento consistía en probar que los seres vivos sobrevivirían a un viaje por aire. Por este motivo, el globo arrastraba una jaula de mimbre en la que habían introducido una oveja, un pato y un gallo, el altanero símbolo de Francia.

Los hermanos Montgolfier se miraron satisfechos. Si el experimento se coronaba con éxito, el rey les permitiría repetirlo con un tripulante humano.

—¡Esto es solo el comienzo! —profetizó entusiasmado el duque de Nemours—: ¡El hombre conquistará los cielos![1]

El globo ascendió unos seiscientos metros y, después de mantenerse en el aire durante ocho minutos, perdió altura y aterrizó suavemente en el bosque de Vaucresson, a tres kilómetros.

Al poco rato acudieron los monteros del rey con la feliz noticia: los animales de la cesta habían sobrevivido a la excursión por las alturas.

Anochecía. Terminado el experimento a satisfacción de todos, se quemaron vistosos castillos de fuegos artificiales como colofón de la fiesta.

Tocaba regresar a París. La muchedumbre se disgregó. Algunos regresaron iluminando el camino con lámparas de sebo; otros vivaquearon fuera de los límites de Versalles, en espera de que amaneciera.

—¡Hemos presenciado un milagro! —comentó el abate Paul Legrand a su amante, la princesa de Colline-Délicieux.

—Sí, *mon cher,* ya mismo lo veremos en los circos.

—No, princesa. Me refería a que los tres estamentos se hayan mezclado para presenciar un espectáculo. —El abate abarcó la muchedumbre con un gesto de su brazo—. La curiosidad no entiende de clases.

El abate Legrand aludía a los tres estamentos en que se dividía la sociedad francesa: el clero (primer estado), la nobleza (segundo estado) y el campesinado (tercer estado), al que se sumaba la emergente clase burguesa.[2]

1. Los hermanos Montgolfier repitieron su experimento con tripulaciones humanas ante diversas cortes europeas, entre ellas, la española, que presenció la elevación del globo aerostático desde los jardines del Real Sitio de Aranjuez, el 5 de junio de 1784, en presencia de Carlos IV y la familia real. La ascensión fue algo accidentada, ya que el globo se desplomó arrastrado por una corriente de aire y su aeronauta, Charles Bouché, resultó magullado.

2. El primer estado (el del clero) contaba con unos ciento veinte mil miembros; el segundo (la nobleza), unos cuatrocientos mil; el tercero (pue-

Tal era la estructura de lo que hoy conocemos como Antiguo Régimen *(Ancien Régime),* el modo en que se gobernaba buena parte de Europa antes de que las revoluciones impusieran el régimen liberal en el que todos los ciudadanos son iguales ante la ley y participan de los mismos derechos y obligaciones (supuestamente, claro).

Muchos otros parisinos que habían acudido a ver el globo hacían la misma reflexión en el camino de vuelta a sus humildísimas moradas de los barrios de Saint-Antoine y Saint-Marcel, el lumpen de París.

Esa noche, ya en la cama, el abate le comentó a su amante:

—¿Has visto la cantidad de *canaille* que compareció en el prado?[3] Como si se hubiera vaciado París. Por un momento me estremecí pensando qué habría ocurrido si se amotinan contra nosotros. Los soldados no hubieran bastado para contenerlos.

—No pienses en esas cosas desagradables, *mon cher*. Disfrutemos de la vida —respondió ella mientras palpaba bajo la sábana la consistencia de su virilidad.

Los fuegos artificiales de Versalles han resultado impresionantes, pero a dos mil kilómetros de distancia se producen otros fuegos, naturales estos, más vistosos si cabe.

Al sur de la brumosa Islandia ha detonado el volcán Laki, chorros de lava proyectados a más de un kilómetro de altura en el cielo nocturno, truenos ensordecedores mientras se rasga la corteza terrestre provocando una fisura de veinticinco kilómetros de largo formada por un pespunte de ciento treinta cráteres. A través de ella escapa una nube tóxica de ácido fluorhídrico y dióxido de azufre que asfixia a más de nueve mil personas —un cuarto de los habitantes de la isla— y a buena parte de la cabaña.[4]

---

blo), más de veintisiete millones (Bois, 1989, p. 23). Un noventa y cinco por ciento de la población mantenía con su trabajo al cinco por ciento restante, que vivía tan ricamente, sin tributar, en nombre de inalienables derechos ancestrales.

3. *Canaille*, 'chusma', era la palabra que los nobles y los curas empleaban para designar al tercer estado, el modo en que los privilegiados llamaban al pueblo.

4. El volcán Laki estalló el 8 de junio de 1783 y se mantuvo activo has-

Los guías que hoy lo enseñan, apagado y cubierto de rara vegetación, explican a los turistas:

—Aquí donde lo ven, este volcán fue considerado la puerta del infierno por los monjes que cristianizaron la isla a finales del siglo VII. Entonces, aún borboteaba lava incandescente.

Pero en 1783, las puertas del infierno se han abierto sobre Francia. Será difícil volver a cerrarlas.

Impulsada por los vientos que generan las altas presiones, la enorme nube provocada por el volcán («la bruma de Laki») cubre los cielos de Francia a mediados de junio. Más desvaída, alcanza España en agosto. Fray Joseph Rocafort escribe que, *en el mes de abril, se observó en la atmósfera una especie de niebla seca, que obscurecía el sol de tal modo que iluminava muy poco y esto duró hasta mitad del de julio. Pensavan los físicos [que] resultaría de esto alguna costelación epidémica, mas no fué assí, pues tanto en nuestra España como en las otras partes de la Europa, en que fué universal dicho fenómeno, fueron otras las consecuencias como lo notaron los papeles públicos.*[5]

—Malos presagios —dicen los agoreros mirando el cielo.

La nube oculta el sol tras un velo blanquecino. Al principio piensan que es un eclipse, pero pasan días y meses, y el velo no desaparece.

La *Gaceta de Madrid* explica que este cambio de color del cielo «era suficiente para que el pueblo se asustase; y, en efecto, la consternación fue general en las gentes poco instruidas [...], vive el pueblo en el mayor conflicto, recelando grandes males».

La nube tóxica provoca una catástrofe medioambiental. Lluvias torrenciales, alteraciones climáticas, inundaciones y tormentas de granizo arruinan las cosechas.[6] El efecto invernadero

ta febrero de 1784. Se calcula que lanzó a la atmósfera más de cien millones de toneladas de dióxido de azufre. Todavía se recuerda en el folklore isleño aquella mortandad o *Móðuharðindin.*

5. Rocafort, 1945, p. 49.

6. El único que relacionó el cambio climático con la erupción del Laki fue el científico Benjamin Franklin cuando afirmó que la erupción había causado «la tenaz y seca niebla procedente de Islandia que cubría los cielos de Europa, la que impedía que penetraran los rayos del sol y causaba el compor-

dispara las temperaturas, agosta la hierba, abrasa las hojas de los árboles.

En mercados y tabernas, los charlatanes leen a la atenta y analfabeta clientela unos almanaques astrológicos que anuncian grandes calamidades.

La hambruna afecta a toda Europa, pero en el caso de Francia provocará una revolución que va a alterar el rumbo de la historia mundial.

---

tamiento anómalo del clima» (conferencia «Imaginaciones y conjeturas meteorológicas» impartida el 2 de diciembre de 1784 a la Literary and Philosophical Society de Mánchester).

CAPÍTULO 2

# La taberna de La Pomme de Pin

Primavera de 1789. Han pasado seis años desde el ascenso del globo Montgolfier y la erupción del volcán Laki.

Una diligencia *turgotine* atraviesa los verdes campos de la Auvernia, en la Francia central. A bordo viajan dos españoles, don Antoine Roux, de treinta y cinco años, y su criado Diego Martínez, de veinte. Se dirigen a París, sede central de la próspera empresa de tinturas y fibras ultramarinas Roux et Frères, con oficinas en Londres, Lyon, Marsella, Hamburgo y Cádiz.[7]

La Francia que recorren es muy distinta a la que conocemos.[8] No existen aún ni el suculento *foie gras poêlé,* ni vinos exquisitos con sensaciones interesantes tanto en nariz como en boca, ni la grata Julie Andrieu luce palmito en la tele mientras nos muestra las excelencias paisajísticas y culinarias del país galo.

7. En Cádiz existía una próspera colonia de comerciantes franceses en cuyo consulado, la Casa de la Camorra, se reunían tertulias culturales. Como liberales que eran, celebraron positivamente la Revolución francesa, al menos en su inocua primera etapa.

8. Sí, querido lector, cómo no envidiar a esa gente egoísta que, a pesar de la dieta nacional de quesos, *foie gras* y otras grasas saturadas, presenta un índice de enfermedades cardiovasculares menor que el de otros países que consumen menos grasas saturadas. Ya lo dicen los envidiosos alemanes cuando quieren expresar su ideal de la buena vida: vivir como Dios en Francia *(Leben wie Gott in Frankreich).*

Tampoco existe el champán *brut*.[9] Borren todo eso de su memoria y sustitúyanlo por insípidas gachas de alforfón, pan correoso con más maíz que trigo, castañas cocidas, queso con sabor a establo y vinazos procedentes de la predominante uva gamay.

Como en el resto de Europa, la gente hiede a causa de la deficiente higiene. Los más delicados combaten los efluvios corporales espolvoreando pelucas y vestidos con polvos perfumados.

—¿Y el famoso jabón de Marsella?

—Existe, pero se gasta con tiento.

En fin, la Francia de 1789 es tan distinta de la que hoy disfrutamos que en ella ni siquiera se habla francés.

—¿Pues qué se habla? —Imagino la sorpresa del lector.

Una variedad de jerigonzas ininteligibles para la mayoría. El francés, que los de mi sufrida generación estudiamos en el bachillerato, el de *«voulez-vous coucher avec moi?»,* que cantaba la diputada Cicciolina, solo es la lengua dominante en quince de los ochenta y tres departamentos actuales.

En el sur se habla occitano con sus múltiples variantes;[10] en el norte predomina el francés, cierto, pero con fuertes disparidades regionales. Y en la periferia del Hexágono[11] se habla bretón, neerlandés, alsaciano, corso, bearnés, picardo, valón y otras parlas menudas.[12]

9. Hasta que Perrier-Jouët le rebajó la cantidad de azúcar, el champán era un vino dulce. Eso sí, ya se tomaba en copa baja, supuestamente obtenida de un molde de los pechos de madame Pompadour, la amante y consejera de Luis XV, el gran lancero.

10. Principalmente, el franco-provenzal o arpitano. Una de ellas, el lemosín, como hasta los albores del siglo xx se denominó la lengua predominante en Cataluña.

11. Francia es cariñosamente denominada *l'Hexagone* ('el Hexágono'), en alusión a la forma de su perímetro, que ha logrado rapiñando tierras a todos los vecinos, España incluida, dicho sea sin acritud.

12. Hoy en franca regresión debido a la política de apoyo al francés impuesta por el Gobierno desde la Revolución como instrumento de unificación del país. Henri Grégoire, diputado de la Convención Nacional Revolucionaria, presentó en 1794 un *Rapport sur la nécessité et les moyens d'anéantir les patois et d'universaliser l'usage de la langue française [Informe sobre la*

No es solo la lengua lo que separa a los franceses de este tiempo al que nos vamos a transportar. También están las leyes: en el sur persiste el derecho romano; en el norte, el germánico, basado en la costumbre y el precedente.

Sur y norte están tan solo hilvanados por el hecho de que los barones norteños derrotaron a los occitanos en la famosa cruzada contra los albigenses (1209-1244) e incorporaron aquellas regiones a la Francia del norte *manu militari*.

Cruzando Francia en aquella época, tropiezas por doquier con normas y leyes contradictorias. Peor aún es la enrevesada administración. Las demarcaciones legales, fiscales, militares y religiosas raramente coinciden. En unos lugares, la justicia depende del *seigneur* del lugar; en otras, del intendente; en otras, del obispo; y en otras, de los concejos municipales.

Suma a ello las aduanas interiores y el batiburrillo de monedas, pesos y medidas distintos que entorpecen el comercio.[13]

—Me pinta usted un Estado perfectamente caótico —me replica un lector avisado.

—Le pinto lo que hay, *cher monsieur.* En esta Francia borbónica solo se perciben dos elementos aglutinantes: que los vein-

---

*necesidad y los medios para aniquilar los dialectos y universalizar el uso de la lengua francesa],* en el que señalaba que solo uno de cada ocho ciudadanos era capaz de hablar francés y solo uno de cada cuatro era capaz de entenderlo. Diez años antes, Antoine de Rivarol defendía la racionalidad y belleza del francés frente a los despreciables patois imperantes en buena parte del país en el ensayo *De l'universalité de la langue française* (1784). Por su parte, un artículo de la *Encyclopédie*, firmado por Nicolas Beauzée, consideraba el francés la lengua ideal para «instruir, iluminar y convencer». Añadamos a ello, por lo que nos toca, que en 1700 el rey Luis XIV prohibió el uso del catalán en los documentos y actos oficiales del Rosellón, dado que «el uso del catalán repugna y es contrario al honor de la nación francesa» *(Interdiction officielle de la langue catalane, 2 de abril de 1700, edit du Roy).*

13. En fin, esta Francia de las postrimerías del XVIII es una jaula de grillos semejante en su desorden a la España de los Austrias que retrataba Gracián: «Las provincias son muchas, las naciones diferentes, las lenguas varias, las inclinaciones opuestas, los climas encontrados, y así como es menester gran capacidad para conservar, así mucha para unir» (Gracián, 1640).

tisiete millones y pico de franceses son súbditos del rey Luis XVI, que Dios guarde, y que todos están descontentos.

—Eso no es muy indicativo. La queja pertenece a la idiosincrasia de la raza gala.

—Ya, pero esta vez se quejan con razón: los aflige una tremenda crisis económica provocada por las malas cosechas (hoy sabemos que causadas por la erupción del Laki), los quebrantos de las guerras recientes, todas perdidas, y los abusivos impuestos que los recaudadores *(gabelous)* reales o señoriales extirpan a los depauperados campesinos. Sumemos a ello el despilfarro de la corte.[14]

»¿Usted conoce ese dicho español de que el abuelo hace la fortuna, el padre la conserva y el nieto la despilfarra? Pues eso es lo que ha ocurrido en Francia: Luis XIV, el Rey Sol, el más grande de Francia desde Carlomagno, ganó todas sus guerras e hizo de Francia el Estado más poderoso de la cristiandad.[15] Luis XV se limitó a mantener la herencia y ahora Luis XVI lo ha perdido casi todo a manos del ratero inglés.

Regresemos a nuestros amigos españoles.

—Ya había oído las grandezas del Rey Sol. Sin embargo, tengo entendido que la aristocracia no venera su memoria —advierte Antoine.

—Porque estabuló a la alta nobleza en Versalles para servirse de ella y controlarla. En eso consiste el sistema absolutista compendiado en la frase *«l'État, c'est moi»* («el Estado soy yo») que se le atribuye. Esa concentración de poder en una sola mano de la que deben comer grandes y pequeños es un arbitrio que tienen los reyes para domesticar a la sediciosa nobleza y evitar que sus primos y parientes se les suban a las barbas. Versalles se convirtió en la jaula dorada donde los nobles competían por el

14. La guerra de Sucesión de Austria (1740-1748) costó a Francia mil millones de libras; la de los Siete Años (1756-1763), mil ochocientos millones y se saldó con la derrota de Francia, que perdió casi todas sus colonias en América y Asia. Descontenta con los resultados, Francia se vengó ayudando a las colonias americanas a independizarse del inglés, lo que ocasionó otra sangría económica que se restañaba a base de empréstitos.

15. Por cierto, también puso a su nieto Felipe V en el trono de España. Por eso los Borbones españoles son primos de los franceses.

favor del rey en la cucaña de los puestos estatales. La muerte en vida de un noble era que el rey lo desterrara de la corte enviándolo a provincias. En provincias solo quedaban los linajes más pobres. Toda esa grandeza pasó. Hoy Francia está arruinada.

—¿Y el Gobierno no toma medidas?

—Luis XVI depositó sus esperanzas en el economista Jacques Necker, un tecnócrata, como lo llamaríamos ahora, a pesar de que es suizo y protestante, pero la corte ha rechazado sus severas medidas de contención del gasto y la reforma fiscal que propone.

Aislados en la burbuja de oro de Versalles, los consejeros del rey no son conscientes de la ruina que amenaza a la nación ni del descontento del pueblo.[16]

—He oído que Versalles supera en belleza al serrallo del Gran Turco.

—Probablemente sea cierto, pero también lo supera en gastos, de eso estoy seguro. Francia no se ha podido recuperar todavía de tamaño despilfarro, especialmente si a ello se suma que la corte ociosa que habita en Versalles se aburre soberanamente en espera de las dádivas reales y solo piensa en experimentar la *douceur de vivre.*

—*Douceur de vivre?*

—Sí, lo que los españoles llaman *la buena vida.* O sea, vivir de las rentas. Esa vidorra alegre y descuidada que refleja en sus lienzos el pintor Fragonard.[17] Cazar, bailar, comer, folgar y luego dormir a pierna suelta libre de cuidados, ese hedonismo de-

16. Cuatro sucesivos ministros de Finanzas (el fisiócrata Turgot, 1774; Necker, 1776 y 1788; Calonne, 1783 y Brienne, 1787) intentaron en vano reformar la Hacienda pública y siempre fracasaron por la obstinada resistencia de las clases privilegiadas.

17. Busque el lector sus cuadros en internet y vea lo que se estilaba en la corte francesa mientras los pintores españoles no terminaban de zafarse de las Inmaculadas y los crucificados: *El cerrojo* (un mozo corre el cerrojo de la puerta de la alcoba ansioso por homenajear a la dama que abraza), *El beso robado, El camisón arrebatado* (un amorcillo travieso que deja desnuda a una *popozuda), Las bañistas* y muy especialmente *El columpio,* abreviación de *Los felices azares del columpio (Les hasards heureux de l'escarpolette).* La pintura

senfrenado que llaman *joie de vivre*. En los jardines de Versalles se celebran *fêtes galantes* con profusión de decorados y fuegos artificiales que cuestan patrimonios. Se ha puesto de moda trasladar a los parques y otros entornos bucólicos las comodidades de palacio sin que falten los lujosos servicios de cristal de Baccarat, las vajillas Royal Limoges y la cubertería de oro. Algunos años, Versalles consume un cuarto del presupuesto de la nación.

El monarca de Francia mantenía casa puesta en una docena de palacios, además de Versalles: el de Marly, los dos Trianón, los de Muda, Meudon, Chisy, San Huberto, San Germán, Fontainebleau, sin contar los propiamente parisinos, el Louvre y las Tullerías, todos ellos con sus territorios de caza, jardineros, administradores, cocineros, guardas y limpiadores.

En Versalles, todo príncipe o princesa mantenía su capilla particular, capellán incluido. Los criados eran legión: la reina María Antonieta tenía 496 sirvientes; el duque de Orleans, primo del rey, 274; las tías del rey, Adelaida, Victoria y Sofía, 210; madame Élisabeth, hermana del rey, 68; la condesa de Artois, cuñada del rey, 239.

Luis XVI tenía funcionarios para traer el mazo y las bolas del juego de mallo, para tenerle la capa y el bastón, para cuidar los galgos de su recámara, para plegarle, ponerle y anudarle la corbata, para llevarle y traerle su silla horadada cuando mostraba deseos de defecar, debilidad fisiológica a la que ni siquiera los reyes de Francia, descendientes de san Luis, habían logrado sustraerse.

¿Aficiones, pasatiempos? Luis XVI había heredado de sus antepasados el amor por los paseos campestres. Poseía 1.857 caballos, 217 carruajes y 1.458 servidores encargados del cuidado y mantenimiento de los animales y de los coches. Evitemos mencionar el menú que se ofrecía diariamente en la corte: su sola lectura podría indigestarnos. Pero el pueblo francés de 1789 se moría de hambre.[18]

---

tuvo su correspondencia en la escritura con obras como *Las amistades peligrosas*, de Pierre Choderlos de Laclos.

18. Taine, 1986, p. 24.

—Si el aislamiento en Versalles es parte del problema, ¿por qué no se mudan a París, en contacto con la gente?

—En cierto modo está ocurriendo ya. Muchos aristócratas no ven tan necesario residir en Versalles pendientes de los caprichos del rey (y en especial de la reina, la austriaca) y se han construido *hôtels* en Saint-Germain-des-Prés. Prefieren vivir en París, donde pueden asistir más libremente a la ópera, a los conciertos y a los salones de conversación en los que alterna la alta sociedad para charlar de filosofía y de política, para chismear o para *conter à Fleurette,* como llaman los franceses al cortejo, del que han hecho un arte.

Versalles ha quedado un tanto encorsetado, aunque todavía se identifica con la grandeza de Francia, con la edad de oro del Rey Sol que lo construyó.[19] El poder político que el Rey Sol concentró avaramente en Versalles se ha ido desplazando con el tiempo hacia el Palais de Justice y el Palais-Royal de París, especialmente este último.

—¿Qué es el Palais-Royal?

—El magnífico palacio que el cardenal Richelieu dejó en herencia al Rey Sol, quien, a su vez, lo cedió a su hermano, el duque de Orleans.

Su propietario en 1789, Luis Felipe de Orleans, está tan endeudado que se ha visto obligado a transformar las galerías de su Palais-Royal en apartamentos de alquiler con tiendas en los bajos. Son sesenta apartamentos, uno por cada tres arcadas de la columnata. El conjunto se ha convertido en el casino de París. En sus

19. Luis XIV tuvo, además, otras razones más íntimas. Odiaba París porque cuando niño estalló una sublevación popular, la Fronda, y en la noche del 6 de enero de 1649 tuvo que huir del palacio con su madre, la española Ana de Austria (hija de Felipe III), en condiciones precarias, durmiendo en pajares. Nunca lo olvidó. No es casual que la fuente más monumental de Versalles reproduzca la historia de Leto (la Latona romana), amante de Zeus, madre de Apolo, que huyendo de los celos de Hera llegó a Licia, región de Asia Menor, actual Turquía. Estaba sedienta y se disponía a beber en el lago cuando los campesinos de la zona se lo impidieron removiendo el cieno con los pies para enturbiarle el agua. Ella los maldijo y Zeus los convirtió en ranas para que perpetuamente vivieran en el cieno del lago.

tiendas encuentras de todo: artesanos, *boutiques* de moda, casas de comidas, oficinas de apuestas, timbas de juego, cobijos de alquiler para citas galantes o discretas reuniones de negocios y hasta peripatéticas que buscan novio para una noche, *les demoiselles du Palais-Royal*.[20] Puedes encontrar incluso petardos para las fiestas (a precios muy competitivos). Últimamente se ha convertido en el lugar favorito para los conciliábulos de los conspiradores, los que quieren subvertir el orden y derribar la monarquía, aprovechando que la policía tiene prohibida la entrada por ser territorio de la Corona. Entre los conspiradores figura el permisivo dueño del palacio, Luis Felipe de Orleans, uno de esos aristócratas traidores a su clase que se ha convertido a la Revolución.

—¿Y usted cree que esa conversión ha sido sincera?

—No tengo motivos para dudarlo. El Orleans era un pisaverde aficionado a los caballos y a las mujeres, y después de iniciarse en la francmasonería se hizo filósofo y abrazó los ideales revolucionarios.

—Eso es lo que parece, pero algunos sospechamos que todo eso de su conversión es un paripé, que lo que realmente quiere es destronar al rey para suplantarlo.[21]

Es la hora del mediodía, cuando las higueras de la Auvernia recalentadas por el sol exhalan su fresco aroma. Tras un recodo del camino aparece la aldea de Saint-Bonnet-le-Bourg. La *turgotine* se detiene en la plaza del villorrio, frente a la taberna. Los

20. La casa más surtida de bellezas es la de madame Sainte-Amaranthe, en el número 50 de las arcadas; pero las más hermosas prefieren ejercer por su cuenta, entre ellas la Delaroche, que se especializa en arruinar a jovencitos mentecatos de familias pudientes, o la Pontchartrain, que atiende especialmente a clérigos y consigue que algunos abades desuellen las paredes del convento para obsequiarla. Cuidado con alguna suripanta de este género peripatético: Delphine la Roulette (la Ruleta) recibe su apodo porque cuando te allegas a ella no sabes qué te va a contagiar, si gonorrea, clamidia, candidiasis o tricomoniasis.

21. «El duque de Orleans había concebido el proyecto de suplantar al rey Luis en el trono y para ello hizo de su palacio un asilo de los políticos más insensatos [...], los clubes más sediciosos se reunían allí y allí se escuchaban las soflamas más corrosivas» (Ward, 1984, p. 161).

pasajeros descienden y se desperezan antes de penetrar en el establecimiento.

El interior de la taberna es oscuro y huele a vino y a tabaco. La parroquia se distribuye en media docena de grandes mesas corridas con bancos sobre las que se alinean platos de peltre clavados en el tablero para evitar que los viajeros los sustraigan.

Los únicos asientos libres están en la mesa del fondo, tan solo ocupada por un sacerdote de noble aspecto.

—*Nous autorisez-vous à partager votre table?* —le solicita Roux.

—*Bien sûr.* Tomen asiento —responde con un ademán amable.

—¿Habla español, monseñor? —se sorprende Roux.

—Intento aprenderlo para leer a don Quijote, a Calderón y a otros claros ingenios de su patria. «La razón es aurora» —cita a Gracián.

Hacen las presentaciones. El sacerdote se llama Emmanuel-Joseph Sieyès, es canciller en la catedral de Chartres y se dirige a París.

Una moza robusta provista de una olla humeante interrumpe la conversación para servir sendas raciones de guisado de puerco con guarnición de nabos y manzanas. Otra fámula la sigue con una garrafa de la que escancia vino. Viajeros y abate despachan sus raciones con apetito, incluso rebañando los platos.

Levantados los manteles, Roux extrae su cigarrera de tafilete del bolsillo interior de la casaca y le ofrece al abate un tabaco español. Mientras fuman, la charla discurre sobre temas tan dispares como el comercio del habano de hoja, los abusivos precios del trigo y la alianza contra la rapiña del inglés acordada por su majestad católica Carlos III de España, que Dios tenga en su gloria, y su majestad cristianísima Luis XVI de Francia. Después, la conversación recae sobre las formas de gobierno.

—Habéis de saber que en Francia existen tres estamentos: el clero, al que me honro en pertenecer, la nobleza y el pueblo. Los dos primeros no tributan, mientras que el pueblo se desloma trabajando para sostenerlos y sufragar los cuantiosos gastos de la corte y las guerras en las que se implica *sa majesté* Luis XVI, al que Dios guarde. Resumiendo: dos o tres personas de cada cien viven regaladamente del trabajo de los otros noventa y siete.

—¿Y no existe entre ellos ascensor social?[22]

—¿Ascensor social? —el abate Sieyès sonríe—. Ese es un concepto futurista, amigo mío. Ya se nota que el que esto escribe vive en la impensada Europa del siglo XXI, la del estado del bienestar. Hoy por hoy, los tres estados de Francia son compartimentos estancos. Mejor dicho, entre la nobleza y el clero existe cierta permeabilidad, porque la Iglesia se nutre de la nobleza.

—¿Cómo es eso?

—En la clase aristocrática, el hijo mayor hereda los títulos y las propiedades. Al resto de los hijos los colocan en los puestos más importantes de la Iglesia, la Administración, el Ejército y la corte.

—¿Quiere decir que a una persona del pueblo, al plebeyo pelón, le está vedado el acceso a los puestos de relieve? —pregunta Roux.

—Un plebeyo con estudios que haga méritos en servicio de la Corona puede aspirar a la nobleza de toga *(noblesse de robe),* pero siempre lo mirarán por encima del hombro los nobles de pedigrí, los de la *noblesse d'épée* o de espada.[23]

—Lo mismo ocurre en España y buena parte de Europa —admite Roux—. Entre nosotros, los españoles, esta división clasista procede de la Edad Media, cuando éramos una sociedad en guerra con los moros y nos dividíamos en *pugnatores* (los caballeros), *oratores* (la Iglesia) y *laboratores* (el sufrido pueblo).

22. El lector me permitirá ciertos anacronismos referidos al presente con los que, como *community manager* responsable de este texto, pretendo aligerar sus contenidos. Le prometo, no obstante, abstenerme de ofrecerle *crowdfunding* o *coaching* alguno, así como de catequizarlo con referencias al empoderamiento con perspectiva de género transversal.

23. Desde el siglo XVI, la nobleza de toga estaba formada por altos funcionarios de la Administración del Estado ennoblecidos por el rey para recompensar sus servicios a la Corona. Casi todos procedían de la burguesía adinerada y culta que emergió del pueblo al final de la Edad Media. Los cargos se trasmitían de padres a hijos y, como cualquier otra herencia, podían comprarse.

—Que ocurra en otras partes no nos consuela —argumenta Sieyès—. Nuestro pueblo, que produce los bienes y sufraga los lujos de los pudientes, solo obtiene a cambio un trabajo de sol a sol, un poco de sopa y lo que yo predico en el púlpito, la promesa de una vida mejor después de este transitorio valle de lágrimas. Esa es la herencia que nos ha dejado la historia, pero ahora está amaneciendo un tiempo nuevo en el que muchas personas instruidas cuestionan que los nobles y los clérigos vivamos como saprófitos a costa de la masa trabajadora. Por algo estamos en el Siglo de las Luces. La razón y la justicia deben imponerse.

—¿Y quién las impondrá?

—Las personas de juicio que siguen los dictados de los filósofos. Habéis de saber que en Francia florece desde hace más de un siglo una corriente filosófica que propugna la felicidad y el progreso del ser humano mediante la aplicación de la razón y la lógica.[24] Por eso la llamamos la Edad de la Razón. Muchos de estos ilustrados, a los que yo mismo me honro en pertenecer, somos partidarios de abolir los estamentos sociales en nombre de la libertad y la concordia.

—Suena muy bien —admite Roux—, pero, francamente, no sé si no será muy utópico.

—Algunos estamos trabajando para que esa utopía sea realidad, monsieur —afirma Sieyès—. Precisamente me dirijo a París por mandato de su majestad el rey, que ha convocado Estados Generales el próximo 5 de mayo para discutir esta y otras cuestiones.

—¿Estados Generales? —se extraña Roux.

—*Oui,* monsieur: la junta de los tres estados (clero, nobleza, pueblo) para dirimir cuestiones de vital importancia para la nación.

—No sabía que tal institución existiera, y eso que provengo de familia francesa. Aunque emigramos a España hace varias

24. «Un nuevo concepto de la vida, fundado en la naturaleza y la razón, bajo el signo de la libertad política, de la tolerancia religiosa y de la liberación de las trabas de la metafísica», en palabras de Wieder (Schönberger y Soehner, 1971, p. 11).

generaciones, seguimos considerándonos franceses, además de españoles.

—Vuestra ignorancia está más que disculpada, monsieur, porque los Estados Generales no se han vuelto a convocar desde 1614. En realidad, no eran necesarios, porque desde entonces los reyes han gobernado por el método de ordeno y mando (absolutismo) sin consultar a sus súbditos, pero ahora soplan otros vientos. Por mandato del rey los tres estamentos han convocado asambleas provinciales para votar a sus representantes en los Estados Generales y yo he tenido el honor de ser elegido por París y de redactar el *cahier de doléances* de nuestra Asamblea.

—¿Qué es el *cahier de doléances*? —pregunta Antoine.

—Un cuaderno de agravios, un memorial en el que se enumeran los defectos del sistema que perjudican a los representados. Además de las injusticias consuetudinarias, estos memoriales coinciden en suplicar que se alivien los impuestos mientras dure el hambre en Francia.

—¿Hay hambre en Francia? —pregunta Roux—. Ya me parecía que había demasiados mendigos pidiendo a lo largo del camino.

—Seguramente muchos son pobres campesinos arruinados que las malas cosechas arrojan a la mendicidad. La pobreza aqueja a muchos artesanos y trabajadores que antes vivían dignamente. La escasez ha disparado el precio del trigo y los impuestos nos devoran.[25]

—¿A cómo está el celemín de trigo? —se interesa Antoine.

—Depende de la comarca y sobre todo de sus especuladores. Sepa que en los últimos años se ha disparado de tal manera

25. Los impuestos directos son tres: la *taille* ('talla') sobre las tierras de los plebeyos, que varía cada año dependiendo de las necesidades de la nación; la *capitation* (un impuesto per cápita sobre los ingresos), que se aplica según una tabla variable y oscila entre dos mil libras o una sola; y el *vingtième* ('vigésimo'). Estos dos deberían afectar a los nobles, pero casi todos ellos se escapan, escudándose en los más variados privilegios. Luego están los indirectos, que son muchos y arbitrarios: las *aides* ('ayudas'), la *gabelle* ('gabela'), sobre la sal, y otros.

el precio del pan que un campesino debe gastar hasta tres cuartos de sus ingresos en adquirir el necesario para que su familia no muera de hambre. Antes se suponía que, pagados impuestos del rey y del señor, al campesino le quedaba la *portion congrue* o ración de subsistencia, pero hoy ni eso se respeta.

Mientras nuestros personajes prosiguen la conversación, veamos lo que dice el historiador Hippolyte Taine al respecto: «Arthur Young, un viajero inglés que recorre Francia entre 1786 y 1789, no escucha hablar más que de la carestía del pan y de la miseria del pueblo».

—En Troyes, una libra de pan cuesta cuatro sueldos[26] y los artesanos sin trabajo afluyen a los talleres de caridad, en donde no ganan más que doce sueldos al día.

—En Lorena, según el testimonio de todos los observadores, «el pueblo está medio muerto de hambre».

—En París, el número de indigentes se ha triplicado; hay ochenta mil en el barrio de Saint-Antoine. En la región de París el grano falta o está averiado.

—En Montereau, el mercado está desierto a principios de julio. «Los panaderos no hubieran podido cocer» si los oficiales de policía no hubiesen elevado el precio del pan a cinco sueldos la libra; el centeno y la cebada que puede enviar el intendente «son de la peor calidad, podridos y en condiciones de ocasionar enfermedades peligrosas; sin embargo, la mayor parte de los con-

26. En tiempos de Luis XVI las monedas de referencia eran el luis de oro *(louis d'or)*, que valía veinticuatro libras tornesas, y el escudo de plata *(l'écu d'argent)*, que valía seis libras tornesas, o ciento veinte sueldos. La unidad de cuenta era la libra de plata (cuatrocientos nueve gramos aproximadamente) que se dividía en veinte *suses* o sueldos. Cada *sou* valía doce dineros (por lo tanto, la libra de plata valía doscientos cuarenta dineros). Según Arthur Young, en Rouen un peón *(manoeuvre)* ganaba una libra y un oficial *(compagnon)*, libra y media; las mujeres ganaban la mitad. En Marsella, el salario de un carpintero o de un albañil era de dos libras diarias. Un kilo de pan o un litro de leche podían valer cuatro sueldos de promedio; un huevo, un sueldo; un kilo de carne, catorce sueldos; un kilo de mantequilla, el doble; una botella de vino podía oscilar entre uno y medio y tres sueldos (<http://fournetmarcel.free.fr/monnaieslouis16.htm>).

sumidores modestos se ven reducidos a la dura necesidad de emplear esos granos echados a perder».

—En Villeneuve-de-Roy ha escrito el alcalde: «El centeno es de tan mala calidad que no se puede vender sin trigo».

—En Seus, la cebada tiene un sabor tan malo que los compradores tiran a la cabeza del subdelegado el detestable pan que proporciona.

—En Agen han muerto algunos niños que comieron gachas de salvado. La panadera Jacqueline Arouset ha amanecido ahorcada.

—En Chevreuse, la cebada está fermentada y tiene un olor infecto; «preciso es», dice un empleado, «que los desgraciados se encuentren muy apremiados por el hambre para tomar aquella».

—En Fontainebleau, «el centeno, medio roído, produce más salvado que harina» y para hacer pan de él, hay que «cernirlo varias veces». Este pan, tal como es, es objeto de furiosas codicias; «se llega el caso de no distribuirlo sino mediante talones» y todavía, los que así han obtenido su ración, «son asaltados a menudo en el camino y despojados por hambrientos más vigorosos».

—En Nougués, «los magistrados prohíben que una misma persona compre más de dos medidas en el mismo mercado». En suma: las subsistencias son tan raras, que no se sabe cómo alimentar a los soldados. «He visto en la Escuela Militar y en otros depósitos harinas que eran de una calidad detestable; he visto montones de ellas de un color amarillento, de un olor infecto, y que formaban masas tan endurecidas, que había que acometerlas con repetidos hachazos para arrancar las porciones».[27]

La conversación se prolonga todavía durante media hora hasta que los caleseros de la diligencia convocan a los viajeros con un toque de chiflo. Hay que proseguir el viaje. Antes de despedirse, Roux y el abate Sieyès intercambian sus señas y se prometen proseguir la charla en París.

27. Taine, 1922, II, pp. 8-9.

CAPÍTULO 3

# Los ilustrados en sus salones

Monarquía y religión constituyen los dos pilares en los que se basa la sociedad del Antiguo Régimen, con su rígida división en tres estamentos y la concentración del poder en las manos del monarca (absolutismo).

A lo largo del siglo XVIII ha surgido una pléyade de pensadores *(philosophes)* que cuestionan la organización social y pretenden renovarla aplicando criterios racionales *(la raison)*.

Los más importantes *philosophes* ilustrados son:

- Gabriel Bonnot de Mably (1709-1785), defensor de la idea de que «la soberanía o fuente legítima del poder político no reside en el monarca, sino en el pueblo».
- Charles Louis, barón de Montesquieu (1689-1755), que defiende la existencia de tres clases de poderes: «La potestad legislativa (el Parlamento que dicta las leyes), la potestad judicial (los jueces que las interpretan y dictan sentencias según la justicia) y la potestad ejecutiva del Gobierno, que las aplica y administra el procomún». Para Montesquieu, la democracia se basa en la independencia de esos tres poderes. «Todo estaría perdido cuando el mismo hombre, o el mismo cuerpo, ya sea de los nobles o del pueblo, ejerciera esos tres poderes: el de hacer las leyes, el de ejecutar las resoluciones públicas y el

de juzgar los crímenes o las diferencias entre los particulares».[28]

- Por su parte, Jean-Jacques Rousseau (1712-1778), el más influyente de todos, preconiza la igualdad de los hombres de acuerdo con la ley natural y la soberanía del pueblo expresada en la voluntad de la mayoría *(volonté générale)* y en las leyes por él aprobadas. En cuanto a la forma de gobierno, se inclina por la República, aunque no descarta la monarquía constitucional aprobada por el pueblo.
- El cáustico y sin embargo acertadísimo Voltaire (François-Marie Arouet, 1694-1778) prima la razón humana y la ciencia antes que la religión y combate el fanatismo y la intolerancia.[29]

Las ideas laicas y republicanas de los filósofos ilustrados, expresadas en obras como la *Enciclopedia,* inspiran gran cantidad de panfletos subversivos y hojas volanderas que reclaman un cambio social.[30] Para muchos, el ideal era la Roma republicana

28. En el momento en que escribo estas líneas, los dos principales partidos de la menesterosa democracia española se disputan el control de los jueces del Tribunal Supremo.

29. Cuando murió, en 1778, la Iglesia, a la que tanto había atacado, le negó sepultura en sagrado. La triunfante Revolución llevaría su cadáver con todos los honores al Panteón de hombres ilustres recién inaugurado en París, en una de las iglesias confiscadas por el nuevo régimen. Por cierto, Voltaire nunca dijo la famosa frase que se le atribuye, pero *si non è vero, è ben trovato:* «Desapruebo lo que dice, pero defenderé con mi vida su derecho a decirlo». La idea es de la escritora británica Evelyn Beatrice Hall (1868-1956). Voltaire tiene ideas igualmente brillantes, por ejemplo, cuando escribe: «La política es el camino para que hombres sin principios puedan dirigir a hombres sin memoria».

30. La *Encyclopédie, ou Dictionnaire raisonné des sciences, des arts et des métiers (Enciclopedia, o Diccionario razonado de las ciencias, las artes y los oficios),* «un cuadro general de los esfuerzos del espíritu humano en todos los órdenes y durante los siglos», se editó entre 1751 y 1780 con artículos de unos ciento sesenta corresponsales bajo la dirección de Denis Diderot y Jean le Rond d'Alembert. Después de la publicación de los siete primeros volúme-

o, más ampliamente, la cultura clásica grecolatina: leen a sus autores, imitan su arte (neoclasicismo) e incluso su modo de vida convenientemente idealizado.

Gracias a los ilustrados, la idea de construir una sociedad igualitaria conduce a algunos miembros de los estados privilegiados a empatizar con el pueblo, especialmente pequeños nobles campesinos *(hobereaux)* y curas de aldea *(bas-clergé)*. Claro que esas personas raramente influyen en la corte.

Como una cosa es predicar y otra dar trigo, consignemos que estos *philosophes* no siempre saben estar a la altura de las nobles ideas que predican. El ejemplo más patético es Rousseau, autor de una teoría para organizar la vida de la humanidad (su obra *El contrato social* influirá poderosamente en los intelectuales de la Revolución). Otra obra suya, *Emilio o De la educación*, expone cómo debe educarse a los niños. Por cierto, que mientras la escribe, su mujer o esclava va pariendo hijos sucesivos, hasta cinco, y él se desentiende de ellos entregándolos al hospicio (L'Hôpital des Enfants-Trouvés).

—¿Por qué obra de ese modo tan irresponsable? —Me imagino la perplejidad del lector.

—¿Cómo podría tener la tranquilidad mental necesaria para mi trabajo con mi buhardilla llena de problemas domésticos y el ruido de los chicos? —se justifica el gran hombre.

Ítem más: Rousseau se pirra por aparecer en los salones de las damas y marquesonas de la corte, pero vive en concubinato con una criada analfabeta a la que conoció en la posada donde se alojaba, Thérèse Levasseur, con la que jamás se exhibe en público porque se avergüenza de ella hasta el punto de prohibirle sentarse a la mesa cuando recibe invitados en casa.

—Nunca sentí ni el más mínimo sentimiento amoroso por

---

nes, la Iglesia la introdujo en el *Índice de libros prohibidos* (1759), lo que obligó a imprimir el resto de la obra en Suiza. En total, fueron 35 volúmenes (21 de texto, 12 de láminas, y 2 de índices que contenían unos 73.000 artículos y 2.885 ilustraciones). Diderot expresó sus esperanzas sobre el significado de la obra, que «andando el tiempo será un revulsivo de los espíritus y sirve a la humanidad, evitando la victoria de los tiranos, los opresores, los fanáticos y los intolerantes».

Thérèse —confiesa en su autobiografía *Las confesiones*—: Mis relaciones con ella eran meramente sexuales.[31]

Muchos ilustrados frecuentan las tertulias semanales o salones mantenidos por damas cultas (las *salonnières*), en los que se practica el arte de la conversación refinada e ingeniosa, y se examinan ideas y tendencias.[32] También *on conte fleurette,* que como ya hemos dicho es como en Francia se denomina el cortejo.

Los salones son «espacios de libertad para la cultura y el pensamiento, más allá de las doctrinas oficiales; espacios para el encuentro, más allá de las diferencias estamentales; y espacios para la emancipación femenina, más allá de las normas sociales».[33]

La Revolución acabó con muchos salones. Los que sobrevivieron tuvieron que rebajar el tono amable y culto para politizarse con las inquietudes sociales del momento.[34] Incluso surgieron otros que eran simplemente sedes de partidos o tendencias políticas, como más adelante veremos.

31. El biógrafo Gavin de Beer intenta explicar las incoherencias de Rousseau: «Suponiendo que no fuera un actor, cabría preguntarse si era esquizofrénico; pero probablemente tampoco lo era. Su poder de imaginación era tan grande, su timidez tan acusada, su indignación moral tan fácil de explotar, su vanidad tan aplastante y su egotismo tan irrebatible, que un momento estaba violentamente a la defensiva y hostil, y al siguiente era todo tranquilidad, un hombre aparentemente normal y casi eufórico. Todavía hay otra explicación, más seria, de su comportamiento: daba incipientes muestras de demencia [...], siempre tuvo presente en su subconsciente las cosas imperdonables que había hecho» (De Beer, 1985, p. 145).

32. Esta consciente búsqueda del refinamiento en actitudes y gustos de las «preciosas» *(poussée précieuse)* era deudora de una moda estética desarrollada en los reinados anteriores. Repercutió de modo especial en las artes del cortejo, que se tornaron de una enfadosa exigencia intelectual, con juegos verbales que no estaban al alcance de todos los cortejadores. Es el tipo de ambiente que retratan magistralmente películas como *Las amistades peligrosas* (1988), de Stephen Frears, o *Lady J* (*Mademoiselle de Joncquières,* 2018), de Emmanuel Mouret.

33. Blanco Corujo, 2005, p. 82.

34. «Como señalará con irónica lucidez madame de Staël refiriéndose al suyo, en una carta a Talleyrand: “Mi casa es un hospital político: los partidos vienen aquí a curarse las heridas abiertas en la batalla a muerte que cada día sostienen por la batalla de sus ideas”» (*Ibidem,* p. 87).

CAPÍTULO 4

# El almacén de Roux et Frères

París, por fin.

El joven Diego, que nunca salió de Cádiz, está viviendo la aventura de su vida. Todo lo que ve le parece extraordinario: las calles bulliciosas, los puentes sobre el río, las majestuosas fachadas de los palacios, los carruajes que vienen y van, las potentes torres de Notre-Dame asomando por encima del caserío...

Nota que la gente común usa una prenda todavía desconocida en España, una especie de calzas tubulares que se alargan hasta los tobillos, como las mangas de las chaquetas.

—Se llaman pantalones —lo ilustra Antoine Roux—. Y es la prenda usada por el pueblo para ahorrar en calzas y ligas. Las calzas hasta las rodillas o *culottes* han quedado para la gente de posibles. Por eso a las personas del pueblo llano se las denomina *sans-culottes*.[35]

Otra prenda propia del pueblo y de los *sans-culottes* es la carmañola, una especie de chaqueta abotonada que llega hasta la cintura. La prenda correspondiente del noble, la casaca, tiene faldones hasta las corvas.

Las *turgotines* tienen su parada en la plaza de Rave. Nuestros amigos transbordan a un coche de alquiler que los traslada a la

35. Avanzada la Revolución, el término *sans-culotte* se aplicará al militante radical. Sus equivalentes femeninos serán las *furies* o, más concretamente, las *furies de la guillotine*.

sede central de la empresa de coloniales Roux et Frères, establecida en 1680 en la calle Jacques del barrio de Saint-Marcel.

Gaston Roux, presidente de la empresa, abraza a su primo Antoine y le propina los tres besos de rigor.

—¡Tres años sin vernos y te encuentro más robusto y más guapo! —le dice sin desasir el abrazo.

—Tampoco a ti te trata mal el tiempo —le devuelve Antoine el cumplido.

Repara entonces en una dama joven que observa la escena con gesto severo, las manos entrelazadas sobre el lujoso vestido de calle. Gaston se vuelve hacia su esposa.

—*Ma chère,* te presento a mi primo Antoine, del que tanto te he hablado.

Antoine hace ademán de besarla en la mejilla, como se hace con los parientes, pero ella se retrae y le presenta el dorso de la mano. Antoine, algo turbado, se inclina con una reverencia y lo besa. El contacto con los dedos es tan frío que casi no puede evitar un estremecimiento.

La dama se desentiende de él y le dice a su esposo:

—El coche me aguarda para llevarme al salón de madame Panckoucke. No me esperes para comer.

El primer desaire era disculpable por temor a que le descompusiera el tocado, pero esta vez Antoine no encuentra disculpa para ese uso de la segunda persona verbal que lo excluye a él. Es evidente que su presencia en la casa no es bienvenida.

Cuando la dama se marcha, Gaston se vuelve hacia su primo con expresión abatida.

—Tienes que disculparla, *cher* Antoine. Es que padece *l'ennui,* la enfermedad de moda entre la aristocracia.

*L'ennui,* el tedio, la melancolía, ese sentimiento de tristeza que invade a las personas que lo tienen todo y que se aburren.

En realidad, el principal padecimiento de Anne de Le Roi, que así se llama la esposa de Gaston, es que no la invitan a los salones aristocráticos y ha de conformarse con el de madame Panckoucke, la esposa de un acaudalado librero, al que acuden intelectuales de medio pelo entre los que tampoco se siente cómoda, porque es medio analfabeta y no puede seguir conversaciones que no entiende.

Anne de Le Roi es hija ilegítima que el conde de Le Roi-Camembert tuvo con una atractiva dependienta de sombrerería. El conde no le dio su apellido, que ella usa fraudulentamente, pero la internó en un colegio de monjas para que recibiera la misma educación que sus hijas legítimas, o sea, leer, escribir y algo de bordado. Cuando a los catorce años salió del colegio, su madre la paseó para que luciera palmito por los bulevares de moda hasta que pescó a un marido rico: Gaston Roux. Poco después de la boda, a la muchacha dulce y paciente que había sido se le agrió el carácter y comenzó a padecer dolores de cabeza que le impedían cumplir los deberes matrimoniales. Examinada por varios doctores, por fin uno de ellos dio con su mal: *l'angoisse existentielle.*

—¿Y eso cómo se cura, doctor? —preguntó Gaston.

—Ay, *mon ami* —dijo el galeno—. Se cura como se curan todos los males del alma: con paciencia y mucho amor.

Un criado acompaña a Diego a su aposento.

La sede central de Roux et Frères es un noble edificio de ladrillo que ocupa más de media manzana del antiguo París. El almacén propiamente dicho, con su tienda abierta al público, ocupa la planta baja. Las dos plantas superiores son de oficinas y viviendas. En un espacioso corral trasero, empedrado y provisto de fuente, están los talleres donde los pelaires se afanan en trabajar la lana y el resto de los servicios, caballerizas, lavaderos, cocinas y los cuartos de la servidumbre. El asignado a Diego es una celda provista de catre, perchero y baúl. Desde el ventanuco alto y enrejado se ve la cúpula de Sainte-Geneviève.

Después de deshacer su escaso equipaje, Diego explora la casa y la tienda. Todo le parece admirable. Media docena de empleados atienden un largo mostrador de caoba adornado con tachuelas de cobre que separa la sala de la trastienda, una ordenada sucesión de estanterías hasta el techo con un centenar de cajoneras minuciosamente etiquetadas y divididas en secciones: una de seda, vicuña, algodón, damascos, *chiffons,* muarés o encajes de Chantilly y cintas; otra, de telas preciosas; y otra, de productos industriales y tintes, barrilla, palo de Brasil, índigo y cochinilla. De esta última, ventajosa sustituta de la prohibitiva púrpura, existen múltiples calidades que los Roux clasifican minuciosamente en cajoneras con marbetes: silvestre, *fine, mestegue, en grabeau* y grana.[36]

—¿Te gusta lo que ves? —pregunta Antoine a su criado.

Diego asiente entusiasmado.

—Es otro mundo, señor.

—Aquí tendrás que decir *sieur* —lo corrige Antoine—. Tus obligaciones son las mismas que tenías en Cádiz, sigues siendo mi paje y acompañarás a la señora Cécile, la cocinera, al mercado de Les Halles.

La señora Cécile es una gorda bajita, de rojos mofletes, que oculta sus canas bajo una cofia fruncida. Con los brazos remangados faena entre pucheros humeantes auxiliada por dos muchachas.

—Ah, tú vas a ser el mandadero —saluda a Diego—. Pues aquí no te va a faltar faena.

La muchacha que parece mayor es una pelirroja menuda despatarrada sobre un taburete, con un cubo de duelas entre las piernas en el que arroja los desperdicios. Mira al visitante con cierto descaro. Antoine se dirige a ella:

—*Brigitte, c'est mon domestique, Diego. Désormais il vous accompagnera au marché et vous lui apprendre le français.*

Brigitte asiente complacida y le sonríe a Diego con malicia, al tiempo que arranca las tripas del pájaro que tiene en la mano con dos dedos expertos.

Diego siente subirle la sangre al rostro y balbucea unas palabras corteses en su torpe francés, el poco que ha ido captando en los almacenes de Cádiz y en el viaje a través de Francia.

Al día siguiente, Diego carga con una gran cesta y acompaña a la cocinera y a Brigitte al mercado de Les Innocents. Pasan por la fuente Bouchardon, en torno a la que se arraciman mujeres y criados con pellejos y cántaros.

36. La grana cochinilla *(Dactylopius coccus)* es un insecto hemíptero poco mayor que una lenteja que se alimenta de nopales y produce en su interior un ácido carmíneo con el que pueden teñirse ventajosamente fibras vegetales o animales. Se produce en México en sus dos variantes silvestre (en las comarcas de Chiapas, Guerrero, Michoacán, Jalisco y Yucatán) y fina (Oaxaca, Puebla y Tlaxcala).

—El agua más fina que habrás probado en tu vida —le dice Brigitte en un francés pausado para hacerse entender.

Diego le responde que sí a todo.

El creciente griterío anuncia la proximidad del mercado. Pasan una puerta monumental y acceden al «vientre de París», como lo llamará Zola, un apretado laberinto de tenderetes dispuestos en callejas, algunos de obra y otros de tablas, algunos techados y otros a cielo abierto. Abundan los nabos y las cebollas, las coles y las manzanas. Los vendedores pregonan su mercancía, los compradores hurgan en los géneros y escogen los más presentables. De los expositores de los puestos cuelga pescado seco, tocino y toda clase de salchichas. Los olores apetitosos se mezclan con los nauseabundos. Perros y cerdos hozan en el canalillo central, teñido con la sangre que escapa de las carnicerías, al que los vendedores arrojan los desperdicios.

Los vendedores ambulantes pregonan su mercancía: salchichas picantes, zanahorias confitadas, cáscaras de naranja en almíbar de miel, quesos y pastel de avena. Algunos llevan una lata a la espalda con un pipote del que sirven sopa de cebolla o achicoria en vaso de peltre; otros, un pellejo de aguardiente.

Dejan atrás los cobertizos donde los vendedores de ostras disponen su mercancía en ordenados parapetos, el de los medidores de queso y sueros, el de los triperos que se afanan limpiando el género en calderos humeantes, los puestos de aguardiente donde carreteros, mercaderes, y esportilleros matan el gusanillo. Brigitte se burla de la fascinación con que Diego lo observa todo.

—¿No tenéis mercados en España?

—Claro que tenemos.

Mientras la cocinera se toma una copa de calvados en uno de los puestos en compañía de otras dos colegas, Brigitte y Diego hacen la compra en la verdulería.

La pescadera del puesto vecino, una mujer rolliza, desgreñada y rubicunda de tez, se llama Adèle la Tremenda. Es un personaje popular en los ambientes inelegantes de París porque tiene la lengua más arrabalera de la ciudad y un repertorio de tacos y palabras malsonantes que envidian los carreteros peor hablados. Cuando conversa con un cliente, suele hurgarse las caries con el peroné de una gallina y luego chasquea la boca haciendo ventosa para extraer las podredumbres interdentales.

Adèle tasa descaradamente las prendas físicas del muchacho y le pregunta a Brigitte:

—*Où as-tu trouvé cet individu?*

Brigitte le explica que se trata de una nueva adquisición de Roux et Frères.

—*Et tu l'as déjà foutu?*

—*J'y pensé* —responde la muchacha con una carcajada.

Diego ha entendido el sentido de la conversación, que si se lo ha cepillado ya, pero se hace el ignorante. De regreso al almacén, cargado con los nabos, las cebollas y las ciruelas, contempla el trasero de Brigitte, que camina delante del brazo de la cocinera, contoneándose un poco al sentirse observada, y evalúa sus gracias. La encuentra feúcha, bajita y algo escurrida de caderas, pero se conforma pensando que en peores plazas ha toreado. Por otra parte, se pregunta cómo será hacerlo con una francesa.

Brigitte tiene ese día la tarde libre. Como se ha tomado a pecho lo de enseñar francés al muchacho, lleva a Diego al Boulevard du Temple, donde los cafés, los tabucos de jugadores y las tiendas de moda reúnen a mucha gente pudiente, lo que también convoca a mendigos y prostitutas. Una de las atracciones más populares es la galería de retratos de Philippe Curtius.[37] Nuestros amigos satisfacen los cuatro *sous* de la entrada, que galantemente aporta Diego, y penetran en los jardines, donde se exhiben las famosas creaciones de Couvert. El grupo escultórico más destacado es *Le grand Couvert,* que representa un festín de la familia real en figuras de cera de tamaño natural.[38]

—Están cenando —observa Brigitte señalando la mesa es-

37. Curtius (1737-1794) comenzó su carrera como médico animista y modelaba en cera los órganos para enseñar medicina a sus pupilos. Sus creaciones tuvieron tanto éxito que abandonó la medicina para dedicarse totalmente a la escultura en cera de personajes famosos como Voltaire o Franklin, pero también se adaptó al gusto popular, creando la Caverna de los Grandes Ladrones, en la que representó a famosos criminales.

38. El museo de cera era propiedad del doctor Curtius y su artista principal era el alemán Peter Creutz.

tupendamente surtida de manjares en torno a la que se figura la escena.

Todo parece tan real que a Diego se le hace la boca agua. Traga saliva con movimiento de gaznate.

—¡Todo lo que ves es de cera! —advierte la muchacha riendo.

—Parecen recién salidos del horno —se maravilla Diego— y las frutas, ¡qué bien dan el pego!

—La que mejor da el pego es la reina —dice Brigitte señalando a la figura de cera.

—¿La reina? —se extraña Diego.

—*Elle couche avec tous les mecs du Versailles, quelle salope.*

Diego tarda un poco en entender lo que acaba de oír, que la reina se acuesta con todo Versalles, la muy puta. No está acostumbrado a que tan abiertamente se falte al respeto a una persona de la realeza, al menos, no en España.

Brigitte sonríe con malicia.

—Todo el mundo lo sabe, menos tú, claro. Es aficionada al metisaca y el rey, el pobre, no le da todo lo que necesita.

—¿Quieres decir...?

—Que la austriaca es un huerto sin regar. Hace cinco o seis años mantuvo un *affaire* con un cardenal muy rico que le regaló un valioso collar de diamantes. El cardenal no pudo pagar a los joyeros que lo habían hecho expresamente, ellos protestaron y se destapó el asunto. A saber con cuántos más se ha acostado la mosquita muerta. También se encama con el conde de Artois, hermano menor del rey, y si no lo hace también con su otro cuñado, el conde de Provenza, es porque este es maricón.[39]

Al paso de los días, Diego irá entendiendo que en Francia odian a la reina. Incluso cuando aparece honestamente vestida en las pinturas de Vigée Lebrun, a la gente le parece indecente e hipócrita. En imprentas clandestinas se editan *libelles* de pocas páginas que narran con escabrosos detalles las hazañas amatorias de la reina.

39. Uno de los *libelles* contra la reina se titulaba *Les amours de Charlot et Toinette* (Charlot era el conde Charles de Artois; Toinette, el diminutivo de María Antonieta). Véase <https://gallica.bnf.fr/ark:/12148/bpt6k9692965t.texteImage>.

—Es insaciable como Mesalina —aseguran—. No solo copula con todos los hombres que le apetece. También lo hace con mujeres, «el vicio alemán», como aquí decimos.

En un puesto callejero adquieren un cucurucho de almendras garrapiñadas, la moda italiana que hace furor en París. Brigitte entona a media voz una de las canciones de taberna que hablan de la reina:

*El gran rey de Francia*
*es un rematado cornudo.*
*¿Qué más da?*
*¿A quién le importa?*[40]

Diego y Brigitte pasan toda la tarde contemplando las curiosidades que atesora el Palais-Royal, desde la actuación del ventrílocuo Lumiera a la contemplación de la figura de la bella Zulima (que en realidad es una mujer de carne y hueso maquillada e inmóvil para que la tomen por figura de cera).

En un tabuco callejero, la pareja toma un cubilete de vino de pobres hecho de hervir los desperdicios de la uva después de pisada con ciertas hierbas y melaza.

Brigitte habla de la señora.

—Madame Anne es una mala pécora, ándate con cuidado con ella. Le dan asco los hombres y no deja que monsieur Gaston la toque, por eso no tienen hijos. Solo sabe ir por ahí con buenos trajes, aparentando que es noble, aunque todos sabemos que se crio de fámula de las monjas lavando sábanas y limpiando culos. Cuando salió del convento engordó un poco, se lució en el paseo con los vestidos que su madre tomaba prestados y cazó al pobre Gaston.

40. *Le grand roi de France / est un parfait cocu. / Eh! mais oui-da. / Comment peut-on trouver du mal à ça?* (Schama, 2019, p. 249).

CAPÍTULO 5

# El asunto del collar

Ya que lo ha mencionado Brigitte, dedicaremos un par de páginas al collar que el cardenal Rohan regaló a la reina. Uno es un caballero y cree, en beneficio de la verdad, que debe aclarar este caso que a los ojos de los franceses tanto perjudicó la reputación de su soberana.

Todo comenzó como una estafa ideada por una dama de cierta alcurnia, pero arruinada, Jeanne de Valois-Saint-Rémy, condesa de La Motte. La dama conoció en una fiesta al cardenal de Estrasburgo, Louis-René-Édouard de Rohan, vástago de una de las más aristocráticas familias de Francia, gracias a lo cual, y no a sus méritos personales, puesto que muy despabilado no era, había ascendido a gran limosnero de Francia (*grand aumônier* de la corte, que es como decir su capellán oficial).

El cardenal Rohan aspiraba a ser nombrado ministro creyéndose un nuevo Richelieu o un nuevo Mazarino. El problema era que la reina sentía hacia él cierta ojeriza heredada de su madre, la emperatriz de Austria, María Teresa, que se enemistó con él cuando fue embajador ante la corte de Viena. Convencido de que los nombramientos de ministros dependían de María Antonieta más que del irresoluto Luis, el cardenal no sabía cómo congraciarse con ella.

—¿Cómo podría ganarme su amistad? —se preguntaba el cardenal.

—Favoreciéndola en algún asunto.

Conocedora de estas circunstancias, la estafadora condesa de La Motte hizo creer al cardenal que pertenecía al círculo privado de la reina y que esta, gran aficionada a las joyas, se había encaprichado con un collar de diamantes valorado en dos millones de libras, pero no disponía de esa cantidad para desembolsarla al contado, como exigían los joyeros Charles Boehmer y Marc Bassenge, autores de la notable pieza.

—Sería un gesto generoso que disiparía todas sus reservas hacia monseñor si pudiera facilitarle la operación —sugirió ladina Jeanne—. La reina no pretende que le obsequie una pieza tan cara, le devolvería el dinero en cuatro plazos semestrales.

El cardenal Rohan era inmensamente rico y además disponía de los fondos de su cargo como gran limosnero, pero abonar de golpe dos millones de libras era una cantidad como para pensárselo.

Jeanne le espoleó el deseo.

—Además, la reina, lo sé de buena tinta, no es ajena a vuestros encantos. A veces ha comentado ventajosamente vuestra figura.

Aquella confesión de la comedianta pulsó la tecla adecuada. Rohan era bastante disoluto y aficionado a los placeres mundanos, lo que unido a la mala fama de la reina le hizo concebir esperanzas de acceder a ella bíblicamente.

Advirtamos que el eclesiástico frisaba entonces los cincuenta años y no era mal parecido, aunque su afición a la buena mesa se empezaba a notar en su cintura.

Picó el incauto, desembolsó los dos millones rebañando cuentas propias y ajenas, adquirió el collar y se lo entregó a Jeanne de Valois, condesa de La Motte, para que lo entregara a la reina. Luego aguardó impaciente alguna señalada fiesta de la corte en la que la reina luciera la joya. Pasaron varias celebraciones en las que hubiera sido oportuno dejarse ver con el collar, pero la reina prefirió otros complementos.

En realidad, la estafadora había desengarzado los diamantes y los había vendido al menudeo a ciertos joyeros ingleses.

Boehmer y Bassenge y el propio cardenal Rohan se extrañaron de que la reina no luciera en las grandes ocasiones el aderezo que tanto había deseado. Rohan hizo sus indagaciones y vino a saber la verdad, que todo había sido una estafa. También lo supieron los reyes y, aconsejados torpemente, decidieron llevar el caso a los tribunales para que se esclareciera la verdad y el honor de la reina quedara a salvo. La verdad quedó probada, pero no así el honor de la reina, puesto que la gente prefirió pensar que había sido un enjuague legal y que cuando el río suena agua lleva.

Jeanne fue condenada a cadena perpetua y a ser marcada a fuego con la V de *voleuse* ('ladrona') en la escalera del palacio de justicia. La marca solía hacerse en el hombro, pero como la dama se resistía violentamente el hierro resbaló y fue a estamparse en el seno derecho. La falsa dama logró escapar y huir a Londres, donde publicó unas *Mémoires justificatifs de la comtesse de Valois de La Motte* (1789). Murió dos años después al precipitarse a tierra desde una ventana alta cuando huía de los acreedores. En cuanto al cardenal Rohan, la Iglesia lo destituyó de sus cargos y honores, y lo envió a meditar una temporada en la abadía de Chaise-Dieu.[41]

41. El asunto del collar tuvo una gran fortuna literaria: *El collar de la reina* es una novela de Alejandro Dumas, aparecida en la prensa entre 1849 y 1850; *María Antonieta* (1932), de Stefan Zweig; *El collar de María Antonieta* (1919), de Diego San José, y *El collar de María Antonieta* (1992), de Néstor Luján. Entre las películas, destacan *El collar de la reina* (1919), de Tony Lekain y Gaston Ravel; *El asunto del collar de la reina* (1946), de Marcel L'Herbier, y *El misterio del collar* (2001), de Charles Shyer.

CAPÍTULO 6

# ¿Peligra el trono?

En la oficina del entresuelo, con vistas al salón de operaciones, los dos primos Roux cambian impresiones sobre el negocio familiar al tiempo que degustan sendas copas de clarete.

—Corren malos tiempos, querido primo —dice Gaston—. Los propietarios antes éramos *pères nourriciers* ('padres nutricios') de nuestros obreros, ahora nos consideran explotadores a los que hay que linchar. Los obreros están descontentos con los sueldos y los propietarios no encontramos suficiente remuneración por nuestro trabajo. Demasiados impuestos y demasiado despilfarro de los nobles y de la corte. Hace poco circuló el rumor de que monsieur Jean-Baptiste Réveillon, el fabricante de papel que empapelaba las casas de media Europa, iba a bajar los sueldos de sus empleados en su fábrica del barrio de Saint-Antoine. Era solo un rumor que luego se demostró falso, pero los obreros y la chusma en general reaccionaron con inusitada violencia; armados de garrotes y herramientas afiladas o cortantes, se dirigieron a su fábrica al grito de «muerte a los ricos, muerte a los aristócratas», la saquearon e incendiaron los almacenes con todos los papeles y las inflamables gomas que contenían. El propio Réveillon logró salvar su vida a duras penas refugiándose en la Bastilla, la fortaleza del barrio, mientras las turbas saqueaban su mansión, amontonaban sus muebles y su magnífica biblioteca en el jardín y hacían una pira con todo. Alrededor organizaron una fiesta con las dos mil botellas que encontraron en la bodega de la casa.[42] Naturalmente, acudieron las tropas a sofocar el motín y abrieron fuego sobre los rebeldes matando no se sabe a cuántos.

—Ya veo que he llegado a París en mal momento.

—Al contrario, primo. Ahora que puedes relevarme aprovecharé para ir a Lyon y ver cómo marchan los almacenes de la seda, y a Marsella para renegociar nuestras licencias con la Chambre de Commerce. Tendremos que regatear con el cónsul turco, que se empeña en aumentar el soborno para que los berberiscos respeten nuestros barcos. El San Bonoso, que trae 225 cargas de 8 arrobas de 25 libras la unidad, está detenido en Cartagena en espera de licencia para salir. Y mientras tanto me dice nuestro agente en Hamburgo que los Aillaud, nuestros competidores, acaban de vender la carga de una goleta inglesa, la Maximiana, procedente de Veracruz, a 44 táleros, o 368 pesos de a 8 la libra.

—¿Sigue a cargo de las cuentas el viejo Mangold? —pregunta Antoine.

—Sigue al pie del cañón. Lo que ocurre es que siempre anda entre libros de cuentas en lo que él llama «su palomar». Luego vendrá a saludarte.

—¿Y va enseñando al hijo que lo sucederá?

—Así es. Yo diría que esa sucesión está más asegurada que la del delfín.

El delfín era, en Francia, el título del sucesor de la Corona, equivalente al de príncipe o princesa de Asturias en España.

—¿Es cierto, entonces, que el trono está en peligro? —inquiere Antoine.

—Eso aseguraban los horóscopos que se hicieron en Versalles con motivo del Año Nuevo, pero puedo asegurarte que nadie les concedió el menor crédito. La corte recibió el nuevo año como siempre, con banquetes, músicas, bailes, representaciones

42. Un testigo de la algarada la describió como «mil seiscientos de la escoria de la nación, degradados por vicios vergonzosos [...], vomitando *brandy,* ofrecían el espectáculo más degradante y nauseabundo» (Schama, 2019, p. 369).

teatrales, fuegos artificiales e intercambio de regalos entre esposos y entre amantes. Todos entregados a la diversión, al lujo y a la molicie. El único que parece contrariado es Necker, el ministro de Finanzas, al que hace un par de años el rey volvió a llamar para que se hiciera cargo de este desbarajuste.

—¿Desbarajuste?

—Piensa, primo, que la corte la forman los aristócratas que después de presentarse ante el rey merecen su aprobación. Antes deben demostrar que la nobleza de su estirpe se remonta al menos a 1400. Los cortesanos admitidos son unos cuatro mil para la casa civil del rey, unos dos mil para la militar y otros tantos para las casas de los príncipes y princesas.

—Una multitud —observa Antoine.

—Una multitud que, aunque se mantenga con sus propias rentas dimanantes de las propiedades que tienen en provincias, causa ingentes gastos al Estado. Además, el hecho de estar en la corte pendientes de los favores del rey los obliga a competir en vestidos, pajes, carrozas y otros gastos suntuarios.

—He observado una cantidad de tejidos de color púrpura grisáceo en la tienda.

—Es la pieza de tela más vendida. La reina la puso de moda hace unos años, aunque el rey, cuando la vio vestida de ese color, comentó ácidamente que le parecía del color de las pulgas *(couleur de puce).* Según la temporada la producimos en tonos ligeramente distintos, porque los tintoreros no siempre aciertan con el tono justo. Ahora se lleva más el gris ceniza. En cualquier caso, se ha impuesto como moda porque se disimula más cuando está sucio.[43]

Mientras los primos arreglan el mundo, en la buhardilla de Diego, la coqueta Brigitte se desnuda sin apagar la luz para

43. En Francia, «la pulga adquirió cierto significado sexual a partir de una serie de sugerentes cognados con *puce,* como *pucelle,* 'doncella' (y en ciertos contextos, 'puta'); *pucelage,* 'doncella', y *depuceler,* 'desflorar'. Además, los franceses erotizan la pulga en un dicho que se remonta al siglo XIV, *avoir la puce à l'oreille,* 'tener una pulga en la oreja', en el sentido de sentir deseo de sexo» (Sanders, 2008-2009).

sorpresa del español, al que sus novias españolas han acostumbrado a hacerlo a oscuras.

No es su única sorpresa. La muchacha le enseña posturas inéditas que nunca experimentó en España y, ya metidos en harina, le realiza una felación, práctica sexual que en la tierra de garbanzos de donde procede el muchacho solo practican las meretrices, y no todas.

Al término de la refriega, Brigitte, sudorosa y desnuda, toma una pulgarada de rapé de las que le sustrae al señor Roux de la tabaquera y comenta con desenfado:

—Adrien me lo hace mejor y tiene la *quéquette* más grande, pero tú me gustas más por lo delicado que eres. Aparte de que ya irás aprendiendo.

—¿Quién es Adrien?

—Mi novio. El padre de mis hijos cuando nos casemos.

Diego la mira sorprendido.

—No sabía que tuvieras novio.

—Desde pequeñita. Es un amigo de mi hermano Julien, los dos son *gens de rivière*.

—¿Qué quieres decir?

—Que viven del río, sin trabajo fijo. Son *flotteurs,* los que empujan las balsas desde la orilla, pero ese trabajo es muy discontinuo, eso es lo malo. Y le tengo advertido que hasta que se busque algo fijo no me iré a vivir con él.

Diego no sale de su asombro.

—¿Y no le importa que lo hagas con otro?

—¿Que haga qué?

—Lo que hemos hecho..., esto.

Brigitte lo mira divertida.

—¿Quién se lo va a decir? ¿Tú? Yo tampoco me meto en las madames que se calza cuando reparte esportillas por las casas.

CAPÍTULO 7

# Un rey pánfilo y su pizpireta esposa

Luis XVI es hijo de otro Luis, el delfín hijo de Luis XV, que no llegó a reinar porque murió antes de heredar el trono. A la sazón, es un hombre de treinta y cuatro años, «grueso, pesado, tímido, irresoluto y asustadizo, pero serio, trabajador, sincero y bueno».[44] De joven no era mal parecido, a pesar de la probóscide borbónica que preside su faz, pero en 1789 ha echado barriga y papada que lo hacen parecer mayor. También se ha vuelto irritable, especialmente consigo mismo cuando advierte que su carácter débil lo convierte en un rey fácilmente influenciable. ¡Quién tuviera la firmeza y la inteligencia de los anteriores Luises!

Quizá algo hastiado de la estricta etiqueta de palacio que le impone la asistencia de un tropel de cortesanos en cada mínimo acto cotidiano (especialmente el *lever du roi* y el *coucher du roi*),[45]

44. Breton, 1970, p. 187.

45. Las ceremonias de levantar y acostar al rey, importantísimas en el protocolo. Cada día, a las 8.30 horas, el primer ayuda de cámara real penetra en el dormitorio del rey y, acercándose al lecho, le dice: «Sire, es la hora». Despierto el rey, pasan al dormitorio la enfermera, el médico y el cirujano, le frotan el cuerpo para tonificarlo y le cambian la camisa. Un paje sostiene bajo sus manos una palangana de plata mientras otro se las riega con agua ligeramente perfumada. A continuación, el gentilhombre de semana le presenta un cáliz de plata que contiene agua bendita con la que el monarca se persigna. Es el momento en que un escogido número de aristócratas que aguarda-

rehúye siempre que puede las apariciones públicas. No es nada aficionado a los salones, esas tertulias de la corte en las que los participantes rivalizan en conversación refinada e ingeniosa en torno a temas mundanos, literatura, ciencias o simple chismorreo. Tampoco le gusta viajar. En su largo reinado solo se le conoce un viaje, a Cherburgo, para inspeccionar las defensas del puerto. Prefiere no salir de Versalles si no es para cazar.[46] Pasa las horas alejado del mundanal ruido, encerrado en la biblioteca de palacio.

—Veo que es un gran lector. Eso dice bien de él.

—No se encierra a leer, no. Dudo que haya leído un libro en su vida. Es que allí ha instalado un taller de cerrajería, con forja y todo, donde convoca con frecuencia al herrero de Versalles, monsieur Gamain, y al mecánico Poux-Landry para que lo ayuden e instruyan.[47]

En cierto sentido, el rey es bastante sencillo. En las fiestas que se ve obligado a dar (por imposición del calendario de la corte o porque la austriaca, su esposa, es aficionada a la pompa y a toda clase de entretenimientos), no pierde ocasión de gastar chanzas propias de aldeano paleto.

—¿Bromas?

—Por ejemplo, ordena conectar las fuentes de riego cuando los invitados pasean por los jardines para arruinar los encopetados peinados de las damas. También, en *petit comité,* gusta de contar chistes verdes que harían sonrojarse a un mozo de mulas.

---

ban en la antecámara penetran a darle los buenos días mientras otros servidores lo visten y lo peinan frente a un gran espejo que sostiene otro. Un barbero lo afeita en días alternos. Es el momento de sentarse en el retrete o *chaise percée* ('silla agujereada', léase *retrete*) para hacer sus necesidades o meramente fingirlo. La ceremonia de *lever* termina con el desayuno real. Como los aristócratas deseosos de servir al rey son muchos, hay que organizar hasta seis entradas, o grupos, que se alternan a lo largo del *lever*.

46. El rey es tan aficionado que caza casi a diario. Se calcula que en trece años de práctica cazó 1.275 ciervos y más de 20.000 piezas menores.

47. Curiosamente, el rey de España por la misma época, Carlos III, se había hecho instalar en palacio un taller de ebanista en el que pasaba las horas torneando palos de sillas.

Se siente mejor entre la gente del pueblo que en la corte. A veces, cuando escucha gritar *«vive le roi!»*, responde: *«Vive mon peuple!»*.

—O sea, que es campechano.

—Chabacano más bien.

No es hombre de grandes ideas, aunque las pocas que tiene las defiende con terquedad. Como gobernante, prefiere no tomar grandes decisiones, el modo más directo de no equivocarse.

—Y ¿qué me dices de la reina? ¿Qué hace mientras su augusto esposo caza o cerrajea en su taller?

—Tiene otras actividades, casi todas lúdicas. Por lo pronto, después de *lever* debe escoger los vestidos que llevará ese día, asunto más complicado de lo que parece porque su fondo de armario es un almacén considerable. La camarera de servicio le lleva un libro con muestras de unas docenas de vestidos, ella lo repasa y marca con alfileres los que se pondrá ese día.[48] Después de desayunar, si le apetece, una carroza la lleva al Pequeño Trianón, un palacete rodeado de jardines que ha decorado a su gusto, con un jardín inglés con su templo del amor, un belvedere, un pequeño teatro y una aldeíta rústica con casitas de adobe al gusto romántico.

—¿Es tan puta como se dice?

—No lo creo, francamente. Parece cierto que gusta de la literatura galante y que guarda en su gabinete obras del tema, pero no creo que se haya atrevido a practicar esas ensoñaciones que lee.

La reina vive en una falsa nube de halagos, bailes e invenciones, pero en el fondo es una mujer desdichada. El pueblo cree los repugnantes panfletos que circulan sobre ella, la odia, la predica liviana y la llama «la austriaca»,[49] pero no está probado que

48. Se conserva el libro correspondiente al año 1782, que contiene setenta y ocho muestras de tejido.

49. En realidad, hacían un ofensivo juego de palabras porque *l'autrichienne* ('la austriaca') puede entenderse también como *l'autre-chienne* ('la otra perra'). El odio a la reina alcanzaba a veces extremos ridículos. La pintora Vigée Lebrun la retrató vistiendo un sencillo *robe en gaulle* de muselina de

le haya puesto los cuernos al rey. Si acaso siente una especie de amor platónico por un atractivo diplomático sueco, héroe de la guerra americana, el conde Hans Axel de Fersen, con el que gusta de pasear por los jardines de Versalles.

Los que la han tildado de puta desde que llegó a París, todavía adolescente, han sido sus cuñados, los hermanos del rey, el conde de Provenza[50] y Carlos, conde de Artois,[51] que se han ocupado de publicar toda clase de panfletos y cancioncillas insultantes para injuriarla.[52] Incluso han propalado que es tan aficionada a la carne como al pescado y que también mantuvo relaciones lesbianas con su íntima amiga la princesa de Lamballe, a la que había nombrado superintendenta del palacio de la reina.

—O sea, su dama de compañía habitual.

—Hay que entender la difícil situación de la reina, que llegó a Francia con trece años, casi sin hablar francés y, desde lue-

algodón. Cuando el lienzo se expuso en el Louvre, los malintencionados señalaron que la reina había posado en camisón o enaguas (la *chemise à la reine*), lo que testimoniaba su liviandad; otros, más conocedores de la moda, encontraban en el cuadro un secreto mensaje de María Antonieta, que así indicaba su preferencia por lo austriaco, dado que el tejido era belga (que pertenecía a Austria), con dos rosas que supuestamente simbolizaban a los Habsburgo austriacos.

50. Luis Estanislao (futuro Luis XVIII) odiaba a su cuñada la reina, probablemente porque cuando todavía era la esposa del delfín le tiró los tejos sabiéndola sexualmente desatendida, pero ella lo rechazó. Casado a los veintiséis años con una princesa italiana de costumbres poco refinadas y nada higiénica, demoró durante años la consumación matrimonial necesaria para engendrar descendencia. Cuando finalmente se decidió, haciendo de tripas corazón, cabe pensar que trabajosamente debido a su obesidad, solo lograron dos abortos.

51. Carlos Felipe (futuro Carlos X), conde de Artois, era uno de los mayores despilfarradores de la corte. Baste decir que un año encargó 365 pares de zapatos. Huyó de Francia tras la toma de la Bastilla y durante años fue la cabeza visible del partido monárquico en el exilio.

52. Una de estas cancioncillas no puede ser más explícita: *«Louis, si tu veux voir / bâtard, cocu, putain, / regarde ton miroir / la reine et le dauphin* («Luis, si quieres ver / a un bastardo, un cornudo y una puta, / mírate al espejo / con la reina y el delfín»).

go, sin conocer a su marido. Una boda por razón de Estado que cimentaba la alianza entre Borbones y Habsburgos después de un siglo guerreando entre ellos.

—¿Es tan manirrota como la pregonan?

—Bastante. La gente la llama Madame Déficit, porque piensa que la deuda estatal se debe a sus gastos, lo que no es del todo cierto. Quizá sea excesivamente liberal con sus amigas. Hace tiempo se encaprichó con la duquesa de Polignac. Cuando supo que estaba arruinada, no solo pagó sus deudas, que ascendían a cuatrocientas mil libras, sino que además le regaló otras ochocientas mil para que pudiera dotar a su hija casadera y una pensión de quinientas mil anuales.

—Un fortunón.

—Piensa que el jornal diario de un obrero es una libra.

CAPÍTULO 8

# La pililla real, grave asunto de Estado

La vida de María Antonieta dista de ser fácil.

Primero tuvo que enfrentarse con madame du Barry, la amante oficial *(maîtresse-en-titre)* del rey anterior (Luis XV), que era un poder establecido en la corte.[53] Luego, tuvo que sustraerse a las tres tías de su marido, unas beatas manipuladoras que intentaban tutelarla, así como a los cortesanos que durante los seis primeros años de su matrimonio la hicieron objeto de desplantes y habladurías. La predicaban por estéril y bruja, porque no le daba un heredero a la Corona, cuando en realidad no podía quedarse embarazada de un marido que no consumaba.

—¿Impotente, el rey?

—Ahora no, y ya es padre de cuatro hijos, pero entonces lo era por causa del frenillo.

—¿El frenillo?

—Que padecía fimosis, digo; que no descapullaba, vamos, y eso le impedía cumplir con la reina. Aparte de que siempre ha sido un poco bobo en las cuestiones de la jodienda. De hecho, es el único rey francés al que no se le han conocido amantes. En su banquete de bodas, estaba trasegando un plato tras otro cuando su abuelo, el rey Luis XV, le puso la mano en el brazo y le susu-

53. Antes de ascender a *maîtresse-en-titre,* o amante oficial del rey, Jeanne du Barry fue dependienta de la tienda de lujo que el famoso sastre monsieur Labille poseía en la elegante Rue Saint-Honoré.

rró al oído: «Luisito, no cargues tanto, que luego viene la noche de bodas». «¿Por qué lo dices, abuelo? —preguntó el muy pánfilo—. ¡Yo duermo como un tronco cuando he cenado bien!».[54]

Después de años sin cumplir en el lecho por culpa de la fimosis, y de haber sido examinado por diversos doctores enviados por el preocupado abuelo,[55] cuando ya la ausencia de heredero comenzaba a ser un problema internacional,[56] gracias a las reite-

54. Nos recuerda una anécdota similar de nuestro propio rey pánfilo, Carlos IV. En una tertulia cortesana en la que se conversaba sobre esposas adúlteras, el entonces príncipe Carlos dejó caer:

—Nosotros, los reyes, tenemos más suerte que el común de los mortales.

—¿Por qué? —quiso saber su augusto y algo amoscado padre, Carlos III.

—Porque nuestras mujeres no pueden encontrar a ningún hombre de categoría superior con quien engañarnos.

Carlos III se quedó pensativo. Luego sacudió la cabeza y murmuró con tristeza:

—¡Qué tonto eres, hijo mío, qué tonto! ¡Las reinas también pueden ser putas!

55. Los doctores Germain Pichault de La Martinière y Lassone. La Martinière, *maître-en-chirurgie* real, tenía el privilegio de cobrar veintiún sueldos y tres dineros a todo cirujano, barbero o peluquero de Francia por el permiso para practicar sangrías. La sangría (extraer una cantidad de sangre punzando una vena) fue hasta finales del siglo XIX el tratamiento común para toda clase de enfermedades. Se basaba en la teoría de los humores, una pseudociencia según la cual la enfermedad viene provocada por un desequilibrio entre los cuatro humores corporales: flema, sangre, bilis negra y bilis amarilla. Ponerse en manos de un médico de entonces equivalía a adquirir todas las papeletas para palmarla, según sabemos por Quevedo y otros claros ingenios que sin saber medicina intuyeron la inutilidad de aquellos remedios.

56. El ministro español Aranda comenta en una carta: «Unos dicen que el frenillo comprime tanto el prepucio que no se retrae en el momento de la penetración y le causa un vivo dolor que obliga a su majestad a moderar el impulso necesario para realizar el acto. Otros suponen que el prepucio tiene adherencias y que no permite dejar salir el extremo del pene, lo que impide la erección completa. Si se trata del primer supuesto, algo parecido les sucede a muchas personas e incluso puede pasar habitualmente en los primeros intentos; pero como estas personas tienen un mejor apetito carnal que su majestad, a causa de su temperamento más apasionado, el frenillo se desgarra por entero o por lo menos de forma suficiente para que pueda ser usado, lo

radas sugerencias de su suegra austriaca (alarmada por las explícitas cartas que recibía de su hija y por las indagaciones de su hijo José II, que visitó Versalles en 1777), consintió en operarse y poco después la aliviada reina pudo escribir a su madre: «He llegado a la felicidad más esencial [...]. Hace más de ocho días que el matrimonio ha sido plenamente consumado. La prueba ha sido repetida ayer todavía de forma más completa que la primera vez [...]. Creo que no estoy embarazada todavía, pero por lo menos tengo la esperanza de poder estarlo de un momento a otro».[57]

Llevaba razón la reina. En cuanto Luis pudo cumplir el débito, vinieron los hijos.[58] Todo el mundo pensaba que, superado su problema fisiológico, el Borbón desearía recuperar lo perdido y se echaría alguna amante, pero como era persona de poco follar, delegó en su hermano Carlos los ímpetus venéreos de la dinastía y él se mantuvo fiel a la legítima.

---

que poco a poco regulariza el acto por completo. Pero cuando los sujetos son tímidos, el cirujano debe intervenir realizando una pequeña incisión y les libra del obstáculo. Si se da el segundo caso, se debe realizar una operación más dolorosa y grave a su edad, ya que requiere una especie de circuncisión, porque si no se realiza una excisión redondeando los labios de la incisión, el acto será imposible» (Besenval, 1805, I, pp. 12-25).

57. *Ibidem.*

58. María Teresa, llamada Madame Royale (1778-1851); Luis José (1781-1789), el delfín de Francia o heredero de la Corona, también conocido como Luis XVII, aunque no llegó a reinar; Luis Carlos (1785-1795), entronizado como Luis XVII, y Sofía (1786-1787), muerta cuando apenas cumplía los once meses.

CAPÍTULO 9

# Estados Generales

El 5 de mayo de 1789, el abate Sieyès atraviesa los bosques de Vincennes en un coche de punto que comparte con otros cinco diputados populares camino de Versalles. Lo invitaron amablemente cuando buscaba combinación para trasladarse al palacio y tuvo que aceptar por no desairarlos.

—Mayo entrado, un jardín en cada prado —murmura el abate Sieyès para sí mismo.

El atestado vehículo hiede a la sobaquina y al tufo a meados rancios que desprenden las casacas de estos representantes del pueblo cuya sensibilidad olfativa está menos afinada que la de nuestro amable abate. Por temor a ofenderlos haciéndoles notar la diferencia de clase, Sieyès no se atreve a llevarse a la nariz la muñequita de lavanda y menta que habitualmente lleva para estos casos en el bolsillo interior de la casaca. Por otra parte, los rústicos han desayunado sopas de ajo y los velados eructos que el traqueteo del vehículo estimula tampoco contribuyen a corregir el ambiente.

El abate Sieyès piensa, resignado, que debe aceptar el pequeño sacrificio como parte de los contratiempos sin duda mayores que en el futuro le acarreará su defensa del pueblo frente a los clérigos de su propio estamento. Con este convencimiento aparta la cortina de hule, asoma la cabeza por la ventanilla e inhala golosamente el aire purísimo y frío de la mañana. Se siente agradecido por las muestras de respeto que recibe de sus compañeros del partido patriota. Muchos han leído su folleto *¿Qué es el tercer estado?*, difundido por la Sociedad de los Treinta, un club constitucional que aspira a implantar en Francia, y quizá en el mundo, una Constitución de hombres libres e iguales como la que han adoptado las recientemente emancipadas colonias norteamericanas.

¡Qué hermoso está el campo! La primavera se ha adelantado y luce todo su esplendor, las rosas silvestres florecen, el trigo encaña, las cetonias sobrevuelan las flores.

—Estarán pariendo las lobas en sus cubiles —comenta uno de los viajeros—. Para el otoño los tenemos comiendo ovejas.

Callan los otros, enfrascado cada cual en sus pensamientos. Sieyès comprende que se sienten intimidados por la gran ciudad. Ven en París la potencia del rey y de sus nobles. ¿Cómo podrán defender sus *doléances,* sus quejas, ante gente tan poderosa? Sus esperanzas están depositadas en el ministro Necker, que parece dispuesto a meter en cintura a la nobleza e imponer un sistema tributario más sensato. Necker es lo que hoy llamaríamos un tecnócrata. Sacar a Francia de la bancarrota requiere reformas fiscales, que paguen algo los privilegiados, y para ello confía en apoyarse en la potente burguesía nacida del pueblo y aspirante a mayores libertades y derechos, y, sobre todo, a un trato fiscal más razonable.

Para eso se han convocado, después de más de cien años, para discutir cómo financiar el déficit y cómo salir de la bancarrota que aqueja al Estado. La solución está clara: las clases privilegiadas deben contribuir. Es fácil decirlo, pero ¿quién le pone el cascabel al gato?

El intendente de palacio ha decidido que las sesiones de los Estados Generales se celebren en el palacete de los Menus-Plaisirs (de los Pequeños Placeres), el depósito de palacio que ha sido convenientemente vaciado de los decorados de teatro y numerosos baúles de disfraces y varios cachivaches que normalmente almacenaba.

Cuando los diputados se asoman, uno de ellos, que es médico e higienista, el doctor Guillotin, expresa sus dudas.

—¿Pretenden atufarnos? *L'air pesant et pestilentiel exhalé de trois milles personnes [...] produira un effet funeste sur tous les députés.*

El mayordomo real conviene en practicar unas aberturas que aseguren la aireación de la sala.

Concurren en total 1.138 diputados: 291 por el clero, 270 por la nobleza y 577 por el pueblo.[59]

—Noto que los diputados del pueblo casi equivalen a la suma de los otros dos estados —comenta uno de ellos.

—Es lo justo: de ese modo se equilibran los estamentos privilegiados con el estamento no privilegiado.

—Parece razonable, pero supongo que el quid de la cuestión está en la forma.

El rey, de acuerdo con los privilegiados, propone el voto *par ordre* (por estamento).

—¿Por estamento, majestad?

—Sí, por estado. Tres votos en total: clero, nobleza y pueblo.

El decano del tercer estado, el prestigioso astrónomo Jean-Sylvain Bailly, se opone frontalmente y defiende el voto por cabeza, es decir, individual, pero los otros dos estamentos se mantienen firmes en su postura.

—Eso es inaceptable, porque el previsible resultado, dos votos contra uno, les aseguraría la mayoría a los privilegiados y las cosas seguirían como están —replica Sieyès.

—¿Qué proponéis entonces, monseñor?

—Ya lo hemos discutido. Queremos el voto por cabeza *(non par ordre, mais par tête)*. Un diputado, un voto. ¿Qué sentido tendría, si no, convocar Estados Generales y traer a París a tantos diputados que han tenido que dejar sus trabajos y a sus familias, e incurrir en grandes gastos para concurrir a la convocatoria real? Hubiera bastado con designar a un representante.

59. El número exacto de los diputados concurrentes varía según las fuentes, porque algunos se incorporaron tarde. El historiador Timothy Tackett cree que mediado julio había 1.177 diputados (295 del clero, 278 de la nobleza y 604 del pueblo). Su colega Louis Madelin reduce a 266 los diputados del clero (48 obispos y 218 curas), entre los que se encuentra nuestro amigo Sieyès.

El estado llano representa al 97 por ciento de la población de Francia, frente al restante 3 por ciento de la nobleza y la Iglesia.

Las discusiones se prolongan durante semanas, a lo largo de las cuales se van definiendo las diversas posturas de los asamblearios que, en lenguaje actual, podríamos calificar de izquierdas, derechas y centro.[60]

Los privilegiados se esfuerzan en obstaculizar las propuestas del tercer estado, pero los representantes del pueblo los van sorteando gracias a su superior preparación jurídica. Casi todos ellos son abogados experimentados, jueces o notarios con años de ejercicio.[61] Por otra parte, los apoya el influyente ministro Necker, admirado líder centrista.

—¿No había dicho, líneas arriba, que el tercer estado era el campesinado? —Me imagino la duda del lector.

—Sin duda, querido lector. Lo que ocurre es que a lo largo del último siglo ha ido creciendo la clase burguesa (profesionales de carrera y demás gentes de economía saneada) que es la que, en realidad, filósofos mediante, está minando los cimientos de los estamentos privilegiados. Estos representantes de una nueva clase emergente, gente refinada que, aunque lleve espada al cinto, se resiste a protagonizar actos violentos, necesitan carne de cañón que les haga el trabajo sucio y lo encuentran en el pueblo impecune y hambriento, las personas elementales fáciles de inflamar con el discurso adecuado, porque no tienen nada que perder y se dejan convencer por los charlatanes.

—O sea, que la burguesía ha ocupado el espacio tradicional

60. Derechas: nobleza y alto clero, que quieren conservar sus privilegios, capitaneados por Jacques-Antoine-Marie de Cazalès y el abate Jean-Sifrein Maury. Centro: el exministro Necker y sus *monarchiens* (monárquicos), admiradores de la forma de gobierno británica y partidarios de hacer ciertas concesiones al tercer estado. Izquierda o «patriotas»: la mayoría de los parlamentarios partidarios de Asamblea única y de que los estamentos privilegiados paguen impuestos; en esta banda se alinean el conde de Mirabeau, el marqués de Lafayette, el astrónomo Bailly, Maximilien Robespierre y el abate Sieyès, que ya conocimos en la posada de La Pomme de Pin.

61. El resto lo integraban una veintena de médicos, otros tantos empresarios y solamente ocho labradores.

del tercer estado y ha relegado al proletariado a un cuarto estado que en realidad no existe.

—Eso es lo que ha ocurrido, amada lectora. Por eso, después de las revoluciones burguesas del siglo XIX (que la francesa inaugura), vendrán las revoluciones comunistas y anarquistas cuando los proletarios adviertan que de ellos no se acuerda nadie.

—Pero las burguesas consiguieron sus objetivos (igualdad con los privilegiados); en el caso de las comunistas, no lo tengo tan claro.

—Porque en las revoluciones comunistas se da la peculiaridad de que el pelotón de cabeza (los líderes que las hacen) se despegan del pueblo en cuanto pueden y se constituyen en minoría privilegiada, o sea, en burguesía del partido (por no decir aristocracia del partido). Es lo que explica magistralmente la fábula de Orwell *Rebelión en la granja* (1945).

Regresemos al tema. Entre los más inspirados oradores del pueblo destaca el conde de Mirabeau, partidario de una monarquía constitucional al estilo de la inglesa.

Frente a esta postura está la de los republicanos enemigos de la monarquía, como Antoine Barnabé.[62]

—Dejarnos imponer una Constitución sería entregar el poder al pueblo —interviene el prior y académico Jean-Sifrein Maury, portavoz de los privilegiados.

—De eso se trata, monseñor —replica Bailly—. El pueblo que soporta los impuestos y el precio abusivo del trigo debe hacerse oír en esta Asamblea. No se puede prolongar la injusticia ni un día más.

Se eleva un clamor de voces airadas. El mayordomo golpea repetidamente la tarima con la contera del bastón imponiendo silencio.

Prosigue el congreso con los ánimos más templados. Con el paso de los días, al discurrir de las sesiones, se diluye el centro de Necker y se establecen claramente dos bandos enfrentados, que

62. Con sus correligionarios Alexandre de Lameth y Adrien Duport formaba el «triunvirato» de izquierdas opuesto a los moderados Lafayette y Mirabeau.

en las gacetillas de los periódicos se denominan «aristócratas» y «patriotas» (nosotros podemos pensar en derechas e izquierdas).

El 10 de junio de 1789, cuando cada parte ha expuesto suficientemente su postura y se han debatido los detalles hasta la saciedad, a pesar del empeño de Cazalès y Maury en entorpecer las discusiones, el abate Sieyès interviene:

—Como saben los monseñores aquí reunidos, soy clérigo y sin embargo he sido elegido por el tercer estado para defender la causa de la justicia. En mi calidad de sacerdote que debe velar por el cumplimiento de la caridad cristiana, invito a mis compañeros del primer estado y a los nobles del segundo a otorgar un voto en conciencia. Es hora de compensar al atribulado pueblo por las estrecheces que soporta. El tercer estado representa al 97 por ciento de la nación, sus diputados constituyen la representación legítima de Francia.

Ciento cuarenta y nueve representantes del clero le otorgan su voto, además de dos nobles. Con ello, el tercer estado impone su criterio.

—Los nuestros se pasan al enemigo —observa desolado Cazalès.

Pasan seis días. El 16 de junio de 1789 pregunta Sieyès:

—¿Qué necesidad hay de una Asamblea dividida en tres estados? Formemos una sola y pensemos en Francia antes que en los privilegios de algunos.

—Una Asamblea única altera los fundamentos jurídicos del Estado —protesta el abate Maury, representante de los estamentos privilegiados.

—Es lo que ha votado la mayoría, monseñor —replica Sieyès—. Y propongo formalmente que en adelante los Estados Generales se disuelvan y nazca de ellos una Asamblea Nacional.

—Esto es una rebelión contra las sagradas tradiciones —rezongan los representantes de los dos primeros estados.[63]

63. El partido aristocrático estaba representado por Cazalès y el abate Maury.

Al día siguiente se vota a pesar de la oposición de los estados privilegiados. El resultado es cuatrocientos noventa votos a favor y noventa en contra.

—¡Queda proclamada la Asamblea Nacional! —anuncia Sieyès.

Una semana después, el 23 de junio, se abre la solemne sesión parlamentaria.

Las suspicacias de los diputados del tercer estado aumentan al ver que se los obliga a entrar en la sala por una puerta lateral cuando ya aguardan sentados los diputados del primer y segundo estados, los privilegiados.

El rey comparece acompañado de su Gobierno y altos funcionarios palatinos. Falta Necker y, aunque sea menudo de cuerpo, deja un vacío tan inmenso que es imposible disimularlo.

—¿Dónde está el ministro Necker? —se preguntan los más avisados.

Circulan bulos. ¿Lo ha detenido el rey? En tal caso la temida contrarrevolución está en marcha.

El discurso del rey, cuidadosamente preparado por sus consejeros, no calma los encrespados ánimos. Comienza llamándose «padre común de todos mis súbditos», pero después les cede la palabra a sus secretarios para que lean los artículos que supuestamente ha dictado. En ellos desmonta todo lo acordado por los Estados Generales bajo la presión, los excusa, del pueblo amotinado. Sobre el papel aprueba algunos designios de la Asamblea, pero señala que se suspenderán en circunstancias excepcionales. El pueblo debe guiarse como un hijo por su padre, viene a decir, y para terminar: «Ningún rey ha hecho tanto por su nación».

Decepción general.

Como consolación, el rey reconoce a la Asamblea competencias sobre los impuestos, pero rechaza de plano la propuesta de que cada francés pueda votar a partir de los veinticinco años o el acceso de los plebeyos a los puestos oficiales.

Luis no aguarda a que los diputados expongan sus objeciones. Toma de nuevo la palabra y dice:

—Os ordeno separaros por estados inmediatamente. Mañana las sesiones se reanudarán por separado.

El rey ha hablado. No hay más que discutir. Abandona el local rodeado de sus fieles y deja a la Asamblea confusa y atribulada.

Luis XVI se retira seguido de sus ministros y tras él salen los diputados de la nobleza y el clero, pero los del tercer estado permanecen en la sala confusos y atribulados.

—Se ha burlado de la Asamblea.

—Nos ha faltado al respeto —comenta otro.

—No seas ingenuo. ¿Cuándo nos ha respetado esta gente?

Para acabar de levantar los ánimos, un tropel de operarios invade la sala e, ignorando la presencia de los parlamentarios, comienzan a desmontarla. Algunos se llevan el trono, otros deshacen la tribuna, otros enrollan las alfombras.

Los diputados del tercer estado permanecen estupefactos en sus asientos.

—Nosotros aquí, con un par —propone Mirabeau—, a ver si de una vez por todas nos hacemos valer.

En vista de que no evacúan el local, aparece el marqués de Dreux-Brézé, maestro de ceremonias, y se dirige al presidente, Jean-Sylvain Bailly.

—Señor —le dice—, ¿no ha entendido la orden del rey? Tienen que desocupar el local.

—Creo que la nación reunida no tiene por qué obedecer esa orden —replica Bailly.

Un murmullo afirmativo. El diputado Mirabeau se encara con el enviado real:

—Dile a tu amo que estamos aquí por voluntad del pueblo y que solo nos retiraremos por la fuerza de las bayonetas.

Quizá no ocurriera exactamente así, pero se ha contado tantas veces en historias y relatos que no me atreveré a ponerlo en duda.

El marqués de Dreux-Brézé se retira y va con el cuento al rey. Luis XVI se lo piensa un momento. Tiene allí a su guardia, que, en efecto, podría desocupar la sala de los Menus-Plaisirs por la fuerza.

Al rey se le presenta una estupenda ocasión de imponer su real autoridad. Que se sepa quién está al mando. Pero es débil, no quiere líos.

—¿Quieren quedarse? —dice al fin—. Pues que se queden.

CAPÍTULO 10

# En el que conoceremos al conde de Mirabeau y a su secretario Camille Desmoulins

¿Quién es este Mirabeau que se atreve a desafiar la ira real?

Honoré-Gabriel Riquetti, conde de Mirabeau, es un aristócrata ilustrado de los que se han puesto de parte del pueblo. Hace años publicó un panfleto anónimo en el que justifica, *avant la lettre,* lo que acaba de hacer en la Asamblea: «El deber, el interés y el honor ordenan resistir a las órdenes arbitrarias del monarca y arrancarle el poder con cuyo abuso puede destruir la libertad si no existen recursos para salvarla [...]. El rey es un asalariado y el que paga tiene el derecho de despedir al que es asalariado».

Mirabeau es un gran orador, eso lo salva, porque en lo referente a su aspecto físico y a su conducta moral deja mucho que desear. También es cierto que en aquel tiempo uno no tenía que ser un figurín para meterse en política. Un contemporáneo lo describe «gordo, desagradable, despreciativo, charlatán y cínico, con la cara marcada por las cicatrices de la viruela».[64]

Además, padece priapismo, lo que, sobre aumentarle el tamaño del miembro generativo, le produce involuntarias erecciones en los momentos más comprometidos, incluso en medio de un discurso.[65]

64. Breton, 1970, p. 261.

65. A pesar de este defecto, inexplicablemente, pocas mujeres se resistían a sus encantos. Quizá no sea exagerado considerarlo un mojabragas ca-

Mirabeau se muestra bastante accesible. Suele rodearse de gacetilleros que acuden a oír de sus labios lo ocurrido en la sesión y tomar casi al dictado la crónica que al día siguiente comunicarán a sus lectores en hojas volanderas o periódicos (de los que existen docenas en París).

Entre estos gacetilleros que acosan a los diputados en busca de noticias, destaca por su insistencia el agraciado joven Camille Desmoulins, del que conviene retener el nombre porque aparecerá más tarde.

Si me permiten un inciso, les contaré que cuando el joven Desmoulins era todavía un estudiante llegado de provincias que malvivía en un destartalado altillo de la calle Saint-André-des-Arts, logró interesar a madame Ana Duplessis, la joven y aburrida esposa de un alto funcionario del Ministerio de Finanzas. La amistad floreció a través de encuentros nada casuales en el parque de Luxemburgo, donde la dama solía pasear con sus hijas de corta edad, Adèle y Lucile. Aquella amistad cimentada en intercambio de poemas y confidencias desembocó en abierta relación, como se dice ahora.

Monsieur Duplessis aceptó al joven Desmoulins como «cortejo» de su señora. Era aquella una época en la que muchos jóvenes bien parecidos y educados buscaban un protector pudiente que los auxiliara financieramente y surgió entre las clases superiores europeas la interesante institución del *chevalier servant,*

---

paz de derruir cualquier virtud femenina que se pusiera a su alcance. Entre las numerosas damas que cayeron en sus brazos cabe consignar a la amante del coronel de su regimiento, escándalo por el que mereció una *lettre de cachet* real (orden reservada que emana del rey y no se discute) que lo llevó al penal de la isla de Ré, en el que sedujo a la hermana del alcaide. Más controvertida es su relación incestuosa con su hermana Luisa, de la que se prendó después de haber estado separado de ella siete años: «Encontré a mi hermana en el esplendor de la más brillante juventud —escribe en su *Correspondence*—, con los más elocuentes ojos negros, con la frescura de Hebe y ese aire de nobleza que no se encuentra más que en las formas antiguas, y un talle tan bello como no se ha visto jamás [...], con todo eso, esa flexibilidad, esa gracia, esa magia de seducción que solo posee su sexo». Seis años después la motejaría de «mesalina y prostituta» (Meunier, citado por Breton, 1970, p. 267).

un rendido acompañante de dama de alcurnia con «desinterés platónico y constancia eremita». En Italia se llamaría *chischibeo,* en España, *cortejo.*

Como es natural, el cortejo desembocaba a menudo en amancebamiento o *ménage à trois,* tan francés por otra parte. Eso fue lo que ocurrió entre el joven Desmoulins y madame Duplessis. Conocedor o ignorante del cambio cualitativo de la relación de su esposa con el mancebo, monsieur Duplessis hizo costumbre de invitarlo a comer en su elegante palacete de la calle de Tournon e, incluso, los fines de semana, en la casa de campo que los Duplessis poseían en Bourg-la-Reine, donde el tío Camille jugaba con las pequeñas Adèle y Lucile.

La relación con los Duplessis terminó abruptamente cuando el joven Camille sedujo a la adolescente Lucile y se atrevió a pedir su mano. La señora Duplessis, en el desairado papel de *mistress* Robinson (la del filme *El graduado*, 1967, dirigido por Mike Nichols, recuerden),[66] lo puso de patitas en la calle y no volvió a recibirlo. A pesar de todo, él insistió y finalmente consiguió la mano de la muchacha.

66. El autor de la canción se había inspirado en una supuesta relación de Eleanor Roosevelt, esposa del famoso presidente, y el beisbolista Joe DiMaggio. Conste que nunca hubo nada, porque ella era lesbiana.

CAPÍTULO 11

# Juramento en el Jeu de Paume

Es el 20 de junio de 1789.

El fallecimiento de su hijo y heredero Luis José, de ocho años de edad, ha abatido al rey hasta el punto de que se desentiende de la situación política para refugiarse con su dolor en su residencia campestre de Marly-le-Roi.

Una comisión de la nobleza se presenta a darle el pésame. Luis XVI comparece con los ojos enrojecidos e hinchados de llorar.

—A ver, ¿qué malas noticias me traéis?

—Sire, los diputados de la *canaille* han proclamado la Asamblea Nacional —informa el abate Maury—. Pretenden dictar una Constitución como la americana, un documento que acabe con nuestros derechos y con los de su real persona. Mientras tanto, han declarado ilegales los impuestos. No hay más remedio que cortarle las alas a la *canaille.*

El ministro Necker se muestra más contemporizador.

—La situación requiere medidas administrativas que alivien la presión sobre el pueblo. Todos los *cahiers* coinciden en este punto, sire. Los privilegiados deben renunciar a ciertos privilegios y resignarse a pagar impuestos.

Es como mentar la bicha. «¿Renunciar a nuestros privilegios, a los que hemos heredado de cuna y tenemos el deber de transmitir a nuestra descendencia? ¡Eso jamás!».

Artois, con el apoyo de la nobleza, consigue atraer al rey a la causa aristocrática.

—Creo que hemos ido demasiado lejos —concede el monarca—. Me reuniré con la Asamblea y volverán las aguas a su cauce. Que preparen los Menus-Plaisirs para una *séance royale*.

La *séance royale* ('sesión real') requiere por su solemnidad un arreglo de la sala, lo que implica ciertos trabajos de carpintería para construir una tribuna y redistribuir los asientos. El maestro de ceremonias Bailly dispone el cierre de los Menus-Plaisirs. Un piquete de guardias impide la entrada a los parlamentarios, que ya consideran aquel lugar como propio.

Esa mañana, ante la puerta cerrada y custodiada por guardas, uno de los representantes del pueblo, el doctor Guillotin, «un antiguo jesuita que ahorcó la sotana para hacerse médico, un diputado bajito, de modales exquisitos y palabra dulce, cuyo talento médico inspira gran confianza», propone:

—Aquí cerca, en la calle Vieux Versailles, tenemos la cancha del frontón, que tiene capacidad para albergarnos a todos, aunque carece de asientos.[67]

—Reunámonos allí —aprueba el decano Bailly— y juremos ante Dios y *la patrie* no separarnos hasta que hayamos dado a Francia una Constitución.[68]

Un sastre vecino presta una mesa que sirva de escritorio y una silla para el presidente Bailly.

Comienza la sesión. Un correveidile sale cada pocos minutos para anunciar los acuerdos a la exaltada turba de hombres y mujeres congregada fuera.

67. El frontón suele traducirse por «juego de pelota». El pintor de cámara de los jacobinos, Jacques-Louis David, reprodujo la escena en un lienzo de grandes dimensiones (10,67 por 10,97 metros). La idea era plasmar decenas de retratos de los personajes que vivieron la histórica jornada, pero como muchos cayeron en desgracia, optó por dejar el lienzo inconcluso.

68. Todos los diputados juraron el texto redactado por el diputado Jean-Joseph Mounier, excepto el diputado Joseph Martin-Dauch, que alegó su repugnancia a jurar cuestiones que no contaran con la aquiescencia del rey. El pintor Jacques-Louis David, en su famoso lienzo que conmemora el juramento, lo pinta abatido, encorvado y siniestro.

Es el pueblo que, enterado de lo que ocurre, acude a respaldar a sus representantes.

Los hurras y los vivas que se filtran a través de los gruesos muros y de las ventanas empoderan a los diputados. Los preocupados por incurrir en desacato a la autoridad real se sienten aliviados dentro de lo que cabe.

Dos días más tarde los diputados encuentran las puertas cerradas y custodiadas por un piquete de guardias reales que les impide el acceso.

—No podéis reuniros aquí: el conde de Artois lo ha alquilado.

Los diputados escogen como nuevo lugar de reunión la iglesia de Saint-Louis.

El pueblo que respalda a los diputados y ellos mismos tienen motivo de preocupación. Casi cada día llegan nuevos regimientos de tropas que se acantonan en los alrededores de París. Pudiera ser que su misión sea reprimir los motines y saqueos de tiendas que perpetran los parisinos hambrientos, pero al propio tiempo podrían ocuparse de disolver la Asamblea *manu militari.*

Después de algunas tensiones, Luis XVI accede a convocar en el palacete de los Menus-Plaisirs, nuevamente abierto, una sesión legal a la que concurran los tres estados.

—Puede ser una trampa para acogotarnos a todos —sugiere uno de los diputados.

En Versalles, el Gobierno discute la situación. ¿Acabamos con la Asamblea *manu militari,* aprovechando la gran cantidad de tropas establecidas en los alrededores de París, o templamos gaitas e intentamos reconducir pacíficamente la situación?

—¿Cómo está reaccionando la *canaille*?

—Mal, sire. El hambre los vuelve más osados. La gentuza está desesperada. En el Palais-Royal se habla abiertamente de eliminar a la nobleza y en algunas puertas palaciegas aparece, escrita a brochazos, una P.

—¿Qué significa?

—Dicen que *proscrit.*

El rey asiente. La escasez de grano provocada por las desastrosas cosechas de años anteriores y el acaparamiento de almacenistas sin escrúpulos exasperan al pueblo. Además, de un tiempo a esta parte los inviernos son extremadamente fríos. Los pobres se hielan sin leña.[69]

Una ruidosa multitud de *canaille* se está congregando en los patios después de desbordar a los soldados y dan vivas a Necker.

—Y nuestros diputados, ¿qué dicen?

—Discuten, sire, pero muchos diputados del primer estado se están pasando al tercero.

—Los curas flaquean —aclara otro.

—Y los apoya el duque de Orleans, vuestro primo.

Luis XVI encaja el golpe. En cierto modo, el duque de Orleans es el disidente de la familia, la china en el zapato.

—Incluso mi primo —murmura—. Está bien, aceptemos una Asamblea Nacional única como mal menor y olvidemos lo de los tres estamentos.

Apenas tres horas después de suprimir los cambios en la sesión real, el débil rey se desdice por no contrariar a las masas. El 25 de junio de 1789, en vista de la decisión real, incluso diputados más renuentes del clero y la nobleza se resignan a pertenecer a una Asamblea que no reconoce diferencias entre los estados.[70] Muchos nobles conciben la idea de canjear sus privilegios por la posición de los burgueses bien situados que alcanzan la dignidad de ciudadanos.

—Se configura la Asamblea Nacional Constituyente, que redactará una Constitución.

69. Se congelaron los ríos y hasta, lo nunca visto, el mar entre las peñas de La Rochelle (Fajardo, 2003, p. 14).

70. Cuarenta y siete diputados de la nobleza se unieron a la Asamblea; entre ellos, el primo del rey, Felipe, duque de Orleans.

CAPÍTULO 12

# En casa de los Roux

No se puede salir de noche. Merodean mendigos hambrientos que te degüellan por un mendrugo de pan.

Desde hace unas semanas, Brigitte y Diego han estrechado su amistad hasta el punto de intercambiar fluidos dos o tres noches por semana, incluso a veces en medio del día, cuando se encuentran casualmente en algún rincón discreto, y lo hacen de pie, al asalto.

La muchacha se refugia entre los brazos de Diego. Acurrucada en su regazo como una niña, después del amor, le confiesa sus miedos.

—La gente se ha vuelto loca. Mi hermano Julien me ha contado que la noche del viernes o la del sábado los criados van a matar a sus señores y se va a proclamar la libertad.

—¿De dónde ha sacado esa noticia?

—Por lo visto, lo sabe todo el mundo. Aquí no creo que pase, porque queremos a monsieur Roux y él además no es noble. Más bien defiende a los pobres.

El 26 de junio de 1789 el pueblo invade las calles y los jardines de Versalles dando vivas a Necker y algunos menos al rey.

—Sire, son tantos que las Guardias Francesas (Gardes Françaises) no pueden contenerlos.

—Tampoco se esfuerzan mucho.

—Sire, las Gardes Françaises las forman gentes del pueblo.

No quieren reprimir a los suyos. Ignoran las órdenes. Muchos están desertando para unirse a sus hermanos.[71]

Ante la presión de la *canaille,* el rey y la reina aparecen en el balcón para saludar y ver de calmar los ánimos. Ella viste el atuendo sencillo con el que suele andar por casa. La impresión de este espontáneo gesto de los reyes es tal que la *canaille* pasa de la ira al arrobo.

—¡Los reyes, los reyes! —claman al verlos.

Apoteosis de adoración. El tornadizo pueblo se deshace en vivas a sus reyes. Sorprendidos por esa agradable mudanza, los monarcas requieren a sus dos hijos y los presentan al pueblo. Luis Carlos, de cuatro años, y María Teresa, de once, comparecen en el balcón y saludan.

Pasado el trance, el rey convoca a su oficial de palacio.

—Ya ves que no podemos fiarnos de las Guardias Francesas. Haz venir a tropas reales de sus guarniciones y que se acantonen en las cercanías de París.[72]

Las tropas reales, al igual que la Guardia Real de palacio, se componen de mercenarios alemanes y suizos.[73]

Al día siguiente, Brigitte y Diego se dirigen al Campo de Marte para asistir a los fuegos artificiales con los que se celebra la fusión de los tres órdenes en una Asamblea Nacional.

La conversación dominante es que las Gardes Françaises se han negado a dispersar una manifestación multitudinaria. El ofi-

71. También ellos tenían sus motivos para apoyar la causa revolucionaria, en especial los suboficiales, cuyas posibilidades de ascenso eran casi nulas debido a la preferencia de los aristócratas para ocupar los puestos más elevados del escalafón.

72. Es muy importante la distinción entre Gardes Suisses, que son mercenarios suizos o alemanes a sueldo del monarca, y Gardes Françaises. Estos últimos eran franceses de distintas procedencias, pero muchos de ellos se habían casado con mujeres parisinas y estaban más cerca del pueblo que del monarca (Ward, 1984, p. 162).

73. Nada extraño. Desde la antigüedad los reyes se han rodeado de tropas extranjeras cuya fidelidad solo estaba comprometida con el pagador. En este tiempo en España también había regimientos alemanes y suizos, la Guardia Valona.

cial mayor encarceló a varios guardias por indisciplina, pero los manifestantes invaden la prisión y los liberan.

Mientras esto ocurre, el 28 de junio, unos veintiún mil soldados de los regimientos extranjeros llegan a Versalles, Sèvres, el Campo de Marte y Saint-Denis.

—Sire, la tropa está acantonada a un día de marcha. Aguardan órdenes de su majestad para marchar sobre París.[74]

La noticia de la llegada de las tropas causa zozobra en la Asamblea Nacional. Dirigen un mensaje al rey: «La creciente presencia de tropas en París inquieta al pueblo. Cualquier conflicto, por mínimo que sea, puede prender la chispa de un motín popular de consecuencias inimaginables».

Era el 8 de julio de 1789.

—Los soldados han llegado para mantener el orden en París; no para intimidar a la Asamblea —responde la casa real—. Están ahí para que ningún elemento exterior intente mediatizar las deliberaciones.

74. Entre los regimientos extranjeros se encontraban los suizos de Reinach, Castella, Châteauvieux y Salis-Samade; los alemanes de Bouillon y Nassau; los franceses de Metz, Valenciennes y Provence; los de Royal Allemand, Royal Cravate y Mestre de Camp Général; los del Delfín y Royal; los de Esterhazy, Bercheny y Lauzon; en total, unos treinta mil hombres bajo el mando del mariscal Broglie. El general suizo barón de Besenval mandaba los cinco regimientos (unos seis mil soldados) acampados en el Campo de Marte.

CAPÍTULO 13

# La Asamblea Constituyente

El 9 de julio la Asamblea Nacional cambia su nombre a Asamblea Nacional Constituyente.

Los periódicos del día reproducen el decreto que establece igualdad jurídica para todos los franceses

—¡Igualdad jurídica! —se indigna el conde de Artois—. La tolerancia del ministro Necker ha llegado demasiado lejos, majestad. A ese suizo traidor habría que ahorcarlo.

Luis XVI acoge con un silencio aprobador las palabras de su fogoso hermano menor. También la reina lo está presionando para que despida al suizo y asuma personalmente las riendas del Gobierno.

Los nobles de su consejo son de la misma opinión. El ministro Necker se ha puesto del lado de la *canaille*.

Luis cede. Se encierra en su gabinete y escribe a su ministro una carta en la que le ordena abandonar Versalles y regresar a su Suiza natal *sans bruit* ('sin ruido', o sea, discretamente). La carta se la lleva en mano el propio ministro de Marina, La Luzerne.[75]

Es domingo. Necker acaba de sentarse a la mesa para almor-

75. También destituyó a los colaboradores de Necker: el conde de Puységur, el conde Montmorin de Saint-Hérem, el cardenal La Luzerne, el conde de Saint-Priest. El nuevo Gobierno estaba formado por el mariscal conde de Broglie, el conde de La Galissonière, el duque de La Vauguyon, el barón de Breteuil y el intendente Foullon.

zar cuando el mayordomo le presenta la carta del rey en una bandeja de plata. Con el cuchillo del pescado, Necker despega el lacre, despliega el papel, lee su contenido sin mostrar emoción alguna, vuelve a plegar el papel y lo guarda en el bolsillo de su casaca.

—Almorcemos, madame —le dice a su esposa, sentada al otro extremo de la mesa.

Acabado el postre, Necker dobla cuidadosamente la servilleta, como acostumbra, y le dice a su esposa:

—Prepara el equipaje para un largo viaje, *ma chère.*

Dos horas después parte en su carruaje, no en dirección a su natal Suiza, como se espera, sino a Bruselas, donde ha pensado entrevistarse con los banqueros holandeses para reiterarles su compromiso de avalar con sus bienes los embarques de trigo para Francia.

La noticia del cese de Necker cae como una bomba entre los miembros de la Asamblea Constituyente y en los barrios populares, donde al suizo se lo venera como el *père nourricier* de los pobres, el defensor de la gente humilde que ha ofrecido su fortuna personal como garantía para que los almacenistas de Ámsterdam liberen los envíos de trigo que retienen por falta de pago.

—Han echado a la calle al padre de los pobres —grita Adèle la Tremenda—. Lo han largado porque quería protegernos. ¡A esos cabrones hay que abrirlos en canal como abro este pescado y ahorcarlos con sus tripas!

Y asesta una cuchillada al pescado salpicando de entrañas a la nada distinguida clientela que ha acudido a deleitarse con los sapos y culebras que echa por la boca.

—*J'chie sur les couilles de Saint-Pierre!* —«¡Me cago en los cojones de san Pedro!», grita mientras descabeza la pescada de un hachazo—. ¿Quién amparará ahora a nuestros hijos?

Lo dice cargada de razón porque tiene cinco, todos de padres distintos y desconocidos, excepto el pelirrojo, que por el cabello se deduce que debe de ser del coadjutor de la vecina parroquia de Sainte-Geneviève.

—*Ma couille,* me enseñó un carajo que le llegaba a la rodilla y noté que el caldito me bajaba por las nalgas —se justifica—.

Luego de barrenarme el coño y de echarme una olla de caldo en mis adentros quiso confesarme porque habíamos pecado y darme la absolución, pero lo mandé a tomar por el culo.

Hasta tres mil manifestantes procedentes de los barrios populares afluyen al Palais-Royal.

—Este es un día de luto para el pueblo.

—La caída de Necker es un primer paso para suprimir la Asamblea Nacional —pronostica el abate y parlamentario Sieyès en su tertulia del café Procope, donde suele reunirse con los Roux.

—Los aristócratas están tomando medidas contra la revolución —deduce Gaston—. Y ¿a quién han instalado en su puesto, si puede saberse?

—Al barón de Breteuil, el favorito de la reina.

—¿Ese carca? ¡Imposible! —salta Gaston—. Si no es capaz ni de abrocharse la camisa. Haga lo que haga, nos llevará a la ruina.

Circulan bulos preocupantes. El rey suspende la Asamblea hasta nueva orden. Se rumorea que a las tropas acantonadas en torno a París se les ha distribuido pólvora nueva. Los artilleros acampados en Saint-Denis están engrasando sus cañones. Los húsares húngaros acampados en el Campo de Marte y en Les Invalides preparan la voladura del Palais-Royal, aquel semillero de rebeldes.

—*Ziehen wir in den Krieg?* —«¿Es que vamos a la guerra?», se preguntan los soldados.

CAPÍTULO 14

# París rebelado

El 12 de julio París amanece con una calma tensa.

—¡Han quitado a Necker! —la noticia salta de barrio en barrio, de calle en calle, de casa en casa.

Necker, el padre de los pobres, el que les había prometido pan.

La ira se apodera de los barrios humildes. Los habituales pregoneros se han retraído por miedo a perder su mercancía.

Un rumor distante se percibe tras las contrapuertas de Roux et Frères, precavidamente cerradas, aunque sea hora comercial. Una rugiente muchedumbre de *sans-culottes* procedentes de los barrios obreros de Saint-Marcel y Saint-Antoine[76] invade la Rue Saint-Honoré. Al frente de la manifestación llevan banderas negras y los bustos en cera del ministro Necker y del duque de Orleans, que han requisado en el Museo de Curtius.

—¡Pan para nuestros hijos! —grita con su voz desgarrada de pregonar pescado Adèle la Tremenda.

—¡Pan, pan![77]

76. El barrio de Saint-Antoine ha sido históricamente germen de las revoluciones y protestas obreras, probablemente debido a que muy tempranamente (1657) sus gremios de carpinteros y artesanos gozaron de cierta autonomía concedida por el ministro de Luis XIV Jean-Baptiste Colbert.

77. El pan, alimento básico de la población humilde, había duplicado su precio a cuatro *sous* la libra, lo que originó la Guerra de las Harinas. Las

—¡Viva la Asamblea Nacional! —gritan otros—. ¡Abajo los curas y los nobles! ¡Viva la igualdad!

A una mujer que presencia el paso de la manifestación desde la acera se le ocurre escupir al paso del busto de Necker. Pudiera ser un gesto casual, pero Adèle la Tremenda y sus comparsas de Les Halles caen sobre ella, le rasgan la saya, le dan de repelones y la golpean con saña.

—¡Que la vais a matar! —grita el paje acompañante sin atreverse a intervenir.

—¡Muertos tenían que estar todos estos, y tú te callas, lacayo! —se le encara Adèle.

Mientras esto ocurre, el barón de Besenval, general en jefe de las tropas reales, revista a los regimientos suizos acantonados en el Campo de Marte. Los sargentos se aseguran de que las reservas de cartuchería sean suficientes.

La proximidad de los soldados asusta a muchos manifestantes congregados en el Palais-Royal.

—Hemos llegado demasiado lejos —dice Paul Simon, el ebanista de la Rue de Verneuil.

—Hemos cavado nuestra propia tumba —conviene su compadre Léon Moreau, deshollinador de chimeneas—. ¿Qué podemos hacer frente a los soldados, si solo tenemos escobones y raspadores?

—¿Os tiembla la barba? —les reprocha Adèle la Tremenda—. ¡Hay que echarle cojones!

La plebe de los barrios de Saint-Antoine y Saint-Marcel, reforzada por domingueros de los pueblos, acude al Palais-Royal. El joven Camille Desmoulins (secretario de Mirabeau) se sube a un velador del café Foy.

—¡Ciudadanos! —grita—. ¡No hay tiempo que perder! El rey ha suspendido la Asamblea. Los diputados regresarán a sus provincias o ingresarán en las mazmorras de la Bastilla. Los nobles se preparan para despojarnos de los derechos que tanto nos ha costado conseguir. Los batallones de mercenarios suizos y alemanes se con-

---

mujeres establecían puestos de control para evitar que se contrabandeara harina y se destinara a confeccionar el pan de los ricos.

gregan en el Campo de Marte para masacrarnos. En cuanto amanezca tomarán París, nos detendrán y nos pasarán por las armas. Se repetirá la Noche de San Bartolomé, esta vez con los patriotas.[78]

—¿Qué podemos hacer? —le grita Emma Bernard, otra verdulera de Les Halles.

—¿Veis esta pistola? —Desmoulins empuña la que lleva en la faja—. No nos dejaremos masacrar. No aguardaremos la muerte como reses en el matadero. ¡A las armas! ¡Vamos a defendernos y a defender a nuestras mujeres y a nuestros hijos! Salgamos al paso de los bárbaros y defendamos nuestras libertades y la justicia. ¡Os convoco a la libertad! ¡Mejor morir que ser esclavos! Os propongo que como señal de amor a la libertad pongamos una hoja de árbol en los sombreros.

La multitud acoge la idea con entusiasmo. En un momento todos tienen hojas y los árboles se preguntan qué clase de otoño adelantado los desnuda.

Cuando la procesión ciudadana, encabezada por el busto del duque de Orleans, el amigo del pueblo, alcanza la plaza Vendôme, se da de bruces con un destacamento de la Royal-Allemand Cavalerie que le corta el paso.[79]

Algunos esportilleros de Les Halles curtidos en las peleas entre barrios apedrean a las tropas. Noten que Julien, el hermano de Brigitte, es uno de los más activos. Va de un lado a otro animando a los suyos y buscando guijarros del tamaño adecuado, que arroja con decisión y tino.

El oficial al mando, el mariscal Charles-Eugène de Lorraine, príncipe de Lambesc, se vuelve a los oficiales de su séquito y emite las órdenes pertinentes, que siguen la cadena de mando hasta alcanzar a un sargento mayor. Este, un tipo fornido de grandes bigotes, se adelanta unos pasos, se vuelve hacia la fila, y con voz potente ordena:

—¡Fusiles atentos! ¡Sección primera, carguen!

78. En la Noche de San Bartolomé de 1572 (del 23 al 24 de agosto), los católicos parisinos asesinaron a unos tres mil protestantes (calvinistas). Fue el inicio de una persecución nacional que se extendió a todo el país en los meses siguientes.

79. Este fuerte regimiento de caballería estaba integrado por mercenarios de la germanófona Alsacia.

Conviene advertir que los fusileros de entonces llevaban en bandolera una cartuchera con unos cincuenta cartuchos de papel encerado que contenían la ración de pólvora de un disparo y su bala esférica de plomo. El fusilero desgarraba con los dientes el extremo del cartucho, ponía el fusil en posición horizontal, levantaba el rastrillo o cobija que tapaba la cazoleta y vertía en ella una pulgarada de pólvora, echaba hacia atrás el «pie de gato» o martillo de la llave de chispa o sílex, una pinza que sostenía una lasca de pedernal. Esta acción se llamaba *amartillar el arma*. Después, apoyaba la culata en tierra y vertía por la boca del cañón el resto del contenido del cartucho, pólvora, bala y hasta el papel del envoltorio. A continuación, lo atacaba todo con la baqueta, una vara metálica flexible que se alojaba en un conducto paralelo al cañón.[80]

Se preguntará el lector por qué explico todo este proceso. Porque en la lucha callejera, donde las distancias son cortas, a los soldados no les daba tiempo a recargar el arma cuando, después del primer disparo, se les echaba encima la multitud enfurecida.[81]

Durante la maniobra, que dura medio minuto, han arreciado las pedradas. Dos camaradas atienden a uno de los hombres, alcanzado en la cabeza.

Los soldados permanecen en posición de alerta, las armas listas.

—¡Apunten de aviso! —grita el sargento mayor.

Una peladilla cae a sus pies salpicándole de barro las botas.

—*Feuer!*

Los fusileros pulsan el disparador. El roce de sílex contra

80. De baqueta procede el verbo *baquetear,* en su origen un castigo militar consistente en pasar al condenado por un pasillo formado por sus camaradas, que le azotan la espalda desnuda con las baquetas.

81. Para conseguir un tiro continuo capaz de mantener a distancia al enemigo se necesitaban al menos seis filas sucesivas de tiradores. Más adelante veremos que el 5 de octubre de 1795, Napoleón y su colega Murat reprimieron con éxito algaradas callejeras recurriendo a cañones cebados con saquitos de balas cuyo disparo producía a corta distancia el efecto de una perdigonada en un conejo. Cuando Napoleón III remodeló París, hacia 1850, procuró diseñar avenidas anchas y rectas que, aparte de su efecto estético, que nadie discute, ofrecían la ventaja de amplios espacios en los que la fusilería y la caballería pudieran reprimir sublevaciones populares.

el rascador libera la chispa que inflama la pólvora de la cazoleta. El fuego se transmite a través del conducto («oído») hasta el fondo del cañón produciendo el disparo.

¡Bam!

La descarga de aviso pasa con un silbido siniestro sobre las cabezas de la multitud. Un *sans-culotte* que imprudentemente se ha subido en un banco del paseo se desploma. Muerto.

—¡Nos fusilan! —gritan los manifestantes.

Un rugido de indignación conmueve a los manifestantes.

—¡Despejen la plaza! —ordena el mariscal volviéndose al coronel que manda la caballería.

Los jinetes, que hasta entonces se han mantenido fuera del alcance de las pedradas, desenvainan los curvos sables y se sitúan en ordenada fila delante de los infantes.

—¡Carguen! —ordena el oficial.

Pican espuelas. Piafan los potentes caballos y arremeten contra los manifestantes. Los arrollan. Derriban a unos, pisan a otros, atropellan a los que intentan huir. Los jinetes descargan planazos de sable sobre cabezas y espaldas. En la confusión, el busto del duque de Orleans rueda por el barro. Los manifestantes se dispersan en todas las direcciones, especialmente hacia los jardines de las Tullerías. Algunos grupos se revuelven contra los perseguidores arrojándoles piedras y sillas. Todavía se producen algunos heridos graves por disparos de los soldados que siguen a la caballería.

Una hora después ha corrido por los barrios de París la noticia de que los mercenarios extranjeros están asesinando al pueblo. Más *canaille* abandona sus labores para dirigirse al centro con picas y herramientas ofensivas.

Un destacamento de sesenta alemanes, gente rubia y bronca, con grandes bigotes lacios, se sitúa frente a los cuarteles de las Guardias Francesas de la calle Chaussée d'Antin.

—¿Qué hacen esos? —se pregunta un centinela, alarmado.

—¿No lo ves? —dice el cabo saliendo de la guardia—. Sospechan que como somos franceses apoyamos la causa del pueblo.

Heridos en su amor propio, los guardias franceses desobedecen a sus oficiales y tirotean a los guardias reales. Les causan dos muertos y tres heridos.

—¡Somos ciudadanos antes que soldados! —grita un sargento veterano—. ¡Somos franceses antes que esclavos!

En los jardines de las Tullerías, la situación se agrava. Crece la turba con la incorporación de los *sans-culottes* llegados de los barrios, algunos de ellos con escopetas. Los carniceros de la Rue des Cordeliers aportan cuchillos de destazar y ganchos.

—¿Qué hacemos, señor mariscal? —preguntan los coroneles al príncipe de Lambesc—. Si la plebe continúa agrediéndonos tendremos que disparar. Será un baño de sangre.

—Esta es labor de la policía —indica uno de ellos—. Nosotros estamos destinados a luchar con nuestros iguales, no con mujeres y artesanos armados de hoces y rastrillos.

La multitud no retrocede. El príncipe de Lambesc opta por retirar sus tropas hasta el Campo de Marte.

París queda a merced de los amotinados. Contando con la inhibición de las Guardias Francesas, la multitud se entrega al saqueo de almacenes y comercios.

La noticia de la inhibición de las Gardes Françaises llega a Versalles con el peor aspecto posible.

—¡Las Gardes Françaises se han unido a la *canaille,* sire!

A Luis XVI le tiembla la papada, manifestación externa de su indignación.

—Estamos rodeados de traidores —murmura—. ¡La *canaille* alzada en armas!

Llegan nuevos correos con noticias desalentadoras:

—Sire, la chusma envalentonada ha saqueado muchos comercios, especialmente las tiendas de armas.[82]

—Sire, están demoliendo el muro de los recaudadores y han saqueado las cincuenta y cuatro *barrières* ('fielatos') de París.[83] Están quemando los archivos y los registros tributarios.

82. «Un maestro armero informó a la Asamblea Nacional que habían asaltado treinta veces su tienda y que había perdido ciento cincuenta espadas, cincuenta y ocho cuchillos de caza, diez pares de pistolas y ocho mosquetes» (Schama, 2019, p. 428).

83. Los fielatos eran oficinas que controlaban la entrada de alimentos para los mercados de París, donde se imponía el impuesto municipal.

CAPÍTULO 15

# Disturbios en París

El 13 de julio de 1789 unos gritos de los corchetes que persiguen a un delincuente despiertan a Diego. Salta de la cama y a tientas alcanza la ventana, libera la falleba del postigo y lo entreabre para observar la calle. La farola de la esquina ilumina a un hombre que agoniza entre boqueadas de muerte atendido por dos soldados.

Unos golpes perentorios en la puerta lo sobresaltan.

—Diego, levántate —suena la voz de Antoine en el pasillo—. Tenemos que reforzar las puertas.

Un momento después, Diego se une a los criados que provistos de chuzos, garrotes y tajadoras de taller se han congregado en el vestíbulo de la entrada principal.

Gaston Roux escudriña la calle desde el ventanuco del postigo.

—Han pasado de largo —informa—. Solo buscan tiendas de grano.

París no duerme esa noche. La hambrienta *canaille* de los barrios periféricos ha invadido el centro desamparado por los guardias y saquea a placer las tiendas y los almacenes de alimentos. Han linchado a algunos propietarios que intentaban proteger su negocio. Los piquetes de la policía no bastan para imponer el orden.

—Algunos alborotadores pertenecen a las Guardias Francesas —observa Gaston Roux—. Aunque se hayan despojado del uniforme no engañan a nadie. La ley se ha puesto del lado de los ladrones.

—Esto me recuerda un motín que ocurrió en España hace veinte años —dice Antoine.

Gaston se vuelve hacia él desde su observatorio del postigo.

—¿Un motín?

—Como este, primo. Un motín por el precio del pan, que en cinco años había subido de siete cuartos la libra a catorce, cuando el salario de un obrero solo llegaba a ocho cuartos.[84]

—¿Y qué pasó?

—Una multitud de veinte o treinta mil madrileños llenó la plaza de Oriente y envió a un fraile a parlamentar a palacio bajo la promesa de que si no se accedía a sus peticiones (que llevaba en un papel) en dos horas harían «astillas la morada del rey» y ardería «Madrid entero».

—¿Eso dijeron?

—Eso mismo, pero para entonces ya habían matado y descuartizado a unos cuantos soldados de la Guardia Valona (el equivalente de vuestra Guardia Suiza) que se toparon por la calle.

—¿Y qué hizo el rey?

—El motín sorprendió a Carlos III cazando, su ocupación habitual. Regresó a toda prisa y en vista del cariz que tomaban los acontecimientos se asomó al balcón de palacio, como pedían, para calmar a la multitud. Entonces, un calesero al que llamaban Bernardo o Juan el Malagueño le resumió a gritos las reivindicaciones: «¡Fuera Esquilache, fuera guardias valones... y que baje el pan!». El rey accedió e hizo que la Guardia Valona desapareciera de la vista del pueblo,[85] pero cuando al día siguiente se supo que la familia real había abandonado el palacio y se había retirado a Aranjuez, el pueblo mosqueado se echó nuevamente a la calle y comenzó a saquear tiendas de comestibles y palacios de altos fun-

84. El célebre motín de Esquilache, en marzo de 1766. Los amotinados, una muchedumbre procedente de los barrios más pobres de Madrid, rodearon el patio de la Armería del Palacio Real y la plaza de Oriente.

85. Y jamás volvió a aparecer por Madrid, donde algunos pasquines prometían: «Si volvieran los valones, no reinarán los Borbones».

cionarios. Otra vez enviaron al Malagueño con un pliego de peticiones que el rey atendió: la primera, reducir a la mitad el precio del pan y la expulsión del ministro italiano Esquilache, el chivo expiatorio cuyo sacrificio contentó a la chusma.

—Pues, ¿qué había hecho el ministro?

—Era un ilustrado lleno de buenas intenciones que se había propuesto modernizar el país y educar a la gente. Había limpiado las calles, había puesto farolas y había promulgado costumbres higiénicas, pero sobre todo se había hecho impopular por su empeño en modernizar el atuendo tradicional español, capa larga y sombrero chambergo, por capa tres cuartos y sombrero de tres picos. Piquetes de guardias iban por la calle con un sastre y a todo el que sorprendían vestido a la antigua lo modernizaban *in situ* cortándole el ruedo de la capa y la visera sobrante del chambergo. Tres puntadas y ya era de tres picos.

—Esperemos que aquí todo quede en un sobresalto como el de España —dice Gaston Roux.

En esta y otras conversaciones pasan la noche hasta que clarea la mañana. A punto están de retirarse a descansar cuando uno de los trabajadores llega a la fábrica con noticias frescas.

—He tenido que superar cuatro barricadas que cortan la calle —explica—. París está en armas. Han saqueado el convento de Saint-Lazare en busca de trigo. Por lo visto, los frailes tenían el granero lleno y las turbas lo han robado todo. Las calles de alrededor están rociadas del grano que se les escapa a los saqueadores de las bolsas y sacos. También les han vaciado a los frailes la bodega de los vinos. En la despensa guardaban cántaras de aceite, embutidos, más de mil velas de sebo y hasta veinticinco quesos de *gruyère*. En el corral había más de cien gallinas. A todas les han retorcido el pescuezo. Hay plumas por todo París. También han incendiado la oficina del fisco y los fielatos.

«Durante esa noche del 13 al 14 roban panaderías y tabernas». «Hombres del más vil populacho, armados de fusiles y de picos, se hacen abrir las puertas de las casas y que les den de beber, de comer, dinero y armas». Vagabundos, harapientos, varios «casi desnudos», «la mayor parte armados como salvajes, de espantoso aspecto».[86] En plena calle, atracan a las mujeres para robarles los pendientes y los zapatos.

—Trabajemos como si no ocurriera nada —decide Gaston Roux—, pero a puerta cerrada, sin descorrer las contraventanas. Cuando el rey conozca estos desórdenes probablemente enviará a las tropas.

A lo largo de la mañana van llegando nuevas noticias. En la plaza del Ayuntamiento, una multitud del pueblo reclama armas con las que defender la ciudad del inminente ataque de las tropas reales.

—¡Nos violarán a todas y destriparán a nuestros hijos por haberles comido el grano! —grita Adèle la Tremenda arengando a las mujeres.

Repican las campanas. Suenan distantes salvas artilleras, la señal convenida para convocar a los diputados de París a una reunión urgente.

La cabeza visible de los diputados parisinos es Jacques de Flesselles, el presidente del gremio de los mercaderes.

—Los saqueos deben terminar. El desorden perjudica la causa de la libertad —alecciona a los cabecillas del motín que han invadido el ayuntamiento en busca de armas—. Si entregamos los fusiles al pueblo se desencadenarán las matanzas y daremos pretexto a las tropas para que invadan París. Ya sabéis lo que se puede esperar de una tropa que toma la ciudad al asalto. Ante todo, paz. Que acaben los alborotos. Habrá justicia para todos y pan para los necesitados. Con los propios hombres de los barrios crearemos una milicia popular que imponga el orden.

El agitador Léon Moreau no queda convencido. Se sube en una carreta para arengar al pueblo:

—¡No os fieis de los diputados! No nos dan armas porque quieren entregarnos a los soldados. Seremos como ovejas que van al matadero. ¡Armas al pueblo! ¡Que nos entreguen las armas del ayuntamiento!

A duras penas, Flesselles puede contener a los manifestantes. Finalmente, se acuerda la formación de una milicia popular,

86. Taine, 1922, II, p. 53.

la Guardia Nacional. Cada distrito de Francia alistará 800 hombres, lo que en conjunto supone un ejército de 48.000 ciudadanos.

Se designan centros de reclutamiento en el Palais-Royal, en el ayuntamiento y en los portales de Notre-Dame. Largas filas de entusiastas parisinos, muchos de ellos jóvenes esportilleros como el hermano de Brigitte, *gens de rivière* (los que viven del río), mendigos y gentes de la calle hacen fila para dar sus nombres.

—¿Nos darán de comer? —pregunta uno.

—Claro —le responde el de al lado—. A las tropas hay que alimentarlas.

—¿Y un fusil?

Ante la imposibilidad de uniformar a los numerosos voluntarios, el comité decide que lucirán en el sombrero o en el pecho una escarapela con los colores de París: rojo y azul (que coinciden con los de la casa de Orleans).

—¿Y de dónde vamos a sacar las escarapelas?

A última hora de la mañana un tejedor perteneciente al comité se persona en Roux et Frères con una carta de Flesselles. Encarga con toda urgencia la confección de escarapelas con destino a la milicia. Gaston y Antoine ponen a todo el personal a fabricar escarapelas.

Mientras se forma la milicia, las turbas de alborotadores siguen asaltando edificios oficiales e incluso viviendas particulares. Dicen que van en busca de armas, pero arramblan con todo. El comité reunido en el Palais-Royal despacha representantes a los distintos arsenales de la capital en busca de mosquetes con los que armar a la nueva Guardia Nacional.

En el palacio de Garde-Meuble, como llaman al Ministerio de Marina, encuentran alguna provisión de mosquetes, espadas y picas.

—Esto es nada —dice uno de los flamantes sargentos de la Guardia Nacional—. Donde guardan un verdadero arsenal es en Les Invalides.

Les Invalides es un cuartel-hospital-residencia fundado por Luis XIV en 1671 como albergue de los soldados retirados del servicio por edad (diez años de servicio) o por achaques de salud que antes se veían obligados a vivir de la mendicidad. Algunos todavía prestan fáciles servicios de armas, como vigilancia de edificios; otros toman un oficio, zapatero, pocero, tejedor, para complementar la escasa paga.

Los representantes del comité se dirigen a Les Invalides seguidos por una turba incontrolada de intimidante presencia.

El gobernador de Les Invalides, Charles-François de Virot, marqués de Sombreuil, se niega en redondo a facilitar armas si no es con el consentimiento del rey, pero cuando se percata de que la guarnición a sus órdenes titubea frente a la muchedumbre cambia de opinión y solicita la presencia de algún representante del comité para discutir el asunto.

Mientras los cabecillas de los amotinados se ponen de acuerdo sobre quién debe representarlos, Sombreuil llama a su oficial de confianza y le bisbisea al oído que baje a la armería e inutilice a martillazos los percutores de los treinta mil fusiles confiados a su custodia.

Inútil gesto: los empleados simpatizan con los rebeldes y cubren el expediente inutilizando unas docenas de armas que ya estaban apartadas por obsoletas.

—Hemos constituido una Guardia Nacional que se hará cargo de la defensa de París —informa el sastre de la Charité al que han designado como representante de la Comuna—. Entregue las armas antes de que mi gente invada el palacio y haga más destrozo que tres mudanzas.

Sombreuil comprende que no le quedan muchas alternativas. Manda traer las llaves de la armería y se las entrega al alfayate.

—¿Me firmará un recibo por los treinta mil mosquetes?

El sastre le dedica una sonrisa irónica.

—No sé escribir, *sieur*. Pon tú mismo la cruz.

—¡Me matarán por esto! —se queja Sombreuil.

El sastre sonríe y se encoge de hombros.

—Más muerto estarías si no nos hubieras entregado lo que pertenece al pueblo.

A una señal de Sombreuil dos guardias abren con sendas llaves la puerta chapada de la armería. Aullando de alegría, la chusma se precipita escaleras abajo atropellándose como rebaño en estampida.

La plaza se llena de milicianos que agitan orgullosos los fusiles recientemente adquiridos, algunos todavía brillantes de la grasa que los preservaba de la herrumbre.

—No van a servir de mucho —observa Paul Simon, el ebanista.

—¿Por qué? —le pregunta su colega Léon Moreau.

—Para disparar hace falta pólvora.

En Les Invalides solo encuentran dos barriletes de diez libras de pólvora, la destinada a las salvas de los cañones en días de solemnidad.

—¿Dónde está la pólvora?

—Aquí no —informa un sargento pasado a los amotinados—. La pólvora la llevamos hace días a la Bastilla. Doscientos cincuenta barriles.[87]

El previsor Sombreuil había enviado las reservas a la Bastilla, la prisión real del arrabal de Saint-Antoine.

—¡A la Bastilla, a la Bastilla! —grita Adèle la Tremenda a sus mujeres—. Allí tienen la pólvora y las balas.

La *canaille* se dirige a la Bastilla, la famosa Bastilla que es hoy símbolo de la Revolución francesa.

Ajeno a cuanto ocurre en París, en Versalles, Luis XVI abre su diario, como cada noche antes de acostarse. Está tan superado por los acontecimientos que escribe solamente una palabra: *rien* ('nada').

87. Unos veinticinco mil kilos.

CAPÍTULO 16

# La toma de la Bastilla

La Bastilla es una fortaleza cuadrangular festoneada por ocho torres cilíndricas. Construida en 1370 para defender la puerta de Saint-Antoine, en la muralla, ha conocido distintos usos.[88] Luis XIV la transformó en prisión de nobles e individuos notables, lo que le ha granjeado una siniestra fama.

—El que entra ahí está enterrado en vida —le explica Brigitte a Diego—. El rey escribe una *lettre de cachet* ('orden real') con tu nombre y te encierran en una celda de olvido *(oubliette)*, encadenado al muro con una argolla, y no vuelves a ver la luz del sol. Sin juicio ni nada. Ni se sabe la gente que padece ahí una muerte en vida.

La realidad no es tan terrible: las celdas subterráneas en las que el prisionero no veía la luz hace tiempo que dejaron de usarse y se han convertido en trasteros. Ahora solo se usan las celdas de las torres, unas estancias cómodas, bien ventiladas, que los presos, casi todos de noble condición, pueden alhajar con sus propios muebles y equipaje. Recientemente, uno de sus más ilus-

88. La propaganda revolucionaria la dibuja como una fortaleza formidable, pero lo cierto es que siempre se rindió en los asedios que tuvo que soportar: en 1413 a los armañacs; en 1418 a los borgoñones; en 1436 a las tropas reales; en 1565 al príncipe de Condé; en 1591 a los *ligueurs;* en 1594 a las tropas reales; y en 1649 a los rebeldes de la Fronda (la insurrección popular contra la regente Ana de Austria).

tres inquilinos, el marqués de Sade, llevó consigo su biblioteca de 133 volúmenes.[89] Los presos reciben visitas y matan el tiempo jugando a las cartas o al billar.

—Supongo que comerán bazofia...

—Los presos de poca monta, quizá, pero los más distinguidos están invitados a la mesa del alcaide. Uno de ellos, Jean-François Marmontel, recluso durante doce días en 1761, elogiaba los menús de la Bastilla: «Una sopa excelente, un suculento trozo de carne, el muslo de pollo hervido rezumando grasa; un plato de alcachofas o espinacas marinadas y fritas; peras *cressane* realmente buenas; uvas frescas, una botella de borgoña añejo y el mejor café moca».[90]

El histórico 14 de julio de 1789, el alcaide de la Bastilla, Bernard-René Jordan de Launay, todavía en camisón y gorro de dormir, abre de par en par las contraventanas de su dormitorio para aspirar el aire frío y sano de la mañana. Los tejados rojos y pardos y las humeantes chimeneas del barrio de Saint-Antoine se extienden a sus pies como una alfombra de retazos.

Launay ignora que aquel luminoso día, recién cumplidos

89. Entre sus internos más famosos se cuentan los filósofos Montaigne (solo durante unas horas, en 1588) y Voltaire (un año de reclusión en 1717 y otro en 1726). A Voltaire lo castigaron por escribir una sátira contra el duque Felipe II de Orleans, regente a la muerte de Luis XIV, y su hija, la duquesa de Berry, quizá la mujer más bella de su tiempo, ninfómana y bulímica, que se consumió pronto, como una vela encendida por los dos extremos, y falleció a los veintitrés años. Había engordado tanto que el zar Pedro el Grande la encontró «gruesa como una torre». Otro inquilino ilustre fue el Hombre de la Máscara de Hierro, en el registro de la prisión Eustache Dauger, que permaneció incomunicado al cuidado del carcelero Bénigne Dauvergne de Saint-Mars. No se sabe quién era este personaje que ingresó en la Bastilla el 18 de septiembre de 1698, con el rostro cubierto por una máscara de terciopelo negro. Alejandro Dumas, en su novela *El vizconde de Bragelonne* (1847), cree que era un hermano mayor del rey Luis XIV al que secuestraron para evitar que le disputara el trono. La historia se llevó al cine en la película homónima de Fernando Cerchio (1954).

90. Jean-François Marmontel, *Memoires de Marmontel* (1804).

sus cuarenta y nueve años, va a ser el último de su apacible existencia.[91]

La administración de la Bastilla es una tarea descansada. Solo tiene que disponer los turnos de guardia, custodiar a media docena de prisioneros y mantener en buen uso las armas. Poco más. Desgraciadamente, aquella sinecura por la que pagó en su día doscientas mil libras (en Francia, los cargos se compran) tiene fecha de caducidad. El rey ha aprobado la demolición de la obsoleta fortaleza. Launay lo lamenta. Hijo de un alcaide anterior, se ha encariñado con aquellos viejos muros entre los que nació y transcurrió su infancia.

Las primeras noticias del malestar del pueblo de París le llegan cuando se dispone a desayunar en la antesala de su despacho.

—Señor, la gente del barrio se ha amotinado. Fuera hay una multitud armada que reclama la pólvora almacenada en la fortaleza.

Launay medita un momento.

—Que designen a dos representantes y hágalos pasar.

Los delegados son dos artesanos del barrio conocidos por el alcaide. Launay los invita a sentarse y les ofrece café, que ellos rehúsan educadamente. Se quedan de pie delante de él, un poco cohibidos.

—Si no les importa, yo sí debo desayunar, como tengo por costumbre.

Launay moja en el humeante tazón un bizcocho untado de mantequilla, le propina un buen bocado y lo mastica con el ritmo pausado de un rumiante.

—Hablen, hablen —les dice con la boca llena.

Los representantes exponen sus demandas:

—Los cañones de la Bastilla amenazan los barrios de París, monsieur. El pueblo suplica que los clave[92] y que entregue la

91. En sus trece años de ejercicio, Launay solo ha merecido una reprimenda de sus superiores cuando, en la Navidad de 1778, olvidó disparar un cañonazo de salvas para celebrar el nacimiento de María Teresa de Francia, la primera hija de los reyes.

92. *Clavar los cañones* consiste en inutilizarlos introduciendo un clavo

pólvora que trajeron de Les Invalides. Las tropas del rey se preparan para entrar en París y hacer una matanza.

—Ustedes entenderán que no puedo acceder a su petición —razona Launay—. Como alcaide de la Bastilla, solo obedezco órdenes del rey.

Los representantes del pueblo marchan sin haber conseguido nada.

Launay está terminando de despachar un tazón de leche sopado con magdalenas cuando el oficial de día irrumpe en la estancia.

—Señor, la canalla está formando piquetes armada con picas, hoces y herramientas. La multitud crece constantemente. Ya ha invadido el patio exterior.

Launay contempla el asunto con frialdad. Solo tiene dos opciones: defender lealmente la fortaleza que el rey le ha confiado o aceptar la demanda de los amotinados. Para su defensa dispone de la guarnición habitual, ochenta y dos *invalides* de dudoso valor militar,[93] y de treinta y dos soldados suizos incorporados una semana antes para reforzar la guarnición.

El jefe de la tropa comunica su inquietud.

—Los fusileros han ocupado sus puestos. Temo que si el pueblo intenta atacarnos se produzca un baño de sangre.

Launay asiente.

—Mantengamos la calma y esperemos instrucciones de Versalles. A estas alturas el rey debe de estar despachando órdenes para todas las guarniciones.

Pero pasa el tiempo y las instrucciones de Versalles no llegan.

Se recibe a un emisario del gobernador de Les Invalides. Los *sans-culottes* lo han dejado pasar entre abucheos.

—Señor, el marqués de Sombreuil me envía a decir que la plebe ha vaciado la armería y vienen hacia acá a pedir la pólvora.

---

con rediente arponado (difícil de extraer, por tanto) por el fogón u oído, el orificio que comunica la recámara con el exterior. La operación de extraer el rediente para devolver el uso al arma requiere algunas horas.

93. Recordemos que por *inválidos* debemos entender soldados veteranos relegados a servicios auxiliares.

—¡Gran noticia! —ironiza Launay.

—¿Qué piensa hacer su señoría?

—No moveremos un dedo sin órdenes expresas de su majestad, como debiera haber hecho tu señor.

Ido el mensajero, el capitán pide instrucciones a Launay.

—Tenemos que contener a la chusma. ¿Cree que si les soltamos una descarga de advertencia se dispersarán?

—Lo veo difícil, sire. Están muy enardecidos y las mujeres que los acompañan los encizañan para que se muestren bravos.

—¡Ay, las furias!

A media mañana, con la plaza de la Bastilla y las calles colindantes llenas de curiosos y especialmente de curiosas,[94] los *sans-culottes* congregados en el patio exterior de la Bastilla corean consignas:

—¡Entregadnos la Bastilla; la Bastilla es del pueblo! —Los espectadores se unen al coro.

—Todo París está a las puertas, sire —advierte el capitán.

Inquieto, Launay ordena levantar el puente levadizo, que normalmente se encuentra bajado para facilitar el acceso de la gente al patio exterior, donde existen pequeños locales alquilados.

Los más exaltados interpretan la retirada del puente como un acto hostil.

—¡Se niega a entregarnos la pólvora! Nos dejará en manos de los mercenarios del rey para que nos aniquilen.

—¡Será otra Noche de San Bartolomé!

Uno de los revolucionarios se encarama en el mecanismo del puente y corta con un hacha la cadena. El puente se desploma con estrépito, aplastando a uno de los manifestantes.

Una turba de *sans-culottes* invade el patio interior.

—¡Cuidado, compañeros, quizá quieran masacrarnos con un cañón! —grita uno.

Comienzan a crepitar los tiros. ¿Qué parte ha disparado primero? Desde las almenas, los guardias disparan a discreción sobre la masa asaltante.

94. Incluso damas encopetadas que habían aparcado sus carruajes en las calles adyacentes.

—Nos cazan como a conejos —se desgañita Léon Moreau, intentando detener la masacre.

Un grupo de *sans-culottes,* entre los que distinguimos a Julien y Adrien, el hermano y el novio de Brigitte, arriman unos carros de estiércol y paja, y les prenden fuego para que el humo dificulte el tiro de los soldados.

Los suizos les disparan en un vano intento por dificultar la maniobra. Uno de los tiros alcanza a Adrien en la garganta. Un chorro de sangre brota de su carótida abierta, que en vano intenta restañar Julien con un pañuelo. La mirada viva del moribundo se torna vidriosa, la presión de su mano engarfiada en el brazo del amigo cede. Ha muerto.

A primera hora de la tarde algunos destacamentos de las Gardes Françaises con experiencia militar refuerzan a los sitiadores (algunos son veteranos de la guerra de la Independencia americana). Traen con ellos dos cañones retirados de Les Invalides, uno de ellos ornamental, regalo del rey de Siam, bañado en plata.

—Disparad contra los parapetos —les ruega Paul Simon.

—No servirá de nada —advierte un artillero—. Los muros son gruesos y estos cañones son de pequeño calibre. Más bien servirán para echar la puerta abajo.

Launay, desde su puesto de mando en el parapeto sobre la puerta, considera la situación. Solo disponen de comida y agua para un par de días. ¿Debe resistir un tiempo prudencial para justificarse ante el rey o, por el contrario, debe rendirse antes de que mueran más asaltantes? Un último gesto heroico, piensa, sería detonar la pólvora y perecer con honor. La posteridad lo bendeciría por su heroica decisión de privar a los revolucionarios de la posibilidad de enfrentarse con éxito a las tropas reales. Pero Launay dista de ser un héroe, es solo un funcionario real al que, en esta circunstancia, el cargo le viene ancho. ¿Vale la pena provocar una matanza con este acto heroico cuando el destino del fuerte está decidido? Por otra parte, ¿qué posibilidades tiene de escapar con vida de la jornada? Escasas, concluye, pero siempre puede albergar cierta esperanza si rinde la fortaleza. Toma su decisión, ordena alto el fuego y agita un pañuelo blanco desde el parapeto de la torre solicitando parlamentar.

Alcanzan un acuerdo. A la una entrega la fortaleza a cambio de paso franco para él y la guarnición a sus órdenes.

Abiertas las puertas, la multitud invade el interior del castillo arrollando a los guardias que les franquean el paso. Al soldado Béquard le cortan la mano con la que sostiene la llave y, confundiéndolo con uno de los artilleros que dispararon contra el pueblo, lo ahorcan en el patio exterior. La mano cercenada circulará por las tabernas por la tarde como un trofeo, todavía aferrada a la llave.

El eufórico ejército revolucionario recorre la fortaleza. Los *sans-culottes* y sus coimas registran los aposentos, las celdas y las diferentes instalaciones. Saquean lo que encuentran bajo el pretexto de los *souvenirs.*

Esperaban encontrar decenas de pobres prisioneros famélicos y espectrales, con las barbas por la cintura y casi ciegos después de años de encierro en oscuros calabozos, pero, para decepción general, solo encuentran a siete presos con aspecto de estar bien alimentados, todos gozando de excelente salud. Cuatro de ellos son falsificadores de letras de cambio, otro es un aristócrata acusado de libertinaje y los dos restantes son dos dementes que al poco tiempo ingresarán en el manicomio de Charenton.[95]

—Aquí no hay víctimas de la tiranía del Borbón —reconoce Moreau—. ¿Qué hacemos?

Se inventaron un octavo prisionero, un supuesto conde de Lorges.

95. Los falsificadores eran Jean La Corrège, Jean Béchade, Jean-Antoine Pujade y Bernard Laroche, alias Beausablon. Como lo suyo era un delito común, regresaron a la cárcel. Los aristócratas eran James Francis Xavier Whyte, conde de Malleville, y Auguste-Claude Tavernier, y Hubert, conde de Solages, internados por sus respectivas familias (que pagaban dos mil cuatrocientos francos por la pensión y cuatrocientos francos por la manutención). La causa del encierro de los dos primeros era que estaban locos; la del conde de Solages, por «disipación y mala conducta», así como por una «acción monstruosa», concretamente, estar liado con su hermana Paulina, a la que había secuestrado al tener noticia de que el marido «la hacía víctima de extravagantes imaginaciones». A ella la ingresaron en un convento de monjas.

—Llevaba más de treinta años encerrado en un calabozo lóbrego —explica Moreau a los gacetilleros—. Encadenado al muro, estaba casi ciego porque no veía la luz, desnudo, sucio, la piel cubierta de costras; rebozado en sus propios excrementos, el hedor del calabozo era horrible. Había olvidado hasta su nombre, pero constaba en los libros de la Bastilla; por eso sabemos quién era.

Los mercenarios suizos, prudentes como suelen ser las gentes de su nación, se han despojado de las casacas para escabullirse entre la masa de los asaltantes.

Recuento de bajas. Ochenta y tantos muertos del pueblo por solo uno de los *invalides.*

—¡Los muertos claman venganza! —gritan los *sans-culottes* en el patio.

Les resulta fácil encontrar al culpable de la matanza, el alcaide Launay, que no ha rendido la fortaleza cuando se le solicitó y ha ordenado hacer fuego. A empellones e insultos lo llevan al ayuntamiento para que el comité disponga su destino, pero por el camino lo maltratan tanto que no pasa de la plaza de la Grève.

—¡Ahorcadlo!

—Mejor atadlo a la cola de un caballo que lo arrastre por las calles —propone una de las fieras del mercado.

—¡Matadme de una vez! —suplica el cuitado.

Lo linchan allí mismo, pero, antes de perecer bajo los golpes y cuchilladas, acierta con un puntapié en los cataplines de uno de sus verdugos, el pastelero Desnot.

Cuando recupera el resuello, Desnot reclama la gracia de decapitar el cadáver de su agresor.

El furor del pueblo no se detiene en Launay. Cuando Jacques de Flesselles, el *prévôt des marchands* (más o menos equivalente al alcalde), sale del ayuntamiento para parlamentar con los amotinados, lo apostrofan de traidor conchabado con los aristócratas y lo matan a tiros. Su cabeza se une a la de Launay en sendas picas, que encabezan una alegre manifestación cívica por las calles de París.[96]

96. No fueron los únicos trofeos sangrientos que se pasearon por París

—¡La Bastilla es nuestra! ¡Se acabó la tiranía!

Al conocer la noticia, Gaston Roux comenta:

—Antes todos queríamos ser *prévôt des marchands;* me temo que ahora el puesto va a quedar desierto.

Como Roux, los nobles encerrados en sus palacios aguardan ansiosos las noticias del día. ¿Se contentará la *canaille* con haber tomado la Bastilla o irá a por ellos? Algunos recuerdan la sabia advertencia de la marquesa de La Tour-du-Pin, tiempo atrás.

—Riendo y bebiendo nos acercamos al precipicio.[97]

La caída de la Bastilla se convierte en el símbolo de la Revolución francesa. Aún lo es. Innumerables relaciones y reportajes circulan en periódicos y hojas volantes relatando los detalles del episodio.

---

ese día. «La multitud asaltó la casa de Mr. Bertier, intendente de París, y después de haberle quitado la vida a porrazos, un caníbal metió las manos en las entrañas que palpitaban aún y, arrancándole el corazón, lo paseó por la ciudad en la punta de su sable» (Ducos, 1814, p. 92).

97. La duquesa, Henriette-Lucy Dillon, en su adolescencia aspirante a dama de compañía de la reina María Antonieta, tuvo la inteligencia de hurtarse al peligro y antes de que empezara el Terror se embarcó para América. Escribió el interesante *Journal d'une femme de cinquante ans (1778-1815).*

CAPÍTULO 17

# El relojero héroe

El primer miliciano que coronó el parapeto de la fortaleza, un humilde relojero convertido en héroe nacional, relata su hazaña en un folleto. El sencillo relato refleja muy bien el entusiasmo popular de aquella jornada:

> Franceses, compatriotas míos, me llamo Jean-Baptiste Humbert, natural de Langres, trabajo y vivo en París con M. Belliard, relojero del rey, en la calle de Hurepoix. Aprendí el oficio de relojero en Suiza, concretamente en Ginebra, donde era aprendiz cuando esta república perdió su libertad [...]. Regresé a París en 1787, allí me acostumbré, sin sentirlo, a llevar pesado el yugo que oprimía a muchos de mis compatriotas, los valientes parisinos.
>
> El 12 de julio, ante la noticia de que el populacho armado atacaba a los burgueses[98] en lugar de defenderlos, y el ataque a las Tullerías por el príncipe de Lambesc [...]. Me dirigí a Saint-André-des-Arts, mi distrito, para ofrecer allí mis servicios a los comandantes asignados.

98. En la época la palabra *bourgeois* significaba 'miembro del tercer estado que no trabaja con las manos y que posee bienes'. Lo traduciremos por ciudadano disciplinado y observante de las leyes, lo que implica cierta distinción entre la gente honorable que guarda las formas y la pura chusma que se une a la Revolución para cometer impunemente toda clase de excesos (saqueos, incendios, asesinatos).

Todas mis acciones las realicé desde la firme creencia de que cumplía con mi deber, sin buscar gloria ni ventaja, conforme con ganar seis francos[99] al día hasta que me independicé, y satisfecho por haber ayudado a Francia a recobrar su libertad y haber causado algunas alegrías a mis familiares con la noticia de mis acciones.

El lunes 13 fui al distrito de Saint-André-des-Arts con el resto de los ciudadanos con los que patrullé las calles día y noche armados solo con espadas, puesto que el distrito no posee fusiles o solo unos pocos.

Cansado, hambriento y falto de sueño, dejé el distrito a las seis de la mañana y regresando a casa supe que en el cuartel de Les Invalides estaban repartiendo armas para los distritos. Fui enseguida a comunicárselo a la guardia de Saint-André-des-Arts [...].

Éramos cinco o seis milicianos los que llegamos a Les Invalides hacia las dos y nos encontramos una gran multitud en la que nos perdimos, y no sé dónde pararon mi comandante ni mi tropa. Opté por seguir al gentío para acceder al armero subterráneo. En la escalera me topé con un hombre que llevaba dos fusiles y consintió en darme uno. Cuando intenté volver sobre mis pasos, la multitud que irrumpía escalera abajo impedía salir a los que estábamos dentro. Magullado, aunque no herido por la caída, recogí un fusil que estaba a mis pies y se lo entregué a un colega desarmado.

La multitud se obstinaba en descender, pero, como nadie podía salir, muchas personas aplastadas y asfixiadas en el fondo lanzaban gritos espantosos. Ya muchas personas yacían sin conocimiento cuando los que estaban armados amenazaron al resto con clavarles las bayonetas en la barriga y los obligaron a retroceder. La amenaza funcionó y conseguimos que aquella tromba humana reculara para poder evacuar a los caídos. Sacamos a los que habían perdido el conocimiento y los tendimos en la hierba, cerca del pozo, para socorrerlos.

99. En 1795, la República instaura el franco (4,5 gramos de plata), que vale una libra y tres dineros.

Después de haber ayudado y protegido la evacuación de estas personas, comprendí que poco más podía hacer allí y, tras buscar a mi comandante en vano, decidí reintegrarme a mi distrito. Por el camino supe que estaban repartiendo pólvora en el ayuntamiento, así que me apresuré hacia allí y conseguí un cuarto de libra, pero no balas, puesto que no las había.

Salía del ayuntamiento cuando supe por alguien que estaban asediando la Bastilla. Como no disponía de balas, se me ocurrió comprar clavos que las suplieran en la tienda de la esquina del rey en la Grève.[100] Ahí arreglé y engrasé mi fusil.

A la salida de la tienda, cuando me disponía a cargar mi fusil, me topé con un ciudadano que me informó que ya estaban repartiendo balas en el ayuntamiento, así que regresé corriendo y, en efecto, me entregaron seis pequeñas de las que llaman perdigones *(chevrotines)*. Salí para la Bastilla cargando el fusil por el camino. En el segundo patio del Arsenal me uní a un grupo que se dirigía al asedio.

Encontramos cuatro soldados de Guet con sus fusiles y los animé a sumarse al asedio, pero nos dijeron que no tenían pólvora ni plomo. Hicimos una colecta entre nosotros y les entregamos a cada uno dos tiros, con lo que nos siguieron encantados.

Cuando pasábamos ante el hotel de la Regie acababan de desprecintar dos cajas de balas de las que nos dieron cuantas quisimos. Yo me llené el bolsillo con la idea de repartirlas entre los que no tuvieran. Cuando escribo esto todavía me quedan más de tres libras de balas.

A pocos pasos de allí oí que una mujer pedía socorro, fui a donde estaba y me dijo que habían prendido fuego al almacén de salitre y agregó que era una injusticia, porque ese almacén se había puesto a disposición de los milicianos en cuanto lo solicitaron. La mujer me llevó al almacén y encontré en él a un peluquero que portaba en cada mano una mecha con las que estaba

100. Según la *Enciclopedia metódica* (1791), «a la Place de Grève llegaban barcos cargados de heno, trigo, harina, avena, cebada, vino, cal y carbón». Durante la Revolución francesa fue el mentidero de París donde la gente iba en busca de noticias, no siempre ciertas.

prendiendo fuego. Me fui para él y le arreé un culatazo en el estómago que lo dejó fuera de combate. Entonces, como viera que un tonel de salitre estaba ardiendo, conseguí apagarlo volteándolo.

Durante esta acción, dos domésticos de la casa se me unieron en la persecución de gentes malintencionadas que se habían colado a pesar de su resistencia y habían forzado los archivos. Los seguí y perseguí por las habitaciones y vi que habían violentado las cerraduras de los armarios con el pretexto de buscar pólvora.

Abandoné la casa lleno de bendiciones y me reuní de nuevo con los soldados de Guet, a los que suministre pólvora y balas, y puse a uno de ellos a guardar la puerta del almacén.

Después me encaminé a la Bastilla por el camino del Arsenal. Llegaría en torno a las tres y media. El primer puente levadizo estaba bajado, las cadenas rotas, pero el rastrillo impedía el paso. Nuestra gente intentaba meter dos cañones que previamente habían desmontado. Crucé al otro lado por el puentecillo y ayudé en la operación.

Cuando los tuvimos reinstalados sobre sus afustes, nos alineamos unos cinco o seis, yo el delantero. De esta guisa avanzamos hacia el puente levadizo. Encontramos los cadáveres de dos soldados tendidos a uno y otro lado. El de mi izquierda con el uniforme de los Vintimille, pero no pude identificar el uniforme del de la derecha.

Emplazamos los cañones, el de bronce frente al gran puente levadizo y otro, pequeño, de hierro damasquinado en plata, frente al puente pequeño.

Este cañón me obligó a abandonar la fila y, como del castillo no se recibía signo alguno de paz, me atreví a alcanzar la terraza.

En ello estaba cuando los soldados comenzaron el ataque con descargas de fusilería. Me apresuré a regresar a mi puesto, pero me impedía el paso la multitud que avanzaba despreciando el peligro. Tuve que volver por el parapeto y al hacerlo pisé el cadáver del soldado uniformado de Vintimille.

Cada uno de nosotros disparó algo así como media docena de tiros. Entonces deslizaron un papel por un agujero oval de pocas pulgadas de ancho. Cesamos el fuego y uno fue a la cocina del fuerte a buscar una tabla, que extendimos sobre el parapeto y muchos de nosotros nos montamos detrás para hacer de contrapeso. Un hombre avanzó sobre la tabla, pero en el momento en que iba a recoger el papel lo mataron de un tiro y cayó al foso. Otro hombre que llevaba una bandera la dejó caer y recogió el mensaje, que se leyó en voz alta e inteligible.

Era el ofrecimiento de una capitulación, pero sus términos no nos convencieron, así que optamos por disparar el cañón y nos desenfilamos para despejarle el tiro. Estábamos a punto de abrir fuego cuando bajaron el puente levadizo pequeño dándonos acceso al vestíbulo. Nos precipitamos dentro y yo entré el décimo. La puerta interior seguía cerrada. Transcurridos un par de minutos, un veterano de Les Invalides vino a abrirla y nos preguntó qué queríamos.

—¡Que rindáis la Bastilla! —gritamos al unísono.

Mi principal preocupación era que bajaran el puente levadizo. Lo hicieron. Entonces, como ocho o diez de nosotros irrumpimos en el patio principal y encontramos que los soldados de Les Invalides estaban formados a la derecha y los suizos a la izquierda. Gritamos «¡abajo las armas!» y obedecieron, excepto un oficial suizo. Me fui para él con la bayoneta por delante para obligarlo y lo conminé a que rindiera las armas. Él se dirigió a la Asamblea y dijo:

—Señores, ustedes saben que no he disparado.

Le repliqué:

—¿Cómo puedes decir que no has tirado si tienes la boca tiznada por haber mordido el cartucho?[101]

Al tiempo que se lo decía, intenté arrebatarle el sable, pero otro miliciano había tenido la misma idea. En la discusión de a quién correspondía el trofeo vi que tres ciudadanos que habían subido cinco o seis peldaños por la escalera que estaba a mi izquierda descendían atropelladamente. Olvidé lo del sable y subí las escaleras con mi fusil en su auxilio, suponiendo que los ha-

101. Los tiradores se conocían por dos señales: al morder el cartucho de papel para cargar el fusil con la pólvora, este manchaba los labios y los bigotes; el retroceso de la culata al disparar provocaba un hematoma en el hombro derecho.

bían hecho retroceder. No advertí que nadie me siguiera. En el parapeto encontré a un soldado suizo acurrucado de espaldas. Lo encañoné: «Ríndete». Se volvió sorprendido y dejó el arma en el suelo:

—Camarada, no me mates —suplicó—. Soy partidario del tercer estado y te defenderé hasta la última gota de sangre. Estoy aquí obligado a hacer mi trabajo, pero no he disparado.

Mientras lo decía le requisé el fusil, le puse la bayoneta en el estómago y le pedí que me diera la bolsa (de la munición) y que me pasara la bandolera por el cuello, lo que hizo sin rechistar.

Hecho esto, fui al cañón que estaba justo encima del puente levadizo con idea de desmontarlo de su afuste para inutilizarlo. En ello estaba, el hombro derecho haciendo fuerza bajo la boca del cañón, cuando recibí un disparo de fusil proveniente de no sé dónde. La bala me alcanzó en el cuello después de atravesar la chaqueta y el chaleco. Caí inconsciente. El suizo al que había perdonado la vida me arrastró hacia la escalera (para ponerme a salvo) sin que por ello abandonara su fusil, que arrastraba conmigo, aunque se me cayó el mío, el que había recibido en Les Invalides.

Cuando recuperé la consciencia, me encontré sentado en la escalera. El suizo me había zarandeado para espabilarme. Me había taponado la herida, de la que manaba abundante sangre, con un jirón que desgarró de su camisa.

Aturdido, le pedí que me ayudara a bajar la escalera, lo que hizo de buena gana. Íbamos por la mitad cuando nos encontramos con los milicianos que subían, algunos con corazas. Viéndome ensangrentado creyeron que el suizo me había herido y quisieron matarlo, pero me opuse y los saqué del error. Seguí bajando, siempre sostenido por el suizo, pero cuando llegamos al patio no lo dejaron pasar y tuve que continuar solo. Viendo la sangre de mi herida, me abrieron paso hacia la cocina de la Bastilla, donde el cirujano mayor me examinó la herida y me dijo que él solo no podía retirarme la bala del cuello, que era mejor que fuera al hospital a que me la vendaran.

Por el camino, me encontré a un sujeto que salía de los Mínimos, donde le habían curado una muñeca dislocada. Me llevó a los Mínimos y me vendaron la herida, pero no encontraron la bala.

Estaba sediento. Me dieron una jarra de vino aguado con el que repuse mis fuerzas. Más animado, hice por regresar a la Bastilla. Cuando me vieron vestido, y con el fusil y la bolsa de la munición, los Mínimos que me habían vendado me rogaron que no lo hiciera, porque podría abrirse la herida. Tuve que prometerles que regresaría a mi casa para el necesario reposo. Incluso pretendían acompañarme, lo que les agradecí.

Por el camino me vino a la memoria el recuerdo de algunos amigos que quedaban en la calle Ferronnerie. Los había dejado por la mañana preocupados por los peligros que les hacía sospechar mi ardor, fui a buscarlos y cuatro burgueses armados me acompañaron por la calle Hurepoix. Allá por donde pasaba recibía elogios: pero al llegar al Quai des Augustins, una turba nos siguió tomándome por un malhechor. Por dos veces propusieron matarme. Como no me podía defender de todos, cuando ya iban a cogerme, un librero del muelle me reconoció y me abrió las puertas de su casa, salvándome de las turbas. Allí dormí y me atendió, cuidando de todo lo que necesitaba. Descansé hasta la medianoche, en que me despertaron unos insistentes gritos: «¡A las armas!, ¡a las armas!». Entonces no pude resistir el impulso de seguir siendo útil. Me levanté, requerí mis armas y fui al cuerpo de guardia, donde encontré al señor Poirier, comandante, a cuyas órdenes me puse hasta la mañana siguiente.

Nosotros, los abajo firmantes, certificamos que los hechos relatados en estas páginas son verdaderos en lo que toca a la toma de la Bastilla.

En París, a 12 de agosto de 1789
DUCASTEL, artillero, MAILLARD,
RICHARD, DUPIN, GEORGET

CAPÍTULO 18

# Es una revolución

El duque de La Rochefoucauld sale al encuentro de Luis XVI, que regresa de una intensa jornada de caza, y lo informa de las noticias del día.

Luis quiere conocer más detalles. Lo informan del linchamiento de Launay y Flesselles, y del paseo de sus cabezas en sendas picas.

—¿Es un motín? —pregunta Luis.

—No, sire, es una revolución.[102]

En aquel momento, la reina, más consciente de la apurada situación que su marido, escribe una carta a su amiga, la princesa de Lamballe: *«Tout est perdu, la Bastille est au pouvoir des Parisiens»* («Todo está perdido; los parisinos han tomado la Bastilla»).

Como señala el historiador Taine: «No había ya gobierno; el edificio artificial de la sociedad humana se desmoronaba por entero; volvías al estado de naturaleza. Aquello no era una revolución, sino una disolución».[103]

—Se ha levantado la veda del que tiene algo —comenta sombrío Antoine Roux al conocer los sucesos del día.

—Calmemos a la *canaille,* que está reaccionando como un jabalí acorralado —piensa Luis, aún inmerso en su reciente ex-

102. La historia es apócrifa, me temo, pero como aparece en todos los libros sobre la Revolución francesa no podía faltar aquí.

103. Taine, 1922, II, p. 6.

periencia cinegética—. Anunciemos que se retiran las tropas del centro de París. Que se instalen en Sèvres y Saint-Cloud. Eso apaciguará a la *canaille*.

Brigitte ha permanecido toda la noche despierta velando el cadáver de Adrien junto a su hermano. Por la mañana, con los ojos hinchados y agotadas las lágrimas, le da unos sueldos a uno de los carreteros que retiran los muertos de la Bastilla para que lo lleve a la fosa del cementerio. Es lo que hacen los pobres para ahorrarse el ataúd.

Brigitte no quiere admitir que siente cierto alivio por la muerte del pobre Adrien. Últimamente no se entendían, él bebía mucho, tenía varias novias y la tenía algo desatendida, aunque el proyecto de casarse cuando mejorara algo su posición seguía en pie. En cierto modo, la aparición de Diego le había servido para distanciarse de Adrien.

De pronto sintió un vehemente deseo de ver a Diego y de apretarse contra él entre las sábanas, de vivir, de gozar de la vida. Preguntó por él en el taller de los sacos. Le dijeron que estaba en el taller de carruajes de la Charité, arreglando una rueda de la berlina de los Roux.

Brigitte se lava la cara, se maquilla un poco los ojos para disimular las lágrimas y se dirige al taller. Allí está Diego ayudando a los operarios a encajar una llanta de hierro que han calentado previamente en la fragua.

—¿Qué haces aquí? —se sorprende al verla.

—*Mon cher,* hoy no es día de trabajo —le dice ella—. Todo París está en la calle celebrando la caída de la Bastilla. Las tejedoras han ido a ver los calabozos. Yo prefiero ir al Palais-Royal, que estará tranquilo.

Medio París visita la Bastilla en una especie de turismo patriótico. Recorren sus dependencias, desde los siniestros calabozos del subsuelo hasta los más ventilados de las torres y las dependencias del gobernador. Los antiguos carceleros se prestan a hacer de guías. La armería, de la que han trasladado la pólvora y barrido la que había en el suelo, se ha convertido en la principal pieza visitable. Los antiguos carceleros ofrecen truculentos detalles. Explican que las piezas de una armadura mohosa que se ven por los rincones son refinados instrumentos de tortura. Adèle la

Tremenda y otras mujeres de su especie se empeñan en pernoctar en los calabozos. Quieren sentir intensamente esa experiencia («las ratas me pasaban por encima», contarán luego).

Diego y Brigitte pasean por los jardines del Palais-Royal. Repara Diego en un pedestal que sostiene un cañoncito de bronce, en medio del jardín.

—Esa lupa que tiene detrás le calienta la pólvora y dispara cuando el sol es más fuerte, a mediodía —le explica Brigitte.

En el pedestal hay una leyenda en latín: «*Horas non numero nisi serenas*».

—«Solo cuento las horas felices» —murmura Brigitte—. Eso dice.

—¡Sabes latín! —Diego se vuelve hacia ella con una cómica expresión de sorpresa.

Brigitte lo castiga con una puñada en el brazo.

—No seas tonto. Aquí todo el mundo sabe lo que dicen esas palabras. Y qué verdad encierran. Yo solo quiero contar las horas felices —al decirlo se le quiebra la voz y se echa a llorar.

Diego la abraza y la besa.

—¿Qué te pasa? —le pregunta alarmado— Te noto muy rara.

—Adrien murió ayer en la Bastilla —confiesa arreciando el llanto.

—Lo siento —dice Diego, abrazándola de nuevo.

—Se me pasará —dice Brigitte entre hipidos.

La toma de la Bastilla por el pueblo se convierte en el símbolo de la Revolución y del tiempo nuevo que alumbra.

La Asamblea Nacional decreta la demolición de la fortaleza como símbolo del absolutismo real que los nuevos tiempos abolen. Los golpes de piqueta inaugurales se ofrecen a personajes distinguidos: el parlamentario Mirabeau (que es muy aplaudido cuando a pesar de su impericia con el pico consigue despegar una piedra que ya estaba medio suelta); Pierre-Augustin de Beaumarchais, el celebrado autor de *Las bodas de Fígaro;* Franz Joseph, el autotitulado marqués de Lusignan... Revolucionarios y padres de la patria rivalizan con picos y porras demoliendo piedras que la multitud acoge con aplausos cuando caen al foso.

En unos meses solo quedó el solar.

Aquí el que escribe lo visitó recientemente para levantar acta de los restos. La plaza que ocupa su solar es una explanada donde jovenzuelos ociosos y multiculturales hacen cabriolas con tablas y patinetes.

Antes, cuando la calzada estaba adoquinada, estaba marcado el trazado de los muros con adoquines de distinto color y uno se podía hacer una idea. Ahora la han asfaltado y el trazado resulta más confuso, porque se marca con chinchetas de latón discontinuas. Me habían dicho que en la estación de metro adyacente quedaban restos de un muro. Saqué mi billete y bajé al andén. En efecto, hay unos metros de muro con un cartel explicativo. Lo estaba fotografiando cuando se me echaron encima tres o cuatro gendarmes para explicarme que estaba terminantemente prohibido hacer fotos en el metro.

—*C'est pour la sécurité.*

—*C'est à cause de la glorieuse histoire de la France* —replico.

—*Dans ce cas, prenez la photo, monsieur* —me dice el que parece el jefe.

A los franceses les mencionas su historia y se les arrasan los ojos de lágrimas, no como nosotros, que nos avergonzamos de la nuestra.

Para perpetua memoria de los novecientos héroes que han participado en la toma de la Bastilla, se establece una lista oficial que recoge sus nombres *(brevet de vainqueur)* y se expiden los correspondientes diplomas acreditativos. Muchos de estos héroes se apuntan a una gira triunfal por los ochenta y tres departamentos de Francia acompañando a la exposición ambulante que recrea la caída de la fortaleza.

Avispados emprendedores fabrican *souvenirs* de la Bastilla: grabados, abanicos, pendientes, balas supuestamente disparadas en su asedio. Con algunos sillares de sus muros se tallan modelos a escala de la fortaleza.[104]

104. El colmo de la extravagancia ocurrió cuando Chalier, corregidor

Al día siguiente de la caída de la Bastilla, la Asamblea Nacional se reúne temprano.

Mirabeau toma la palabra para pronunciar un discurso histórico en el que menciona a las «hordas extranjeras que nos amenazan» y recuerda las matanzas de la Noche de San Bartolomé, que ya se van convirtiendo en un tópico revolucionario.

Apenas ha terminado de perorar cuando, para sorpresa de todos, Luis comparece en persona ante la Asamblea, modestamente vestido y sin la acostumbrada escolta.

—¡El rey! —anuncia el secretario.

Lo acompañan sus hermanos, el conde de Provenza y el conde de Artois.

Luis tranquiliza a la Asamblea sobre sus reales intenciones.

—Los soldados se retirarán lejos de París —promete.

La noticia entusiasma a la multitud que aguarda fuera del recinto. Prorrumpen en vivas al rey.

—Él es el verdadero padre de Francia —dicen—. Los que enturbian su amor por nosotros son los malos consejeros.

Los representantes del pueblo se atropellan para ocupar los carruajes disponibles en Versalles. Corren a anunciar al pueblo de París el favorable humor del monarca y, de paso, apuntarse el tanto como si el mérito fuera de ellos, que lo han convencido para que retire las tropas.

En la plaza del Ayuntamiento, Lafayette, vicepresidente de la Asamblea, anuncia que cuentan con la benevolencia del monarca. En realidad —explica—, el rey estaba engañado por sus consejeros. Es un ser benévolo, un *cacho pan* que ama a su pueblo.

Quizá la mención del pan sobraba ante tanto estómago desconsolado.[105]

---

de Lyon, organizó un espectáculo patriótico-religioso en el que cada uno de los participantes comulgaba arrodillándose y besando un sillar de la Bastilla. Como tantos otros entusiastas revolucionarios, cuando las tornas vinieron mal dadas terminó sus días en la guillotina, que en su caso, por una vez, funcionó deficientemente.

105. Aprovecharé la mención para insistir en la importancia del pan en

El entusiasmo popular y los vivas al rey no decrecen en todo el día y por la noche.

Parece que la ciudad de París adora a su rey, pero está en manos del populacho, que es, en esencia, mudable. La Asamblea nombra a Lafayette comandante de la nueva milicia y a Bailly, el promotor del juramento del Jeu de Paume, alcalde de París.[106]

No deja de ser revelador que ninguno de los dos nombramientos se haya sometido a la aprobación real.

En un solemne tedeum celebrado en Notre-Dame, Lafayette promete defender con su vida la libertad del pueblo.

La prensa comenta en toda Europa que los rebeldes franceses han asaltado impunemente una fortaleza real y que el rey ha cedido a las presiones populares en lugar de ejecutar a los implicados. En España, el joven ilustrado José Marchena pergeña una oda:

*Cayeron quebrantados,*
*de calabozos hórridos y oscuros,*
*cerrojos y candados.*
*Yacen por tierra los tremendos muros,*
*terror del ciudadano*
*y horrible baluarte del tirano.*

---

la Revolución francesa. También el pan marcaba las distancias entre los pobres y los pudientes. El pueblo consumía pan de alforfón y mijo *(pain ballé),* deficientemente cernido y molido; los pudientes consumían *molletes* de flor de harina de trigo, *mouton,* amasado con mantequilla, o *bis blanc,* mezcla de harina blanca y flor de harina. El pan constituía la base de la alimentación del pueblo, que llegó a invertir en él hasta el cincuenta por ciento de sus ingresos. La mecha de la Revolución la encendieron mujeres del pueblo como nuestra ya familiar Adèle la Tremenda, que veían a sus hijos morirse de hambre. Cuando hubo que dar la cara en los acontecimientos más importantes, fueron las mujeres la vanguardia de la protesta. Por cierto, que el pan sigue siendo un indumento peculiar del francés de la calle, ese que a la vuelta del trabajo lleva orgulloso la *baguette* bajo el brazo, ignorante de que es el verdadero símbolo de la Revolución.

106. Su predecesor, el desventurado Jacques de Flesselles, había sido *prévôt des marchands* ('preboste de los mercaderes'). Bailly, científico de profesión, ocupó el puesto como alcalde *(maire).*

CAPÍTULO 19

# Dudas reales

Amanece un tórrido 16 de julio. El rey ha convocado a su consejo por última vez. Viste una casaca ligera de muselina gris y se enjuga el sudor de la nuca con un pañuelo de encaje que lleva prendido de un dedo.

Luis no está de humor. Ha dormido mal después de soportar los reproches de María Antonieta sobre la torpeza con que está manejando el motín de la *canaille*. Responde con hastío a los saludos y se encierra en un mutismo ausente mientras sus ministros examinan la delicada situación.

—Mi consejo es que os retiréis a provincias, sire —alcanza a oír.

—Cerca de Austria o de Prusia, por si se requiriera su ayuda —propone otro.

—Dadas las circunstancias, creo que los caminos no están seguros —objeta el mariscal de Broglie—. Las tropas están desertando.

—Y la corte también, me temo —suspira el monarca.

Asustados por los acontecimientos, muchos nobles toman el camino del exilio aquella misma noche, entre ellos Artois, el hermano menor del rey. Al despedirse de Luis alega que va a organizar una fuerza contrarrevolucionaria con ayuda de Austria. Son tantos los que huyen camino del extranjero que en pocas horas París se queda prácticamente sin carrozas, incluidas las *turgotines* del servicio regular. Algunos, más previsores, llevan un tronco de caballos de refresco por si no encontraran con qué cambiar el tiro en las casas de postas.

Comentan los ministros que entre los que han abandonado París se encuentran los príncipes de Conti y Condé, y madame Polignac, amiga de la reina.[107]

La propia María Antonieta es partidaria de huir para organizar la contrarrevolución desde un lugar seguro, pero el atribulado Luis decide seguir el consejo del mariscal de Broglie y otros hombres de su confianza que lo instan a permanecer en Versalles y afrontar los acontecimientos después de fingir que también él comulga con los cambios que se le imponen.

—La corte huye al extranjero —comentan las verduleras en el mercado de Les Halles.

—¡En cuanto han visto que se les acababa el vivir a costa del pueblo! —ríe Adèle la Tremenda desde su púlpito de pescados muertos.

En el mentidero de la plaza de la Grève se comenta que el conde de Artois ha huido a España, otros dicen que a Turín. Lleva consigo varias arcas con tesoros para reclutar un ejército con el que recuperar Francia. Va a pedir ayuda a sus primos, los Borbones reinantes en España, Nápoles y Sicilia, y al emperador del Sacro Imperio Romano Germánico, hermano de la reina.

—El pueblo lamentó la marcha de Necker, sire —opina un ministro—. Si lo llama de nuevo ganará su voluntad.

—Está bien —accede Luis—. Llamémoslo para que vuelva a ser el ministro de Finanzas, a ver si él consigue arreglar este desconcierto.

Necker retoma el cargo, pero esta vez no tiene que conven-

107. También lo ha hecho el diputado Jean-Anthelme Brillat-Savarin, el autor de *Physiologie du goût (Fisiología del gusto),* felicísima obra en la que los gastrósofos espigan ocurrencias tan felices como esta: «El descubrimiento de un nuevo plato hace más por la felicidad de la humanidad que el descubrimiento de una nueva estrella. Estrellas hay ya bastantes». Brillat-Savarin emigrará a Estados Unidos y se ganará la vida dando clases particulares de francés y violín. La Revolución puso precio a su cabeza.

cer a un rey complaciente, sino a una Asamblea que rechaza sus propuestas financieras.

A Luis solo le resta mantener una postura digna ante el abismo que se ha abierto a sus pies. Consciente de que nada volverá a ser igual, redacta su testamento, reza con la familia en la capilla de palacio y vestido sencillamente, como un burgués cualquiera, emprende el camino de París en un coche sin adornos y con reducida escolta, apenas visible entre la milicia ciudadana que lo acompaña luciendo recién estrenadas escarapelas. Completan la procesión hasta cien diputados conscientes de vivir un momento histórico y una numerosa representación de la *canaille* con lanzas, bieldos y otras armas improvisadas. No se privan de gritar vivas al «rey ciudadano» que finalmente ha advertido que su verdadero papel es el de *bon père de la France,* el bondadoso padre del pueblo.

El alcalde Bailly acude a recibir al monarca a las puertas de París para entregarle las llaves de la ciudad, como es costumbre.

—Las mismas llaves que se presentaron a Enrique IV —le indica con ensayado parlamento—; él había conquistado al pueblo; ahora el pueblo ha conquistado a su rey.

«Cuántos cambios», piensa Luis. Conoce los trabajos de Bailly como astrónomo y le resulta extraño verlo en el papel de político. Tampoco sabía que en París hubiera alcaldes. Hasta ayer, el Ayuntamiento estaba bajo la presidencia de Bertier de Sauvigny, un intendente nombrado por el monarca. Luis se pregunta dónde estará. Seguramente se habrá puesto a salvo con la primera espantada de la nobleza. En fin, aceptemos la mudanza de los tiempos.

Aumentada por los ciudadanos curiosos, y especialmente por Adèle la Tremenda y sus compañeras del mercado, que no han querido perderse la histórica ocasión, la procesión civil se dirige al ayuntamiento. Luis se asoma al balcón para corresponder a los vivas y aclamaciones de sus súbditos, los mismos que ayer asaltaron la Bastilla y pasearon las cabezas de sus oficiales.

Muy en su papel de munícipe, Bailly ofrece a Luis en bandeja de plata la escarapela que simboliza el nuevo régimen.

—Note, sire, que a los colores de París se les ha añadido el blanco de los Borbones.[108]

Luis la acepta de buen grado. Después de un breve titubeo, porque no sabe qué hacer con ella, se la coloca en el sombrero. De esta guisa comparece de nuevo en el balcón para saludar a la multitud congregada en la plaza. El pueblo prorrumpe en aclamaciones.

—Luis, Luis, Luis. *Vive le roi!*

Las trompetas y los cañones conmemoran el histórico momento de la conversión de un rey absolutista en un rey ciudadano.

Después de un día de intensas emociones, Luis puede, por fin, regresar a Versalles, ya de noche, donde lo aguardan María Antonieta y sus hijos.

La reina nota la escarapela en el sombrero de su esposo.

—No sabía que me había casado con un plebeyo —le reprocha.

Luis ha aceptado la escarapela, el símbolo de la Revolución. A partir de entonces pocos aristócratas se atreven a comparecer en público sin lucir en las casacas o en los sombreros el emblema del nuevo Estado.

Pocos días después se divulga la noticia. Los *sans-culottes* han detenido a Bertier de Sauvigny, intendente de París, y a su suegro, Joseph Foullon de Doué, apodado Alma Maldita (Âme Damnée), que había sustituido a Necker como inspector general de finanzas.

—Los reclamaré —dice el rey.

—Demasiado tarde, majestad. Al intendente lo han ahorcado en una farola de la plaza de la Grève después de torturarlo restregándole ortigas por el rostro. Han paseado por todo París su cabeza clavada en el extremo de una pica con la boca llena de heno.

—¿Por qué llena de heno? —pregunta la reina horrorizada.

—Sí, majestad. En recuerdo de un desplante que sus asesinos le atribuyen falsamente.

108. De este modo quedó configurada la bandera de Francia con tres franjas, azul, blanca y roja, aunque al principio los colores estaban en orden inverso: rojo, blanco y azul.

—¿Qué desplante? —se interesa el rey.

—Se dice que cuando las mujeres reclamaban pan para sus hijos él replicó que los pobres valían menos que sus caballos, y que si no tenían pan, podían comer hierba.[109]

La farola *(lanterne* o *réverbère),* improvisada como horca, se convierte en una modalidad de ejecución popular. Al grito de *«à la lanterne!, à la lanterne!»* se producen numerosos ahorcamientos antes de que la sustituya la más teatral y vistosa guillotina.[110] Por los barrios de Saint-Antoine y Saint-Marcel, el lema más repetido es: *«Aristocrates à pendre»* («Aristócratas para colgar»).

En cuanto a Bertier:

> Viéndose perdido, arranca un fusil a los asesinos y se defiende como un bravo. Pero un soldado le abre el vientre de un sablazo; otro le arranca el corazón.
>
> Encontrándose allí por casualidad el cocinero que cortó la cabeza de Launay, le entregan el corazón. El soldado agarra la cabeza y ambos se dirigen al ayuntamiento para mostrar sus trofeos a Lafayette.

109. Otro bulo como el que atribuía a María Antonieta la réplica: «Si no tienen pan, que coman *brioches*». Nunca lo dijo la reina. Quizá la confunden con su antecesora, María Teresa de Austria (hija de nuestro Felipe IV, casada con Luis XIV de Francia, el Rey Sol), que en semejante ocasión dicen que dijo: *«S'il ait aucun pain, donnez-leur la croûte au lieu du pâté»* («Si no tienen pan, que les den el hojaldre en lugar del paté»). La más antigua atribución del dicho a María Antonieta aparece en el periódico satírico *Les Guêpes,* en 1843.

110. «La linterna de la que tanto se habló al principio de la Revolución francesa, y que servía para las venganzas populares, es el pescante de hierro que sostiene los faroles que alumbran las calles durante la noche; de manera que en todos los motines los sediciosos tenían siempre a mano el patíbulo, pues el primer farol que encontraban les servía de horca» (Ducos, 1814, p. 113). Camille Desmoulins, autor del panfleto *Discours de la lanterne aux parisiens [Discurso de la farola a los parisinos],* se presentaba como «procurador general de la *lanterne*». Una canción revolucionaria, que incluso Édith Piaf ha cantado, tenía por estribillo: *«Ah, ça ira, ça ira, ça ira. / Les aristocrates à la lanterne. / Ah, ça ira, ça ira, ça ira. / Les aristocrates, on les pendra».*

> De regreso al Palais-Royal, sentados en una taberna, el pueblo les pide los sangrientos trofeos; ellos los tiran por la ventana y concluyen de cenar, mientras que debajo de ellos pasean el corazón en un ramo de claveles blancos.[111]

Desde esa fecha temprana, la Revolución adquiere el gusto por la sangre (aunque ciertamente tampoco escatima la suya). La exhibición de cabezas en el extremo de las picas se convierte en una seña de identidad revolucionaria. En los barrios obreros es frecuente ver a pilluelos que imitan a los revolucionarios paseando cabezas de gatos clavadas en picas infantiles.

En España, el ministro Floridablanca se preocupa por las noticias de Francia y prohíbe la circulación de panfletos franceses que hablen de la Revolución.[112] Quizá se excede. En las Cortes españolas el ambiente es menos reivindicativo. Lo último que han propuesto los señores diputados es que se les asignen mejores asientos en las corridas de toros, la gran afición nacional por la que se pirran los ricos y los pobres. Estos llegan a empeñar hasta la camisa para pagar la entrada. No obstante, la semilla de la Ilustración y sus reivindicaciones sociales está ya sembrada entre un puñado de ilustrados afrancesados.[113]

111. Taine, 1922, II, p. 62.

112. La Real Orden del 1 de enero de 1790 prohíbe la importación y circulación de «libros, papeles, cajas, abanicos, cuadernos y otros objetos que representen las revoluciones ocurridas en Francia» (Fajardo, 2003, p. 48). Además, la policía detendrá a todo ciudadano que exhiba en su atuendo «la escarapela tricolor llamada cucarda». La suspicacia del ministro está más que justificada: el 18 de julio de 1790, un ciudadano francés descontento con su suerte, Jean-Paul Pairet, le asestó una puñalada afortunadamente venial cuando paseaba por los jardines de Aranjuez. Se sospechó que era un mensaje de los revolucionarios franceses.

113. Entre ellos, el mentado José Marchena, que en las páginas del periódico *El Observador* escribe: «Cuando veo un soberbio palacio de un gran señor, una deleitosa casa de placer en la que parece imperar la voluptuosidad, me asalta la idea de los vasallos de aquel excelentísimo que gimen oprimidos bajo el peso de la más gravosa miseria» (Fajardo, 2003, p. 41).

CAPÍTULO 20

# Un encuentro fortuito

Charles-Henri Sanson, *maître des hautes et basses oeuvres*[114] de su majestad el rey, golpea tres veces la puerta del doctor Joseph-Ignace Guillotin con la gruesa contera de plata de su bastón, que representa una flor de lis, el emblema de su augusto señor.

Abre la puerta un anciano criado que, al reconocer al verdugo de la ciudad, sufre un sobresalto. A Sanson no le importa, ya está acostumbrado.

—¿El doctor Guillotin?

—E... está descansando —tartamudea el anciano—. ¿Para qué lo busca?

—Un hijo mío padece unos dolores espantosos de barriga.

—Aguarde, que le aviso —dice el criado y cierra la puerta en las narices del ejecutor de sentencias.

Informado el doctor Guillotin del motivo de la insólita visita, coge su estuche medicinal y acompaña a *sieur* Sanson hasta el coche de alquiler que lo espera al otro lado de la calle con su farol encendido.

Sanson le pide al cochero que atenúe la intensidad de la luz, lo que el doctor Guillotin agradece llevándose dos dedos al sombrero que se ha encasquetado hasta las cejas.

Afortunadamente, a esta hora de la noche las calles están

114. «Maestro de altos y bajos trabajos», o sea, de ejecuciones y otras faenas menores del oficio, como castigos públicos, azotes y mutilaciones.

casi desiertas y nadie repara en la compañía que se ha buscado el reputado doctor.

Sanson vive en una casa modesta del *faubourg* Saint-Honoré.

Terminado el acto médico, el aliviado Sanson remunera al doctor y, antes de acompañarlo al coche de punto que lo devolverá a su morada, le dice:

—¿Me permitiría invitarlo a una copa de vino? Un amigo tiene una viña que hace muy buen caldo.

El doctor Guillotin titubea. Compartir una copa con el verdugo de la ciudad no es la clase de sociabilidad que cualquiera podría desear, pero precisamente por eso piensa que si la rechaza lo ofendería. Al fin y al cabo, se justifica, el oficio de verdugo es el más necesario en las comunidades humanas, según Aristóteles.

Toman asiento en el gabinete del ejecutor, donde no falta un aparador negro, antiguo, sobre el que destaca una jofaina de peltre con su correspondiente jarro. Sanson da dos palmadas. El doctor mira con cierta aprensión aquellas manos grandes como palas de panadero. Aparece una muchacha silenciosa que no se atreve a levantar los ojos hacia el invitado. Les sirve el vino en sendos cubiletes de plata, un lujo que viniendo de quien viene impresiona al doctor.

La conversación, forzada al principio, se desliza inevitablemente hacia los aspectos médicos de la profesión del *maître des hautes et basses oeuvres,* más concretamente hacia la rama de traumatología.

—Todo empezó por una tierna historia de amor —declara Sanson—. Un antepasado mío, Charles Sanson, fundador de la dinastía, se había enamorado de Margarita Jouanne, bella y distinguida señorita sin más tacha que ser hija del verdugo de Ruan, quien, al saber que la chica había quedado embarazada, advirtió que la mataría si no se casaba inmediatamente: «Pues ya me dirás, niña, qué le puedes ofrecer tú a un hombre aparte de tu virginidad, siendo como eres hija mía», razonó.

»Charles Sanson, que debía de ser todo un caballero, la tomó por esposa e ingresó de este modo en la familia y profesión de su suegro, del que heredaría el cargo. De él se contaba que ejecutó a un tal caballero de Barre tan memorablemente que, después de pasar la espada, la cabeza se mantuvo en su lugar, sobre el tronco, y solo rodó por el suelo cuando el cadáver del ajusticiado se desplomó. Dos Sanson después, llegó Charles-Jean-Baptiste Sanson (1726-1778), mi padre, el *maître des hautes et basses oeuvres* de más largo reinado, porque ascendió al estrado a los siete años (aunque en su minoría de edad el trabajo recaía, por delegación, en un ayudante). Fue también un artista de la espada memorable —agrega el carnífice con un quiebro emocionado en la voz.

—El caso es —interviene el doctor Guillotin— que yo he visto un grabado de un artista llamado Lucas Cranach, *El martirio del apóstol Mateo por decapitación,* donde aparece una máquina antigua de cortar cabezas que no creo que esté sujeta a esos fallos que deslucen la decapitación con espada o hacha.[115]

Asiente Sanson interesado.

—¿Y en qué consiste esa máquina, *sieur* doctor?

115. La máquina «laica, sencilla y práctica» (así la denomina Cansinos Assens) que el doctor Guillotin proponía para beneficio de la humanidad no era ninguna novedad. Probablemente, la conocieron los inevitables chinos y los persas, de los que pudo transmitirse la idea a Occidente en tiempos de Roma. Durante la Edad Media funcionaron guillotinas más o menos perfeccionadas en Nápoles, Holanda y Alemania. El pintor Jaume Huguet, en el *Retablo de los santos Abdón y Senén* (h. 1460), representa una guillotina pequeña, artesanal y fácilmente transportable accionada con un mazo. El cronista indio Poma de Ayala dibuja hacia 1615 una versión aún más reducida y manejable cuando ilustra la ejecución de Atahualpa por los españoles en su famoso códice de la Biblioteca Real de Copenhague. Más entidad tienen las guillotinas dibujadas por Alberto Durero en el techo del ayuntamiento de Núremberg hacia 1521 o Cranach en su cuadro *El martirio del apóstol Mateo por decapitación*. En 1541 la encontramos en Inglaterra con el nombre de *Halifax gibbet* ('patíbulo de Halifax'), también conocida como *Scottish maiden* ('doncella escocesa'), que el abad La Porte, francés como Guillotin, describe: «Es un cuadro o bastidor de cuatro o cinco pies de altura y unas quince pulgadas de ancho, compuesto de dos brazos de unas tres pulgadas de grueso, acanalado por la parte interior para dar paso a una corredera [...]; la cuchilla superior está lastrada con sesenta u ochenta libras de plomo». En 1730, el dominico francés Labat describe en parecidos términos la *mannaia* italiana. Estos precedentes de la guillotina se habían empleado incluso en la misma Francia (con ella ejecutaron al duque de Montmorency en 1632).

—Imagine un cepo de los que se usan para exponer a la vergüenza pública.

—Lo tengo en la mente. Puesto en el cepo, el condenado no puede menear la cabeza.

—Imagine que una cuchilla lastrada para que pese cae desde cierta altura sobre ese cepo, deslizándose por un marco como el de una puerta, para asegurar que se mantiene perpendicular al cuello. Si tuviéramos papel se la dibujaba.

—¡Niña! —grita Sanson a la estancia interior de la casa—. ¡Trae papel y carboncillo!

Aparece de nuevo la muchacha que aguardaba órdenes detrás de la cortina.

El doctor Guillotin agradece el recado de dibujar con una leve reverencia acompañada de una sonrisa amable. Cuando la muchacha se retira, le comenta al verdugo:

—Tiene usted una hija muy gentil.

—¡Hija, no, hombre! —ríe Sanson con una carcajada que deja al descubierto unos dientes lobunos y unas encías azuladas—: Es mi mujer.

Por un momento imagina el doctor Guillotin a esa mole brutal culeando encima de una muchacha tan delicada. La imaginación le produce tanto malestar que se obliga a rechazarla. Se centra en el dibujo, unos trazos que plasma con mano hábil.

—Tal que así —lo pone delante del verdugo.

Sanson contempla el croquis.

—Si la cuchilla cae de lo alto y pesa lo suficiente podría funcionar —comenta—. Lo malo es que entonces me quedaría sin trabajo.

—No, hombre: alguien tendrá que poner al reo en el cepo y amarrarlo para que no se mueva, subir la cuchilla, limpiarla después de cada uso, engrasar las guías del aparato... En fin, el *maître des hautes et basses oeuvres* seguirá siendo necesario, solo que con este aparato que no admite fallo la ejecución será más certera y por lo tanto misericordiosa.

Sanson contempla con mirada perita el esquema de la guillotina.

—Sería un gran adelanto para el servicio —reconoce—. Y nos libraría de la servidumbre de afilar la espada después de cada actuación.

—¿Tienen que afilarla cada vez? —se sorprende el doctor.

—La espada se mella al cortar los huesos del pescuezo —asiente Sanson—. En Inglaterra, las ejecuciones se hacen con hacha, de filo más potente, pero que acarrea incluso más problemas que la espada. Hace poco mi colega británico John Ketch tuvo que repetir el hachazo dos o tres veces para decapitar a lord Russell.

—Me imagino que fue un espectáculo bochornoso —comenta el doctor.

—Lo fue. Mi colega se ganó una pitada del público y hasta le lanzaron cagajones de mulas y otros productos indeseables. Su siguiente condenado, el duque de Monmouth, temeroso de que repitiera la pifia, le ofreció seis guineas si lo decapitaba a la primera.

—¡Seis guineas es una verdadera fortuna! —apunta el doctor Guillotin.

—No podía llevarla consigo al lugar al que se mudaba —reflexiona el verdugo—. Pero John Ketch, nervioso por la ganancia, actuó peor si cabe que con lord Russell: tres veces falló, entre la chifla y las protestas del respetable, e incluso, viendo a sus pies el cuerpo que agonizaba entre convulsiones, sufrió un ataque de histeria, arrojó el hacha al suelo y exclamó: «¡No puedo, me falta valor!».

—¿Y qué ocurrió? —pregunta el doctor Guillotin.

—Transcurrieron unos momentos que se hicieron eternos antes de que, recomponiéndose un poco, John Ketch tomara de nuevo el hacha y volviera a descargarla sobre el pescuezo. Dos veces lo hizo, y ya iban cinco intentos, y al final fue tan torpe que tuvo que acabar de desprender la cabeza con un cuchillo.

—Un caso atroz.

—Lo fue.

Sanson sirve una nueva ronda de vinos y vuelven a centrarse en el dibujo.

—Tengo un compadre carpintero que podría construir este aparato —reflexiona el verdugo.

—Le cedo la idea. Expóngala como si fuera suya. Yo me contento con la satisfacción de haber contribuido a evitar padecimientos innecesarios a los condenados a la pena capital.

El doctor Guillotin, de la Société Royale de Médecine, regresa a su casa satisfecho.

CAPÍTULO 21

# El pavor

Las noticias del asalto a la Bastilla, la sumisión del monarca a la Asamblea del pueblo y la huida de la corte, sumadas a la hambruna generalizada, acarrean el descrédito de toda autoridad en las provincias, lo que se traduce en tres semanas de desórdenes, motines y saqueos, el Gran Miedo *(la Grande Peur),* como se conoce.

Los caminos de Francia se llenan de vagabundos que van de pueblo en pueblo pidiendo limosna y, de paso, esquilmando sembrados y corrales, el bandidaje crece, las comunicaciones se interrumpen, circulan bulos sobre la inminente invasión de Francia por ejércitos contrarrevolucionarios que avanzarán sobre París desde las fronteras del reino y tomarán la capital a sangre y fuego. Es un caso de paranoia o histeria colectiva. Despavoridos campesinos que han abandonado sus campos para huir en dirección a París advierten a los vecinos de las aldeas que encuentran a su paso sobre los austriacos, los suecos, los españoles o los ingleses (según el caso) que se acercan saqueando, incendiando, violando y matando. Otros huyen supuestamente de una horda de mercenarios pagados con el oro que el conde de Artois llevó consigo en su huida. Algunos creen que el propio rey consiente los desórdenes, puesto que ha aceptado la escarapela del pueblo; otros piensan que es la reina la que prepara la contraofensiva aristocrática para destronar a su esposo y sustituirlo por Artois, su supuesto amante.[116]

116. Algún historiador ha sospechado que esos falsos rumores pudieron

Desaparecida la autoridad real, los campesinos dejan de acatar la del señor feudal o la del obispo. Exasperados por el hambre y movidos por un resentimiento de siglos, se amotinan e incendian las oficinas municipales que custodian los contratos de aparcería y los registros de las obligaciones feudales.

Abierta la veda del señor, muchos aprovechan la anarquía reinante para vengarse de sus explotadores: «M. de Barras fue despedazado frente a su esposa; a la princesa de Listenay y a sus dos hijas las ataron desnudas a los árboles cuando huían del castillo de Saulcy que las turbas habían incendiado; al *chevalier* d'Ambly los campesinos le arrancaron el pelo y las cejas a repelones, lo patearon y lo arrojaron a un estercolero; a madame de Montesu y a sus invitados los torturaron durante ocho horas, y cuando, devorados por la sed, pidieron agua, los ahogaron en el estanque del castillo».[117]

---

obedecer a un plan desestabilizador del taimado duque de Orleans. No parece imposible. Ya en su tiempo la sospecha recaía sobre «el infame duque de Orleans. Toda la Europa sabe que Luis Félipe José, primer príncipe de la sangre real de Francia y duque de Orleans, fue el principal autor de la revolución» (Ducos, 1814, p. 6).

117. Forneron, 1884, I, p. 124; Schama, 2019, p. 481. No fue una explosión súbita: los robos y saqueos producto del hambre y de la desesperación de los campesinos venían produciéndose desde meses atrás. El 20 de abril, el barón de Besenval, comandante militar en las Provincias Centrales, denunciaba en un informe «la espantosa condición de Turena y el Orleanesado. Cada carta que recibo de estas dos provincias es la narración de tres o cuatro motines, apenas sofocados por las tropas y la policía, como está ocurriendo en todas partes. Como es natural, las mujeres suelen encabezar los desórdenes; ellas son las que, en Monthery, abrieron los sacos a tijeretazos. Cada semana, el día de mercado, cuando se enteran de la subida del pan, protestan indignadas porque a ese precio el salario de sus hombres no alcanza para alimentar a la familia. Entonces se arremolinan en las puertas de las panaderías, en torno a los sacos de harina, y, atropellando a los empleados, invaden la tienda. Los compradores y los simplemente hambrientos se apoderan de los géneros; cada cual tira por sí, pagando o sin pagar, y se marchan con el producto del saqueo. A veces forman verdaderas bandas. En Bray-sur-Seine, el primero de mayo, los aldeanos de cuatro leguas a la redonda, armados de piedras, cuchillos y palos, y en número de cuatro mil, obligaron a los

Al duque de Monfort lo ahorcan en sus caballerizas con las riendas de su caballo favorito después de obligarlo a asistir a la violación de la duquesa más de treinta veces por sus criados y una turba de aldeanos que han acudido al saqueo del castillo. A dos hijas adolescentes las venden a un rufián que posee un burdel en Agen. Antes de pagar se cerciora con el dedo de que son vírgenes. Dejan a la duquesa en las caballerizas, maniatada sobre un montón de paja, y se retiran a dormir, borrachos. Por la mañana, cuando acuden a refocilarse de nuevo en ella, encuentran que se ha arrojado al pozo. Acuden a salvarla con ganchos y sogas, pero la sacan muerta.

El castillo de Quincey, residencia del más adinerado terrateniente del Franco Condado, salta por los aires debido a la explosión de un barril de pólvora, que se atribuye a los campesinos. Aunque más tarde se sabe que ha sido negligencia de un invitado borracho, ya los campesinos se han tirado al monte temerosos del castigo.

El incendio de mansiones y archivos reduce a cenizas títulos de propiedad, listados de deudas y contratos. Por doquier se saquean e incendian las mansiones, lagares, graneros y molinos de los nobles, así como los depósitos de sal o de tabaco, dos codiciados monopolios estatales.

Los municipios, por su parte, nombran a sus propios regidores, que abolen los impuestos estatales y organizan milicias ciudadanas. El de Dijon depone al gobernador militar, confina a los miembros de la aristocracia y el clero, ocupa el castillo y re-

labradores y propietarios que habían llevado sacos de granos a que los vendieran al precio que ellos mismos marcaron. Con ese proceder, pronto los vendedores no acudirán al mercado. En Bagnols, en Languedoc, el 1 y el 2 de abril, los campesinos, provistos de garrotes y reunidos al son del tambor, recorrieron la población amenazando con llevarlo todo a sangre y fuego si no se les daba trigo y dinero; iban a buscar grano a casa de los particulares y se lo repartían con promesa de pagarlo en la próxima cosecha» (Taine, 1922, II, pp. 16-17). Algún historiador ha sugerido que quizá muchos saqueadores actuaron bajo los efectos de la droga *Claviceps purpurea* o cornezuelo del centeno, un psicotrópico conocido de antiguo entre la población campesina, que recurría a él para provocar abortos o estados alterados de la conciencia.

quisa las armas. En El Havre, los ciudadanos impiden el envío a París de una expedición de grano por sospechas de que servirá para alimentar a las tropas extranjeras.

> Sería demasiado largo relatar todas las violencias, convoyes detenidos, trigos robados, molineros y vendedores de granos ahorcados, decapitados, propietarios obligados bajo amenaza de muerte a entregar hasta su reserva de simientes, casas saqueadas. Impunes, tolerados, excusados o mal reprimidos, los atentados se repiten y se propagan desde luego contra las personas y las propiedades públicas. Según costumbre, la canalla marcha a la cabeza y pone su sello en toda la insurrección.[118]

118. Taine, 1922, II, p. 77.

CAPÍTULO 22

# La noche de la locura

Mientras los campesinos enloquecidos por el hambre y la desesperación incendian los archivos de sus opresores, en París la Asamblea Nacional intenta diseñar el futuro político y dar los primeros pasos hacia la democratización de Francia. Los constituyentes son próceres bienintencionados, pero poco duchos en el trabajo en equipo. Como ocurre en nuestras tertulias televisivas, hablan tantos a la vez que no hay forma de entenderse. Sumemos a ello las intromisiones de espectadores que acuden a los debates. Mientras unos y otros se enzarzan en discusiones estériles, el país se va al garete camino de la completa anarquía, no solo en el campo, sino en la propia capital, donde cuelgan de las *lanternes* a los sospechosos.

Fenómeno interesante: la asistencia a los linchamientos aminora los retortijones del hambre en los estómagos de la ciudadanía.

Mientras Francia arde, la Asamblea discute qué clase de carta magna conviene a la nación, si una basada en el parlamentarismo inglés, el odiado y sin embargo admirado enemigo, o si es preferible inspirarse en la Declaración de Independencia de Estados Unidos, como pretenden Lafayette y Mounier influidos por el embajador americano Thomas Jefferson.

Mirabeau y el obispo constitucional Henri Grégoire son partidarios de recoger más deberes que derechos, dada la situación anárquica de Francia.

—Nada es más peligroso —señala Paul Vidal, conde de La Blache— que entregar al pueblo una libertad indefinida sin explicarle también sus obligaciones y deberes.

Mientras los diputados discuten sobre si son galgos o podencos, el país se pierde por el sumidero de la anarquía. Las noticias que llegan de provincias son preocupantes: castillos y abadías en llamas, carrozas lanzadas al río con sus ocupantes dentro, encopetadas damas socializadas en un pajar por los antiguos criados de la casa, atracos en los caminos que dejan en cueros a los viajeros, sangrientos ajustes de cuentas en sórdidas aldeas.

—Francia está rebelada y la autoridad de la Asamblea Nacional apenas se reconoce en el propio París —resume Gaston Roux, que hace semanas aguarda en vano noticias de las sucursales de provincias.

—Entonces del rey ni hablamos —corrobora Antoine.

—De Luis, mejor no acordarse. Dicen que está en Versalles sin acabar de recobrarse del pasmo.

Así las cosas, la noche del 4 de agosto ocurre un hecho histórico que contribuye decisivamente al avance de la Revolución. Los diputados Louis-Marie de Noailles y Armand Désiré de Vignerot du Plessis, el duque de Aiguillon, solicitan la palabra en la Asamblea en un momento de intensa exaltación patriótica y abogan por la abolición de los privilegios, la supresión de los diezmos y, ya en el colmo de la generosidad, la democratización de los cotos de caza.

—¡Este es un momento histórico! —solloza emocionado el diputado De Vries.

La propuesta resulta más notable por cuanto procede de dos miembros notables de la clase privilegiada. ¿Cómo reaccionarán sus pares? Aunque en los meses precedentes muchos se han pasado al bando popular, lo cierto es que siguen disfrutando de privilegios. Para sorpresa de ellos mismos, uno tras otro se van levantando para sumarse con entusiasmo más o menos impostado a la propuesta. De perdidos, al río.

—¡Es un milagro, un milagro! —clama el arzobispo de París—. Celebremos un tedeum en Notre-Dame para agradecer el feliz acuerdo.

Cerrada la sesión, los diputados se felicitan con abrazos, lágrimas y canciones folklóricas.

¿Qué está ocurriendo? Podemos pensar que la nobleza, superada por los acontecimientos de los últimos meses, se ha liado la manta a la cabeza y ha decidido echar la soga tras el caldero, o podemos pensar (con algo de más dificultad) que simplemente son corazones nobles ganados por la causa del pueblo. También cabe pensar que el estamento privilegiado anda acongojado, consciente de que fuera de aquellos muros o incluso dentro de ellos hay afables ciudadanos ávidos de pasear cabezas en el extremo de un palo. Esa posibilidad se agrava por el efecto de los periódicos. La *canaille* sigue ávidamente publicaciones panfletarias como *L'Ami du Peuple* o *Révolutions de Paris,* que ponen en solfa a los políticos.[119]

El caso es que la propuesta democratizadora de los dos aristócratas desencadena entre los antiguos representantes de los estamentos privilegiados una competición de generosidad a ver quién se muestra más dadivoso con la ciudadanía. Lo único que se salva de la liquidación son ciertos derechos feudales que se pondrán a la venta para que los ciudadanos interesados puedan rescatarlos por un justiprecio.

De una tacada quedan abolidos impuestos señoriales y compraventa de cargos. En adelante, cualquier ciudadano capaz podrá optar a los altos cargos en la Administración o en el Ejército. Además, se suprimen de un plumazo antiguallas como aduanas interiores, gabelas y derechos restrictivos en las ciudades.

—¿Y quién pagará la fiesta? —se pregunta algún aguafiestas—. Porque el Estado no funciona si no cobra impuestos.

—La ciudadanía sostendrá solidariamente las cargas públicas.

—Aquí se ve cómo somos los franceses —comenta Mira-

119. Este último contrató dibujantes para que ilustraran las escenas más truculentas de la Revolución, como la cabeza cercenada de Foullon sacada de un apunte del natural y acompañada por el texto: «¡Franceses, exterminad a los tiranos! Vuestro odio es terrible, pero al fin seréis libres. Pensad en la felicidad que os aguarda cuando el augusto y sagrado templo de la libertad se abra para vosotros».

beau cachazudo—: Nos tiramos tres meses discutiendo naderías y ahora, de una tacada, arreglamos el mundo.

Asiente complacido el abate Sieyès, el autor del panfleto *Qu'est-ce que le Tiers-État? (¿Qué es el tercer estado?),*[120] cuya lectura ha convencido a tantos nobles.

—*Mon cher* abate —le dice Mirabeau, socarrón—. Has soltado el toro y ahora te quejarás si te empitona.

La abolición del feudalismo se recibe con gran satisfacción y contribuye a pacificar las provincias. Los campesinos vuelven a labrar los campos, las tiendas abren para vender sus productos, los panaderos salen de sus escondrijos para encender los hornos y amasar pan o lo que sea esa sospechosa mezcla de harinas averiadas y serrín de carpintería. Francia vuelve a respirar. Solo hay que ahorcar a unas pocas docenas de bandidos y alborotadores que se han significado de manera especial.

Todos contentos. Incluso se acuña una medalla para conmemorar el día. La Asamblea declara a Luis XVI «restaurador de la libertad francesa».

Se acuerda que, en la nueva Constitución, la soberanía residirá en la nación y que todos los hombres nacen libres e iguales.

—Si todos somos iguales, ¿dónde queda el rey?

No faltan republicanos que abogan por la supresión de la monarquía, pero finalmente se acepta reservar al rey el poder ejecutivo con derecho a formar Gobierno y decidir la política exterior. También se le concede el derecho de veto sobre la legislación acordada por la Asamblea. De este modo, se evitará la tiranía de la mayoría.

—¿Qué clase de veto? —argumentan algunos—. Porque un veto absoluto va contra la esencia misma de la Constitución.

Al final deciden un veto suspensivo sobre las decisiones de la Asamblea. El rey podría vetar dos votaciones plenarias, pero no la tercera.[121]

120. Emmanuel-Joseph Sieyès, *¿Qué es el tercer estado?,* Clásicos de la Historia, n.º 183, Biblioteca Omegalfa, en <https://omegalfa.es/downloadfile.php?file=libros/que-es-el-tercer-estado.pdf>.

121. De entonces data la tradicional división de los políticos en izquier-

Aconsejado por su camarilla y presionado por la de la reina, Luis se niega a firmar los decretos de la Asamblea. El subversivo duque de Orleans intenta movilizar al pueblo de París en una marcha sobre Versalles para obligar al rey a firmar los acuerdos. Mientras tanto, la Asamblea aprueba otro paquete de medidas fundamental: la Declaración de los Derechos del Hombre y del Ciudadano (ver Anexos, p. 427), una exposición de principios en la que se basa el nuevo orden social, aún vigente en toda democracia que se precie, que, ojo al dato, considera legítima la rebelión contra la monarquía absoluta, al declarar como derecho imprescindible del hombre la «resistencia a la opresión».

Naturalmente, Luis XVI, aconsejado por sus fieles *monarchiens,* se niega a suscribir estos documentos.

El idílico panorama de una nación que se yergue como adelantada de otros Estados europeos solo se ve oscurecido por dos nubecillas de mal agüero: los cofres del tesoro nacional están vacíos y el hambre persiste, aunque mitigada por una cosecha medio regular (que los especuladores escamotean).

—Sin dinero no se sostiene la Revolución —opina Mirabeau.

—Y el dinero, ¿de dónde se saca? —responde el joven diputado Robespierre.

Tome nota el lector, porque este personaje que aparece ahora traerá cola. Es el revolucionario más atildado: limpio, peluca impecable, nada de luto en las uñas y como además es guapito, delgado y menudo, podríamos tomarlo por un pisaverde de la corte. Sus cualidades morales son paralelas: inflexible, fanático y exento de pasiones que no sean la política. Lo llamarán, con toda razón, el Incorruptible, porque aquí, al socaire de la Revolución, cada cual afana lo que puede, pero él se mantiene al margen de la mangancia.[122]

---

das y derechas. En la Asamblea, el grupo más conservador, leal a la Corona y al derecho de veto del rey, se sienta a la derecha del presidente, mientras que a la izquierda se sientan los partidarios de un cambio de orden radical y de que el veto real sea solamente suspensivo.

122. Según Pedro J. Ramírez: «El líder de Podemos Pablo Iglesias parti-

La Asamblea apela al patriotismo de los franceses. Muchas damas encopetadas ofrecen sus joyas (¿no nos recuerda a cuando Franco hizo una colecta similar al término de la guerra?); los padres de la patria se esmeran en aflojar la bolsa, dado que los indiscretos periódicos publican la lista de los contribuyentes con sus aportaciones. El rey sacrifica su cubertería de oro, algunos ciudadanos ofrecen las hebillas de plata de los zapatos, lo que desencadena una epidemia de donaciones de hebillas. En adelante, el que las conserve será sospechoso de discrepar con los principios revolucionarios.

Las donaciones masivas de hebillas conducen a la democratización del calzado y a la extensión del uso de los cordones.

—Esto nos perjudica a los joyeros —se queja uno del gremio—. La plata de las hebillas es el chocolate del loro. Seguir usándolas no va a perjudicar a la Revolución.

—Peor estamos nosotros —se queja el fabricante de pelucas—. Están dejando de usarlas para ir pelados a la romana. Pronto no se va a distinguir a un magistrado de un cochero. He puesto a la venta mis tenacillas de rizar y todos los implementos, pero para venderlos hay que salir de Francia a las cortes extranjeras.

La Constitución se aprueba el 26 de agosto: Francia se declara monarquía hereditaria. Se garantiza la inviolabilidad del Rey, la separación de poderes. Una Asamblea legislativa unicameral renovará sus diputados cada dos años. Se garantiza a los ciudadanos varones igualdad formal ante la ley, inviolabilidad de la propiedad privada, etcétera.[123]

---

cipa en los programas de televisión rodeado de la misma mística que acompañaba las apariciones del Incorruptible en el club de la calle Saint-Honoré. En lugar de una peluca empolvada, exhibe una larga coleta y una cuidada barba que impactan especialmente en el electorado femenino. Habla sin levantar la voz, pero actúa, como el diputado de Arrás, como si estuviera subido sobre un púlpito» (<https://www.elmundo.es/opinion/2014/10/11/543979c6ca47416d608b4577.html>).

123. Otorgar los mismos derechos a las mujeres no fue tarea fácil, a pesar de la abnegada labor de intelectuales como Olympe de Gouges, que en 1791 publicó la Declaración de los Derechos de la Mujer y la Ciudadana que

Parece el alborear de un sistema justo, pero visto de cerca no resulta tan ideal: la ciudadanía electora y elegible se limita a los varones mayores que hayan cumplido veinticinco años, tengan domicilio estable y dispongan de cierto poder adquisitivo.[124]

—O sea, solo los varones pudientes pueden participar en el proceso electoral —se queja uno de los perjudicados—. Eso excluye a las mujeres y a los menos pudientes, que forman la mayoría de la población. Precisamente, a la gente humilde que ha puesto el esfuerzo y la sangre en derribar el Antiguo Régimen.

Efectivamente. La Asamblea queda en manos de la burguesía formada por diputados cultos tránsfugas de los estamentos privilegiados del Antiguo Régimen que instituyen una revolución liberal en la que el orden y la obediencia a las leyes quedan garantizados.

O sea, es el triunfo de la burguesía.

En vano protesta el diputado Robespierre que aquello significa la destrucción de la igualdad. Como en *Rebelión en la granja* de Orwell, todos los ciudadanos son iguales, pero unos son más iguales que otros.[125]

---

comenzaba: «Hombre, ¿eres capaz de ser justo? Una mujer te hace esta pregunta». Las mujeres francesas solo alcanzaron el derecho a votar y ser votadas ¡en 1944!, por decisión del Comité Français de la Libération Nationale. En España alcanzaron derecho a voto durante la dictadura de Primo de Rivera (1924) «hembras, solteras, viudas o casadas, debidamente autorizadas por sus maridos». El derecho pleno les llegó en 1931, con la Segunda República, después de enconadas discusiones de los detractores que argumentaban: «El histerismo es consustancial a la psicología femenina [...]. La mujer es toda pasión, toda figura de emoción, es todo sensibilidad; no es, en cambio, reflexión, no es espíritu crítico, no es ponderación». Mientras Victoria Kent abogaba por el aplazamiento del voto femenino para cuando la mujer estuviera culturalmente preparada, Clara Campoamor estaba a favor de la concesión inmediata del derecho a votar.

124. Contribuyentes a Hacienda con una cantidad equiparable a tres días de trabajo. Si aspiraban a ingresar en una Asamblea electoral, su tributación debía ascender a diez días de trabajo y para ser candidato a diputado debería haber tributado por cincuenta días de trabajo.

125. Desde el voto igualitario alcanzado por las sociedades modernas, y ya en el siglo XXI, puede parecer una gran injusticia, pero en su contexto no lo parecía tanto. Es lo que técnicamente denominamos *sufragio censitario,*

Como el lector sabe, esa carencia de las primeras revoluciones liberales se ha corregido en las actuales democracias occidentales. Hoy gozamos de sufragio universal, especialmente en España, donde incluso los discapacitados mentales tienen derecho a voto (no así en Alemania, por cierto).

¿Cómo repercuten estos cambios en la vecina España, donde reina el Borbón Carlos IV?

> Floridablanca quiso impedir toda discusión pública sobre los sucesos de Francia. Su política fue la del silencio, hasta tal punto que se opuso a que circularan incluso los escritos destinados a combatir las teorías revolucionarias, porque ello suponía que se aludiera a ellas.[126]

Como es natural, fracasaron estas disposiciones y otras que seguirían como cortafuegos para evitar la propagación de noticias referidas a Francia. Así lo comprendió el ministro Aranda, que sustituyó a Floridablanca en febrero de 1792. En una de sus primeras disposiciones permitió la reaparición de la prensa nacional con artículos y cartas de opinión debidamente censurados sobre los sucesos de Francia. Esos oscilan entre el rechazo a los «aires infectos del norte» y las tímidas propuestas de cambios que eviten males mayores.

> Pasado el pánico de Floridablanca, los gobernantes quisieron que se reanudase la campaña en pro de la Ilustración (no olvide-

---

*sufragio restringido* o *voto censitario,* basado en restricciones económicas o culturales. O sea, vota el que cotiza en Hacienda. El que no cotiza, no vota.

126. «El edicto prohibitivo de 13 de diciembre de 1789, tras enumerar cuarenta y un títulos de escritos franceses, extiende la condenación a cuantos papeles pudieran en adelante relacionarse con las doctrinas revolucionarias» (Dupuis, 1968, p. 97). «La Real Resolución del 24 de febrero de 1791 suspende todos los periódicos no oficiales: "Con motivo de advertirse en los diarios que salen periódicamente, haber muchas especies perjudiciales; cesen de todo punto, quedando solamente el *Diario de Madrid* de pérdidas y hallazgos, ciñéndose a los hechos, y sin que en él se puedan poner versos, ni otras especies políticas de cualquiera clase"».

mos que fue en enero de 1794 cuando se inauguró el Real Instituto Asturiano). Era ya una victoria sobre los adversarios de las luces, para quienes los sucesos de Francia eran consecuencia de las nuevas ideas europeas.[127]

Algunos corresponsales indican la necesidad de «combatir los malos principios que se han soltado del lado de allá de los Pirineos, que, como tan lisonjeros a las pasiones de los hombres, pueden causar mucho mal a nuestras costumbres y sistema, si por todos los medios imaginables no se cuida de poner un cordón más estrecho que el que se establece para contener el humor pestilencial, que bloquee todos los sentidos de nuestros sanos compatriotas».[128]

En una carta del padre Pedro Estala a Juan Pablo Forner fechada en 1795, leemos: «En las tabernas y en los altos estrados, junto a la *Mariblanca* y en el café, no se oyen más que batallas, revolución, convención, representación nacional, libertad, igualdad. Hasta las putas te preguntan por Robespierre y Barère, y es preciso llevar una buena dosis de patrañas gacetales para complacer a la moza que se corteja».[129]

Jovellanos escribe en 1796: «Tanto me ofenden los que quieren que el pueblo lo sea todo, como los que no quieren que sea algo: tanto los que quieren cortar los abusos con la segur, como los que quieren defenderlos con el escudo, o cubrirlos con la capa. La verdad es de todos los tiempos y países, y el hombre le debe su respeto en todos los estados y condiciones; pues si hubieran enamorado al autor ciertas expresiones en otro tiempo, ¿por qué no ahora? Porque los libros franceses... ¡Válgate Dios por franceses, y qué extraño partido se quiere sacar de sus lecturas! ¿Acaso porque ellos fueron frenéticos seremos nosotros estúpidos?».[130]

127. Dupuis, 1968, p. 125.

128. *Semanario de Salamanca,* n.º 216 (4 de agosto de 1793), II, p. 889, citado en *ibidem,* p. 109.

129. *BAE,* LXI, p. CCII, citado en *ibid.,* p. 99. La *Mariblanca* mencionada era (y es) una escultura de la Puerta del Sol madrileña, en cuyo entorno se formaba uno de los mentideros de la ciudad.

130. Oración inaugural en la apertura del Real Instituto Asturiano, *BAE,* L, p. 195.

No faltan en la prensa española algunas invectivas contra la ociosidad de la nobleza que apuntan a una simpatía hacia esa abolición de los estamentos que predica la Revolución:

> Unos jóvenes ociosos, criados por la mayor parte en la molicie, y destituidos de todas las ideas que hacen al hombre útil a su patria, cuya soberbia y vanidad se ha fomentado desde la cuna bajo de unos principios del todo superficiales, no son más que unos zánganos, cuando no perjudiciales, a lo menos gravosos al común de sus conciudadanos.[131]
>
> Es, pues, preciso romper las cadenas que nos aprisionan y que ellas mismas (las leyes) formaron; es preciso destruir esta odiosa alianza que formaron entre el ocio y las riquezas; es preciso, por decirlo así de una vez, dar por el pie a estas instituciones que, alterando el curso que les prescribe la naturaleza, vinculan a la mera suerte del nacer las riquezas.[132]

131. *Diario de Barcelona*, n.º 238 (26 de agosto de 1793), II, p. 978, «Discurso sobre la educación de la juventud», citado por Dupuis, 1968, p. 118.

132. *Semanario de Salamanca*, n.º 142 (7 de enero de 1794), V, pp. 12-14; artículo sin título, firmado «J. F. P. de T.», citado por Dupuis, 1968, p. 119.

CAPÍTULO 23

# Adèle la Tremenda y otras desgreñadas van a ver al rey

Durante el tórrido agosto y parte de septiembre, el alcalde de París (Bailly) y el comandante de la Guardia Nacional (Lafayette) combinan esfuerzos para mantener la ciudad en calma, aunque no pueden evitar que algunos ciudadanos hambrientos y desesperados asalten los carros de harina o los hornos de pan.

La ciudadanía (antes *canaille*) vive una especie de relación idílica con la familia real. En los mentideros y mercados se comenta con agrado que María Antonieta ha condescendido a ciertos gestos populistas, como tomar lecciones de *poissard,* la jerga de las deslenguadas pescaderas *(poissardes)* del mercado de Les Halles, sus principales detractoras de antaño. ¡Gran concesión por hacerse querer!

El difícil equilibrio entre orden y caos se altera el 2 de octubre.

Un guardia de Versalles de permiso en París cuenta a sus parientes del barrio de Saint-Marcel detalles del banquete ofrecido por los oficiales de la Guardia Real en honor de sus colegas del regimiento de Flandes, recientemente asignado a la guardia del rey.[133] Hubo platos de carne, pasteles de pescado, salsas, frutas escarchadas, panecillos y, en fin, un exceso de toda clase de vinos, licores y *delicatessen*.

133. ¿Era necesario dotar a Versalles de una protección suplementaria? Probablemente, sí. La Guardia Real estaba bien para las tareas de vigilancia, pero carecía de la preparación militar del regimiento de Flandes.

—Mientras, nuestros hijos se mueren de hambre y se van a la cama con una sopa de huesos —clama Adèle la Tremenda al término del relato. Y, encarándose con la concurrencia masculina, añade—: Si no fuerais un hatajo de maricones ya os habríais comido los hígados de esta gente que mata a vuestros hijos de hambre.

Animado por Adèle la Tremenda y las otras verduleras de Les Halles, el guardia prosigue su relato.

—A los postres del banquete comparecieron los reyes y recorrieron las mesas saludando a la concurrencia. Los oficiales, ya algo cargados de vino, rivalizaron en demostraciones de adhesión a la Corona. Algunos se arrancaron la escarapela tricolor del sombrero y la pisotearon o la sustituyeron por otra blanca.[134]

Un periodista ha tomado notas mientras el guardia de Versalles desgranaba su relato. Al día siguiente los pormenores del banquete aparecen descritos con todo detalle en el periódico *L'Ami du Peuple* junto con la descripción algo exagerada de las delicadas viandas servidas en gran abundancia mientras el pueblo de París se muere de hambre.

Los ánimos de la ciudadanía se alteran aún más cuando se descubre que algunos panaderos están vendiendo pan falto de peso, lo que determina el linchamiento de uno de ellos.

Es la chispa que enciende la mecha.

Adèle la Tremenda, heroína de la *canaille,* convoca a sus incondicionales del mercado —de todos modos, no tienen mucho que vender— y a golpe de tambor reúne una turba mujeril que, si hemos de creer al historiador Taine, está compuesta de «prostitutas del Palais-Royal acompañadas de los soldados tránsfugas que les sirven de chulos [...]. Añadid planchadoras, mendigas, mujeres sin zapatos, pescaderas reclutadas desde hace varios días por dinero. Ese primer núcleo creció con la incorporación de porteras, costureras, criadas y hasta burguesas, sacadas de sus casas con la amenaza de cortarles el pelo si no se unían a la ma-

134. Recordemos que el color de la enseña borbónica era el blanco y el de la reina era el negro.

nifestación. Sumad gentes sin profesión, vagabundos, bandidos, toda esa hez social acumulada en París».[135]

Una relación española explica que muchas mujeres se enrolaron a la fuerza: *Desde la madrugada, las mugeres semejantes á las furias corrían los arrabales de san Antonio y san Marcos y se exparcian por la plaza de san Eustaquio y se arrojaban sobre las personas de su sexo que encontraban al paso y prefiriendo siempre las que estaban mejor vestidas para llevarlas consigo: asimismo entraban á la fuerza en las casas y en las tiendas y arrebataban á las madres y á las hijas: entre las primeras las hubo que tuvieron que dexar el niño de pecho á quien alimentaban: se encontraban entre estas furias muchos hombres vestidos de mugeres.*[136]

Enarbolando palos, horcas y diversas herramientas susceptibles de ser usadas como arma, una multitud de mujeres y algunos hombres se incorpora a la manifestación coreando consignas como «queremos pan» que alternan con referencias nada respetuosas a los maridos que rehúsan secundarlas.

Llegadas al ayuntamiento, atropellan a los guardias (que tienen orden de no disparar) y saquean las dependencias municipales, en especial la armería, de la que sustraen más de quinientos mosquetes y varios cañones.

—¡Señoras, vean que aquí no hay grano ni víveres! —reprocha un munícipe—. Si quieren que su protesta llegue a los oídos adecuados deberían dirigirse a la Asamblea Nacional y al rey.

La idea prende en terreno abonado. En los meses precedentes algunas protestas habían recorrido ese camino explorado por vez primera por Adèle la Tremenda y sus huestes cuando fueron a ver el globo de los Montgolfier.

—¡A Versalles, a Versalles! —corean las viragos.

Como si la providencia se pusiera del lado de la monarquía, el cielo que había amanecido anubarrado rompe a diluviar.

—¿Nos van a asustar cuatro gotas? —arenga a sus huestes Adèle la Tremenda a través de la catarata.

135. Taine, 1922, II, pp. 118-119.
136. Ducos, 1814, p. 112.

—Mejor, así nos refrescamos de estos calores —clama su comadre Emma Bernard.

Siete u ocho mil mujeres emprenden el camino de Versalles acompañadas de unos cientos de hombres entre los cuales se jalea la presencia del ujier Maillard, un héroe de la toma de la Bastilla.

Llegados a la plaza de armas hacen un alto.

—¿Vamos a ir hasta Versalles con la barriga vacía? —dice la radical antimonarquista Anne-Josèphe Théroigne de Méricourt, una mujer con ciertas lecturas, que se ha sumado a la fiesta.

Confiscan un jamelgo que pasaba por la plaza arrastrando un coche de punto. El carnicero Louis Legedre lo sacrifica ayudado por las mondongoneras del mercado. Asan sus chuletas en una improvisada hoguera «y se lo comieron medio crudo, como salvajes», apunta Taine.[137]

> En la turba mugeril, las unas llevan caballos, las otras van sentadas sobre los cañones con mecha encendida y señalan los Campos Elíseos para la reunión general: la mayor parte se presenta en efecto en ellos y el resto se distribuye por las calles para reclutar más tropa de mugeres. Este estraño exército se reunió al fin en los Campos Elíseos, baxo las órdenes de Maulard: había cerca de ocho mil mugeres armadas de palos de escoba, otras de asadores, aquellas de lanzas, estas de fusiles, algunas de pistolas y las demás de hoces.[138]

Saciada la carpanta, la manifestación mujeril se pone nuevamente en marcha, alegre como si fueran de romería. El *enxambre* de sediciosos[139] se anima entonando el repertorio de himnos patrióticos y canciones pícaras sobre las inclinaciones venéreas de la austriaca que comparte cama con el calzonazos del rey y con vaya usted a saber cuántos más.

137. Taine, 1922, II, p. 122.
138. Ducos, 1814, pp. 116-117.
139. Así los llama el presbítero Ducos en su diatriba contra la Revolución.

Adèle la Tremenda, a horcajadas sobre uno de los cañones, anima a las que tiran de él con consignas alusivas al hambre del pueblo.

—Hay que ajustarle las cuentas a la puta austriaca, que ha visto más pollas que los urinarios del cuartel de Pépinière.

Gente intelectualmente sencilla, las verduleras de Les Halles, han pasado de la adulación a la calumnia sin etapas intermedias. Las propuestas son variadas:

—Traeremos la cabeza de la austriaca en la punta de una pica.

—Hay que degollarla y hacer escarapelas con sus tripas.

—Arrastrarla por los pelos atada a la cola de un caballo —propone una tercera.

A la sazón Lafayette se encuentra fuera de París, pero en cuanto alcanza noticia de que los manifestantes han ocupado el ayuntamiento regresa a poner orden. Para su sorpresa, descubre que la mayoría de sus soldados de la Guardia Nacional se solidarizan con las mujeres que desafiando la lluvia han marchado a Versalles. Algunos incluso proponen unirse a ellas.

Los ánimos están bastante alterados. También los hijos de los guardias están hambrientos. Lafayette comprende que su vida peligra si se opone.[140]

—¡Hijos míos, marchemos a Versalles sin perder más tiempo en discusión! —propone.

La arenga más breve de su vida.

Mientras tanto, las mujeres han llegado a Versalles y se encaminan a la sala de los Menus-Plaisirs, donde se reúne la Asamblea Nacional. Son tan calurosamente recibidas por los diputados que deponen toda actitud hostil. El presidente Mounier escucha las reivindicaciones de las mujeres y reitera las promesas de hacer cuanto esté en su mano para remediar el hambre del pueblo.

140. «Lafayette se puso pálido, miró alrededor de sí, y dio temblando la orden de marchar: iba a la cabeza de toda esta tropa de sediciosos, aparentando más bien un reo que se lleva al suplicio que un general que manda» (Ducos, 1814, p. 122).

—Ya estamos hartas de promesas que no se cumplen —replica Adèle la Tremenda golpeando el estrado con el puño de aplanar arenques—. ¡Queremos ver al rey!

—¡Eso, eso, al rey y a la austriaca! —corean sus comadres.

Abandonan la Asamblea, para alivio de los diputados, y gritando consignas y canciones llegan a la verja de palacio, que se yergue imponente con sus lanzas de puntas doradas. Quizá Adèle la Tremenda se siente un poco cohibida y cede el cetro de la manifestación a Théroigne de Méricourt, que anima a las mujeres a forzar la entrada.

—¿No hemos llegado hasta aquí? —pregona—. ¿Vamos a regresar a nuestras alacenas vacías empapadas y sin conseguir nada?

—No, no. —Empujan la verja e invaden la explanada de palacio sin que la Guardia Real, sobrepasada en número, acierte a contenerlas.[141]

El rey, que ha interrumpido su jornada de caza en Meudon para regresar precipitadamente al palacio, acepta recibir a una delegación de las manifestantes. Para este cometido, Théroigne de Méricourt escoge a Pierrette Chabri, conocida por Louisette, una chica que le parece adecuada por su desparpajo y elocuencia (según Taine era «una linda *grisette* de diecisiete años que vendía flores, y sin duda otra cosa, en el Palais-Royal»).

En presencia del rey, Pierrette pierde el aplomo y, superada por la emoción, se desvanece como una damisela romántica. Acude Luis caballeroso en su auxilio y pide sales aromáticas a cuyo olor la muchacha se reanima y logra transmitir, con voz insegura y tímida, las quejas del colectivo que representa.

—Majestad, los hijos del pueblo se mueren de hambre y falta de pan.

141. Charles Baudelaire recoge esta escena en *Las flores del mal* (1857) con los versos siguientes: «¿Habéis visto a Théroigne, amante de las matanzas, / excitando al asalto a un pueblo sin calzado, / con las mejillas y los ojos de fuego, representando a su personaje / y subiendo, con el sable en la mano, las escaleras reales?».

Luis la escucha paternal y le asegura que ya ha ordenado la distribución inmediata del cereal almacenado en los depósitos cercanos a París.

Confortadas con esa seguridad, las delegadas salen a donde las esperan sus compañeras.

—¡Viva el rey! —grita Louisette—. Nos ha concedido lo que pedíamos. Ya podemos regresar a París.

Sus compañeras de embajada parecen menos convencidas. Una de ellas cuenta que se desmayó ante el rey.

—¿No la habrán sobornado los monarquistas? —se pregunta otra.

Adèle la Tremenda le lanza una mirada severa.

—¿A Louisette? Claro que no. Yo respondo por ella. Tenía que haber entrado yo a cantarle las cuarenta al cornudo, pero me he dejado liar por esta Théroigne.

Indecisa, la muchedumbre comienza a dispersarse. Algunas mujeres regresan a París, pero la mayoría está tan agotada después de la caminata bajo la lluvia que opta por permanecer en los jardines del palacio. Han encendido algunas hogueras en las que ponen a secar la ropa, quedándose en enaguas. Algunas preparan una sopa comunal en un gran caldero que les han prestado los cocheros.

El rey convoca a sus consejeros para examinar la situación. Le preocupa que buena parte de los manifestantes permanezcan en los jardines de palacio.

—Sire, si no atajamos el motín, la reacción de la *canaille* puede repetir lo de la Bastilla.

Al final prevalece el consejo de Necker. Luis otorga su real consentimiento tanto a los decretos de agosto, los que abolen los privilegios de la nobleza, como a la Declaración de Derechos del Hombre.

Anochece. Agotados por los trajines del día, los guardias reales se retiran a sus cuarteles dejando en palacio los retenes acostumbrados. El exterior queda al cuidado de la Guardia Nacional.

La Asamblea sigue reunida. Lafayette expone la conveniencia de que el rey y su familia se trasladen a París para estrechar lazos con el pueblo. Podrían residir en el palacio del Louvre, sugiere. Después se entrevista con el rey:

—He venido a morir a los pies de su majestad —declara. Al amanecer del día siguiente, la muchedumbre que ha vivaqueado en los jardines renueva la indignación de la víspera.

—Queremos pan y no falsas promesas —pregona Adèle la Tremenda, nuevamente al mando.

Un soldado de la Guardia Real, o un criado infiel, abre la puerta de la *cour des ministres*. Las manifestantes irrumpen en palacio arrollando a los guardias que les salen al paso y fuerzan las puertas que encuentran cerradas.

—¿Dónde está la reina? —grita Adèle la Tremenda enarbolando una pica con la que va apartando las cortinas—. Que deje de follar y salga a recibirnos.

El presbítero Ducos lo cuenta con estas palabras:

> *Siento en el alma, siendo sacerdote, emplear mi pluma en transmitir á la posteridad los ultrages é injurias sucias que todas estas furias vomitaron contra la reyna en el momento en que creyeron que iban á derramar su sangre: temo con mucha razón ofender el pudor de mis lectores; pero debo pintar todo lo horroroso de esta escena, á fin de que se conozcan mejor las bestias feroces de que se valían Orleans y los satélites de nuestros innovadores. «¿En dónde está esta f... bribona? —gritaban aquellos desalmados, vomitados por los infiernos?: es menester comernos su corazón, no necesitamos su cuerpo; nos basta llevar su cabeza á París, queremos cortársela, arrancar su corazón, y freír sus hígados; y no se acabara con esto, tenemos que llevarla á París muerta o viva, la degollaremos y haremos escarapelas con sus tripas. María Antonia ha bailado por su gusto y ahora la haremos bailar por el nuestro, queremos ver á María Antonia delante de nuestros ojos. La Polignac... la...». ¡Basta!: el pudor exige que corra un velo sobre unas abominaciones, cuyo recuerdo hace avergonzar de haber nacido en un siglo que las ha oído.*[142]

142. Ducos, 1814, pp. 171-172.

A mitad de la Galería de los Espejos, Adèle la Tremenda se detiene bruscamente para cumplimentar un deseo fisiológico. Se despatarra y el chorro amarillo, grueso como el de una yegua, rebota sobre el mármol formando un gran charco, entre el aplauso y las chanzas soeces de sus seguidoras. Muchas se apresuran a imitarla.

Los espejos habituados a reflejar altas damas de la corte en lustrosos atuendos y las finezas de la aristocracia se empañan ligeramente ante el bochornoso espectáculo.

La chusma ha llegado a la galería abovedada que conduce a la capilla y a la escalinata de las habitaciones privadas de los reyes. Apuñalan a los guardias reales Deshuttes y Varicourt, que intentan cortarles el paso.[143] Otros guardias les salen al encuentro en los últimos peldaños. Uno de ellos, Miomandre de Sainte-Marie, intenta razonar:

—Amigos míos, ustedes aman a su rey y, sin embargo, vienen a perturbarlo en su hogar.

—¡Mueran los lacayos!

La multitud los agrede igualmente. Sainte-Marie corre a las habitaciones de la reina, abre la puerta y grita a una camarera:

—¡Señora, salve a la reina; quieren matarla!

La camarera lo mira desconcertada.

—¡Aprisa, señora; estoy solo contra dos mil tigres; mis camaradas no pueden contenerlos!

La dama despierta a la reina.

—¡Señora, la *canaille* ha invadido el palacio y quiere matarla! —suponemos que le dice.

María Antonieta se hace cargo de la situación. No hay tiempo que perder. Salta de la cama, se pone una bata y corre despavorida, todavía descalza, hacia las habitaciones del rey seguida por su dama, que va echando cerrojos en todas las puertas que atraviesan.

143. Al cadáver de François Rouph de Varicourt, de veintinueve años, se le contaron veinte puñaladas; al de Antoine Joseph Pagès des Huttes, de treinta años, una lanzada en el muslo. Según Ducos, los guardias que se sacrificaron por la reina «se llamaban Delafaire, Decharmond, Miomandre y el quarto, el generoso D'huilleres, que acudia siempre el primero delante de los peligros» (Ducos, 1814, p. 173).

Las habitaciones del rey permanecen cerradas con llave. Durante unos minutos que se hacen eternos, la reina golpea la puerta con desesperación, suplicando que la abran. El guardia Turgy reconoce la voz de la reina, descorre el cerrojo y le franquea la entrada.

La familia real se reúne en la Sala del Ojo de Buey (por la forma de las ventanas). Los servidores acumulan muebles detrás de la puerta para dificultar el acceso de los invasores.

De pronto, tras la puerta resuenan voces amigas.

—Sire, somos granaderos de las Guardias Francesas.

Luis duda. Podría ser una trampa. Las Guardias Francesas están infiltradas de republicanos enemigos de la monarquía. Abre la puerta. Son granaderos fieles que vienen a proteger a su rey.

—Seamos, hermanos —propone Luis, aliviado.

Mientras tanto, la multitud ha forzado la puerta del dormitorio de la reina y descarga su furia a bayonetazos sobre el colchón de plumas que todavía conserva la tibieza del cuerpo reciente.

Cuesta a la guardia desalojar el palacio de la multitud que, olvidada de la familia real, se dedica a saquearlo. Finalmente se restablece el orden.

Mientras tanto, los que se apretujaban en el patio de mármol piden a gritos ver al rey. Tras unos momentos indeciso, Luis sale al balcón. La voluble multitud lo aclama con vivas y aplausos.

—¡Queremos ver a la reina! —gritan entonces.

Lafayette intenta convencerla para que se deje ver en el balcón, pero María Antonieta está aterrada. Se sabe tan odiada que vacila. Quizá solo quieran insultarla. Finalmente se arma de valor y sale al balcón con sus dos hijos.

—¡Fuera los niños, fuera los niños! —claman los del patio.

María Antonieta, con gran presencia de ánimo, hace entrar a los niños y se queda sola. «Su confianza y su firmeza de carácter desarman a sus propios asesinos».[144]

144. *Ibidem*, p. 199.

La reina está en el balcón. Delicada y serena contempla a las mujeres del pueblo que la reclaman. Cesa el bullicio. Se abre un opresivo silencio. Allí está la reina, sola como querían. Y ahora, ¿qué? Muchos la ven por vez primera. Una frágil mujer que aguarda con entereza el veredicto de los que tantas veces se han ensañado con ella sin conocerla. Lafayette comprende que es el momento de inclinar al pueblo a la benevolencia. Sale también al balcón y, con gran dominio escénico, clava una rodilla en tierra y besa la mano de la reina. Este gesto provoca el aplauso y despierta el entusiasmo de la voluble multitud que un rato antes quería asesinarla y ahora la aclama.

—¡Queremos a los reyes en París! —grita el pastelero Desnot.

—¡Eso, eso: los reyes a París! —corea la chusma.

Luis XVI conviene en que su amado pueblo tiene razón. La familia real regresará con ellos a París.

En la Asamblea, reunida en el cercano edificio del frontón, se siguen los acontecimientos.

—Los reyes van a ir a París, ¿qué hacemos nosotros? —pregunta Mounier.

—La Asamblea Nacional debe estar donde estén los reyes —opina Mirabeau—. La felicidad y la paz del reino, la unidad del poder público y nuestra adhesión al rey lo reclaman.

—Entonces, ¿qué hacemos con Versalles?

—Cerrarlo y poner guardias de confianza para evitar saqueos. Ahora pertenece al pueblo de Francia.

Es la hora de mediodía. Se disiparon las nubes y el ardiente sol cae plomizo sobre la multitud que no deja de crecer con las nuevas incorporaciones. Ya son más de cincuenta mil los representantes del pueblo que acompañan a los reyes.

De las cocheras reales y de otras particulares se traen carrozas, muchas de ellas con los escudos nobiliarios de la portezuela tachados a brochazos desde que la Asamblea los prohibió. Los versallescos moradores de Versalles hacen apresuradamente sus equipajes para seguir a la familia real en su forzoso traslado. Una hora después, la carroza real se pone en camino rodeada de guardias. La multitud exultante la sigue a pie profiriendo vivas al rey y a la reina. Más de cien diputados los acompañan.

—¡El pueblo ha reconquistado a su rey! —escucha Mirabeau que alguien grita a su espalda.

Se vuelve cachazudo hacia el colega que ha gritado y encuentra un rostro sonriente, sin sombra de cinismo.

Detrás de la carroza real, Adèle la Tremenda y sus compañeras, algunas a horcajadas sobre los cañones que arrastran otras, procuran no apartarse de los carros de trigo y maíz procedentes de las despensas de palacio. Los guardias montados llevan a algunas mujeres a la grupa de sus caballos. Parecería una alegre romería si no fuera porque el grupo delantero va encabezado por un tipo de largas barbas que porta al hombro un hacha ensangrentada (y que debió de tener una actuación destacada, puesto que aparece en algunos grabados). Detrás de él marchan dos *sans-culottes* que llevan en la punta de sus picas las cabezas de Deshuttes y Varicourt, los guardias asesinados en el asalto al palacio.

Los macabros porteadores...

> *... se detienen en Sèvres en una peluquería para que empolven y ricen las cabezas; las inclinan para que saluden; óyense risas y chistes; se come y se bebe andando; se obliga á los guardias de Corps á que trinquen; se grita y se disparan salvas de mosquetería; hombres y mujeres, cogidos de la mano, cantan y bailan sobre el fango.*[145]

Han vaciado las despensas de Versalles. Muchos beneficiarios del forzado reparto lucen en la punta de la lanza o de la bayoneta una hogaza de pan.

Ambiente de romería. Suena una gaita. En los descansos bailan las pescaderas, algunas de ellas borrachas. Al pasar por el bosque de Chèvreloup, algunas se apartan entre los árboles para confraternizar más íntimamente con algún guardia o miliciano.

En el tronco de la procesión se canturrean coplillas, no todas procaces, y se jalean vivas a los reyes.

—*Vive le roi de France!* —grita Adèle la Tremenda, asomada a la portezuela de la carroza que finalmente le ha dado acomodo, escocida en sus partes de cabalgar el cañón.

145. Taine, 1922, II, p. 126.

—No, madame, *vive le roi des français!* —la corrige Mirabeau—. Francia pertenece a los franceses y los franceses seguirán al rey siempre que se muestre digno de ellos.

—Es feo hasta asustar, *sieur* —reconoce la pescadera—, pero tiene un pico de oro.

La noche se echa encima, despejada, con muchas estrellas. La comitiva llega a París, después de cuatro horas de camino con descansos. Acompañados por el alcalde Bailly, que ha salido al encuentro de los monarcas, se dirigen al ayuntamiento a la luz de las antorchas. El rey debe aparecer en el balcón para dirigirse al pueblo que llena la plaza y que celebra con vivas y brindis que sus amados reyes finalmente hayan accedido a vivir entre la gente común. En realidad, los monarcas son prisioneros, o como tales deben sentirse. Agotados por las emociones del día, se retiran a las Tullerías, su nueva vivienda, un palacio desapacible y polvoriento que lleva decenios deshabitado.

—¿Dónde quiere que le instalemos sus habitaciones, sire? —pregunta solícito el mayordomo.

—Que cada cual se instale como pueda —responde Luis—. Yo estoy bien.

Al día siguiente, María Antonieta escribe al embajador austriaco: «No os preocupéis, porque estoy bien [...], no hay que inquietarse por la actitud de la gente si no falta el pan [...], los milicianos y las verduleras me ofrecen sus manos, yo les ofrezco las mías. He sido muy bien recibida en la ciudad».

El nuevo domicilio desagrada a los reyes. A Luis, porque quedaba lejos de sus cotos de caza, su casi única afición en el buen tiempo. A la reina, porque se siente demasiado cerca de la amenazante *canaille.*

Por su parte, la Asamblea se instala provisionalmente en el palacio arzobispal, mientras los carpinteros acondicionan el antiguo picadero del palacio de las Tullerías.

Los clubes en que se dividen las facciones políticas se buscan sedes, generalmente en conventos de la ciudad.

La facción izquierdista, representada por el Club Bretón (oficialmente Société des Amis de la Constitution), se instala en el convento de los dominicos de la calle de Saint-Honoré, popularmente llamados *jacobinos*.[146] El nombre arraiga y en adelante a estos defensores de la soberanía popular y de la centralización del Estado se los conoce como jacobinos.[147] A partir de 1792 se los conocerá como *montagnards* ('montañeses'), porque se sientan en la parte más alta de la cámara.

A la izquierda de los jacobinos —¿extrema izquierda podemita en términos actuales?— están los *cordeliers*,[148] republicanos que aspiran a derrocar la monarquía y a imponer el sufragio universal (aunque excluyendo a las mujeres). Es la facción más cercana a los *sans-culottes*. Integran la Sociedad de Amigos de los Derechos del Hombre y del Ciudadano, fundada el 27 de abril de 1790.

En la izquierda moderada se encuentran los girondinos, mayoritariamente originarios de la Gironda, zona de Burdeos, que representan a la pequeña burguesía ilustrada.[149]

146. El convento estaba cerca de la iglesia de Saint-Jacques, del que deriva el latino tardío Jacobus y, de él, *jacobin*. Los equivalentes españoles de Jacques son Jaime, Santiago y Jacobo.

147. Transidos de su labor evangélica, los jacobinos enviaron predicadores de su buena nueva a todos los rincones de Francia para fundar clubes y células jacobinas que apoyaran a la central (Schama, 2019, p. 578).

148. Se llamaban *cordeliers* ('cordeleros') porque ocuparon un convento franciscano (a los franciscanos se los conocía como cordeleros porque en lugar de cinturón llevaban un cordel, como muestra de humildad franciscana). Lo que son las cosas: jacobinos por los dominicos y cordeleros por los franciscanos. Es como si el odio que tradicionalmente se profesaron las dos órdenes religiosas se hubiera transmitido, por ósmosis, a los revolucionarios anticlericales que ocuparon sus respectivas sedes.

149. El ilustre periodista y escritor Pedro J. Ramírez, que ha investigado profundamente el tema, tiene una interesante teoría al respecto: el pretendido partido girondino nunca existió como tal. Los integrantes de ese grupo represaliado por los jacobinos (como veremos más adelante) «no estaban en la lista por ser girondinos, sino que fueron girondinos por estar en la lista». El único partido existente, en el sentido moderno del término, era el jacobino: «Sede central —la de la Rue Saint-Honoré— con delegaciones en todas las ciudades importantes. Tenían un grupo parlamentario: la Montaña. Tenían un líder: Robespierre. Tenían una administración afín: la de la Comuna

Se preguntará el lector: ¿es que no hay derecha?

La hay, y muy importante, aunque no tiene representación parlamentaria en una cámara revolucionaria.

La derecha son los *émigrés,* los monárquicos que salieron por pies y se han instalado en algunos núcleos del extranjero desde los que se dedican a conspirar para recuperar el *Ancien Régime.*

La derecha son también los nobles y señores privilegiados que han quedado en provincias a donde no ha llegado la Revolución o pugna por imponerse.

Finalmente, también son derecha los muchos emboscados que han pasado a la clandestinidad o fingen ser revolucionarios en espera de cambiar de bando en cuanto los *émigrés* organicen la contrarrevolución. La obsesión por esta quinta columna arrastrará a la Revolución a muchos de sus desmanes y dará trabajo a la guillotina.

Más adelante surgiría dentro del Parlamento una derecha moderada, los *feuillants,* monárquicos constitucionales afiliados a la Sociedad de Amigos de la Constitución, un círculo clasista reservado a los ciudadanos activos (o sea, los que por ser contribuyentes tienen derecho de voto).

—¿Por qué los llaman *feuillants*?

—Porque comenzaron a reunirse en el antiguo convento de los monjes cistercienses, popularmente conocidos como *feuillants* porque solo comían verduras (*feuille,* en francés, significa 'hoja'). Nada de carne, huevos ni pescado.

A lo largo de los años republicanos surgirán otros grupos políticos marginales, pintorescos o menos importantes:

- los *enragés* ('rabiosos, furiosos');[150]
- la Sociedad de Indigentes;

---

de París. Incluso una fuerza armada: la Guardia Nacional de las secciones revolucionarias [...], los jacobinos inventaron la Gironda para tener un enemigo al que oponerse, un chivo expiatorio contra el que canalizar las frustraciones colectivas y un traidor imaginario al que destruir» (Ramírez, 2014).

150. El patriarca de los *enragés* fue el sacerdote Jacques Roux, autor de un fundacional *Discurso sobre los medios para salvar Francia y la libertad,* en el que proponía arbitrios como ejecutar a los acaparadores y fundar economatos públicos en los que se pusiera precio a los bienes. Entre sus afiliados

- la Sociedad Fraternal de Patriotas de Ambos Sexos;[151]
- la Sociedad Fraternal;
- la Sociedad Patriótica de Amigos de la Verdad;
- la Sociedad Patriótica y Caritativa de Amigos de la Verdad (1791), sección femenina y feminista desgajada de la anterior.

Durante un tiempo, antes de que corra la sangre, la Revolución goza de buena prensa. Incluso se cree que el que abraza las ideas revolucionarias rejuvenece. El conde de Luc aseguraba que le había curado el reuma. Este supuesto poder salutífero del nuevo régimen popular podría relacionarse con el que hasta entonces se había atribuido a los monarcas, una curiosidad que merece capítulo aparte.

---

destacaron Jean-François Varlet y Jean-Théophile-Victor Leclerc y la actriz Claire Lacombe.

151. Se reunía en la biblioteca de los jacobinos y admitía mujeres. Entre ellos se llamaban *hermanos*. Entre sus decisiones pintorescas cabe destacar la de que «todas las jóvenes o mujeres de la sociedad que debieran casarse, nunca se casarían con lo que se llama un aristócrata».

CAPÍTULO 24

# El rey taumaturgo

Se creía que el rey de Francia poseía el poder de curar las úlceras purulentas de los escrofulosos (o sea, enfermos de adenopatía tuberculosa). Lo hacía por medio del toque real que acompañaba con la fórmula *«le roi te touche, Dieu te guérit»*, «el rey te toca, Dios te remedia».[152] Luis XVI, al día siguiente de su coronación, cumplió con el rito ancestral tocando a dos mil cuatrocientos escrofulosos.

La creencia del poder taumatúrgico de los reyes es muy antigua y la comparten varias civilizaciones. Se remozó en la Edad Media por mano del papa Esteban II (752-757), que necesitaba a un rey que protegiera a la Iglesia del resto de los bárbaros. El elegido fue Pipino el Breve, hijo de Carlos Martel y padre de Carlomagno.

Para representar esa sacralización, el papa rescató del Antiguo Testamento la ceremonia sagrada por la que los profetas ungían a los reyes de Israel: la unción con óleo santo *(saint chrême)*.[153] El papa pronunció unos convenientes latines al tiempo que derramaba sobre el real colodrillo una redomilla con aceite

152. No todo el mundo creía en la efectividad del «toque real». Voltaire aseguraba que si las manos de los reyes curaran no se habría muerto cierta amante de Luis XIV que había sido «muy bien tocada por el rey».

153. El aceite santo de la consagración de los reyes de Francia (la ceremonia se transmitió hasta la coronación de Luis XVI en 1774) se conservaba en la catedral de Reims. Según la leyenda, el propio Espíritu Santo en forma de paloma la había traído en el pico en tiempos de Clodoveo (481-509).

de oliva bendito (el óleo santo) en una solemne ceremonia realizada en la catedral de Reims, el año 754. De este modo, el usurpador Pipino quedó legitimado y convertido en rey sagrado «por la gracia de Dios», en un «nuevo David».

Según la leyenda, el primer rey cristiano ungido fue Clodoveo I, un jefe tribal franco al que su esposa, Clotilde, convirtió al cristianismo. Lo bautizó en el 496 el obispo de Reims, futuro san Remigio, quien también lo consagró como rey. Sostiene la leyenda que en aquel momento descendió del cielo el Espíritu Santo en forma de paloma llevando en el pico la ampolla santa *(sainte ampoule)* con el mismo aceite sagrado que consagró a David y a los otros reyes de Israel. De este modo, Clodoveo se convirtió en rey sagrado «por la gracia de Dios».

La primera noticia histórica de la *sainte ampoule* se remonta a la coronación de Luis VII, en 1131. Era una redomilla de vidrio engastada en plata que en las ceremonias solemnes pendía, a guisa de medalla, del pecho del arzobispo. El óleo santo o *saint chrême* que contenía —del griego χρῖσμα, *khrĩsma,* ungüento— era aceite de oliva aromatizado con bálsamo de Judea (la resina del árbol *Commiphora opobalsamum*).

El rey ungido con aceite santo era inviolable en su persona, puesto que el propio Dios lo designaba, a través de su vicario, para dirigir al pueblo. El que atentara contra él o intentara derrocarlo se aseguraba la excomunión y la condenación eterna.

La unción con aceite se extendió al ceremonial de consagración de otros reyes cristianos cuando las monarquías eran electivas. Muchos reyes se resistieron a adoptarlo porque subordinaba el poder real a la Iglesia, por lo que muchos prescindieron de la unción.

La ceremonia de la unción de los reyes de Francia se mantuvo hasta la consagración de Carlos X, en 1825, si bien es obvio que no se pudo emplear el aceite milagrosamente aportado por el Espíritu Santo,[154] dado que la Convención Nacional de-

154. Carlos X se encontró en Reims, en el hospital de Saint-Marcoul, a un grupo anhelante de escrofulosos que esperaban el toque real, pero se resistió a cumplir con lo que consideraba una superstición absurda.

cretó que se destruyera por considerarlo un símbolo de la opresión real. Comisionó a tal efecto al diputado Philippe Rühl, hijo de un pastor luterano, que la hizo añicos públicamente, con un martillo, sobre el pedestal de una estatua de Luis XV y después remitió los pedazos al Parlamento.[155]

¿Y España? «Ni unción, ni consagración, ni coronación, ni poderes milagrosos de curación, ni siquiera panteón real: obviamente, los fundamentos de la realeza en la España medieval no pertenecen al mismo ámbito cultural y social en los que florecieron estos ritos y gestos, fundadores del poder de los reyes de Francia e Inglaterra».[156]

155. Dos años más tarde, el diputado se suicidó de una puñalada, más por razones políticas que por remordimientos, a lo que se me alcanza.

156. Rucquoi, 1995, p. 78.

CAPÍTULO 25

# La propuesta de un filántropo

El ujier reclama silencio golpeando tres veces el suelo de tablas con la contera herrada de su bastón. Cuando lo consigue, el diputado Guillotin comienza su discurso:

—Señores diputados, hoy vengo a abogar por la humanización de la pena de muerte. Primero, para que cada delito merezca la misma pena, independientemente de la posición social del delincuente. Que no existan penas más leves para los pertenecientes a estamentos privilegiados.

Un murmullo de aprobación acoge estas palabas.

—Eso es de justicia —sanciona la voz destemplada de Mirabeau.

Guillotin extiende la mano en solicitud de silencio. El ujier vuelve a golpear el suelo, dos veces esta vez.

—... Y además —prosigue—, solicito que se supriman todos esos procedimientos de castigo que hemos heredado de la edad oscura. Me refiero al tormento de la rueda, al hacha, a la hoguera, a la horca, a la mutilación...

Murmullo aprobatorio.

—Creo que estaremos de acuerdo en que el más piadoso de los procedimientos es el de la decapitación; sin embargo, todos sabemos que a menudo no es tan fulminante como debería ser, que a veces el verdugo debe descargar la espada dos o tres veces antes de acabar con la vida del condenado.

Nuevo murmullo. Quien más, quien menos, todos han presenciado alguna ejecución fallida.

—Lo que yo propongo —prosigue Guillotin— es que adoptemos una máquina infalible, un sencillo mecanismo que ya funciona sin fallos, en Italia, desde hace siglos.

—¿Y en qué consiste ese instrumento, si puede saberse? —interviene el diputado Aruet.

—Imaginen sus señorías un marco de madera que sostiene en alto una cuchilla lastrada por un peso. Al ser liberada por un resorte, la cuchilla se desliza por una corredera y secciona limpiamente el cuello del reo inmovilizado por un cepo en la parte inferior de ese marco. La cuchilla cae como un rayo, vuela la cabeza, salta la sangre, y el hombre ha dejado de existir. En un abrir y cerrar de ojos, sin el mínimo sufrimiento. El suplicio es tan delicado que si no se esperara la muerte no sabríamos cómo definirlo y creeríamos haber sentido en el cuello solo una ligera brisa.

Se aprueba. La guillotina, tan racional en su diseño, simbolizará la Revolución francesa por el intenso uso que se hizo de ella, especialmente durante el Terror.[157]

En los días siguientes, la prensa satírica y las hojas monárquicas atacan al doctor Guillotin. En una de ellas leemos: «Monsieur Guillotin, no contento con matar como lo hace la gente de su profesión, quiere ahora invadir el terreno que corresponde a *sieur* Sanson, quien está pensando llevarlo ante la justicia por competencia desleal».

Una coplilla nombra a la máquina propuesta por el doctor:

157. Hoy se conservan al menos dos cuchillas de guillotina que actuaron en la Revolución francesa: la cuchilla y la *lunette* que adquirieron los hijos de madame Tussaud para su museo londinense hacia 1840, supuestamente procedentes de la máquina que ejecutó a María Antonieta, y la cuchilla y la *lunette* de la guillotina usada en Ginebra por los mismos años, que se exhibe en el museo de la Maison Tavel de la ciudad suiza. Los datos técnicos de estas guillotinas primitivas son los siguientes: peso total, 580 kilos; el conjunto de la cuchilla pesa 40 kilos (30 kilos del taco de madera, 7 kilos de la cuchilla y 3 tornillos de a kilo). La altura total de las guías era de 4,50 metros, y la cuchilla caía desde una altura de 2,25 metros.

*Et sa main*
*Fait soudain*
*La machine*
*Qui simplement nos tuera*
*El que l'on nommera*
*Guillotine.*

Está muy bien que los reyes se hayan mudado a París, en estrecho contacto con sus súbditos. También parece bien que el Estado se haya subordinado al ciudadano, representado por una Asamblea de padres de la patria consagrados a trabajar por el procomún. Sin embargo, a pesar de todas las buenas intenciones, persiste la crisis financiera y las arcas del Estado están más vacías que nunca.

Necker expone la situación sin ambages.

—El tesoro nacional no existe.

—Algo habrá...

—Deudas —dice el ministro de Finanzas—. El cofre está tan vacío que si cae una rata se despanzurra.

—¿Qué podemos hacer? —pregunta un diputado.

—Propongo que los ciudadanos que ingresen más de cuatrocientas libras anuales entreguen al Estado la cuarta parte de sus ingresos.

La Asamblea acoge la propuesta con un clamor de protesta. Les duele el bolsillo.

—No se me alarmen —los tranquiliza—: será solo en concepto de préstamo.

Ni aun así funciona.

—Otra solución sería que los cargos reservados a la nobleza en el Antiguo Régimen se pongan a la venta libre para que la burguesía adinerada pueda acceder a ellos —propone un diputado.

—Eso son veinticinco millones de libras a lo sumo —calcula Necker—. No alcanza ni a la cuarta parte de la deuda nacional.

—¿Qué otra cosa se puede hacer?

—Los dineros de la Iglesia —propone, ¿quién lo iba a decir?, el ministro Talleyrand—. La Iglesia es muy rica.

En efecto. La fortuna de la Iglesia francesa se calcula en dos billones de libras (una libra equivalente a setecientos veinticinco euros) y sus ingresos anuales rondan los ciento ochenta millones de libras.

Se trata, hablando en plata, de esquilmar a la Iglesia.

Existen ciertos precedentes históricos. Enrique VIII de Inglaterra confiscó los bienes de la Iglesia y de sus instituciones en 1539 y convirtió los diezmos que se pagaban a la Iglesia en un tributo a la Corona.

Incluso en Francia existe el precedente de Felipe IV el Hermoso, otro rey arruinado, que confiscó los bienes de la orden templaria en 1307.

Retengamos el nombre de Charles-Maurice de Talleyrand, porque se mencionará algunas veces a lo largo de este libro. Una cojera le impidió seguir la carrera militar y tuvo que resignarse a una carrera eclesiástica que le procuró todavía joven la sede episcopal de Autun.

—¿Autun? No está mal. Dispone de unas rentas saneadas, pero queda enfadosamente lejos de París.

Después de su solemne consagración, Talleyrand no ha vuelto por su diócesis. Está más interesado en el medro terrenal que en el celestial.

El retrato de François Gérard no le hace justicia. Solo vemos un hombre de mediana edad con cara de avispado, pero ¿quién podría retratar las prendas de este personaje? Su singular astucia y su brillante inteligencia lo han hecho acreedor del sobrenombre de Diable Boiteux (Diablo Cojo). Sobrevivirá a cinco regímenes sucesivos y muy movidos de la historia de Francia, siempre ocupando altos cargos.

«Les decía a los constitucionalistas que él era el primero de los suyos, el obispo de Autun, el amigo de Mirabeau; a los girondinos que había sido girondino; a los dantonistas que seguía siendo dantonista [...]; a los robespierristas, que había cosas buenas y excelentes en Robespierre», escribe Barras en sus *Memorias.*

¿Camaleónico? ¿Chaquetero?

—He sido fiel a todos ellos —declara—. Solo abandonaba la nave cuando estaba naufragando por causas ajenas a mi voluntad.

Este «Voltaire con mitra», como también se le ha llamado, comprende que la Iglesia tal como se conoce, obediente al papa de Roma, es incompatible con la Revolución.

La aristocracia ya se ha retratado en la ventanilla tributaria desde aquella famosa jornada de agosto (y pronto se retratará aún más en la ventanilla de la guillotina).

Ahora, entiende Talleyrand, es el turno de la Iglesia.

El razonamiento de Talleyrand resulta impecable. La Iglesia posee una inmensa fortuna en tierras cultivables y en inmuebles.[158] Es la principal aparcerista y la principal casera de Francia, y además cobra diezmos y primicias.[159]

Si la nación recuperara los bienes de la Iglesia, podría venderlos o usarlos como garantía de un préstamo. Por otra parte, ¿no dice Jesús en el Evangelio «si quieres seguirme, vende cuanto tienes y dáselo a los pobres»? Pues Francia es pobre y está muy necesitada de los bienes del rico. Los bienes de la Iglesia, *stricto sensu,* no pertenecen al clero, sino a la comunidad cristiana que debe socorrerse en este momento de apuro. Francia precisa una Iglesia austera, libre de las adherencias extrañas que han desvirtuado el mensaje evangélico, pobre como los pescadores que seguían a Cristo, oficial de carpintería él mismo.[160]

158. Luna, 2002, p. 2. Las ventas de *biens nationaux* de la Iglesia representaron el 5,24 por ciento de la superficie total del país, un total de más de 2,8 millones de hectáreas, a las que cabe sumar unos ciento setenta mil edificios.

159. La Iglesia recaudadora acudía a la Biblia, Palabra del Señor: «Tomarás de las primicias de todos los frutos que sacares de la tierra que Yavé, tu Dios, te da, y las pondrás en una canasta, [...] y te presentarás al sacerdote que hubiere en aquellos días [...]. Cuando acabes de diezmar todo el diezmo de tus frutos en el año tercero, el año del diezmo, darás también al levita» (Deuteronomio, 26, 1-11).

160. En España se abren paso parecidas ideas: «Los religiosos y las religiosas no están menos obligados que los demás patricios a procurar la dicha del pueblo, que los sustenta con sus limosnas y su industria [...]. Mucho habría que decir; más vale dejar este punto delicado; sin embargo, es preciso asegurar que, respecto del modo de pensar de la Europa, debieran los religiosos, especialmente los monacales, arreglarse al sistema presente, haciendo ver

Lo dice el que durante años ha sido agente general, defensor y administrador de los bienes de la Iglesia, para que se vea la versatilidad del personaje.

Sus colegas los obispos se ponen como Dios en el Sinaí al escuchar la propuesta (o sea, iracundos).

Lo motejan de traidor, Judas, ministro de Satán, bestia del anticristo, jansenista, luterano y otras lindezas.

—¡Cuidado! —responde Talleyrand—. No digo que se esquilme a los pastores. El Estado les garantizará un salario superior al que ahora perciben.

Es una jugada maestra. La mayor parte de los ministros del Señor son humildes curas de aldea *(curés)* que perciben escasos emolumentos (una especie de proletariado de la Iglesia). Como funcionarios del Estado mejorarán su sueldo.

Mirabeau compone una fórmula que mitigue la sensación de expolio de la Iglesia: «Los bienes del clero están a disposición de la nación» (son *biens nationaux*).

Se vota: aprobado por 568 votos contra 364 y 40 abstenciones.

Se confiscan y se subastan los bienes de la Iglesia, una medida que imitarán las otras revoluciones liberales del siglo XIX (incluida la española, la de Mendizábal, en 1836).[161]

Bien, de pronto el Estado es muy rico en fincas, edificios, etcétera, pero le falta liquidez.

¿Cómo conseguimos liquidez?

---

al mundo, con sus obras, que no son ellos de la inutilidad que vociferan sus émulos» («Discurso dirigido a la Real Sociedad Aragonesa, donde se indican los medios de que debe valerse para promover la felicidad pública, arreglado a la constitución de aquella provincia», por el abate Asbert, citado por Dupuis, 1968, p. 120).

161. Lo malo es que estas tierras subastadas fueron a parar a manos de los abusones caciques de los pueblos del Antiguo Régimen (los conocidos como gallos de pueblo o *coqs de village*) y lo que ellos no pudieron comprar para ampliar sus propiedades fue a la burguesía ciudadana en condiciones de invertir. La tierra que llegó al peón que la labraba fue mínima y no sacó a nadie de pobre (algo parecido ocurrió con las otras desamortizaciones que imitaron a la francesa, española incluida).

Emitiendo bonos respaldados por el valor de esos bienes inmuebles que acabamos de guindar a la Iglesia.

El 1 de abril de 1790, la Asamblea expide cuatrocientos millones de *assignats* en pagarés o títulos de mil libras.

En cuanto el Estado disponga de oro y de plata, cambiará los *assignats* por monedas contantes, prometen las autoridades.[162]

La idea parece buena, pero ¿quién se fía del papel?

Incluso los mayores patriotas revolucionarios prefieren que se les pague en luises de oro o de plata. Solamente los funcionarios y las tropas aceptan los *assignats,* qué remedio.

La descompensación entre el valor facial de los *assignats* y el de los bienes que los sustentan ocasiona irremediablemente una espiral inflacionaria. El papel se deprecia. Por otra parte, es fácil de falsificar. Los enemigos de la República, Austria y Prusia, los fabrican para hundir la economía francesa.

¿Quién se fía de los *assignats*? Nadie. La economía francesa torna al trueque. La gente de ciudad que quiere comprar huevos, gallinas o trigo debe pagar con relojes, objetos de lujo, muebles, etcétera.

—Buen hombre, ¿qué va usted a hacer con esos objetos tan lujosos?

—Guardarlos en mi granero para cuando se acaben las tonterías y vuelva a pagarse con luises de oro. Entonces los venderé.

Incluso se llega a fabricar objetos de uso cotidiano —zapatos, cacerolas o prendas básicas— que solo sirven para los trueques.

Mientras la economía pública y muchas privadas se hunden, la Asamblea prosigue sus trabajos para crear un Estado modélico.

162. El plan original, en 1790, era emitir *assignats* por valor de 500 millones de libras de plata, pero las autoridades siguieron dándole a la manivela del dinero y en 1792 circulaban 2.000 millones de libras en *assignats*; en 1793, la cantidad había aumentado a 3.000 millones, y en 1794 a 6.000 millones de libras (el doble en un año). Llegaron a circular 34.000 millones de libras.

Con los calores de julio se aprueba la Constitución Civil del Clero.

—Y esto, ¿en qué consiste? —pregunta Roux al abate Sieyès.

—Básicamente se trata de nacionalizar la Iglesia francesa y desligarla de la obediencia al papa de Roma, que al fin y al cabo no deja de ser una potencia extranjera. La Iglesia francesa se convierte en un ministerio del Estado francés, y los curas, en funcionarios que juran fidelidad a la nación, a la ley y al rey. Se suprimen las órdenes religiosas, que son un refugio de vagos (excepto los hospitales y asilos). Habrá diez metrópolis arzobispales y un obispo para cada departamento. La Iglesia nacional tutelada por el Estado cuidará de la moralidad pública y de la educación ciudadana sin adoctrinar al pueblo como la Iglesia ha venido haciendo hasta ahora. La conciencia es libre.

—Eso suena a cisma. ¿No es lo que hizo Enrique VIII en Inglaterra?

—Aquí no creo que lleguemos a tanto. Los clérigos de la Asamblea, que somos muchos, como sabes, queremos seguir vinculados al papa en lo doctrinal.

—¿Y cómo os lo habéis tomado los clérigos?

—Casi todos los obispos se han negado, y entre los curas de a pie las opiniones están divididas. La mitad sigue a sus obispos, pero la otra mitad aprueba desvincularse de Roma y hacerse funcionaria.[163]

La Francia revolucionaria se enfrenta abiertamente al papa. El clero francés se divide en dos bandos irreconciliables: los que aceptan el cambio (clero constitucional o *curés citoyens*) y los que lo rechazan y prefieren seguir vinculados a Roma (refractarios). La tensión entre los dos bloques solo se resolverá tras el Concordato firmado por Napoleón en 1801.[164]

163. Juraron la Constitución cuatro obispos: el de Orleans, Louis-Sextius Jarente de La Bruyère; el de Sens (Yonne), Étienne-Charles de Loménie de Brienne; el de Viviers (Ardèche), Charles de La Font de Savine; y el de Autun, Charles-Maurice de Talleyrand, el camaleónico personaje que volveremos a encontrar a lo largo de estas páginas.

164. Mientras tanto, los devotos del País Vasco francés preferían cruzar

Muchos refractarios prefieren abandonar Francia y se refugian en las católicas Italia y España. El impacto de esta ola migratoria francesa, engrosada por la de los nobles *émigrés*, se testimonia en el dietario de un fraile de Castellón:

> *En el mismo año 1792, por causa de las guerras y scisma de Francia, se salieron de aquella corona casi infinitos franceses, repartiéndose por diferentes reynos y provincias, especialmente ecclesiásticos, tanto regulares, monjas y frayles, como seculares, obispos, vicarios generales, párrocos y demás sacerdotes, por no mancharse con la scisma que tan viva se mantenía en los de la asembla y populacho, que avían negado la obediencia al papa y al rey, creando los asambleáticos en sus juntas, los obispos y párrocos de su facción, y deponiendo a los que no querían seguirla, y como toda su mira era vivir sin rey, sin ley y con ancha libertad, después de aver echo iguales a todos, permitían que se casaran con quien quisieran; los plebeyos, con los que antes eran nobles; las monjas con los seculares; y los ecclesiásticos con las seglares, dando al mismo tiempo por bien echo, la disolusión del matrimonio, contrayendo de nuevo con otro, y esto repugnándolo los consortes. Espectuclo [sic] digno de la mayor compasión. Duró tanto mal y aún dura, para aflizión de la cathólica Iglesia. Por este motivo, pasaron por esta villa de Castellón muchos de los dichos expatriados, los que por dispocición de los señores obispos, y estos los colocaron en algunas de las parroquias de sus obispados, como a otros de los individuos de sus yglesias. Y en la Enseñanza de Valencia pusieron algunas religiosas francesas ursolinas para la instrucción de las niñas. Mas, por cédula real fueron colocados todos los dichos clérigos en los conventos de religiosos, y en este tuvimos tres: dos curas y un vicario.*[165]

El clero constitucional colabora de buena gana con la Revolución y con el Gobierno de París, muchos porque son curas de aldea, estómagos agradecidos; otros por ascender a los puestos

---

la frontera para oír misa en España, oficiada por curas obedientes al papa, de toda confianza.

165. Rocafort, 1945, pp. 80-81.

que dejan vacantes los refractarios.[166] Las consignas se leían desde el púlpito en beneficio de los analfabetos que no podrían leerlas cuando se clavaran en la puerta de la iglesia.

Decidida la suerte del clero regular, falta decidir sobre las monjas y los frailes. En la historia de Francia brillan con luz propia grandes comunidades, como el Císter y Cluny.

—Esas criaturas perezosas que viven en conventos y monasterios al margen del mundo deben convertirse en ciudadanos útiles trabajando por el procomún —opinan los asamblearios.

No será tarea fácil exclaustrarlos. Muchas comunidades se resisten.

—Si existe felicidad sobre la tierra, es la que nosotras tenemos en nuestra comunidad —argumentan las carmelitas de París.

Como era de esperar, el papa Pío VI condena la Constitución Civil del Clero (10 de marzo y 13 de abril de 1791) y suspende *a divinis* a los sacerdotes que la acepten. Además, considera la Revolución «impía y blasfema».

En respuesta, la Asamblea nacionaliza los dos enclaves vaticanos que aún quedaban en Francia, Aviñón y el Condado Venesino. Los obispos que ya son diputados de la Asamblea Nacional responden con una carta en la que se declaran leales a la nueva Francia. A Pío VI lo queman en efigie en el centro de París.

Luis XVI es creyente. Lo atormenta en su conciencia su implícita complicidad con la deriva antirreligiosa de la Revolu-

166. Un caso revelador es el del refractario Mathurin Billaud, de sesenta años, párroco de La Réorthe, en la Vendée. Como rechazó la Constitución Civil del Clero, tuvo que ceder su parroquia a su coadjutor, Gabriel Liebert, de treinta y seis años, que comulgó con ella (9 de julio de 1791). A Billaud lo internaron en la prisión de Fontenay, de donde lo liberaron los rebeldes vendeanos (25 de mayo de 1793). Vuelto a capturar por los revolucionarios, lo fusilaron junto a otros compañeros (3 de enero de 1794). Poco después, el cura constitucional Liebert ahorcó la sotana y se casó. En los registros parroquiales él mismo se inscribe como cura y después como oficial público que cumplimenta la inscripción de su matrimonio. Este sujeto redondeó su patrimonio adquiriendo bienes nacionales requisados a la Iglesia y terminó sus días como notario en la localidad de Féole, cerca de La Réorthe.

ción. Por su unción con el óleo sagrado en Reims es *rex christianissimus* y, como tal, está obligado a defender la Iglesia.

—Prefiero ser rey de Metz que gobernar Francia bajo semejantes condiciones —dice.

A lo largo de 1790 la ciudadanía se expresa de diferentes maneras: al generalizado uso de las escarapelas se suma el de fajas con los tres colores de Francia que usan las autoridades. En muchos pueblos, la corporación municipal demuestra su fidelidad a los principios revolucionarios mediante la plantación en la plaza de «árboles de la libertad» adornados con cintas tricolores.

En las celebraciones cívicas, los ciudadanos danzan en torno al árbol unidos por las manos.

—¿Una especie de sardana?

—Por supuesto que no. La sardana es una seña de identidad catalana cuyo origen se pierde en la noche de los tiempos. Lo que se hace en Francia se llama «danza de los pastores». Quizá derive de la farándola medieval.

El sistema aborrece cualquier clase de creencia religiosa y, sin embargo, lo que es la naturaleza humana, sacraliza estos árboles. En el pueblo de Bédoin, cuyos habitantes son monárquicos acérrimos, arrancan «el árbol de la libertad». El 4 de mayo de 1794, el tribunal revolucionario dispone que una compañía de guardias escolte al carro que transporta una guillotina desmontada y tres verdugos hasta el lugar de la profanación. Se trata de dar un escarmiento ejemplar a los profanadores del árbol. A los hombres los ejecutan,[167] a las mujeres y a los niños los deportan, y el pueblo lo incendian para borrarlo del mapa.

En defensa de la libertad, naturalmente.

El entusiasmo revolucionario se refleja incluso en múltiples objetos de la vida diaria (loza, figuras decorativas).[168]

167. Treinta y cinco, guillotinados y otros veintiocho, fusilados.

168. Incluso en pendientes y colgantes con forma de guillotina, la extrema plasmación del refinado gusto revolucionario.

Tanto fervor ciudadano no puede evitar cierta decepción cuando el pueblo comprueba que la nueva situación no colma sus expectativas.[169]

—Con Revolución y todo no salimos de pobres —se queja la *canaille*—. El vino y el tabaco siguen pagando impuestos.

—Y seguimos pasando hambre. Sin nobles y sin curas que nos exploten, el hambre no se va.

Es que los campesinos a los que la Revolución ha librado de impuestos señoriales y facilitado el acceso a la propiedad de la tierra, ahora acaparan la producción y especulan con ella.

—Habría que ahorcar a los especuladores.

—Y nos quedaríamos sin campesinos: no es solución.

¡Ay, Francia! Siempre escindida con el corazón a la izquierda y la billetera a la derecha.

El lúcido Mirabeau lo detecta. «Se ha prometido al pueblo más de lo que es posible; se le han inculcado esperanzas que será imposible colmar [...], se les permitió sacudir un yugo, [pero] el pueblo juzgará a la Revolución solo sobre la base de este hecho. ¿Dispone de más dinero? ¿Estamos mejor que antes? ¿Tenemos más trabajo? ¿Se remunera mejor ese trabajo?».[170]

Otra causa de la decepción es la propia facundia de oradores revolucionarios como el propio Mirabeau. El exceso de oratoria ha convencido a los ciudadanos de que todas las promesas y los proyectos son cumplideros, pero las reformas prometidas rara vez se alcanzan.

La Revolución ha triunfado, pero una de sus causas, la bancarrota del Estado, sigue sin remediarse. El dinero ahorrado con el esquileo de los nobles y el saqueo de los bienes eclesiásticos se

169. Esa desilusión es el tema de la obra de Peter Weiss *Marat/Sade,* imprescindible en el bagaje cultural de los intelectuales de mi generación (los que ahora somos desencantados septuagenarios). En realidad, se titula *La persecución y asesinato de Jean-Paul Marat representada por el grupo teatral de la casa de salud mental de Charenton bajo la dirección del marqués de Sade.* Los locos, en realidad más cuerdos que los revolucionarios de fuera, creen que la Revolución solo tiene sentido si el ciudadano coopera cambiándose él mismo.

170. Schama, 2019, p. 589.

diluye en la contratación de nuevos funcionarios (a menudo los propios nobles reconvertidos), a los que se encomienda la cada vez más caótica administración del Estado.

Uno de los nuevos diputados es Gaston Roux, quien después de alguna vacilación ha aceptado el cargo para el que lo proponían otros industriales de la ciudad. Lo hace no solo por el bien de Francia, sino porque, desde la Asamblea, podrá defender la estabilidad de manufacturas como la suya en estos tiempos revueltos.

CAPÍTULO 26

# Mirabeau impecune

Mirabeau contempla sombrío no solo la bancarrota del Estado, sino la suya propia.

Observemos a Mirabeau. Es difícil pensar en un hombre más feo y además tiene la cara como una piña, picada de viruelas. Sin embargo, se lleva a las mujeres de calle. ¿Dónde reside su misterioso atractivo? Dejémoslo en suspenso, por ahora.

Mirabeau es una fuerza de la naturaleza que puede trabajar como cinco hombres, que dicta cartas a cuatro secretarios al mismo tiempo y los cansa en una jornada laboral que nunca se acaba. Consecuentemente, necesita comer como cuatro, copular como cuatro, mantener amantes como cuatro y, en fin, llevar un tren de vida principesco, al que no alcanzan sus ingresos legales.

Los banquetes que ofrece a sus amigos, su generosidad con las compañeras de cama, sean encopetadas damas, cantantes de ópera o chicas recogidas en el arroyo, la mansión alquilada, la abundante servidumbre, los carruajes, los caprichos de millonario (como adquirir la biblioteca del famoso naturalista Buffon)... Nadie puede mantener ese tren de vida si no tiene ingresos principescos.

Mirabeau está endeudado hasta las cejas Se ve tan asediado de acreedores que muchas veces tiene que disfrazarse para salir a la calle.

Consciente de que la caridad bien entendida comienza por

uno mismo, Mirabeau concibe la idea de buscarse un patrón que le pague las deudas y lo saque de pobre.

¿A quién recurrir?

¿Al duque de Orleans, que espera pescar el trono del mar revuelto de la Revolución (a mar revuelto, ganancia de pescadores)?

El duque de Orleans le falla.

¿El ministro Necker, que es un mago con las finanzas?

Tampoco aprecia su ofrecimiento.

¿El duque de Normandía, hermano del rey?

Nada.

¿Y la familia real?

Mirabeau tantea a la reina a través del conde de La Marck.[171]

—Cuide de que se sepa en palacio que estoy más de su parte que contra ellos —le dice Mirabeau.

María Antonieta rechaza desdeñosa la petición del demagogo que tanto daño ha hecho a la Corona.

—Espero que nunca nos veamos tan apurados como para tener que recurrir a los oficios de este trásfuga que, siendo noble de sangre, se ha puesto al servicio de la *canaille*.

Medio año después, perdido el refugio de Versalles, humillada y presa de la *canaille* en las Tullerías, la situación de la familia real se ha deteriorado tanto que María Antonieta, convenientemente informada de que Mirabeau es el gran manipulador al que sigue dócilmente la Asamblea, se ve obligada a desdecirse. Llama al conde de La Marck por medio del embajador Mercy.[172]

—¿Sigue en pie la oferta de monsieur Mirabeau?

—Creo que sí, majestad.

171. Auguste-Marie-Raymond d'Arenberg, miembro de los Estados Generales y después de la Asamblea Nacional, era íntimo de María Antonieta. En 1789 conoció a Mirabeau en una cena ofrecida por el gobernador de Versalles. La amistad entre los dos personajes se estrechó en sucesivos encuentros.

172. Claude Florimond, conde de Mercy-Argenteau (1727-1794), embajador de Austria en París y amable consejero de María Antonieta por indicación de la madre de la reina, María Teresa.

—Ofrécele un millón de francos al final de la legislatura de la Asamblea Nacional, siempre que preste buenos servicios a la Corona.

Días después, cumplido su encargo, el conde se presenta ante la reina.

—¿Cómo ha reaccionado el hombre? ¿Ha aceptado nuestra oferta?

—Sí, majestad, con una ebria explosión de alegría, cuyo exceso primeramente me sorprendió.

Agobiado por los acreedores, acosado por varios procesos legales, perseguido por abogados, amenazado por cobradores, Mirabeau ve el cielo abierto: «Un millón de francos en cuatro pagarés de doscientos cincuenta mil cada uno».

Mirabeau vende su alma. El 10 de mayo firma el recibo de su propia venta, por el que se compromete a servir al rey «con lealtad, celo y valor». El gran embaucador capaz de convencer a cualquiera de que la burra es una pava no solo engaña a sus colegas de la Convención, sino que, para tranquilizar su conciencia, si es que la tuviera, se persuade de que, al ofrecerse a la Corona, no está traicionando la Revolución, sino más bien encauzándola en la dirección adecuada, obrando en provecho de la nación porque lo que realmente conviene a Francia es una monarquía constitucional. Veamos el proceso:

—Siempre he sido partidario de la monarquía, incluso en los tiempos en que solo veía flaquezas en la corte y, por lo tanto, ignorante del alma y el pensamiento de la reina, no podía contar con tan augusta aliada. He servido al monarca incluso cuando creía que no podía esperar justicia ni recompensa de un rey al que creía engañado. ¿Qué no podré hacer ahora, cuando la confianza y el agradecimiento por la aceptación de mis principios fortalece mi labor? Seguiré siendo lo que siempre he sido: defensor de la monarquía regulada por las leyes y defensor de la libertad garantizada por el poder real. Mi corazón seguirá el rumbo que le señala la razón.

«Era simplemente el contrato de venta de un hombre, el mismo hombre que un día juró que no abandonaría la Asamblea Nacional si no era por la fuerza de las bayonetas. Ahora acababa de abandonar la Revolución por cuatro pagarés de doscientos cincuenta mil francos».[173]

La reina le fija, además, una pensión mensual de seis mil libras que le permite vivir con el desahogo y el lujo que desea.[174]

Mirabeau cumple escrupulosamente su parte del contrato. En adelante utiliza su poder de convicción para dirigir la Asamblea en la dirección que interesa a sus patrones.

Aunque los reyes consideran que Mirabeau obra solo movido por el soborno, lo cierto es que el revolucionario está persuadido de la altura moral de su misión, que consiste en guiar sabiamente al monarca con una mano mientras con la otra atempera a los furibundos antimonárquicos de la Asamblea. Una especie de negociador entre dos partes enfrentadas a muerte que algún día, gracias a su inteligencia persuasiva, se unirán en el sagrado matrimonio de una monarquía constitucional.

Mirabeau, aquel pico de oro cuya elocuencia compensa su fealdad, consigue hasta cierto punto ocultar sus maniobras y sigue siendo el ídolo del pueblo.

Como conviene a las dos partes que el acuerdo sea secreto, estipulan que Mirabeau no aparezca jamás por la corte. Toda conversación se lleva por escrito, discretamente. Mirabeau escribe largas cartas al rey que en realidad son a María Antonieta, su interlocutora, dando cuenta de sus esfuerzos y aconsejando.

El sistema funciona, pero, no obstante, Mirabeau insiste en una entrevista personal con la reina. ¿Quiere probar con ella su magnetismo, el que tan buenos resultados le ha dado con otras mujeres?

María Antonieta se resiste, quizá porque este personaje corrupto le repugna, pero él insiste tanto que ella accede. Lo cita a las ocho de la mañana de un domingo. «He encontrado un lugar —escribe la reina al embajador y confidente Mercy— que, aunque no sea cómodo, parece apropiado para encontrar-

173. Rojas, 1956, p. 23.

174. Una mansión de la Chaussée d'Antin en la que residió rodeado de comodidades con chef, mayordomo, criados de librea y carruaje con el escudo familiar en la portezuela.

me allí con él y evitar los inconvenientes del palacio y de los jardines».

El 3 de julio de 1790 el revolucionario y la reina se encuentran en los jardines del palacio de Saint-Cloud. A esa hora temprana no hay nadie en los jardines y ella se ha vestido tan discretamente que podría pasar por una mujer del pueblo.

Desconocemos los términos de la conversación, que dura una hora. Al despedirse, el hombre que íntimamente repugna a la reina no solo por su bajeza moral, sino por su aspecto salvaje, feo y leonino, dice:

—Madame, cuando la emperatriz, su augusta madre, concede a uno de sus súbditos el honor de comparecer ante ella nunca lo despide sin darle a besar la mano.

María Antonieta se obliga a tender al sinvergüenza su blanca mano. Se alegra de llevarla cubierta por un guante de cabritilla.

Él se inclina, ceremonioso, toca con la punta de sus dedos los de la reina, besa levemente el dorso y exclama:

—¡Madame, la monarquía está salvada!

La reina ha debido de causar favorable impresión en Mirabeau, quizá ese inconsciente deseo sexual que siente hacia todas las mujeres atractivas, porque luego escribe al intermediario La Marck: «Es una mujer maravillosa, tan gentil y desventurada. Pero la salvaré. Nada me detendrá; antes pereceré que faltar a mis promesas».

Las propuestas de Mirabeau para salvar a la monarquía, quizá pensando también en salvar a esta mujer que lo ha fascinado, son, más que atrevidas, feroces.

En este punto cedamos la palabra a Zweig en su extraordinaria biografía de la reina (me la lean):

> Cuanto más atrevidas son las memorias que él presenta, más diabólicos los consejos que propone, tanto más vivamente se espanta aquella mujer, en el fondo de espíritu moderado. El pensamiento de Mirabeau es expulsar al demonio por medio de Belcebú, aniquilar la Revolución por su exceso, por la anarquía. Ya que no se puede mejorar la situación —es su famosa *politique*

*du pire*—,[175] hay que empeorarla con toda la rapidez posible, en el sentido de un médico que, por medio de excitaciones, provoca una crisis para acelerar con ella la curación. No rechazar el movimiento popular, sino apoderarse de él; no combatir, desde lo alto, a la Asamblea Nacional, sino excitar al pueblo, de manera secreta, para que él mismo acabe por mandarla al carajo; no confiar en la tranquilidad y la paz, sino, al contrario, elevar hasta su ardor más extremo la injusticia y los trastornos del país, provocando con ello una fuerte necesidad de orden, del antiguo orden; no retirarse, espantado, ante ninguna cosa, ni siquiera ante la guerra civil...

Tales son las amorales, pero, en lo político, clarividentes proposiciones de Mirabeau. Pero ante tales osadías, ante el anunciar estrepitosamente, como con una banda de clarines, entre otras muchas cosas, que «cuatro enemigos se acercan a paso de carga: el impuesto, la bancarrota, el ejército y el invierno; hay que tomar una resolución y prepararse a afrontar los acontecimientos, dirigiéndolos con la propia mano. En una palabra, la guerra civil es segura y acaso necesaria», ante semejantes avisos, le tiembla el corazón a la reina.

«¿Cómo puede Mirabeau, o cualquier otro ser pensante, creer que nunca, y mucho menos ahora, haya llegado para nosotros el instante de provocar una guerra civil?», responde ella, espantada, y califica este plan de «loco desde un extremo al otro». Su desconfianza en el inmoralista que está dispuesto a echar mano de este y también de otros procedimientos aún más espantosos se va haciendo invencible día a día. En vano, Mirabeau procura «sacudir con truenos la espantosa letargia de la corte»; no le prestan atención y poco a poco, con su enojo por esa flojera espiritual de la real familia, se mezcla cierto desprecio hacia el *royal bétail*, hacia esa rebañega naturaleza regia que espera pacientemente la llegada del carnicero. Hace tiempo que sabe que lucha en vano en favor

175. *Politique du pire* es la que confía la solución al empeoramiento del problema. Últimamente hemos oído idéntico razonamiento en boca de algunos separatistas a los que repugna su condición de españoles: cuanto peor, mejor.

de esta corte indolentemente dispuesta para el bien, pero incapaz de toda verdadera acción. Pero la lucha es su elemento. Siendo él mismo un hombre perdido, combate por una perdida causa y, arrastrado ya por la ola negra, le lanza una vez más al regio matrimonio esta desesperada profecía: «¡Rey bueno pero débil! ¡Reina infortunada! ¡Ved, pues, el espantoso abismo adonde os arrastra la indecisión entre una ciega confianza y una desconfianza exagerada! Todavía es posible un esfuerzo por ambas partes, pero será el último. Si se renuncia a hacerlo, o no tiene buen éxito, entonces un velo fúnebre va a cubrir este imperio. ¿Qué le ocurrirá? ¿Adónde será arrastrado el navío, herido por el rayo y azotado por la tormenta? No lo sé. Pero si yo mismo me salvo del naufragio público, siempre me diré con orgullo, en mi retiro: "Me expuse a perderme para salvarlos a todos. Pero no lo quisieron"».

Mujer del Antiguo Régimen, María Antonieta no comprende la naturaleza revolucionaria de Mirabeau; solo entiende lo rectilíneo, no el osado juego de este genial aventurero de la política.[176]

A la larga, sus contradictorios discursos comienzan a escamar a algunos compañeros de escaños menos manipulables que el rebaño general. Marat cree descubrir su juego.

—¡Más virtud y menos talento! —le gritan los que comienzan a sospechar de él.

Después de ocho meses de jugar con la doble baraja, sin dejar por ello de llevar su vida de excesos, Mirabeau está física y emocionalmente agotado.

Nuestro hombre ha disfrutado toda su vida de una salud de hierro, pero la entrada de la primavera lo encuentra delicado de hígado, riñones y otras vísceras. Todavía le quedan arrestos para dilapidar sus últimas energías amatorias en un trío recreativo con dos chicas de la revista.

Es el canto del cisne del gran seductor. Rematada la faena, siente dolorosos cólicos que su médico y amigo Cabanis no acierta a remediar.

176. Zweig, 2011, pp. 260-262.

—Amigo mío, hoy moriré —le anuncia—. Me afeitaré antes para estar presentable. Conmigo morirá la monarquía.

Y, fiel a su palabra por una vez, muere a las pocas horas, a los cuarenta y dos años de edad.

Conmoción en el pueblo de París. Gente llorando por las calles. Adèle la Tremenda se araña el pescuezo y los pechos con el desescamador del pescado y profiere alaridos lastimeros. Envía a sus arrapiezos a rescatar claveles de los desperdicios de las floristerías y compone con ellos un ramo con el que honrar al ilustre difunto.

La Asamblea decreta una jornada de luto nacional.

—El pueblo murmura que lo han envenenado —informa Sieyès a la Asamblea—. El cervecero Santerre está alborotando a la plebe en el barrio de Saint-Antoine.

—Lo único que nos faltaba —dice el presidente—. A ver, Mouton: un decreto que declare mañana jornada de luto nacional y pasquines y pregonero que informen a la ciudadanía de que se realizará una autopsia para conocer las causas de su muerte. Será pública, ante los representantes que el pueblo designe.

En el jardín de la mansión del finado, 42 de la Chaussée-d'Antin, se instala una carpa de feria para acoger a los cincuenta testigos que presenciarán la autopsia. Una muchedumbre de devotos se ha congregado a las puertas aguardando noticias.

A las dos horas aparece el portavoz del equipo médico. La gente guarda silencio, a ver lo que dice.

—Queridos ciudadanos, despejemos cualquier sospecha. El gran Mirabeau ha muerto de pericarditis linfática.

Los asistentes a la autopsia comentan luego que el helado cadáver experimentó una de las erecciones involuntarias que lo habían caracterizado en vida.[177]

—Genio y figura —comenta Adèle la Tremenda.

El día del sepelio, Roux et Frères libera a sus empleados y criados. Una multitud silenciosa acompaña al gran hombre al Panteón. Sobre el ataúd han colocado un relicario sobredorado que contiene su corazón.[178]

177. Esta, sin duda, lo fue.

178. Lo sepultaron en el Panteón, «el templo laico de las glorias france-

Un enviado de la reina registra el gabinete del difunto y recoge los borradores y documentos inculpatorios de su acuerdo secreto con la monarquía.

Desaparecido Mirabeau, se enconan las trifulcas entre las facciones de la Asamblea. La izquierda más extrema gana adeptos.

—Mirabeau ya es pasado —declara Sieyès en la tertulia del café Procope—. Ahora el futuro está en Marat.

Jean-Paul Marat es un médico con variados intereses científicos que finalmente ha encontrado su verdadera vocación: la de inflexible revolucionario. Editor del periódico *L'Ami du Peuple [El Amigo del Pueblo],* fustiga a través de sus páginas a tantos poderosos que de vez en cuando se ve obligado a huir de ellos, incluso refugiándose en las alcantarillas (literalmente).

Otro revolucionario que a menudo ha tenido que escapar por sus actividades antimonárquicas es Georges-Jacques Danton, un abogado brillante, fogoso orador, aunque más feo que Picio. «Un rodaballo relleno», lo llama Vadier.[179]

Pocos días después de la muerte de Mirabeau llega el Domingo de Ramos. Los reyes ordenan preparar la carroza porque han pensado pasar la Pascua en el palacio campestre de Saint-Cloud, a treinta kilómetros de París.

No faltan en las Tullerías servidores fieles a la Revolución que informan de cada movimiento de la familia real. Cuando los

---

sas, destinado a guardar los restos de los hombres ilustres», como leemos en la guía del monumento. El Panteón era la iglesia de Sainte-Geneviève, terminada en 1789, que la Revolución trasformó en Templo de la Fama y mausoleo de los grandes hombres de Francia. En 1806 Napoleón lo devolvió al culto cristiano, pero en 1885 retornó a Panteón de Ilustres, función que cumple hasta nuestros días.

179. Tenía el rostro marcado de cicatrices producto de una infancia campestre, pero nada bucólica, en la que lo corneó un toro y lo mordió una marrana recién parida. Para acabar de arreglarlo, la viruela le dejó la cara llena de cicatrices atróficas. Graves especialistas en la Revolución francesa no se ponen de acuerdo sobre quién era más feo, si Mirabeau, Marat o Danton. La competición está bastante igualada. Probablemente cada uno de ellos tomado individualmente resulta más feo que los otros (vean las ilustraciones y piensen que los pintores de entonces procuraban favorecer al modelo).

monarcas intentan abandonar las Tullerías, encuentran su carroza rodeada por una multitud airada que los abuchea.

—¡El rey se escapa! No quiere estar con nosotros.

Dan la vuelta y regresan a seguro.

En el aparcadero de las Tullerías hay una berlina de menor tamaño, más discreta que la carroza real. También puede servir.

—Podemos ir en esta —propone la reina—. Lafayette podría escoltarnos con guardias nacionales.

En cuanto la carroza sale de palacio, le impide el paso la multitud de vociferantes *sans-culottes*. Después de más de una hora escuchando insultos y comentarios como «este es el cerdo cebado que cuesta al Estado veinticinco millones al año», el rey intenta dirigirse a la multitud:

—¿Por qué a quien dio a la nación francesa su libertad se le debía negar ahora la suya?

Nadie lo escucha. Resignado, indica al cochero que haga recular los caballos. Se suspende la excursión.

María Antonieta, que ha sollozado de rabia y de miedo, se serena, ya a salvo, y comenta:

—Somos prisioneros de la *canaille*.

—Estoy de acuerdo —reconoce su egregio esposo— Hay que escapar de aquí. No debimos dejarnos aconsejar por Mirabeau cuando se empeñaba en que permaneciendo en París se robustecía la monarquía. Esta gentuza solo conoce las razones de la fuerza.

CAPÍTULO 27

# Reyes a la fuga

El barón Louis-Auguste Le Tonnelier, barón de Breteuil, es un diplomático de larga trayectoria, aunque no siempre acertada. Fue el consejero real que sugirió que el asunto del collar se aireara en los tribunales, una torpeza que los reyes no le han tenido en cuenta al nombrarlo primer ministro en el puesto de Necker.

¿Necker, el padre de los pobres, destituido?

Como vimos páginas atrás, el pueblo reaccionó asaltando la Bastilla.

El prudente Breteuil, cobarde también, huye al extranjero con la primera ola de *émigrés* (la del hermano del rey, el conde de Artois). No obstante, los reyes formalizan su nombramiento como primer ministro y lo consideran su representante en el extranjero.

Los reyes no se sienten cómodos en el arresto domiciliario de las Tullerías. Planean fugarse al extranjero. Cuando su familia esté a salvo, Luis se pondrá al frente de los contrarrevolucionarios y recuperará el poder con la ayuda de sus súbditos fieles y la de sus parientes, los monarcas europeos.

Se perfila el plan. Luis intercambia copiosa correspondencia secreta con los *émigrés.*

Breteuil ha contactado con el íntimo amigo de la reina, el sueco Fersen, para coordinar la fuga de la familia real.

Los accesos del palacio de las Tullerías están custodiados día y noche por miembros de la Guardia Nacional, pero los fugitivos utilizarán una portezuela de los jardines que no está vigilada.[180]

Los reyes viajarán de incógnito hasta Bélgica (posesión austriaca), a 287 kilómetros de París. Esa ruta puede cubrirse en veinte horas de viaje renovando los caballos en algunas postas intermedias.

El organizador de la huida, el marqués de Bouillé, recomienda que se aposten tropas leales cerca de la frontera por si fuera necesario intervenir.[181]

180. Entre 1791 y 1792, después de la frustrada huida de la familia real al extranjero, la reina mantuvo una intensa correspondencia con Fersen. Las quince cartas conservadas (en realidad, copias que Fersen hizo de los originales hoy perdidos) abundan en pasajes tachados posteriormente que, al aplicarles la fluorescencia de rayos X, revelan expresiones como «usted a quien amo», «su corazón me ha hecho feliz», «os amo con locura». ¿Quiere esto decir que eran amantes? No necesariamente, porque en la época existía la institución social del *chevalier servant* (en España, similar al cortejo o chischibeo): un hombre educado que profesa culto extático y desinteresado a una dama de alcurnia. Sin embargo, es posible que consumaran en una única ocasión, cuando, el 13 de febrero de 1792, Fersen pasó la noche en el dormitorio de la reina y posteriormente anotó en su diario: «Ido junto a ella; pasado por mi camino habitual, miedo a los guardias nacionales, alcanzado su habitación maravillosamente» y después dos palabras tachadas con tinta que se han logrado leer: *resté là* («permanecí allí», o sea, pasé la noche con ella). ¿Fue una noche de Tobías, contemplativa, o fue una noche de amor pasional? En esto existe división de opiniones, pero este que suscribe piensa que, dado que la carne es débil, lo más seguro es que los dos enamorados se dejaran de melindres y realizaran lo que hasta entonces, por respeto propio y ajeno, habían aplazado (Lever, 2020, p. 207, señala que *resté là* era la frase que Fersen escribía en sus diarios cuando mantenía relaciones sexuales con una mujer).

181. «Insté al rey a que le pidiera al emperador [Leopoldo II de Austria] que dispusiera que un cuerpo de soldados marchara hacia la frontera de Luxemburgo, cerca de Montmedy, para darme el pretexto para reunir tropas allí. Entonces estaría listo para brindarle apoyo cuando llegara» (De Bouillé, 1797, II, capítulo 10, p. 4). El lunes 20 de junio, una tropa de ciento ochenta dragones al mando del coronel de Damas se acantona en Clermont-en-Argonne, en la Lorena, y cuarenta húsares al mando del duque de Choiseul se establecen en Sainte-Menehould con orden de salir al amanecer hacia Pont-

De acuerdo con este plan, la reina, el rey y la hermana del rey (madame Élisabeth) fingirán ser criados de madame De Korff, una baronesa rusa que viaja a Fráncfort. La alta dama estará representada por el aya de los príncipes, la marquesa de Tourcel.

—Viajarán en un carruaje pequeño, que no levante sospechas —sugiere Fersen.

—Imposible —opina María Antonieta—. La familia real no puede prescindir de un servicio mínimo.

Fersen se resigna a encargar al acreditado carrocero Louis la fabricación de una gran berlina tirada por seis u ocho caballos que llamará inevitablemente la atención cuando se ponga en camino.

Algunos historiadores hablan con evidente exageración de «una carroza provista hasta de retrete y bodega [...], solo le faltaba la orquesta con los músicos».[182]

En este punto comienza a fallar el plan. La reina no concibe viajar con estrecheces. Ese servicio mínimo que exige incluye a Léonard, su peluquero, que se sumará a la expedición en ruta.[183] Por otra parte, comete la imprudencia de alertar al Gobierno y a la Guardia Nacional cuando envía a su hermana la archiduquesa María Cristina, que está en Bélgica, un gran baúl que contiene

---

de-Somme-Vesle, a la salida de Chalon, para escoltar a la familia real en su última etapa. Oficialmente estarán allí para escoltar el carro que traería las pagas de la tropa establecida en la frontera.

182. «*Un carosse contenant chaise perceé et cave* [...], *un abrégé du château de Versailles* [...]. *Il n'y manquait que la chapelle et la orchestre des musiciens*» (Castelot, 1971, p. 72).

183. En realidad, se llamaba Jean-François Autié, fundador de una *académie de coiffure*. Se hizo famoso por unos recargados y extravagantes peinados de su invención, los *léonardées,* en los que incluía gasas, joyas, plumas, flores, frutas y hasta maquetas de barcos y castillos. El idilio entre la reina y el peluquero floreció cuando ella vio que una actriz de teatro lucía un peinado imponente. Inmediatamente quiso conocer al autor de aquella obra de arte y desde entonces lo tuvo a su servicio en Versalles sin importarle las murmuraciones de la corte. «¿Cómo puede la reina de Francia encomendar la cabeza a un hombre que tocó el cabello de la señorita Guimard o incluso de cualquier ninfa de la calle o del Palais-Royal?».

un calentador de cama de cobre *(bassinoire)* entre otros objetos imprescindibles para su servicio.

La fuga está programada para el 6 de junio, pero la aplazan para percibir dos millones de libras que les asignaba la lista civil en la primera decena del mes. Esta codicia les costará la vida.

> El aplazamiento me trastocó mucho los planes —escribe el marqués en sus *Memoirs*—. Ya había dado orden para que las tropas se concentraran en Clermont coincidiendo con el paso del rey, lo que me obligó a alargar la estancia de las tropas en aquel lugar levantando sospechas entre sus moradores.

El día de la partida, 20 de junio, los reyes observan su rutina habitual cuidando de no levantar sospechas entre los espías que los revolucionarios mantienen entre el servicio. Ya oscurecido, María Antonieta lleva a sus hijos a la puerta indicada y se los confía al fiel Fersen, que los espera disfrazado con el amplio capote de cochero. Para mayor disimulo, el delfín, de siete años, va vestido de niña y responde por Aglaé.

La reina regresa a sus salones, fingiendo que acaba de acostar a sus hijos, y reanuda sus pautadas rutinas palaciegas hasta la hora del ritual *coucher*. En cuanto las damas que la han ayudado a ponerse el camisón cierran la puerta del dormitorio, salta de la cama, viste un sencillo traje gris de criada, ayudada por madame Thiébaut (que está en el secreto) y abandona el palacio por la ruta prevista.

El rey tampoco ha alterado sus costumbres. Después de la cena, pasa con los invitados al salón de fumar y, lanzando alguna mirada furtiva al reloj que lo preside, prolonga su conversación hasta que, cumplidas las once y media, bosteza brevemente y dice:

—Señores, es hora de irse a la cama.

Es costumbre que el ayuda de cámara del rey duerma en la misma habitación, a los pies de su cama, con un cordón atado a la muñeca por si el soberano tiene que despertarlo.

—Lemoine, se me olvidaba —dice el rey al entrar en su lecho doselado—. Avisa al mayordomo que mañana quiero revisar las cuadras de palacio.

Sale el ayuda de cámara a cumplir el encargo y Luis, viéndose solo, corre las cortinas del dosel para fingir que duerme y vistiendo su disfraz de criado abandona el palacio por la puerta secreta.

Con casi dos horas de retraso sobre el horario previsto, se reúnen los reyes con Fersen, que los aguarda en la esquina de la calle Échelle, junto al Petit Carrousel, a las riendas de un discreto carruaje en cuyo interior dormitan el delfín y su hermana. Tras el breve saludo, Fersen azuza a los caballos. El carruaje abandona París por la puerta de Saint-Martin.

La berlina grande y cómoda que al gusto de la reina se ha agenciado Fersen aguarda a unos kilómetros de París, sobre la carretera de Châlons.

En el pescante, Balthazar, cochero, y su asistente Moustier, de confianza de Fersen; dentro del vehículo, el aya de los príncipes y dos camareras de confianza que acompañan a la reina en su huida. En la trasera se han acomodado varios baúles con ropa, vajilla y viandas para el viaje. Fersen coloca su coche al lado de la berlina, de modo que los augustos pasajeros puedan transbordar sin pisar la tierra.

Los fugitivos renuevan los caballos en la posta de Bondy, donde un nuevo cochero sube al pescante. Fersen abre la portezuela de la berlina y se despide en voz lo suficientemente alta para que la oiga el personal de la posta.

—¡Os deseo un buen viaje, madame De Korff!

Breteuil ha señalado en su plan las casas de postas o posadas en las que los fugitivos cambiarán los caballos por otros de refresco. Es un sistema que funciona en las principales carreteras de Europa. En cada casa de postas hay caballos de refresco y postillones para guiarlos hasta la siguiente casa de postas.

En cada posta se renueva el equipo y los postillones relevados regresan, ya al paso, con los caballos cansados, a la posta de origen.

Hacia las cuatro de la madrugada, la berlina real se detiene en la posta de Claye, donde la espera el cabriolé en el que viajan dos damas de la reina, madame Brunier y madame de Neuville.

Los postillones de Bondy les dicen a sus colegas de Claye que harán la siguiente etapa:

—¿Quién será el señor que paga tan espléndidamente? Ha pagado cuatro libras y además una buena propina.

Juntos, los dos vehículos parten a toda velocidad, intentando recuperar el retraso de más de dos horas que acumulan sobre el horario previsto.

El ruido de las llantas de hierro del carruaje sobre el adoquinado de la carretera es infernal, por eso se agradece el tiempo de relativo silencio en el que se cambian los caballos en la posta.

Hacia las seis de la mañana, los fugitivos hacen un alto en Meaux, a cuarenta kilómetros de París. Allí abren las cestas de las viandas y desayunan *boeuf à la mode.*

Luis XVI, que en la primera parte del viaje se ha mostrado bastante preocupado, parece haber recuperado el ánimo. Incluso fanfarronea:

—Podéis creer que en cuanto tenga el culo bien asentado en la silla seré una persona muy diferente a la que habéis conocido hasta ahora.

María Antonieta se guarda de responder. Ella conoce bien a su marido y sabe que es irresoluto y vago.

CAPÍTULO 28

# ¡El Borbón se ha fugado!

La fuga se descubre a las siete de la mañana, cuando el *valet de chambre* del rey va a despertarlo, descubre el lecho vacío y da la alarma: «*Le roi est parti!*».

Revuelo en el palacio que rápidamente se traslada a todo París.

El periódico *L'Orateur du Peuple [El Portavoz del Pueblo]*, de Louis Fréron, quizá el hombre que más odia a los reyes, se adelanta con la noticia.

> Han huido el rey imbécil y perjuro y la reina maligna que combina la liviandad de Mesalina con la sed de sangre de los Medici [...]. Ella es el alma de la conspiración.

En Roux et Frères un proveedor da la noticia.

—¡El rey y la reina han escapado!

Consternación general entre los obreros de la casa y la natural alegría entre los Roux, que, no obstante, disimulan sus sentimientos.

—Ahora los austriacos y los prusianos nos invadirán y ya mismo echarán abajo a culatazos las puertas de nuestras casas —augura un tejedor.

—La Guardia Nacional podrá detenerlos —opina su mujer.

En la oficina de los mapas, a solas, Gaston Roux le confiesa sus recelos a su primo:

—Me alegro por el rey, pero temo por las consecuencias. Los reclutas indisciplinados no pueden detener a un ejército profesional. Lo último que necesitamos es que los austriacos ocupen París y nos saqueen el negocio.

A lo largo de la mañana, una indignada multitud ávida de noticias se concentra en la sede de la Asamblea. En el club de los *cordeliers,* los más exaltados prestan juramento comprometiéndose a matar al rey si así lo decide la junta.

—¡Qué tontos hemos sido por no deponer al rey cuando estuvimos a tiempo!

—Si se veía venir...

Algunos se consuelan pensando que la familia real no puede haber abandonado el país en las pocas horas transcurridas. Se han despachado mensajeros urgentes para alertar a los puestos fronterizos. La familia real intentará abandonar el reino bajo identidades falsas.

Los cortesanos que están en el secreto sugieren un posible secuestro a manos de contrarrevolucionarios, pero esa piadosa hipótesis se descarta a la vista del torpe comunicado que Luis ha dejado en su gabinete sin consultarlo con nadie. El rey justifica su huida por las humillaciones recibidas y declara nulas las leyes revolucionarias que ha firmado bajo coacción:

> He consentido muchos sacrificios por el bien de la nación y ¿cómo se me ha pagado? Con la destrucción de la monarquía: los poderes arrebatados, la propiedad violada, la seguridad de las personas amenazada y una anarquía completa con desprecio de las leyes.
>
> ¿Qué poderes me quedan hoy? —se queja—: Un simulacro de realeza sin contenido alguno. El rey no puede dictar leyes ni tiene poder alguno sobre la Administración ni el Ejército, la Marina, Hacienda ni Asuntos Extranjeros...

En el Club de los Jacobinos la noticia cae como una bomba.

—¿Por qué nos hacemos de nuevas? ¿No sabíamos que iban a huir? —truena Danton—. Es una negligencia imperdonable que no se reforzara la guardia.

Robespierre se encara con Lafayette, al que odia porque el espejito le dice que es más lindo que él.

—¡Responderéis con vuestra cabeza! —le espeta.

Lafayette se lo toma con calma:

—Amigos, la lista civil de Luis XVI era de veinticinco millones de libras anuales; todos los franceses heredan hoy una libra de renta.

En la calle se está repartiendo un panfleto que todavía huele a tinta fresca:

> Temblad, ciudadanos, la patria está en peligro, una tempestad se abate sobre vuestras cabezas, el rey ha huido al Imperio para ponerse al frente de una legión de soldados que vendrán a atacar nuestra Constitución. ¡Ciudadanos, detened al rey conspirador, al rey traidor! La Asamblea decreta pena de muerte contra cualquiera que conspire contra la nación.

La indignación del pueblo es de tal calibre que las autoridades, por ganar tiempo, han impreso notas con el texto: «El rey y toda su familia han sido detenidos en...», dejando un espacio en blanco donde pondrán el nombre del lugar.

Sobre las diez de la mañana, los fugitivos llegan a la posta de Viels-Maisons. El rey se apea para estirar las piernas e imprudentemente se deja ver por una buena cantidad de gente que podría reconocerlo. Poco después repite su imprudencia en la posta de Montmirail, donde incluso conversa con unos campesinos.

Ya acumulan tres horas de retraso sobre el horario previsto.

A las doce, la berlina real se detiene en Fromentières. Moustier, nervioso, intenta guardar el anonimato de su viajero, pero el rey le dice:

—Relájese. No creo que esa precaución sea necesaria. A estas alturas, mi viaje está a salvo de cualquier contingencia.

Una hora después, los fugitivos bajan a estirar las piernas en la posta de Étoges, niños incluidos. Moustier, preocupado, piensa que se están exponiendo demasiado a la curiosidad de los postillones.

Valory, que precede a caballo la expedición, va contratando los caballos de refresco en las casas de posta.

Después de otro alto para almorzar —más retraso acumulado—, llegan a Châlons a las cuatro de la tarde.

El jefe de la posta, Antoine Viet, reconoce a los ilustres viajeros y los invita a refrescarse dentro de sus instalaciones. El rey acepta. Son las dos de la tarde y el sol cae como plomo derretido sobre hombres y bestias. Muchos lugareños se acercan a curiosear a la vista del lujoso carruaje, suponiendo que los viajeros serán personas importantes. Uno de ellos los reconoce y va a contárselo al alcalde del pueblo.

El alcalde es un monárquico que como tantos otros se finge fiel a la Revolución.

—¿Cómo van ser los reyes, que están en París? Eso son figuraciones tuyas.

Frescos y descansados, los viajeros reemprenden el viaje, pero antes de partir, Luis deja dos piezas de plata con su perfil borbónico en manos del atento posadero.

A cierta distancia del pueblo, un jinete enviado por el alcalde alcanza la berlina y avisa al monarca.

—Sire, sabed que os han reconocido.

El rey no se preocupa a estas alturas. Dentro de hora y media estará en Somme-Vesle, donde lo aguarda el duque de Choiseul con sus cuarenta húsares para escoltarlo a terreno amigo.

Poco después, al cruzar el puente de Somme-Soude, la berlina roza el pretil y rompe un arnés. Se detienen a cambiarlo, lo que acumula otra media hora de retraso sobre el horario previsto.

CAPÍTULO 29

# El que espera desespera

El rey es optimista en exceso. Desconocedor de las leyes de Murphy, ignora que, si algo puede salir mal, saldrá mal.

A esa hora, las tropas de Choiseul que deben escoltar la berlina real en su última etapa han levantado sospechas entre los munícipes de Sainte-Menehould.

¿Qué hace aquí esta tropa? ¿No habrán venido para obligarnos a pagar los impuestos?

Precavidos o recelosos, los munícipes reparten las armas disponibles entre la población y los que las tienen se presentan voluntarios para engrosar el somatén.[184]

—Nos hemos librado de la servidumbre de la nobleza y no volveremos a caer en ella.

Mientras tanto, Choiseul, ajeno a los cuidados que su tropa causa en la población, se impacienta. Repasa mentalmente, una vez más, las etapas del plan.

Esperar la berlina del rey en la posta y escoltarla desde una distancia de respeto hasta Sainte-Menehould. Allí lo rele-

184. El colmo de la mala suerte: los campesinos de las tierras de una propietaria comarcal, la señora D'Elbeuf, se habían negado a satisfacer los impuestos. La dueña los había amenazado con someterlos a una «ejecución militar», a lo que otros campesinos de la comarca respondieron prometiéndoles ayuda si se veía aparecer alguna tropa. La presencia desde la víspera de dos destacamentos de húsares y dragones había alarmado a los lugareños.

varán los dragones acantonados en la villa y él, con sus húsares, barreará la carretera de París para cortar el paso a eventuales perseguidores.

Eso es lo planeado, pero han pasado cuatro horas y pico sobre el horario previsto y la expedición real no llega. Los húsares se han desabrochado las guerreras y dormitan o conversan en corrillos a la sombra del bosquecillo donde han disimulado los caballos.

Choiseul consulta, una vez más, el reloj que lleva en el bolsillo del chaleco, prendido de una leontina de terciopelo.

Vuelve a pasear a la sombra de los plátanos que bordean la carretera. Lo acompaña el peluquero Léonard, que por deseo de la reina se sumará a la expedición real. A Choiseul lo solivianta la presencia de este petimetre excesivamente perfumado que lo sigue como su sombra.

—¿No deberían estar aquí ya sus majestades? —le adivina el pensamiento con su vocecita atiplada.

Choiseul se propina un fustazo en la bota.

—¡Algo ha salido mal! —decide—. Probablemente, se ha aplazado la fuga. ¿Quieres hacer un señalado servicio a los reyes?

—¿Me haréis tamaño honor? —pregunta el peluquero—. ¿De qué se trata?

—De tomar ese carruaje y llevar una nota mía al comandante de los dragones acantonados en el pueblo vecino, Sainte-Menehould.

—Por supuesto, señor.

Choiseul escribe unas líneas en una página de su libro de notas, arranca la página y se la entrega al peluquero.

«No parece que el tesoro vaya a pasar hoy. Parto para reunirme con M. de Bouillé. Mañana recibiréis nuevas órdenes».

Marcha el peluquero a cumplir su misión y Choiseul convoca a su sargento ayudante.

—Que ensillen los caballos y recojan el hato. Nos vamos.

Media hora después de la marcha de Choiseul y sus dragones, la berlina de los reyes llega al punto de la cita.

La ley de Murphy se ha cumplido fatalmente.

—¿Es posible que todavía no lleguen los dragones? —se

pregunta el monarca al encontrar vacío el lugar de la cita—. ¿Estarán emboscados en algún lugar fresco de los alrededores?

Pasan los minutos y la escolta no aparece.

—El duque se ha marchado —deduce Luis abatido—. ¿Qué hacemos?

—No podemos volver atrás —observa la reina—. Tenemos que seguir el viaje por nuestros medios.

Cerca de las ocho llegan a Sainte-Menehould. Para entonces ya se ha divulgado la huida del rey. En el pueblo no se habla de otra cosa. El encargado de las postas, Jean-Baptiste Drouet, reconoce a la reina, a la que vio en persona años atrás cuando era soldado en París.

Su sospecha se confirma cuando comprueba que el supuesto criado Durand presenta los rasgos del rey, tal como aparecen en el *assignat* de cincuenta libras que guarda en el fondo de su cómoda.

Disimula Drouet. Cuando la berlina continúa su viaje, ensilla un caballo y toma un atajo para galopar hasta el pueblecito de Varennes-en-Argonne, la siguiente etapa de los viajeros. Descabalga en la plaza y pregunta por el alcalde.

—Está ausente —le responden.

—Entonces, el procurador —urge Drouet—. Es un asunto urgente.

El procurador, segunda autoridad local, es *sieur* Sauce, propietario del colmado local.

—Una berlina con los reyes viene hacia acá. Van disfrazados de criados, pero los he reconocido. Vienen sin escolta.

El procurador convoca a la Guardia Nacional del pueblo. Como son pocos, los refuerzan algunos voluntarios con escopetas.

—Los esperaremos en el puente del río Aire. Allí no podrán escapar.

Cuando llega la berlina, Sauce le da el alto y solicita los pasaportes de los viajeros. Después de un examen minucioso, le parecen auténticos.

Se vuelve hacia Drouet.

—Los papeles están en regla. No podemos detener a estas personas.

—Os digo que son el rey con su familia —insiste Drouet—. Si los dejáis marchar al extranjero seréis culpable de alta traición.

Recordemos que, en los tiempos anteriores a la fotografía, poca gente conocía el aspecto de los reyes, aunque el perfil del monarca aparecía, más o menos logrado, en las monedas.

Sauce evita comprometerse. Los viajeros parecen personas de calidad, nada menos que una baronesa rusa. Mejor aguardar al regreso del alcalde y que él decida. Mientras tanto, los alojará en su propia casa.

Los ilustres viajeros disimulan la contrariedad. ¡Detenidos por unos paletos a solo cincuenta kilómetros de Montmédy, su salvación, en tierras del emperador hermano de la reina!

Luis se consuela con la humilde cena de pan y queso que le ofrece la esposa del anfitrión.

Dando vueltas al magín, Sauce recuerda que hay en el pueblo un anciano, *sieur* Jacques Destez, antiguo juez de paz, que asegura haber visto al rey años atrás durante una estancia en Versalles. Envía a un propio para que lo invite a venir sin excusa ni pretexto, como decían las citaciones franquistas.

El anciano está ya en la cama, pero en vista de la urgencia del caso, se viste y acude al domicilio del procurador. Al entrar en la sala reconoce al hombre que está cenando a la mesa e impresionado cae de rodillas.

—¡Sire!

—En efecto —reconoce Luis con una sonrisa bondadosa—. Soy vuestro rey.

El monarca intenta negociar con sus captores.

—Dejadme seguir hasta Montmédy y no os arrepentiréis. Seréis debidamente recompensados.

Lo están discutiendo cuando llegan al pueblo los húsares alemanes que deben escoltar al rey, pero son pocos para enfrentarse a los cientos de campesinos armados y a los guardias nacionales que han ocupado el pueblo. Por otra parte, Luis quiere evitar que se derrame sangre por su causa.

De madrugada llegan dos comisarios de la Asamblea Nacional para hacerse cargo de los fugitivos. La afluencia de comarcanos que desean ver a la familia real es constante. En la plaza se ha juntado una muchedumbre de curiosos que examinan la berlina real.

Avanzado el día se ponen en marcha. Escoltan a la berlina real, además de un numeroso contingente de guardias nacionales, un tropel de voluntarios que irá aumentando durante los tres días que la expedición invierte en su regreso a París.

A las afueras de Sainte-Menehould, un jinete que se ha apostado en el camino y luce orgullosamente en el pecho la Cruz de San Luis y dos pistolas terciadas en la cintura presenta armas con su fusil al paso de la berlina. Es el conde de Dampierre, un señor de la comarca y furibundo monárquico. Pasada la carroza, galopa hasta adelantarla y se acerca a ella para presentar sus respetos al rey. Después sigue a la escolta por espacio de un kilómetro hasta que los campesinos que rodean el vehículo lo obligan a alejarse de la berlina. Se aparta hasta un altozano desde el que grita un desafiante *«vive le roi!»,* al tiempo que dispara al aire. Los guardias responden al fuego, pero él pica espuelas y se sitúa fuera del alcance de los tiros. Van a despreocuparse de él, cuando advierten que su caballo ha resbalado y descabalgado al jinete. Acuden a él y antes de que pueda valerse lo acribillan a tiros y bayonetazos.[185]

El marqués de Bouillé llega a Varennes cuando la familia real está ya de regreso a París bajo fuerte vigilancia. No hay nada que hacer. En vista del fracaso, opta por salir de Francia para unirse a los *émigrés.*

La familia real invierte tres días en el camino de regreso, siempre bajo la vigilancia de una multitud de guardias y ciudadanos que se suman al paso de la comitiva para acompañarla un trecho, sin que falten los exaltados que gritan insultos y manifiestan su disposición a terminar con la vida del monarca. Todo el mundo busca algún protagonismo en el episodio, algo que contar a los nietos delante de la chimenea invernal. Muy humano.

185. Una segunda descarga de sus perseguidores lo alcanzó; según otra fuente, un miliciano llamado Gallois le asestó un sablazo en la cabeza antes de que los guardias lo remataran a tiros y bayonetazos. Al parecer, se produjo cierta pendencia sobre a quién correspondían el caballo, las armas, las botas y demás despojos del aristócrata abatido.

En Épernay dos representantes de la Asamblea, Jérôme Pétion de Villeneuve y Antoine Barnave, suben a la berlina y sin comedimiento alguno se acomodan entre el rey y la reina para hacer con ellos el resto del viaje.[186]

El acompañamiento de la berlina real aumenta a medida que se aproximan a París. En algunos pueblos salen mujerzuelas a verla pasar, y gritan puta y otras lindezas a la reina.

El 25 de junio entran en París. Una silenciosa muchedumbre los recibe. Los jacobinos han hecho circular la consigna de que nadie se quite el sombrero ni muestre respeto a los reyes, pero tampoco los insulte. El silencio de la multitud debe ser suficiente reproche.

Brigitte sale a la Rue Saint-Honoré para verlos pasar.

—Los vi, la reina fea y seria, con una cofia que casi le tapaba la cara larga, y el rey como alelado sin mirar a parte alguna, yo creo que avergonzado, si es que le queda alguna vergüenza.

La Asamblea Provisional suspende las funciones del rey y le decreta arresto domiciliario hasta que se decida qué hacer con él.

—Se ha presentado en el Club de los Jacobinos el duque de Orleans, siempre en su papel de amigo del pueblo —anuncia Gaston Roux—. No lo dice, pero parece que lleva inscrito en la frente: «Si necesitáis un rey, aquí me tenéis».

El rey es una patata caliente. Si lo juzgan por traición tendrán que ejecutarlo y provocarán una guerra con todas las potencias de Europa. Deciden que la familia real no huyó, sino que ¡fue secuestrada!

—Su Majestad queda absuelto de sus cargos —declara el presidente de la Asamblea.

186. Pétion, que luego sería alcalde de París, es autor de unas memorias donde cuenta su versión de aquel viaje en compañía de los reyes. Como padecía de la vejiga, de vez en cuando detenía la berlina para apearse a orinar, con la consiguiente molestia de los reyes. Intentando socializar con los cautivos, le preguntó al delfín si sabía leer y le hizo descifrar la leyenda de los botones dorados de su casaca: *«Vivre livre ou mourir»*. También quiere hacernos creer que la hermana del rey, la princesa Élisabeth, sentada a su lado, no desdeñaba el contacto de su muslo.

Los decepcionados *sans-culottes* que esperaban una condena ejemplar montan en cólera.

—¿Cómo secuestro? ¿Y qué hay de su carta llena de reproches, que se publicó en los periódicos? Se ha fugado y todos los sabemos. ¡La Asamblea Nacional está vendida al Borbón!

—Todos sabemos la verdad —se excusa el diputado Gaston Roux ante sus íntimos—, pero si lo condenamos estamos ofreciendo a los tiranos coronados de Europa el pretexto que buscan para invadirnos. Austria y Prusia no desean otra cosa. Han acantonado sus mejores tropas en nuestras fronteras.

»Lo más fastidioso es que estábamos a punto de reconocernos como monarquía constitucional —prosigue Gaston Roux—. Ahora tendremos que apaciguar al pueblo para que acepte al rey como tal.

—¿Y crees que eso es posible? —pregunta Antoine.

—Debe serlo por el bien de Francia. En la Asamblea casi todos somos monárquicos. Una república, tal como están las fuerzas, tan divididas y enfrentadas, puede desestabilizarlo todo.

¿Qué está ocurriendo, dilecto lector? Ocurre que los electores burgueses necesitan que el rey firme la Constitución que ellos han redactado adaptada a sus intereses, pero una facción más populista rechaza comulgar con ruedas de molino y exige la cabeza del monarca traidor.

Pensemos, una vez más, en que el tercer estado solo protege a la burguesía. El proletariado no entiende que ha quedado reducido a carne de cañón, de la que se sirve la burguesía gobernante.

Crece la preocupación en las comarcas cercanas a la raya fronteriza. Muchos ciudadanos de Burdeos se retiran a lugares más seguros, temiendo la invasión española.

Antoine Barnave, cuya opinión siguen muchos diputados, manifiesta a menudo que es hora de terminar con la Revolución y caminar hacia el futuro.

Los jacobinos se encuentran divididos. Muchos que antes eran monárquicos se han pasado al bando republicano. Diego trae una hoja volandera que los *cordeliers* están repartiendo en el Palais-Royal.

¡Legisladores!

¡Habéis consagrado la tiranía del malvado Luis XVI y habéis devuelto a Francia a la esclavitud!

¡Luis ha traicionado a la nación y vosotros los mantenéis en el trono!

¡Habéis traicionado a la Revolución!

Casi nadie repara en que otro personaje coordinó su fuga con la de la familia real y tuvo éxito: el hermano del rey, el conde de Provenza.

—¿Qué otra cosa podía hacer? —se justifica—. Si la fuga de mi hermano hubiese tenido éxito, el populacho se habría vengado en mí cargándome de cadenas o algo peor.

El conde de Provenza había organizado su fuga mejor que su augusto hermano, en coche discreto, por caminos seguros y sin dejarse ver en las casas de postas. Al parecer, se bajaba del coche solo para hacer sus necesidades y de paso respiraba algo de aire puro porque, dentro del cabriolé, lo asqueaba la enfadosa contigüidad de su esposa, poco aficionada a la higiene.

¿Cómo reaccionan los hermanos del rey, los condes de Provenza y Artois, ante la noticia de que el monarca ha sido capturado y devuelto a París?

Provenza disimula su gozo al verse libre de la condición de segundón que ha venido soportando a lo largo de su vida. Se proclama regente y actúa casi como si fuera rey en el exilio. El conde de Artois, tercero en la sucesión real (detrás del delfín niño y de Provenza) disimula menos. «Del modo más inconveniente se ha manifestado aquí la alegría por la prisión del rey; el conde de Artois estaba radiante», escribe Fersen desde Bruselas.[187]

187. Los dos, Provenza y Artois, serán reyes en su momento (Luis XVIII, 1815-1824; y Carlos X, 1824-1830), como más adelante se verá.

CAPÍTULO 30

# La matanza del Campo de Marte

He visitado París unas veinte veces y siempre me he librado de subir a la torre Eiffel. Ahora, en mi vejez, he sucumbido a las presiones de mis seres queridos y heme aquí dictando estas palabras al artilugio que las registra desde la terraza más alta de la torre.

El panorama, a más de cien metros de altura sobre los tejados de París, es impresionante, en efecto, aunque no sé si vale el esfuerzo de hacer cola en medio de la fastidiosa barahúnda de turistas con calzonas y sandalias a los que ha abandonado el desodorante.

Moviéndome sobre unas planchas que parecen firmes y navegando entre la muchedumbre de excitados selfistas alcanzo a contemplar el Arco del Triunfo, Les Invalides, Notre-Dame, el Louvre, el Sena, que espejea al tibio sol del otoño..., todo.

Un turista hispano en viaje de novios, profundas ojeras cárdenas del traqueteo nocturno, se asoma a mirar el suelo y comenta a su radiante esposa:

—Mira, niña, qué buen cepazo tiene esto.

—¡Ay, que poco romántico eres, Yonatan! —se queja Jennifer.

A mis pies contemplo unos cuidados jardines que ocupan el histórico espacio del Campo de Marte. En el París medieval, era un viñedo donde también se criaban cebollas, ajos y puerros, nabos y zanahorias.

Patatas, no. Aunque llegaron a Francia en el siglo XVI, no se consideraron aptas para el consumo humano hasta finales del siglo XVIII, cuando su gran propagandista, monsieur Parmentier, ofreció un almuerzo a los reyes en el que presentó varias recetas de patatas que había aprendido durante su cautividad en Alemania. Eso fue en 1785, pero el consumo de la patata solo se popularizó a raíz de las guerras napoleónicas.

—¿Quiere usted decir que si el consumo de patatas hubiera estado más extendido no se habría producido la Revolución francesa?

—Es una conclusión algo arriesgada, pero es evidente que el hambre tuvo un importante papel en los motines de las mujeres que, a su vez, fueron el detonante que inició la Revolución. De hecho, la defensa de la patata costó la vida al filántropo Simon-Nicolas-Henri Linguet, el celebrado autor de *Memorias sobre la Bastilla,* al que ejecutaron por monarquista y «por difamar el pan».[188]

Estábamos contemplando el Campo de Marte desde la altura. En 1765, los Borbones confiscaron aquellos campos de labor y los convirtieron en campo de maniobras para el ejército (la École Militaire está enfrente), lo que justifica su consagración a Marte, el dios de la guerra.

Regresemos a 1791. Cuando se divulga la noticia de que la comisión investigadora nombrada por la Asamblea ha decidido vulnerar groseramente la verdad y declarar que, en efecto, lo de Luis XVI fue un rapto y no una fuga, los *cordeliers* (recordemos que son extremistas extraparlamentarios) convocan una magna manifestación de protesta en el Campo de Marte.

—No es solo una manifestación —me corrige uno—. Es que queremos proclamar la República y expulsar al Borbón.

—Lo anoto, ciudadana.

Los *cordeliers* cuentan en principio con el apoyo de los jacobinos, aunque estos se desmarcan antes de que la sangre llegue al río por consejo de Robespierre.

—Todos, no —me corrigen de nuevo—. Muchos de noso-

188. Quétel, 2021, pp. 422-423.

tros nos largamos del club. Que se queden los *feuillants,* los monárquicos constitucionales.

El 17 de julio de 1791 se congregan en el Campo de Marte unas cincuenta mil personas. Mayormente, *sans-culottes,* sin que falte mucha gente de medio pelo, burgueses y pequeños artesanos con negocio propio.

—¿Igualmente indignados con la traición del monarca?

—No solo por eso, a lo que se me alcanza. También hay muchos descontentos con la propia Revolución, porque parece que se ha quedado a medias y no ha mejorado sus vidas.

Es que la burguesía pudiente (la que presta su ideología liberal a casi todos los parlamentarios) ha utilizado al pueblo para eliminar al estamento privilegiado, pero luego no ha mejorado la vida del pueblo, la *canaille,* de la que también vive.

—Nos han utilizado de carne de cañón y solo se han mejorado ellos —se queja un *sans-culotte*.

En el centro del Campo de Marte han levantado el Altar de la Patria, un mogote de yeso y cartón que sostiene una columna sobre la que una estatua de Hércules muestra una figura de la Libertad en la palma de la mano.

En esta tribuna se realizan diversos actos patrióticos con esa propensión al teatro y a la dramatización que tienen los hijos de las Luces.

De pronto, estalla un tumulto. Han sorprendido a dos individuos sospechosos. En realidad, los desventurados solo buscaban mirar bajo las faldas de las señoras encaramadas en la tribuna, dos *voyeurs* (¿habrá algo más francés?).

—¡Espías, espías! —grita una tarasca.

Después de la huida del Borbón, la gente se ha vuelto más suspicaz si cabe y cree ver espías monárquicos *(monarchiens)* por todas partes.

El honrado pueblo no se mete en mayores averiguaciones. Se ha acostumbrado a que los grandes actos de la Revolución comporten su tributo de sangre (recordemos las cabezas paseadas en el extremo de una pica) y apiolan a los dos desgraciados con cuchillos y bayonetas sin dejarles espacio para la explicación de su conducta. Luego cuelgan los cadáveres.

La noticia llega a los dos magistrados que tienen a su cargo el orden de la ciudad, el alcalde Bailly y Lafayette, comandante de la Guardia Nacional.

—La Revolución se nos va de las manos —se lamenta Bailly, arrepentido, una vez más, de haberse metido en política en lugar de proseguir sus estudios sobre el cometa Halley y los anillos de Júpiter.

De común acuerdo, envían varios destacamentos de guardias con sus banderas rojas reglamentarias para que dispersen a la multitud.[189]

—Estoy viendo que la Guardia Nacional no está al servicio del pueblo —comenta uno de los caudillos populares—. Es represora como lo era la Guardia Real en tiempos de la monarquía absoluta.

—¿Y qué esperabas, si casi todos los guardias proceden de aquella? Solo han cambiado los uniformes.

Danton y Desmoulins arengan a la multitud.

—Hay que regresar al Campo de Marte y votar si monarquía o república, que es para lo que nos congregamos.

Nueva concentración y nueva intervención de la Guardia Nacional. La muchedumbre, debidamente aleccionada, hace caso omiso a las banderas rojas y recibe a los guardias a pedradas.

—Los de la primera fila: una descarga de aviso —ordena el oficial al mando.

Apuntan al cielo y disparan.

El probo pueblo se muestra incluso más enfurecido. Insulta al rey, recuerda a la madre que lo parió y arroja serias dudas sobre la decencia de las madres y esposas de los guardias. A la reina la motejan con epítetos que no son para reproducirlos aquí, que luego lo leen los niños.

En vista de que nadie obedece y de que arrecia la pedrea, el

189. La Asamblea había promulgado una ley (21 de octubre de 1789) en virtud de la cual las manifestaciones debían disolverse cuando la Guardia Nacional mostrara una bandera roja. Después de los tiros al aire, la bandera roja avisaba de que la siguiente descarga haría sangre.

oficial al mando ordena varias descargas que producen decenas de muertos y cientos de heridos.

¡La milicia revolucionaria ataca al pueblo!

La Asamblea Constituyente culpa de los desórdenes a los radicales políticos y a la prensa.

Así termina la concordia entre los probos ciudadanos de París y su Guardia Nacional. El alcalde Bailly y el general Lafayette dejan de ser héroes admirados para convertirse, de la noche a la mañana, en represores de la ciudadanía. El vacío de poder que dejan lo ocupan los triunviros Antoine Barnave, Adrien Duport y el conde Alexandre Lameth.

¿Dónde están Danton, Marat y Desmoulins, que azuzaron a la ciudadanía para que regresara al Campo de Marte?

*Missing.* Marat y Desmoulins, ocultos; Danton, en Londres con los *émigrés.*

Carlos José Gutiérrez de los Ríos, conde de Fernán Núñez, embajador de España en París, escribe una desgarrada misiva al ministro Floridablanca:

—En el nombre de Dios, solicito de vuestra excelencia que no me deje encerrado con estos locos, y que me dé el pasaporte y con mil diablos me iré encantado a Córdoba, a cuidar de mis naranjos; que entre mi mujer[190] y mis hijos por un lado y por otro estos locos de atar, mi vida es insoportable.[191]

190. La mujer se llamaba María de la Esclavitud. No prueba nada, pero es un indicio.

191. Fajardo, 2003, pp. 137-138.

CAPÍTULO 31

# Reyes sobre el tablero

La humillación de la familia real obligada a regresar a París entre abucheos de la *canaille* se comenta en todas las cancillerías y cortes de Europa.

Leopoldo II de Austria, hermano de María Antonieta, señala:

—La detención de un rey nos deshonra a todos los soberanos reinantes y amenaza la seguridad de los Gobiernos.[192]

En el fondo, todas las testas coronadas se hacen la misma reflexión sanchopancista: cuando las barbas del vecino veas rapar pon las tuyas a remojar.[193]

Los periódicos no hablan de otra cosa mientras van ofreciendo al ávido público detalles truculentos del caso.

A finales de agosto, Gaston Roux invita a su primo a almorzar en la Grande Taverne de Londres, de la Rue de Richelieu.

192. Tipo listo y muy avanzado de ideas, sin embargo, demoró cuanto pudo el momento de acudir en auxilio de su cuñado francés a pesar de las reiteradas peticiones que recibía de su hermana María Antonieta. Como estadista, no podía dejar de beneficiarse de la decadencia de Francia. Por otra parte, no podía implicarse en una guerra porque el desgaste del Sacro Imperio podía dejarlo a merced de la ambiciosa (y expansiva) Catalina de Rusia.

193. El 27 de agosto de 1791, Leopoldo II de Austria y Federico Guillermo II de Prusia se reunieron en Pillnitz, un *resort* vacacional cercano a Dresde, orilla rumorosa del Elba, para firmar una declaración, primer paso para unir a los monarcas europeos en la empresa de reponer a Luis en el trono.

—Hoy hay motivos de celebración: hemos aprobado la Constitución. Por fin.

—¿Y eso qué significa? —pregunta Antoine.

—Que se disuelve la Asamblea Constituyente y pasamos a la Asamblea legislativa.

—Los mismos perros con distintos collares —dice Antoine.

—No creas. Se renovarán casi todos los diputados.

—¿Tú también?

—Me temo que no. Alguien tiene que quedarse para vigilar que no se desvíen las leyes del sentido común. Habrá votación cada dos años y tendrán derecho a voto los hombres que hayan cumplido veinticinco años y tributen. Robespierre, siempre en las nubes de su idealismo, ha protestado que deberían votar también los que no tributan, pero es lo que hay.

—¿Y el rey?

—El rey se conformará con jurar la monarquía constitucional. Demasiado bien librado sale después de la fuga de marras.[194] Francia será una monarquía liberal parlamentaria.

—No está mal. Por lo que veo, hoy se inaugura un mundo nuevo —dice Antoine.

Gaston se sirve vino y esboza media sonrisa.

—Quisiera compartir tu optimismo, primo, pero no puedo. Me malicio que aquí tienen que pasar cosas. Y muy graves.

El primero de octubre se reúnen los 745 diputados de la flamante Asamblea legislativa. Pueden distinguirse en ellos tres bloques:

- 46 por ciento, independientes (el centro, sin un programa político definido);
- 35 por ciento, girondinos (la derecha moderada, burguesía pudiente);
- 18 por ciento, jacobinos y *cordeliers* (la izquierda, la pequeña burguesía y las clases humildes).

194. El 3 de septiembre de 1791 se aprobó la Constitución y el 14 del mismo mes la juró Luis XVI.

En lo sucesivo, la lucha política consistirá en la presión de la minoría izquierdista para ganarse los votos del centro y eliminar, incluso físicamente, a la derecha girondina.

Por las cancillerías y cortes europeas circulan caricaturas francesas en las que el rey Luis aparece más gordo de lo que es, más narigón, con más papada, con el gorro frigio en la cabeza y una botella en la mano con la que brinda por la Revolución.

La humillación del rey de Francia escandaliza y preocupa a los monarcas europeos.

—Si no la cortamos en seco, la deriva revolucionaria podría contaminar a nuestros propios súbditos —piensan los soberanos europeos.

¿También nuestro Carlos IV, el monarca español primo de Luis XVI? También él, aunque, sorprendentemente, el 28 de febrero de 1792 destituye al ministro Floridablanca y lo sustituye por el reformista Aranda.

¿Qué grave circunstancia ha llevado a nuestro rey a adoptar una decisión tan opuesta a la inclinación política del momento?

Pudiera ser que el enviado de Francia, Jean-François de Bourgoing, haya convencido al monarca de que debe congeniar con los revolucionarios por el bien de su primo. Mejor pensar eso que reducirlo todo a un empeño personal de la reina María Luisa, una harpía que lo tiene perfectamente dominado y odia a Floridablanca desde que pretendió alejar de la corte a Manuel Godoy, el bizarro oficial de la guardia que tantas satisfacciones le brinda a la reina.

—¿Quién es este Aranda? —pregunta Gaston Roux a su primo—. ¿No fue embajador de España en París hace unos años?

—El mismo —reconoce Antoine—. Es un eficaz funcionario de la Corona que desde que estuvo al servicio de Carlos III ha procurado introducir medidas beneficiosas para el pueblo sin perjudicar a la monarquía. Es un hombre culto e ilustrado que mantenía correspondencia con Voltaire.[195]

195. Voltaire declaró: «Con media docena de hombres como Aranda, España quedaría regenerada».

CAPÍTULO 32

# Vientos de guerra

—Somos adalides de la libertad en un mundo tiranizado por las monarquías absolutistas —proclama Desmoulins.

También se percibe de este modo en las monarquías que rodean a Francia. Los reyes europeos son de una misma opinión al respecto:

—Si consentimos que la rebelión del populacho triunfe en Francia, esa manzana podrida no tardará en contagiar a nuestros pueblos.

En Tréveris se concentra una gran cantidad de *émigrés* que pasan el día conspirando contra la Revolución y arbitrando medidas que les permitan recuperar el estatus y los bienes perdidos.

Mucho ruido y pocas nueces.

Consciente de la amenaza exterior, que magnifica por ignorancia, la Asamblea legisla al respecto.

—El *émigré* que no abandone los campamentos militares y regrese a Francia antes del primer día de enero de 1792 será declarado traidor a la patria, se le condenará a muerte y se le confiscarán los bienes. Lo mismo aplicaremos a los curas refractarios que dentro de Francia se nieguen a jurar la Constitución.

Luis XVI emplea las prerrogativas que le concede la ley y veta las dos decisiones. Es natural, dado que afectan a sus leales, los que defienden el regreso al *Ancien Régime*.

El veto real se recibe en el Parlamento con abucheos.

—¡El rey es un obstáculo para el desarrollo de la libertad de los franceses! —claman los más radicales—. Hay que derrocarlo y proclamar la república.

Atento ahora, querido lector, porque vas a comprobar cómo la política hace a veces extraños compañeros de cama (*«politics makes strange bedfellows»*, como dijo en cierta ocasión Churchill, en frase feliz que después han repetido Kissinger y Fraga).

La sentencia es aplicable a la extraña coincidencia de intereses entre girondinos y monárquicos: las dos facciones desean que Francia se embarque en una guerra contra Austria. Por causas distintas, evidentemente. Los girondinos, porque están seguros de ganarla, lo que contribuirá al afianzamiento de la Revolución. Los monárquicos, porque están seguros de perderla, lo que forzosamente acarreará el regreso de la monarquía absoluta y la restauración del Antiguo Régimen.[196]

El jacobino Robespierre, con mente clara, se muestra contrario a la guerra.

—No estamos preparados. Con solo entusiasmo patriótico no se ganan batallas contra soldados profesionales.

La llegada del nuevo año 1792 se celebra en Roux et Frères con un banquete en la sala de empaquetado convenientemente caldeada con braseros para los que el previsor Diego ha adquirido un carro de leña en el mercado de Les Halles. Asisten cuarenta personas entre oficiales, maestros de taller y proveedores de la casa.

Gaston —que luce para la ocasión un patriótico fajín tricolor— levanta su copa para brindar por la nación y por la salud de todos los presentes y sus familias.

—*Vive la France!* —corean.

Inevitablemente, las conversaciones de sobremesa giran en torno a la política. Los nobles huidos han convertido Tréveris en el santuario desde el que se conspira contra la Revolución. Consciente de ello, la Asamblea ha amenazado al príncipe obispo de la ciudad con invadir su principado si sigue acogiendo a los refugiados franceses.

196. En este sentido se manifestaba María Antonieta en una carta a su amigo especial, el conde Fersen: «¡Serán imbéciles! No advierten que esto nos beneficia».

—Es un *casus belli* seguro —augura pesimista Robespierre—. Austria saldrá en defensa del obispo y nos declarará la guerra.

Se equivoca. Para sorpresa de todos, el príncipe obispo de Tréveris se pliega a las exigencias de Francia.

Decepción en la Asamblea francesa, en la que los partidarios de la guerra son mayoría.

—Una guerra revolucionaria es necesaria —claman los girondinos—. Si Austria no nos la declara, declarémosla nosotros. Detrás de la frontera, los *émigrés* criminales perjuros e ingratos salidos del infierno preparan nuestra ruina. Reaccionemos antes de que sean más fuertes. Por otra parte, es el momento oportuno, porque su emperador acaba de fallecer y lo que menos les interesa ahora es una guerra.

Piensan los diputados que la guerra será breve. Están convencidos de que los súbditos esclavizados de esas monarquías solo esperan la ayuda de Francia para rebelarse contra sus reyes y derrocarlos. Los recibirán con música, flores y panecillos calientes.

—Sometámoslo a votación —propone un girondino.

Mayoría absoluta. Patrocinada por girondinos y *feuillants,* la Asamblea declara la guerra al nuevo emperador de Austria, Francisco II.

Con lágrimas en los ojos, Luis XVI firma la declaración de guerra contra el sobrino de su esposa.

De toda Francia acuden entusiastas *sans-culottes* para participar en la lucha que liberará de la esclavitud a los pueblos hermanos.

—Hemos declarado una guerra sin estar preparados —comenta Gaston Roux a su primo—. No me cabe en la cabeza que podamos ser tan torpes.

—Entonces, ¿por qué la habéis declarado?

—La mayoría por la errónea convicción de que la ganaremos. Otros, como yo, por miedo a significarnos ante la mayoría. Con esta gente no cabe razonar. Si no te dejas arrastrar a la locura te llamarán traidor.

Dirigidas por el militar y girondino Charles-François Dumouriez, las tropas francesas invaden los Países Bajos austriacos.

Gran decepción. La población no las recibe con flores y panecillos calientes. Peor aún: el ejército austriaco, integrado por profesionales, bate fácilmente a las indisciplinadas tropas francesas.

No basta con el fervor patriótico de nuestros muchachos —entienden los entusiastas de la guerra—. Además, es conveniente darles algún entrenamiento.

Tras un combate adverso, el mariscal de campo Théobald Dillon ordena retirada para salvar a sus hombres del desastre. Ya en retaguardia, esas propias tropas lo acusan de traidor y lo ejecutan.

El caso de Dillon anima a muchos oficiales procedentes de la nobleza a pasarse al bando de los *émigrés* para escapar a la amenaza de ser linchados por sus hombres.[197]

Gaston Roux regresa de las multitudinarias sesiones de la Asamblea legislativa visiblemente preocupado.

—Las pérdidas de la guerra acentúan las obsesiones. Ahora hemos decretado la expulsión de Francia de todo cura refractario al que denuncien veinte ciudadanos activos.

—¿Activos?

—Ya sabes, los que tributan y por tanto tienen derecho a voto. Mientras nosotros perdemos el tiempo con esta clase de decretos, los austriacos se han reunido con los prusianos en Potsdam y han acordado invadir Francia y reponer al rey en el trono. Editan papeles en los que exponen sus objetivos: acabar con la anarquía y con los ataques al trono y al altar, restablecer el poder legal y devolver al rey la libertad y la autoridad.

Mal parecen los asuntos del procomún en Francia, pero a pesar de ello nuestro intrépido ilustrado español José Marchena

197. Esta fuga de oficiales de la nobleza afecta especialmente a la Marina, en la que siempre estaba latente el peligro de amotinamiento. La Marina revolucionaria quedó así privada de un cuerpo de técnicos muy necesario para el buen funcionamiento de la flota en vísperas de su enfrentamiento con la Royal Navy, que, por el contrario, estaba sobrada de oficiales cualificados. Esto explica las reiteradas derrotas francesas en las batallas del Nilo (1798) y Trafalgar (1805).

pasa la frontera e ingresa en el que será su país de adopción por el resto de su vida.

—Vengo de la tierra de la esclavitud —declara—, de la tierra del despotismo religioso y civil, donde todos los poderes, aplastando al mismo tiempo al hombre de bien, hacen gemir a cada instante al español por la desgracia de haber nacido hombre. ¡Llego al país de la libertad! Oh, *messieurs,* oh, mis hermanos, vengo a dedicarme enteramente a ustedes.[198]

No es solo amor a Francia y a la Revolución lo que le mueve a abandonar España. Es que además anda perseguido por la Inquisición a causa de sus opiniones:

—¿Qué bien han hecho los frailes del mundo? —dice—. ¡Cuántas razones para extirpar la frailería y arrasar sus conventos!

Marchena se instala en Bayona, donde encuentra favorable acogida en la Sociedad de Amigos de la Constitución, formada por otros españoles exiliados debido a sus ideas liberales.

198. Fajardo, 2003, p. 47.

CAPÍTULO 33

# El doctor Guillotin propone

En la Francia del *Ancien Régime* la horca se reservaba a los plebeyos y la decapitación a espada a los nobles. Las dos formas de ejecutar se practicaban en presencia de multitudes que acudían para deleitarse con el morboso espectáculo. En la horca, el reo tardaba a veces media hora en morir dando patadas al aire, al tiempo que exoneraba el vientre patas abajo debido a cierto reflejo fisiológico incontrolado.

—Como que algunas veces resultan rociados los espectadores. Dicen que da suerte.

En la decapitación, la faena dependía del acierto del verdugo. A veces, la cabeza no se desprendía al primer tajo y este tenía que repetir el golpe varias veces con el reo en el suelo, entre los abucheos del respetable.

Para casos especiales, parricidas, traidores y asesinos reincidentes, se usaba la rueda: sobre la rueda de un carro puesta en horizontal se tendía al reo con los brazos y las piernas abiertas y el verdugo le rompía los huesos con una barra de hierro, comenzando por las extremidades y terminando por el pecho. El reo profería unos alaridos espantosos hasta que el golpe que le hundía la caja torácica lo dejaba mudo y solo emitía un gruñido lastimero.

Los hombres de las Luces se esfuerzan en suprimir este horrendo capítulo de la justicia.

Anteriormente, el diputado Lepeletier de Saint-Fargeau

propuso a la Asamblea la abolición de la pena de muerte, de la condena a galeras y de las marcas a fuego para ciertos delitos.[199] La conveniencia de suprimir la pena de muerte se discute acaloradamente en el Parlamento. Mientras se alcanza tan humanitaria meta, la Asamblea propone que la degradante horca de los plebeyos se sustituya por la más humanitaria decapitación a espada, hasta ahora reservada a los nobles, de acuerdo con los nuevos principios igualitarios. Profundizando en el tema, se estudia el proyecto de máquina decapitadora presentado por el doctor Guillotin y refrendado por un informe médico sobre la degollación del doctor Antoine Louis, de la Academia de Cirugía, al que también se le encomienda buscar un artesano que construya la máquina propuesta por su ilustre colega. El carpintero habitual de la Asamblea, *sieur* Guidon, presenta un presupuesto de 5.660 libras, cantidad que el Gobierno considera excesiva. Finalmente, la contrata se adjudica al alemán Tobias Schmidt, mecánico de clavicordios en Estrasburgo, que se compromete a fabricarla por solo novecientas sesenta libras.

La primera guillotina se estrena *in anima vili* con algunas ovejas en la Cour du Commerce.

—El aparato decapitador ha funcionado satisfactoriamente —informa el doctor Louis a la Asamblea.

—¿Funciona igual con personas? —pregunta un diputado—. No es lo mismo el pescuezo de una oveja que el de una persona.

—Salgamos de dudas. Probemos primero con cadáveres, de los que existe un buen surtido en la morgue del hospital de Bicêtre.

El 17 de abril el *maître des hautes et basses oeuvres* Charles-Henri Sanson, auxiliado por sus ayudantes, ensaya el aparato con cadáveres en el patio del hospital, en presencia de un miembro del Conseil des Hospices y de miembros de las academias de

199. Los primeros en aplaudir la medida fueron los propios verdugos, que al ser el cargo hereditario deseaban liberar a sus descendientes de tan penoso oficio. Muchos de ellos escribieron a las autoridades alegando inexperiencia.

Ciencias y de Cirugía, los doctores Guillotin, Louis, Pinel, Cabanis y Cullerier. Al primer cadáver lo colocan vuelto hacia el suelo. La cuchilla le secciona la cabeza limpiamente.

—Impecable, impecable —alaba uno de los hombres de ciencia—. Probemos ahora con otro en decúbito supino.

—A mí me hablan en cristiano —advierte Sanson.

—Bocarriba —le aclara el doctor Guillotin.

La cuchilla descabeza limpiamente al fiambre.

Con el tercer cadáver, la cuchilla se atasca en el marco de la corredera y la cabeza queda a medio cortar, colgando de un gironcillo de carne. Un feo espectáculo. Sanson acaba el trabajo con un cuchillo.

—Ha sido la hoja —disculpa la picia el *maître des hautes et basses oeuvres*—. Creo yo que si la hacemos triangular facilitará el corte.

El prototipo de guillotina que sale a concurso en 1792 es básicamente el actual.[200] La guillotina es un marco de tres metros de altura por sesenta centímetros de ancho que sostiene en lo alto una cuchilla de hoja inclinada, lastrada con un madero. La cuchilla de la guillotina clásica pesa unos treinta kilos y cae a plomo desde tres metros de altura, lo que incrementa su eficacia. La *lunette* o pieza inmovilizadora está calculada para que quepa holgadamente un cuello robusto sin que la cabeza pueda escapar.

La Asamblea aprueba el proyecto. El 27 de abril se ejecuta al primer condenado, honor que corresponde a un tal Nicolas-Jacques Pelletier, que lleva tres meses en prisión aguardando a que se termine la máquina ejecutora.

Todo París se desplaza a la plaza de la Grève, frente al ayun-

200. Todas las innovaciones y variaciones propuestas desde entonces (como aquella guillotina cuádruple que existió en Burdeos) tuvieron corta vida. El alemán se hizo rico cuando consiguió un contrato estatal por las ochenta y tres guillotinas que habrían de impartir democrática muerte en las distintas audiencias provinciales. No contento con fabricar en serie el artilugio, solicitó que se le concediera el monopolio y la patente de la guillotina, pero un juicioso ministro del Interior rechazó tal pretensión: «Aún no hemos llegado a tal extremo de barbarie».

tamiento, donde suelen celebrarse las ejecuciones públicas, para asistir al acontecimiento.[201]

—¿Quién es ese Pelletier?

—Un salteador de caminos que le asestó más de veinte puñaladas a un ciudadano para robarle ochocientas libras en *assignats*.

—Pero si los *assignats* no valen nada...

—Lo que cuenta es la intención.

Entre la muchedumbre, en las primeras filas, se distinguen Adèle la Tremenda y otras damas del club de Les Halles. Alborota tanto exigiendo que comience la función que el sargento de la guardia ha tenido que llamarle la atención.

—Madame, si sigues molestando te encierro tres días con las ratas.

—Yo a las ratas me las como crudas —replica Adèle, pero luego deja de perturbar el orden, prudente, y se concentra en el examen del aparato.

Pelletier viste camisa roja y pantalones negros. Asciende muy erguido las escaleras del patíbulo, las manos atadas a la espalda, y se deja guiar por los ayudantes del verdugo. Lo arriman a una tabla que al empujarlo bascula sobre un eje y deja al condenado en posición horizontal, con el cuello en el marco de la cuchilla, que en su parte inferior es redondeado para adaptarse a la forma del cuello. Sansón hace descender la otra mitad de la *lunette* que había levantado, de manera que el cuello de Pelletier queda aprisionado en el cepo que forman las dos mitades. Después, tira de la cuerda, la cuchilla se abate y ¡zas! La cabeza cae en un cesto.

Ha sido visto y no visto. La ejecución resulta un éxito, aunque los espectadores manifiestan opiniones encontradas.

—¿Ya está? —pregunta decepcionada Adèle la Tremenda.

201. Durante la Revolución, la guillotina de París conocería varios emplazamientos: plaza de Grève, plaza del Carrusel, Campo de Marte, plaza de la Revolución (actual plaza de la Concordia); plaza de Saint-Antoine (actual plaza de la Bastilla) y el banco fluvial «del trono abatido» *(barrière du Trône-Renversé,* actual plaza de la Nación).

—Ya está —responde desde su altura Sanson.

Al respetable público le ha sabido a poco. Murmuran entre ellos. Se elevan voces de protesta:

—La horca era mejor.

—O la rueda —dice otro.

Esa tarde, en los clubes se comenta:

—El pueblo protesta porque la guillotina le parece insulsa.

—Pero es la ejecución más piadosa: rápida y sin fallos.

Algunos preferirían la espada tradicional, que resulta más artesanal, pero otros creen que la guillotina es más eficaz, aunque habría que añadirle algo de liturgia para que no resulte tan expedita.

—Por ejemplo, que el verdugo dé la vuelta al tablado mostrando la cabeza del reo a la concurrencia.

—Buena idea. Aprobado.[202]

—¿Cómo llamaremos a la máquina decapitadora?

Los adversarios de Mirabeau proponen Mirabette; otros, Louison o Louisette, en memoria del cirujano Louis, que ha impulsado el proyecto.

Días después Sanson realiza la primera ejecución múltiple en la plaza del Carrusel: tres soldados, Devire, Cachard y Desbrosses, que han asesinado a sablazos a una tabernera del Palais-Royal. Les siguen tres falsificadores de moneda, el abate Geoffroy, Dumas y Lamiette.

—¿Un abad? Vaya con el clero.

Durante el necesario rodaje del aparato se producen algunos fallos, sea por inexperiencia de los ejecutores, sea porque la máquina no está completamente perfeccionada.[203] Algún ejecutor toma la precaución, que sus sucesores harán consuetudinaria,

202. En el siglo xx dejó de practicarse el antiguo rito de mostrar la cabeza al pueblo, asiéndola el verdugo por los cabellos.

203. El más sonado en 1794, cuando Jean-Denis Peyrussan, verdugo de Burdeos, tuvo que repetir la caída de la cuchilla sobre cada uno de los cuatro reos que intentaba decapitar. Accidentes semejantes se han dado en época reciente con máquinas más perfeccionadas, siempre por defecto de calibración del marco deslizante. En la ejecución de Pável Gorgulov, el asesino del presidente Paul Doumer (14 de septiembre de 1932), después de varios in-

de portar un cuchillo de cocina afilado por si hay que rematar la faena por medios artesanales.

La rutina es casi siempre la misma. No se comunica la ejecución al interesado hasta la madrugada, antes de amanecer, cuando el equipo ejecutor —integrado por el verdugo y cuatro ayudantes— se persona en su celda para prepararlo. Le recortan la melena y el cuello de la camisa, e incluso le afeitan el cogote si se considera necesario. Mientras realizan estas operaciones, es costumbre ofrecerle un vaso de ron y tabaco. Fuera del calabozo aguardan los representantes de la justicia, que escoltan al reo hasta la guillotina. Llegados al pie de *madame,* los ayudantes del verdugo lo atan de pies y manos, y el cura le da a besar un crucifijo. Si el reo se resiste, lo asen por el brazo con una mano y con la otra por el fondillo del pantalón, y lo empujan sobre el tablero basculante.[204] «El único problema es que se rasgue el pantalón», comenta un verdugo. Cuando bascula el tablero, la cabeza queda a la altura del cepo, en la vertical de la cuchilla. Se baja entonces la pieza superior y ya queda inmovilizado el reo. El paso siguiente es rapidísimo: el verdugo acciona el resorte que libera la cuchilla; la cabeza, limpiamente seccionada sobre la cuarta vértebra cervical, cae sobre una palangana mediada de absorbente salvado que se tapa con una cortina de cuero, y el cuerpo va a parar a un sarcófago de cinc con solo bascular el tablero.

Cuando las ejecuciones son múltiples, se acostumbraba a colocar la primera cabeza decapitada entre las piernas del cadáver al que pertenece; la segunda, en la parte superior del cesto, y la tercera, sobre los cuerpos apilados.

El aparato decapitador crece en importancia en los años turbios de la Revolución francesa hasta el punto de convertirse

---

tentos fallidos, el infortunado reo emitía tales alaridos que el verdugo Anatole Deibler lo tuvo que reducir con una llave inglesa antes de rematar la faena.

204. La costumbre era colocar al reo en decúbito prono, pero los anales de la guillotina registran el caso de Claude Buffet, ejecutado el 28 de noviembre de 1972, que solicitó ser ejecutado en decúbito supino, porque quería observar el descenso de la cuchilla.

en uno de sus más consistentes símbolos.[205] Es tan popular que se reproduce en vajillas y vasos, en pendientes para las orejas de las *citadines* y en juguetes para los pequeños patriotas que de este modo, desde la tierna infancia, aprenden a decapitar a la odiada nobleza. Incluso nuestro admirado Goethe incurre en el pecado de pedir a su madre, que residía en Fráncfort, que le comprara una guillotina de juguete para su hijo Augusto.[206]

Con la confianza que da su uso cotidiano, la guillotina se feminiza. Cuando sale del taller, se dice que es *vierge* ('virgen') y el estreno se denomina *monter sur mademoiselle.* Tras la primera ejecución, la guillotina ha perdido su virginidad y las sucesivas ejecuciones son *monter sur madame.*

En las tabernas y en los puestos de Les Halles surgen denominaciones macabras que se incorporaron al argot popular: *moulin à silence* ('molino del silencio'), *cravate à Capet* ('corbata del Capeto'), *raccourcissement patriotique* ('acortamiento patriótico'), *l'abbaye de Monte-à-regret* ('la abadía de Mejor-no-subo'), *rasoir national* ('navaja de afeitar nacional'), *veuve* ('viuda', muy sensatamente, puesto que los hombres que la montaban fallecían). Finalmente, y para consternación del doctor Guillotin, se denomina guillotina.

Los verdugos preferían llamarla *bécane* ('cacharro'); a la cuchilla la llamaban *mouton* ('oveja') y al condenado, *client* ('cliente').

El acto de poner la cabeza en la *lunette* era *estornudar en el saco* o *saltar como la carpa.*

El acto de guillotinar, la *misa roja* o *moler bermellón.*

205. Desde que la pena de muerte se abolió en Francia, el 19 de septiembre de 1981, sus últimas guillotinas han pasado al Museo Carnavalet; pero existen otras que todavía funcionan en las antiguas colonias francesas, hoy países libres y tercermundistas.

206. Carta fechada en diciembre de 1793. La madre, más sensata que su famoso hijo, le respondió que nones: «Querido hijo: Me complace siempre cumplir tus deseos, pero comprar una máquina de matar tan infame es algo que no pienso hacer bajo ningún concepto. Si tuviera autoridad pondría en la picota al inventor de ese aparato y al aparato mismo lo haría quemar públicamente por mano del verdugo. ¿Poner a los jóvenes a jugar con algo tan terrible? ¡No, eso nunca lo haré!» (Gröber, 1932).

CAPÍTULO 34

# Tambores de guerra

El 9 de junio, la Asamblea convoca a la Guardia Nacional de los departamentos provinciales. Los apremia para que acudan a la defensa de París.

Luis XVI, dolido por la reciente disolución de su guardia personal, se niega a firmar estos decretos.[207]

¿Esas tenemos? Tres ministros del Gobierno le dirigen una carta amenazadora: «Sire, si demora la firma, el pueblo, desolado, podría considerar a su rey cómplice de los conspiradores».

Por toda respuesta, el rey destituye a los tres ministros firmantes y los sustituye por otros *feuillants* de su cuerda.

Sorprende la firme reacción del pánfilo monarca. Ya se sabe que hasta el toro más manso tiene a veces arranques valerosos. Demasiado tarde, quizá, para Luis, porque su situación se ha deteriorado definitivamente tras su fuga y los zascandileos previos.

Los jacobinos reaccionan exigiendo la abolición del veto real. Pasquines antimonárquicos empapelan todas las esquinas de París.

El 20 de junio de 1792 se celebra el cuarto aniversario del juramento en el Jeu de Paume. Al amanecer, una multitud de *sans-culottes* convocados por los jacobinos asalta la sede del poder legislativo y desde allí marcha hacia el palacio de las Tullerías con intención de obligar a Luis a firmar los decretos.

207. Ejerció el derecho a veto que le otorgaba la Constitución de 1791.

—El pueblo nuevamente contra el rey —murmura Gaston Roux—. Y Luis, mal aconsejado, no percibe que ya solo le queda ceder si no quiere exponerse a males mayores.

En los muros de París aparecen pasquines que recuerdan que también se cumple un año desde que el rey traidor intentó huir al extranjero para ponerse al frente de los enemigos de la Revolución.

A las cuatro de la tarde, una muchedumbre de *sans-culottes* encolerizados rompe la barrera de guardias que defiende la entrada de las Tullerías e invade el palacio. Se repite lo vivido en Versalles unos meses antes.

Luis sale al encuentro de los alborotadores antes de que lleguen a las habitaciones de su familia.

—Señor, debería escucharnos —le espeta el carnicero Louis Legendre—. Usted es un villano. Siempre nos ha decepcionado y sigue decepcionándonos. El pueblo está cansado de tanto teatro.

Uno de los cabecillas le entrega un gorro frigio, el símbolo de la Revolución, y lo invita a ponérselo. Luis lo toma con ambas manos, lo contempla un momento como si considerara los efectos de lo que se le pide. ¿No es un gesto de aprobación de cuanto aquel gorro representa? ¿Qué funestas consecuencias acarrearía si se negara? Tras breve vacilación, se lo encasqueta desmañadamente. Los *sans-culottes* lo aclaman como una victoria. El que le había entregado el gorro sonríe triunfal y le tiende una botella.

—Ahora bebe a la salud de la Revolución.

También a esto se somete Luis, apurando la copa de la humillación. Sin embargo, con un último gesto de dignidad, mantiene su veto a los dos decretos de la Asamblea. A pesar de la presión y las amenazas de los revolucionarios que lo arrinconan en una ventana.

En los días que siguen al forzado brindis real, los voluntarios de las provincias afluyen sobre París dispuestos a defenderla de la inminente invasión extranjera. Arrecian las voces jacobinas que exigen la destitución del «pérfido monarca» y la elección de nueva Asamblea Constituyente por sufragio universal.

A medida que crece la preocupación por la situación en las

fronteras se extiende el rumor de un golpe de Estado que preparan los monárquicos.

—Hay que deponer al rey felón —claman los *cordeliers*—. Tenemos al enemigo en casa y lo mantenemos con los recursos del Estado.

Los jacobinos presionan a los oficiales de la Guardia Nacional y a las milicias de los barrios para que se unan a la moción contra el monarca.

Un ejército prusiano bajo el mando del duque de Brunswick se agrupa en Coblenza, en el Rin, e invade Francia.

El 4 de agosto estalla la rebelión en París.[208]

Los líderes de la airada muchedumbre de *sans-culottes* y sus *furies* invaden las calles. Uno de sus representantes avisa a los diputados de la Asamblea:

—Tenéis cinco días para decretar la deposición de Luis XVI. Si no, ateneos a las consecuencias.

La noche del 6 de agosto Gaston Roux regresa de la Asamblea muy abatido.

—Querido primo, creo que se avecinan malos tiempos. Mira lo que nos han repartido. Mañana saldrá en los periódicos.

Es un folio que todavía huele a la tinta con que lo han impreso. Es una declaración conjunta de los reyes de Austria y Prusia que se ha proclamado en Coblenza. Amenaza al Gobierno revolucionario y al pueblo de París.

Antoine se cala las gafas y lee:

> La ciudad de París y todos sus habitantes sin distinción estarán obligados a someterse inmediatamente y sin demora al rey, para poner a este príncipe en plena y entera libertad y asegurarle, así como a todos los miembros de la realeza, la inviolabilidad, y respeto al cual los derechos de la naturaleza y de las personas obligan a los súbditos a los soberanos; sus majestades imperiales y reales haciendo personalmente responsables de todos los hechos,

208. Esa noche los reyes permanecieron despiertos acechando los ruidos de la ciudad. «Toda la noche en vela convencidos de que los iban a asesinar», según el embajador americano Gouverneur Morris, que los visitó.

sobre sus cabezas, para ser juzgados militarmente sin esperanza de perdón, a todos los miembros de la Asamblea Nacional, del departamento, del distrito, del municipio y de la guardia nacional de París, los jueces de paz y todos los demás a los que pertenecerá, por su fe y palabra de emperador y rey.

Si el palacio de las Tullerías es forzado o insultado, que, si se hace la menor violencia, el menor insulto a sus majestades, al rey, a la reina y a la familia real, si no se dispone inmediatamente para su seguridad, para su conservación y su libertad, sacarán una venganza ejemplar y eternamente memorable al entregar la ciudad de París a una ejecución militar y a una subversión total, y a los rebeldes culpables de atentados a las torturas que habrán merecido.[209]

Termina Antoine la lectura, deposita el folio sobre la mesa como si quemara y pliega las gafas.

—¿Qué piensas que va a ocurrir?

—Nada bueno —responde Gaston—. La chusma exaltada no se va a asustar, sino todo lo contrario, y los diputados por una vez estaremos sinceramente con el pueblo, creo yo.

Gaston está en lo cierto. La difusión del impreso causa el efecto contrario al deseado. Lejos de achicarse, los *sans-culottes* se rebelan contra el rey. Las secciones de los barrios advierten a la Asamblea a través de su comité que ya está tardando en suprimir al Borbón.

—¡Muera el rey, abajo el Capeto!

—¡Arrojemos al campo de Brunswick las cabezas del Capeto y su mujer!

—Para rechazar a los defensores del despotismo, tenemos que animar a los pobres —dice Pierre-Joseph Cambon—, tene-

209. El documento apareció en el *Belgian Official Journal* el 3 de agosto de 1792. Cuando se estaba redactando, Luis XVI envió a Jacques Mallet du Pan para suavizar su tono, pues temía que resultara contraproducente para su causa. Por una vez, Luis acertó plenamente: el documento, mucho más agresivo de lo que él hubiera deseado, produjo el efecto contrario al esperado y en última instancia acarreó la desgracia final de la monarquía francesa.

mos que asociar la Revolución con esta multitud que nada posee, tenemos que convertir a la gente a la causa.

Cae la tarde cuando entra en París una tropa de voluntarios marselleses que han hecho a pie veinte jornadas para incorporarse a la defensa de la nación junto con los *sans-culottes* parisinos.

Los marselleses cantan un «Himno de guerra del Ejército del Rin», hoy conocido como «La marsellesa», el himno nacional francés que llama a las armas a los ciudadanos y advierte que, si las toman, la sangre de «esos feroces soldados» que vienen para «degollar a vuestros hijos y a vuestras compañeras» regará los surcos.

En la Asamblea los ánimos están tan caldeados que se podrían cocer huevos en los escaños. La actriz y activista Claire Lacombe, una atractiva mujer de veintiocho años, solicita la palabra en la tribuna de los oradores y, con los recursos del arte de Talía, declama:

—Nací con el coraje de una mujer romana y el odio a los tiranos, por eso sería feliz de contribuir a su destrucción. Perezca hasta el último déspota; a todos los intrigantes, vivos esclavos de Nerones y de Calígulas, pueda yo aniquilar. Y vosotras, madres de familia, a quienes culparía de apartar a vuestros retoños para seguir mi ejemplo, mientras que cumplo con mi deber combatiendo a los enemigos de la patria, llenad el vuestro inculcando en vuestros hijos los sentimientos que todo francés debe tener al nacer, el amor a la libertad y el terror de los tiranos. No perdáis de vista que sin las virtudes de Veturia, Roma habría sido privada de su gran Coriolano.

Ensordecedor aplauso al tiempo que preguntan: «¿Quién es ese Coriolano, quién es esa Veturia?».

CAPÍTULO 35

# El asalto de las Tullerías

El 9 de agosto expira el plazo concedido para deponer al rey. A las tres de la madrugada del día siguiente tañen las campanas de Notre-Dame despertando al vecindario a la nueva etapa de la Revolución. A la voz portentosa de la campana Emmanuel[210] se suman en coro las de las otras parroquias de París. Es la señal para que los *sans-culottes* de los barrios obreros asalten el ayuntamiento, destituyan a los munícipes y proclamen la Comuna insurreccional como nueva forma de gobierno.[211]

¿Ganará la revolución del pueblo a la de la burguesía?

Informado de lo que se planea, el jefe de la Guardia Nacional, Antoine-Jean-Galiot Mandat ha emitido órdenes para que sus hombres refuercen la protección del palacio real. Cuando se presenta en el ayuntamiento el recién estrenado presidente de la Comuna, Sulpice Huguenin, alias Peltier, le pregunta:

—¿Con qué autoridad has ordenado doblar la guardia de palacio?

210. La campana Emmanuel, fundida en 1681 e instalada en la torre sur, sobrevivió a la Revolución debido a una leyenda que asegura que su suerte está unida a la de Francia, o quizá por las dificultades técnicas que para los *sans-culottes* acarreaba descolgarla debido a sus trece toneladas de peso. Las otras se fundieron en 1791 para hacer cañones.

211. La Comuna era la mínima célula de gobierno, versión laica de la antigua parroquia. La Revolución francesa creó 41.000 comunas (antes había 60.000 parroquias).

—Por orden del alcalde.

—Arrestadlo y llevadlo a la prisión de la Abadía.

Apenas ha descendido tres peldaños, custodiado por su escolta revolucionaria, uno de los amotinados le descerraja un disparo en la cabeza. Se desploma herido de muerte y lo rematan a lanzadas. Después lo decapitan, pasean su cabeza en el extremo de una pica y lanzan el cadáver al Sena.[212]

Las campanas no dejan de repicar. Desde temprana hora, aún de noche, una multitud de *sans-culottes* se ha concentrado en torno a las Tullerías.

Con las primeras luces del amanecer deciden que una comisión se acerque a parlamentar con los guardias suizos germanoparlantes que, prevenidos, se aprestan a defender el palacio. Son unos mil, con sus uniformes rojos. Agrupados parecerían un campo de tulipanes si se les segaran las cabezas (todo se andará).

En ello están cuando, de pronto, los suizos disparan sobre la multitud. Los escopeteros *sans-culottes* responden al fuego. Se inicia una reñida batalla.

Animadas por el nuevo jefe de la policía, el cervecero Antoine-Joseph Santerre, veterano de la toma de la Bastilla, las turbas asaltan el palacio de las Tullerías. La capitana de las mujeres es Claire Lacombe, aquella actriz que unas líneas más arriba ha pronunciado su famoso discurso ante la Asamblea.

Mientras se desarrolla una batalla campal entre los *sans-culottes* y la Guardia Suiza, la familia real se pone a salvo en el adyacente Picadero, al amparo de la Asamblea allí constituida.

Los suizos realizan varias descargas de fusilería que producen unos cuatrocientos muertos, pero los encolerizados asaltantes, lejos de arredrarse, arrecian. Cuando los suizos agotan las municiones y comprenden que tienen la batalla perdida intentan ponerse a salvo, pero los *sans-culottes* les dan caza por los jardines de palacio. Los rematan con picas, hachas y bayonetas; desnudan y despedazan los cadáveres. Los servidores del palacio

212. Los familiares que lo rescataron le contaron no menos de veinte heridas de pica.

corren la misma suerte. París se llena de picas con cabezas ensartadas que confluyen hacia los barrios humildes de la ciudad.

La Revolución del pueblo.

Las *furies* asaltan las habitaciones de la reina, saquean los armarios, visten los camisones de María Antonieta, mofándose de ella, lucen sus sombreros y pelucas en el extremo de las picas.

La Asamblea ha cobijado a la familia real y la mantiene medio oculta en el palco de los taquígrafos, temerosa de que la *canaille* la reclame.

Llegan algunos suizos que se acogen a la protección del Parlamento. Han sobrevivido a la matanza de sus compañeros, ajados los uniformes, rostros ennegrecidos por la pólvora. Los jefes de las secciones depositan en la mesa presidencial algunos objetos y cartas procedentes del saqueo del palacio. De sus informes se desprende que ha sido la Corona la que ha agredido al pueblo y no al contrario.

La sesión dura dieciocho horas que la familia real pasa en su incómodo refugio, los niños durmiendo, la reina asistiendo impotente a la prolongada humillación de verse rehén de manos plebeyas, el rey pidiendo de comer a sus horas y deglutiendo lo que le traen, con lentitud de buey, ajeno a todo.

En la explanada del palacio los cadáveres se amontonan. Mientras, Adèle la Tremenda y otras *furies* desnudan a los suizos y se disputan las botas, los correajes y las armas con los furrieles de las secciones de la Comuna. Otros buscan a sus familiares entre los muertos. Julien, el hermano de Brigitte, figura entre los cadáveres. Un balazo le ha volado media cabeza, de la nariz arriba, dejando al descubierto la sesera, pero la muchacha lo reconoce por la ropa y por la «V» marcada a fuego (de *voleur,* 'ladrón') que lleva en el hombro.

—¡Ay, Julien de mi alma! —solloza entre hipidos desgarradores—. ¿Por qué no me hiciste caso? Mira que te lo advertí, que no te hicieras el valiente, que algún día nos ibas a dar un disgusto. ¿Quién me queda a mí en el mundo ahora para velar por mi vejez?

Diego, a su lado, no sabe cómo consolarla. Le podría decir «yo estoy para protegerte», pero le parece que podría tomarlo a mal, porque la pena es tan grande que no admite consuelo, y guarda silencio. Tan solo le pone la mano en el hombro para que sienta su presencia y luego la ayuda a levantar el cadáver y a llevarlo a una de las carretas que los están recogiendo para llevarlos a la fosa común.

La Comuna obliga a la Asamblea a suspender las funciones que la Constitución otorga al monarca. Se nombra un Gobierno transitorio, el Consejo Ejecutivo *(Conseil Exécutif)* provisional, con Danton en la cartera de Justicia. Una de sus primeras decisiones es crear un «tribunal extraordinario» para juzgar delitos contra la nación.[213]

Paralelamente, cada sección de París instruye el Comité de Vigilancia facultado para realizar registros y arrestos.[214] Estos comités (que nos recuerdan las checas españolas de 1936), en cuanto se entusiasmen con su labor, serán los que participen en las matanzas de septiembre.

Cada sección de París está representada por tres comisionados en la Comuna insurreccional, presidida por Maximilien Robespierre, que nombra un tribunal revolucionario para juzgar a los detenidos por los comités.

—¿Dónde albergamos ahora a la familia real? —se preguntan los diputados.

Existen algunos palacios en París, pero después del asalto a las Tullerías conviene escoger un lugar más seguro. Optan por la fortaleza del Temple, una construcción medieval que parece una cárcel. A Luis se le permite conservar a un criado, su fiel *valet* Jean-Baptiste Cléry.

La fortaleza del Temple es el resto del barrio fortificado que en la Edad Media habían habitado los templarios.

213. La Comuna declara el sufragio universal y suprime los restantes privilegios de los nobles.

214. La Asamblea Nacional Legislativa (creada el 25 de noviembre de 1791) designa para sus labores policiales al Comité de Vigilancia (Comité de Seguridad General después del 10 de agosto de 1792), que se convertirá en el principal instrumento del Terror. Caído Robespierre, atemperará sus actuaciones bajo el nuevo nombre de Comité de Seguridad General *(Comité de Sûreté Générale)*.

El Temple carece de comodidades, pero al menos se sienten a salvo de la *canaille*.

Al principio comen decentemente, se les permite reunirse y pasear por el patio, la reina puede conservar a su perrito Mignon y los vigilantes los tratan con respeto, pero con el paso de los días tienen que soportar insolencias y humillaciones de los carceleros, *sans-culottes* designados por la Comuna.

¿Qué justifica ese cambio de humor de los revolucionarios?

Quizá el miedo. Creen que el rey maneja los hilos del asedio extranjero a pesar de su encierro. La guerra no puede ir peor.

En esas circunstancias, cuando la patria exige el sacrificio de sus hijos, Luis Felipe de Orleans, el aristócrata metido a revolucionario, solicita de la Comuna que se le permita cambiar el nombre. No quiere seguir vinculado a un apellido que le recuerda su origen principesco, quiere fundirse con el pueblo, quiere llamarse Felipe Igualdad (Philippe Égalité).

—Hermoso gesto —alaba Robespierre—. ¿Y se ha ofrecido voluntario para luchar en la frontera?

—No, eso no. Al menos, todavía no.

En el café Procope se comenta el estreno de una comedia sicalíptica a la que asisten incluso damas encopetadas, esposas de magistrados, *Los últimos placeres de María Antonieta,* comedia en tres actos. Los libreros populares ambulantes hacen su agosto con libros y folletos ilustrados sobre las aficiones sexuales de la reina.

CAPÍTULO 36

# Enemigo a las puertas

El 17 de agosto los representantes de Austria y Prusia acuerdan en el palacio Sans Souci en Potsdam la invasión de Francia.

¿Acuden los monarcas europeos en auxilio de su colega Luis?

No. Va a ser que no. A ellos les da igual quién reine en Francia, si el destronado Luis o algún pariente consanguíneo (¿el conde de Provenza?, ¿el conde de Artois?).

La sangre azul suele padecer un acusado déficit de empatía, lo que se compensa con una plétora de egocentrismo. Lo que a los monarcas europeos les preocupa es que esta epidemia llamada república se contagie a sus respectivos países y ponga en peligro sus respectivos tronos. Por eso hay que atajar el incendio en la nación vecina antes de que se propague a sus respectivos dominios.

Dos días después, los prusianos invaden territorio francés, una acción que reiterarán históricamente (1870, 1914, 1939) hasta la desaparición de la propia Prusia, víctima de sus ambiciones militaristas.

—Daremos a los franceses una lección que no olvidarán —se promete el duque de Brunswick, comandante del Ejército aliado.

El conde de Provenza, hermano de Luis, que acompaña a la tropa prusiana, se siente ofendido como francés y replica:

—Serán un hueso duro de roer, sire.

No lo parece. El 23 de agosto los austriacos toman la plaza fuerte de Longwy y una decena de días después cae Verdún. «¿Qué ha ocurrido en Verdún?», se preguntan los generales que confiaban en que la plaza, bien defendida, aguantara. Ha ocurrido que los verduneses, bombardeados intensivamente durante tres días, han exigido a su defensor, el coronel Beaurepaire, que se rindiera. Obligado a entregar su espada, el digno oficial se ha pegado un tiro.

—Con Verdún en manos de los austriacos, el camino a París queda expedito —dice Antoine Roux—. Dentro de una semana los tendremos aquí, si Dios no nos asiste.

La noticia anima a las monarquías europeas a sumarse a la primera coalición: Gran Bretaña, España, Portugal, Nápoles, Cerdeña y las Provincias Unidas vuelven las armas contra la Francia revolucionaria.

—*Hannibal ad portas!* —exclama Sieyès alardeando de latines—. Es lo que decían los aterrorizados romanos cuando Aníbal los derrotó en Cannas y su ciudad parecía perdida.

—Pero la República romana no cayó —replica Gaston Roux—. Lo mismo que no caerá la República Francesa.

Más noticias pésimas: el general Dumouriez se ha pasado al enemigo, con once generales y con el duque de Chartres, hijo de Philippe Égalité. Ha llevado consigo, en calidad de rehén, a Drouet, el *citoyen* que abortó la fuga de Luis XVI en Varennes.[215]

Un pavor mal disimulado se apodera de los que se habían significado en la Revolución, especialmente los nobles y clérigos pasados al tercer estado. No pueden esperar clemencia si los monárquicos recuperan el poder.

—Hay que preparar una resistencia espartana —clama el duque de Brest—. Como en las Termópilas.

215. ¿Qué hacía Drouet tan lejos de su hogar? Tras su heroicidad de Varennes aprovechó su fama para hacer carrera política: fue diputado de la Asamblea, que en 1793 lo envió como comisario al frente. Permaneció en una prisión austriaca hasta diciembre de 1795, en que regresó a Francia en un intercambio de prisioneros.

Por las esquinas de París y en los periódicos aparece la proclama de la Asamblea:

> Ciudadanos, la patria está en peligro, los que obtengan el honor de marchar primero a defender lo que más quieren, recuerden siempre que son franceses y libres; que sus conciudadanos mantengan la seguridad de las personas y bienes en sus hogares; vigilen atentamente los magistrados del pueblo; que todos, con valor tranquilo, el atributo de la verdadera fuerza, esperen para actuar la señal de la ley, y la patria se salvará.[216]

Las malas noticias exasperan al populacho. Los *sans-culottes* y las furias que los acompañan se entregan a una purga sistemática de todo funcionario sospechoso.

En esa efervescencia revolucionaria, los *sans-culottes* destrozan cualquier símbolo monárquico, incluidas las estatuas de Enrique IV, Luis XIII y Luis XIV que adornan las plazas. También derriban las veintiocho estatuas de reyes bíblicos de la fachada de Notre-Dame, que ellos, en su ignorancia, toman por reyes celtas predecesores de los odiados Capetos.[217]

216. «*Citoyens, la patrie est en danger. Que ceux qui vont obtenir l'honneur de marcher les premiers pour défendre ce qu'ils ont de plus cher se souviennent toujours qu'ils sont Français et libres; que leurs concitoyens maintiennent dans leur foyer la sûreté des personnes et des propriétés; que les magistrats du peuple veillent attentivement; que tous, dans un courage calme, attribut de la véritable force, attendent pour agir le signal de la loi, et la patrie sera sauvée*».

217. Se fragmentaron al caer desde la altura de un sexto piso sobre el enlosado de la plaza. Allí las esperaban con mazas y martillos para hacerles en los rostros unos arreglos estéticos que los dejaron irreconocibles. Pasados los fastos revolucionarios, las esculturas quedaron amontonadas en un ángulo de la plaza hasta que en 1796 las adquirió un maestro de obras, Jean-Baptiste Lakanal. Este las sepultó en una zanja de los jardines de su mansión en Chaussée d'Antin. En 1977 aparecieron durante unas obras y se trasladaron al Museo de Cluny, donde actualmente se exhiben. Las estatuas fueron repuestas en su lugar de la fachada de Notre-Dame por Viollet-le-Duc (1814-1879), el célebre arquitecto que rediseñó la catedral añadiéndole más elementos góticos de los que en principio tenía, entre ellos las célebres gárgolas

Como un eco de los sucesos de la capital, las provincias se suman a los linchamientos de curas, nobles y monárquicos.

Realpolitik. Los grandes temas de discusión que tanto esfuerzo gastaban anteriormente se despachan ahora mediante decretos.

Quedan abolidos los señoríos y esta vez sin indemnizar a sus poseedores.

Los curas descontentos con la Revolución deberán abandonar Francia en el plazo de ocho días. A los que desobedezcan se les enviará a las colonias penitenciarias de la Isla del Diablo (Île du Diable), en la Guayana.

Se avecinan tiempos difíciles con las monarquías europeas dispuestas a acabar con la Revolución. Angustiados por el peligro que se cierne sobre Francia, los partidos olvidan sus diferencias y acuerdan repartir el poder entre tres instituciones:

- la Comuna, que gobernará París y mantendrá en los barrios agrupaciones de *sans-culottes;*
- el Comité Ejecutivo Provisional, al frente del Gobierno de la nación;
- la Asamblea Nacional como órgano legislativo.

Los caudillos del momento, Marat, Danton, Desmoulins y buena parte de los *cordeliers,* admiten el liderazgo supremo de Robespierre.

Consciente de su destacado papel, el elegante revolucionario arenga a la ciudadanía.

—Los tiranos de Europa se confabulan contra nosotros. Demostremos que somos un pueblo que prefiere la muerte a perder la libertad.

Francia queda en situación apurada, ¿cómo hacer frente a los enemigos que rodean todas sus fronteras? Los caudillos de la Revolución intentan mantener la calma al tiempo que urgen nuevas levas para contener al invasor.

---

del pasillo superior, que no son de piedra, amado turista, sino de cemento. El cemento se consideraba entonces de lo más fino, no como ahora.

—¡Para derrotarlos, caballeros, necesitamos audacia, aún audacia, siempre audacia, y Francia se salva! —receta Danton.

—La Asamblea decreta una leva obligatoria —anuncia Gaston a su primo—. Todo ciudadano soltero de edad comprendida entre los dieciocho y los veinticuatro años se incorpora inmediatamente al ejército. Tenemos un contrato indefinido para hacer uniformes. Los uniformes portarán los tres colores nacionales, predominando el azul (cuello y hombreras rojas; vueltas del pecho blancas y correaje blanco).

Gaston Roux transforma la sala de telares en sastrería. Veinte sastres cortan las piezas de los uniformes sobre patrones de cartón mientras Antoine se ocupa de las modistas que han de coserlos en casa. Se trabaja a destajo y se paga por uniforme cosido.

Pregoneros y pasquines anuncian la leva en toda la nación. En París muchos *sans-culottes* se alistan entusiasmados, pero en provincias el arrebato es más moderado.

Los voluntarios se ponen en camino hacia París banderas al viento y tambores, durmiendo en pajares y comiendo de lo que les dan en los lugares de tránsito.

El problema es la escasez de armas. Algunos batallones, como el de la Drôme, reciben veinticinco fusiles para quinientos hombres.

Cada día llegan noticias de los avances del invasor. A medida que los austriacos liberan comarcas y aldeas van reponiendo a los antiguos señores.

Por su parte, Lafayette quisiera liberar a la familia real, pero en vista de que su propia Guardia Nacional está infiltrada de revolucionarios comprende que incluso él peligra. Le ha llegado el momento de abandonar Francia.

El 14 de agosto, Danton ordena su arresto, pero Lafayette se ha puesto a salvo en Bélgica con intención de alcanzar algún puerto desde el que emigrar a Estados Unidos.

—En América seré bienvenido por el apoyo que presté a la independencia —les ha explicado a sus íntimos.

Mala suerte. Cerca del puerto holandés donde va a embarcar lo detienen los austriacos.

—Ya no soy general de Francia —argumenta a sus captores—. Soy ciudadano americano.

—Eres un tipo peligroso —le responde el oficial al mando mientras observa que el pomo de la espada del cautivo es precisamente un gorro frigio.

Le esperan cinco años de prisión en la fortaleza morava de Olmütz, hasta que Napoleón, conquistador de Austria, lo libere en 1797.

CAPÍTULO 37

# Las matanzas de septiembre

El 2 de septiembre de 1792, tras la caída de Verdún, que asegura la penetración del ejército austriaco hasta París, se desata el pánico.

—Vamos a tener un ejército de *sans-culottes* —había clamado Danton en la Convención meses antes—, pero eso no basta; mientras vosotros combatís a los enemigos del exterior, los aristócratas del interior deben caer bajo la pica de los *sans-culottes.*

Parece que el tiempo le ha dado la razón. Ante la amenaza de que los austriacos lleguen a París y sean recibidos triunfalmente por los criptomonárquicos, que sin duda saldrán de debajo de las piedras a denunciar a sus vecinos revolucionarios, se impone un descaste preventivo.

Con esta licencia, los *sans-culottes* asaltan varias cárceles y asesinan a lanzadas y hachazos a unos mil trescientos presos políticos (sacerdotes, nobles, contrarrevolucionarios, mujeres y niños).[218]

—Es para evitar que se unan a los invasores si París sucumbe.[219]

218. Para el 6 de septiembre, la mitad de la población carcelaria había muerto, entre cuatrocientas cuarenta y quinientas personas habían desaparecido, incluidos doscientos soldados suizos. El setenta y dos por ciento de los asesinados eran presos comunes, entre ellos condenados a galeras y falsificadores de *assignats*. También mujeres y niños, y un diecisiete por ciento de sacerdotes católicos.

219. Algo similar ocurrió en Madrid en 1936 cuando, ante la inminen-

En las nueve cárceles de París se establecen otros tantos tribunales populares que juzgan a los presos.

—Te acusamos de ser partidario de la monarquía y enemigo de la República —dicta el improvisado juez—. Se te trasladará a otra prisión.

El traslado consiste en echarlo a la calle, donde aguarda la *canaille* para linchar a los «liberados».

Una de las asesinadas por este procedimiento es la princesa de Lamballe, de cuarenta y dos años a la sazón, la que un tiempo había sido favorita de la reina. Los detalles de su asesinato son especialmente truculentos.

> Cuando la multitud advierte que tiene entre sus manos a una integrante de la realeza, vierte sobre ella toda su ira: desvanecida la princesa por un garrotazo en la nuca, la decapitan con un cuchillo de carnicería. La turba se ceba con el cadáver: uno le corta los senos y el pubis haciéndose un bigote con su vello púbico; otro remoja en su sangre el pan que está comiendo; este le arranca el corazón y lo muerde; aquel abre su vientre con un puñal, extrae sus entrañas y las usa como cinturón; aquí la desuellan y juegan a golpearse con su piel; allá la descuartizan, se reparten trozos sanguinolentos de su cuerpo y cargan un cañón con sus extremidades. En cuanto a la cabeza, la llevan a una peluquería para que la laven, la peinen y la maquillen antes de clavarla en una pica y de esta guisa la pasean frente a la ventana del calabozo de María Antonieta. En otra pica han ensartado el corazón y otras vísceras de la dama. La reina se desvanece al reconocer a su antigua amiga. ¡En Francia ya no había aire para la realeza![220]

Otra asesinada de ese día es Marie Gredeler, florista en el Palais-Royal, que estaba encarcelada por haber emasculado por celos a su amante, un granadero de las Guardias Francesas. Las turbas que invaden la Conciergerie (una de las cárceles más im-

---

te entrada de los rebeldes, fusilaron a cientos de presos en Paracuellos del Jarama (Díaz-Plaja, 1991, p. 19).

220. Cabanès y Nass, 1927, pp. 105-123.

portantes) la desnudan, la atan a un poste, le separan las piernas, le clavan los pies al suelo, le cortan los senos con un sable y le encienden un fuego entre las piernas que le abrasa los genitales.[221]

Al día siguiente, a falta de más cárceles que asaltar, los *sans-culottes* invaden el hospital y asilo de prostitutas y huérfanas de la Pitié-Salpêtrière, donde había unas trescientas internas, muchas de ellas casadas a las que sus maridos habían denunciado por adulterio. Los asaltantes asesinan a treinta y cuatro de ellas.

En vista de la abundancia de cadáveres, Roland de la Platière, noble pasado a la Revolución y entusiasta impulsor de nuevos inventos que contribuyan al bienestar del pueblo y al progreso de la patria, sugiere la posibilidad de fabricar jabón a partir de la grasa de los cadáveres, una idea que siglo y pico después se atribuiría a los nazis (y que ni siquiera ellos llevaron a la práctica).

Si en Madrid no hubo la menor sanción para los asesinos cuando el motín de Esquilache, en París se llega a más: varios obreros que abandonaron el trabajo para participar en las matanzas reclaman al Ayuntamiento las pagas perdidas por ello, al considerar que habían empleado su tiempo en «salvar a la República de sus enemigos potenciales».[222]

Menospreciando al ejército revolucionario, el conde de Brunswick avanza por suelo francés sin tomar las debidas precauciones ni dar descanso a la tropa.

—Señor, muchos hombres padecen disentería y se van cagando patas abajo mientras avanzan —le avisa el médico.

—¡Minucias! ¡A París, a París!

Nunca llegará a París.

—No les va bien a los prusianos —anuncia Gaston a su primo—. La *chiasse prussienne* ('diarrea prusiana') los estraga. Mientras se van de vareta con los pantalones por los tobillos, no pueden pegar tiros ni maniobrar en orden cerrado.

221. Gérard, 2013, p. 40.
222. Díaz-Plaja, 1981, p. 22.

El general Dumouriez, con un ejército revolucionario algo mejor entrenado que el que había fracasado en los Países Bajos, sorprende al enemigo con su audaz movimiento de flanqueo en los bosques de Argonne.

El cauto Brunswick, inseguro por una vez en su vida, prefiere retirarse.

El 20 de septiembre se inician las sesiones de la Convención Nacional, con autoridad para ejercer los poderes legislativo y ejecutivo. Además, redactará la nueva Constitución.

Unos días después llegan buenas noticias: las armas francesas han batido al invasor en Valmy.

No lo han batido. Tan solo lo han detenido. Empate técnico, pero el tropiezo baja los humos de los prusianos e insufla ánimos en los decaídos franceses.

El general Dumouriez envía un memorándum al rey de Prusia proponiendo un armisticio. La carta se acompaña con un saquito de café y otro de azúcar, porque el francés había sabido que los dos artículos se habían acabado en el campo aliado.

El escritor y filósofo Goethe, que acompaña a las tropas prusianas, comenta mientras saborea su café en la tienda real:

—Creo que estamos asistiendo al comienzo de una nueva era.

En vista de que pintan bastos, el prudente Brunswick levanta el campamento y se retira del Argonne. Poco después, las últimas tropas invasoras han abandonado suelo francés.

—¡Los prusianos se han retirado!

En París, la aliviada ciudadanía se echa a la calle con fiestas, bailes y regocijos.

—¡Iban cagándose las patas abajo! —asegura el ebanista Simon.

—De miedo, ¡seguro! —ratifica su compadre Léon Moreau. Luego carraspea, regurgita un gargajo y, tras apreciar en boca su consistencia, textura y cremosidad al paladar, lo escupe con tino y alcanza con él la cabeza de un chucho que husmea en la pila de desperdicios. El perro menea la cola, agradecido.

En París se eligen los diputados de la Convención Nacional. Se hace por sufragio universal relativo, con menos del diez por ciento de la población votante (excluía a una larga lista de *feuillants* y de otros considerados poco afectos al régimen). Por otra parte, el voto no es secreto, sino a mano alzada y en presencia de *sans-culottes* con cara de facinerosos que observan con mirada fija al votante.

En ese ambiente de deleite, el 22 de septiembre se proclama la República francesa. Su órgano principal será la Convención Nacional, una Asamblea de 749 miembros que detenta los poderes legislativo (leyes) y ejecutivo (gobierno).[223]

—Ya no somos súbditos —gritan los parisinos en las calles—. Ahora somos ciudadanos. Ya no hay señores ni vasallos, ahora todos somos iguales. ¡Todos somos ciudadanos![224]

—Mucho entusiasmo veo —observa Gaston Roux—, pero en la Convención solo figuran dos obreros: Nöel Point, de la fábrica de armas de Saint-Étienne, y Jean-Baptiste Armonville, cardador de lana en Reims.[225]

—¿Y el resto?

223. La Primera República Francesa (la actual es la Quinta, desde 1958) duró doce años, entre 1792 y 1804, y conoció tres formas de gobierno: la Convención Nacional (1792-1795), el Directorio (1795-1799) y el Consulado (1799-1804).

Durante la Convención, se sucedieron gobiernos de varias tendencias: primero girondino (derechas); después jacobino (izquierdas, el Terror); después, antijacobino, derecha moderada y liberal (Termidor). A estos sucedieron un quincuvirato (Directorio: gobierno de cinco «directores») de carácter moderado. El golpe de Estado de Napoleón acabó con la República y estableció el Consulado, primer paso para coronarse emperador y crear el Primer Imperio (mayo de 1804).

224. El *Dictionnaire de la constitution et du gouvernement français de Gautier* (1791) lo define: «Ciudadano: título del hombre libre en sociedad. El hombre en sociedad es libre, en tanto que concurre en la formación de las leyes a las que habrá de obedecer, y siendo que esas leyes le garantizan el pleno disfrute de los derechos recibidos de la naturaleza; entonces decimos de él que es ciudadano, es decir, miembro de la ciudad. [...] La cualidad de ciudadano no supone únicamente derechos, sino que impone también deberes».

225. Fajardo, 2003, p. 106.

—Abogados, propietarios y profesionales, es decir, burgueses. Nosotros. Yo mismo he confirmado mi escaño.

—Enhorabuena, primo.

—Ya veremos. Prefiero no echar las campanas al vuelo, entre otros motivos porque ya no hay campanas, las hemos fundido todas.

La nivelación de clases aconseja también la sustitución de *monsieur* por *citoyen,*[226] y la imposición del tuteo.[227]

Los parisinos, ascendidos a *citoyens* y *citoyennes,* procuran estar a la altura de su nueva categoría que los ennoblece (con perdón por el sospechoso término). Se saludan exultantes quitándose el sombrero con escarapela tricolor:

—*Comment vas-tu, citoyen Lesnier?*

—*Je vais bien, merci, citoyen Beasuroi.*

Incluso Adèle la Tremenda se peina un poco las greñas y cuando atiende a las parroquianas evita hurgarse las caries con el peroné de gallina que guarda en el canalillo pectoral.

—Todos somos iguales, las marquesas y nosotras —sentencia convencida—. ¿Quién lo iba a pensar, *cagondiós*?

Tan convencido como los demás, José Marchena, el ilustrado español ganado por la Revolución, compone un manifiesto que llegará impreso a muchos lugares de España a pesar de los desvelos de la Inquisición por atajarlo como principal perjudicada por su contenido.[228]

226. «*Il sera écrit aux ministres pour les inviter à ne plus se servir du mot* monsieur *dans les lettres qu'ils adressent aux membres du Conseil [de la Commune] et à y substituer celui de* citoyen» (Tourneux, 1894, p. 53). Consecuentemente, los ministros, que en el *Ancien Régime* recibían el tratamiento de *monseigneur,* pasan a ser *ciudadano ministro.*

227. La Convención decreta el tuteo obligatorio en las Administraciones el 8 de noviembre de 1793: «Adoptando el principio en uso en la Sociedad de Amigos de eliminar todas las distinciones jerárquicas expresadas por la civilidad, impone el uso de la familiaridad entre todos los ciudadanos franceses, cualquiera que sea su profesión, función o posición jerárquica». Esta práctica desaparece bajo la Convención termidoriana (la veremos dentro de unas páginas).

228. «Españoles, ha llegado el tiempo de ofrecer la verdad a los pueblos;

Mientras París disfruta de su recién estrenado régimen, la guerra contra Austria prosigue favorable a Francia. Tras la victoria de Valmy, se recuperan Niza y Saboya, Bruselas y Lieja. Y Amberes, con su puerto.

Francia, liberadora de los pueblos: «En nombre de la nación francesa, la Convención Nacional declara que concederá ayuda a todos los pueblos que quieran recuperar su libertad».

Embriagados por el éxito de las armas revolucionarias, los líderes de la Revolución sueñan con ampliar el territorio francés hasta sus «fronteras naturales».

—Nuestros límites antiguos y naturales son el Rin, los Alpes y los Pirineos —asegura el diputado Lazare Carnot.

En la Convención Nacional se distinguen tres tendencias:

- derecha: girondinos (moderada);
- izquierda: jacobinos o Montaña (radicales);
- centro (Llanura o Pantano), que votan a favor de los girondinos unas veces y otras de los jacobinos.[229]

En realidad, los girondinos son una escisión de los jacobinos.[230]

Imaginemos la discusión de un girondino y un jacobino.

---

en vano la tiranía quiere sofocar sus clamores. ¿No es ya tiempo de que la nación sacuda el intolerable yugo de la opresión del pensamiento? ¿No es hora de que el Gobierno suprima un tribunal de tinieblas que deshonra hasta el despotismo? ¿A qué fin hacer de los hombres seres autómatas? Tanto vale mandar hombres máquinas como dar cuerda a relojes. Igualdad, humanidad, fraternidad, tolerancia. Españoles, este es, en cuatro palabras, el sistema de los filósofos que algunos perversos os hacen mirar como unos monstruos [...]. Un solo medio os queda para destruir el despotismo religioso: la convocatoria de vuestras Cortes. No perdáis un momento, sea "Cortes, Cortes" el clamor universal».

229. Porque unos se sentaban a la derecha del presidente, otros a la izquierda; unos en los escaños de arriba y otros en los de abajo. De entonces proceden las denominaciones que todavía usamos.

230. La brecha entre las dos tendencias se había ensanchado considerablemente a raíz de las matanzas de septiembre del 1792.

—Lo verdaderamente democrático es que todo francés tenga derecho a decidir sobre el futuro de Francia. No solo los de París porque sea la sede del Gobierno —argumenta el girondino.

—Eso suena muy bien, pero no es práctico —replica el jacobino—: como la Revolución se ha hecho en París, París debe ser la sede del poder. El que quiera servir a la *patrie* que se mude aquí. ¿Acaso no somos casi todos forasteros? Mirabeau, que en paz descanse, era del Orleanesado; Danton nació en Champaña-Ardenas; Robespierre, en el paso de Calais; Desmoulins, en el Aisne; Lafayette, en Auvernia..., ¡todos foráneos!

—Visto así...

Los jacobinos están mejor organizados y son más belicosos. Además, cuentan con una especie de Parlamento paralelo, el Club de los Jacobinos, que les permite planear sus estrategias antes de exponerlas en la Convención. Al final imponen su postura centralista.[231]

Fuera de la Convención Nacional existe una fuerza política popular estimable, la de las agrupaciones de barrio o secciones crecientemente politizadas. Los partidos políticos se esfuerzan en cortejarlas. Temen su capacidad de movilizar a la ciudadanía.[232]

231. Desde entonces, el jacobinismo, con su defensa de una Administración única, forma parte del lote ideológico de las sucesivas Repúblicas francesas y Francia es jacobina, o sea, centralizada, y poco inclinada al reconocimiento de fueros particulares o a la dispersión autonómica, a pesar de que existen identidades culturales muy acusadas (Bretaña, Córcega y Alsacia y alguna otra). Francia se divide en regiones; departamentos y distritos, pero todas estas autoridades se subordinan al Gobierno central. Lejos de descomponerse en autonomías, el último Gobierno socialista ha reorganizado las regiones y fusionado por decreto algunas para ahorrar costes, sin consultar a los poderes locales. De veintidós que eran se han reducido a trece.

232. Las cuarenta y ocho secciones de París (creadas por la Asamblea Constituyente en 27 de junio de 1790) se convirtieron en el órgano político de los *sans-culottes*. Cada sección constaba de un comité de dieciséis miembros que elegían a uno o dos representantes ante el Gobierno y al comandante de la fuerza armada que formaban voluntarios del barrio.

Pasadas las primeras alegrías republicanas llega un tiempo de reflexión.

—¿Qué hacemos con el rey?

Peliaguda cuestión. Luis XVI lleva dos meses en situación de cesante en espera de plaza (desde el 10 de agosto de 1792).

—Se ha convertido en un incordio para la nueva Francia —manifiesta un diputado.

—Mientras exista, sus compinches *émigrés* conspirarán contra la República dentro y fuera de Francia —razona otro—. Y los otros reyes de Europa querrán restaurarlo en el trono, no sea que cunda el ejemplo de Francia y estallen revoluciones en sus respectivos reinos.

Los jacobinos son partidarios de eliminarlo sin más, sin juicio previo, como legalmente se hace con los *hors-la-loi* ('forajidos').

—La desaparición del ciudadano Luis Capeto es una exigencia de la historia —precisa Robespierre.

Otros diputados piensan que hay que juzgarlo y condenarlo como hicieron los ingleses con Carlos I en 1649. No hay peligro de que lo absuelvan. Sobran razones para considerarlo traidor y aliado de los enemigos exteriores.

—La idea de juzgarlo parece viable, pero ¿y si resulta absuelto? —pregunta Antoine a Gaston.

—Eso agravaría el problema.

Una comisión de veinticuatro miembros está a punto de reconocer la inconsistencia de sus alegatos cuando una circunstancia casual le facilita las pruebas necesarias: un cerrajero llamado François Gamain revela al ministro del Interior, Roland de la Platière, la existencia de un secreto *armoire de fer* ('caja fuerte') en el palacio de las Tullerías que él había construido meses antes (en mayo de 1792) por orden de Luis XVI. La caja fuerte estaba disimulada detrás de un panel en el corredor que unía los apartamentos del rey con los del delfín.

—¿Y qué te ha movido a formular esta denuncia, *citoyen* Gamain?

—El patriotismo, *citoyen le ministre.* Y también, no lo negaré, cierta inquina que le guardo al *citoyen* Capeto. Sepa que después de construirle el *armoire de fer* intentó eliminarme dándome a beber vino envenenado. Desde entonces ando mal del estómago.

En la caja fuerte secreta aparece un alijo de documentos comprometedores para el rey y para antiguos ministros y colaboradores. El armario contiene, además de pruebas inculpatorias para empapelar a medio París, correspondencia con potencias extranjeras, con *émigrés* y con otros enemigos de la Revolución. Hay también listas de sobornos a destacados dirigentes de clubes revolucionarios. Lo más doloroso es comprobar que Mirabeau, el venerado orador del pueblo, la antorcha de Provenza, el ala de la Revolución, la guía magistral de la ciudadanía..., ¡estuvo a sueldo de Luis XVI! (El lector ya lo sabía, pero imagínese la sorpresa para los que aún lo veneraban como padre de la patria).

—Con razón defendía las prerrogativas reales —observa Roland.

—Es que jugaba con dos barajas. En la corte abogaba a favor de la Revolución... y en la Asamblea a favor del rey.

—Por lo pronto hay que sacar el cadáver del Panteón. Su presencia profana los sagrados restos de Rousseau, Voltaire y tantos grandes hombres de Francia.

El custodio del Panteón, el policía Sylvain-Barnadé Lardy, lleva al cementerio de Saint-Étienne-du-Mont[233] el ataúd de plomo que contiene los restos de Mirabeau. Lo sepulta en el corralillo de los suicidas, en un hoyo sin lápida, cruz ni nombre.

—¿Qué hacemos con el ciudadano Capeto? —insiste Danton—. Podemos eliminarlo directamente o juzgarlo dando por revocada la inmunidad que le otorgaba la Constitución. En cualquier caso, es hombre muerto.

División de opiniones. Los jacobinos pretenden ejecutarlo sin más; los girondinos, someterlo a juicio.

—Si no lo juzgamos, las potencias europeas nos acusaran de crimen de Estado —razonan.

Un joven diputado jacobino apadrinado por Robespierre, Louis de Saint-Just, toma la palabra para defender la ejecución de Luis XVI *sans sursis* ('sin dilación') y sin juicio previo.

233. No en el de Clamart, como se ha dicho.

—¿A qué vienen tantos miramientos con el rey felón? —clama—. Se ha probado que es un traidor. Si lo sometemos a juicio le haremos un flaco favor a la República.

Finalmente, prevalece la opinión mayoritaria de los girondinos, «juzguémoslo».

La comisión ha encontrado sobradas pruebas de la connivencia del Capeto con potencias extranjeras entre los documentos incautados en las Tullerías, vulnerando su juramento a la Constitución aprobada el 3 de septiembre de 1791.

El 10 de diciembre trasladan al ciudadano Capeto a una celda de aislamiento. Al día siguiente, el alcalde de París, Chambon de Montaux, se presenta en el Temple para hacerse cargo del acusado y trasladarlo a la sala del tribunal.

Una compañía de la Guardia Nacional de París, al mando de su comandante Santerre, escolta al acusado hasta el palacio de las Tullerías, en cuya Salle du Manège delibera la Convención o Asamblea Nacional.

Las galerías superiores se encuentran llenas de curiosos que desde muy temprano han hecho cola para ver al rey.

El presidente de la Convención, Bertrand Barère de Vieuzac, mira al monarca y, con la solemnidad que requiere el momento histórico que está viviendo, le dice:

—*Citoyen* Luis Capeto...

—No soy Luis Capeto —lo interrumpe el aludido—. Nunca me han llamado así, aunque mis antepasados fueran Capetos.

—Te vamos a leer el acto enunciativo de los delitos que se te imputan... —prosigue Barère tuteándolo intencionadamente—. Puedes sentarte.

El secretario lee los treinta y tres cargos, que se resumen en dos: traición y conspiración contra el Estado. El rey los escucha atento. Lo acusan de haber derramado sangre francesa.

—¿Aceptáis los cargos?

Luis los niega todos, incluidos los derivados de los documentos comprometedores hallados en la caja fuerte de las Tullerías. No reconoce como propia su firma ni sus sellos. Se declara inocente.

Luis hubiera querido encomendar su defensa al prestigioso

jurista Guy-Jean-Baptiste Target, pero este se declara incapaz debido a problemas de salud. Finalmente, se encarga de la defensa Guillaume-Chrétien de Lamoignon de Malesherbes, antiguo secretario de Estado y prestigioso jurista. Su estrategia consiste en demostrar que las faltas de las que se acusa al rey se refieren a un periodo en que era inviolable (reconocido por la Constitución de 1791) y en negar los derechos del tribunal, que es juez y parte y que con anterioridad se ha declarado convencido de la culpabilidad del acusado.

Entre los miembros de la Asamblea, las opiniones están divididas. Los girondinos quieren evitar una condena a muerte por temor a la reacción de las potencias europeas. Los jacobinos insisten en la pena de muerte. Unos y otros tratan de atraerse el voto de los moderados de la Llanura.

La instrucción del sumario dura un mes, al término del cual los diputados votan individualmente y a viva voz *(appel nominal),* por sugerencia de Marat, para evitar que los traidores se oculten en el anonimato.

—Responded sí o no a esta pregunta: ¿es el *citoyen* Luis Capeto culpable de conspiración contra la libertad pública y de atentar contra la seguridad del Estado?

De los 718 diputados presentes, 642 votan afirmativamente.

La segunda pregunta es: «¿Debe someterse a la ratificación del pueblo el juicio de la Convención Nacional contra el *citoyen* Luis Capeto?».

La moción se rechaza por 423 votos negativos frente a 286 votos afirmativos y 12 abstenciones.

Confirmada la culpabilidad de Luis Capeto, la sentencia se aplaza hasta el 19 de enero de 1793. De los 721 diputados presentes, 361 votan «pena de muerte» y el resto se inclina por distintas opciones, entre ellas cárcel y destierro, incluso en Estados Unidos, lejos de las cómplices monarquías europeas.

Malesherbes comunica a su regio cliente la fatal noticia. Abrumado por su responsabilidad, se arroja a los pies del rey. Luis XVI lo ayuda a incorporarse y lo abraza.

—Volveremos a vernos en un mundo mejor —le dice—. Lo único que lamento es separarme de un buen amigo como usted. Ahora ayúdeme a redactar mi testamento.

En su último documento, Luis se reafirma en su inocencia y en su fe católica, pide perdón a quienes hubiera podido ofender y especialmente a la reina por los sufrimientos que por su causa padece. Al delfín le encomienda que, si por desgracia llega a ser rey, perdone a los que lo ofendieron y se consagre a lograr el bienestar de sus súbditos.

El 20 de enero, el ministro de Justicia, Dominique-Joseph Garat, comunica al acusado su sentencia de muerte, que se cumplirá en el plazo de veinticuatro horas. La inédita entereza con que Luis escucha su sentencia sorprende a su enemigo.

Luis tiene un pensamiento conmiserativo para su esposa.

—¡Desdichada princesa! Su matrimonio conmigo le prometía un trono. Ahora, ¿qué será de ella?

Jacques-René Hébert, suplente del fiscal y gran enemigo de Luis, escribe en su periódico *Le Père Duchesne:* «Asistí a la lectura de la sentencia que condena a Luis a la pena de muerte. Escuchó imperturbable la lectura de la sentencia. Había tanta unción, dignidad, nobleza, grandeza en su comportamiento y en sus palabras, que me conmovió hasta las lágrimas. Había algo visiblemente sobrenatural en su apariencia y sus modales. Me retiré, conteniendo las lágrimas».[234]

El rey escucha la sentencia sin exteriorizar emoción alguna. La esperaba. Tan solo solicita un sacerdote y que le permitan despedirse de su familia.

La familia real, nuevamente reunida, recibe la noticia del propio Luis. En el momento del definitivo adiós, el pequeño Luis Carlos, de siete años, se abraza a las rodillas de su padre y la princesa María Teresa, de catorce años, se desvanece.

Luis había solicitado un sacerdote que lo confesara y comulgara. Le llevan a un cura irlandés, Henry Essex Edgeworth de Firmont, que por su condición de extranjero no ha tenido que jurar la Constitución y, por tanto, puede considerarse ajeno al cisma que divide a la Iglesia francesa.

234. Montjoie, 1796, pp. 239-240. Interesante este ciudadano Hébert. Estaba casado con una monja exclaustrada del convento de las Hijas de la Concepción en Saint-Honoré y se caracterizaba por empedrar de tacos su conversación.

Al parecer, Luis logra conciliar el sueño hasta que, a las cinco de la mañana, Jean-Baptiste Cléry lo despierta para oír misa oficiada por el irlandés. Luis entrega a su criado su sello real para su hijo y sucesor, y para la reina su alianza matrimonial y una cajita con mechones de pelo.[235]

235. Los medallones y relicarios con mechones de pelo de personas amadas estaban de moda. Nuestra amiga Brigitte cortó uno del cadáver de su hermano Julien antes de que lo arrojaran a la fosa.

CAPÍTULO 38

# Luis XVI ante la guillotina

La noticia de la ejecución de Luis XVI se difunde por París y pueblos del entorno. Previsoramente, la autoridad toma las precauciones pertinentes para evitar disturbios. Las puertas de la ciudad se cierran hasta que la sentencia se haya ejecutado. Del mismo modo, las ventanas de las calles por las que discurrirá el carruaje del condenado permanecerán cerradas.

Amanece un día húmedo y desapacible. La niebla asciende del Sena e invade las calles aledañas. Gaston Roux ha concedido el día libre a los trabajadores de la casa.

—Así evito que algunos me pidan permiso para asistir a la ejecución de su majestad —lo justifica.

Cuando Brigitte y las otras criadas llegan a la plaza de la Revolución,[236] donde se ha levantado el tablado con la guilloti-

236. Más que plaza, es una explanada entre los jardines de las Tullerías y los Campos Elíseos que parece diseñada para que corran los caballos. Allí emplazaron en 1748 una estatua ecuestre de Luis XV y desde entonces se llamó plaza de Luis XV. El 11 de agosto de 1792, suprimieron la estatua (fundida para hacer cañones) y la plaza se llamó de la Revolución. Allí se instaló la guillotina que ejecutaría a unas mil doscientas personas (entre ellas, Luis XVI y María Antonieta). En 1795, después del Terror, se llamó plaza de la Concordia. En 1836 se instaló en ella el Obelisco de Luxor, regalo del virrey Mehmet Alí al rey Luis Felipe, que correspondió con el reloj de cobre de la ciudadela de El Cairo (que, por cierto, nunca ha funcionado). En 1840 se añadieron dos fuentes monumentales que representan respectivamente la navegación fluvial y la marítima.

na, encuentran el lugar tan abarrotado que han de conformarse con quedar a treinta metros del cadalso.

Después de oír misa y comulgar, el condenado se pone a disposición de los representantes de la Comuna que lo aguardan.

—¿Puede cortarme el pelo mi criado?

—Sanson (el verdugo) lo hará perfectamente —le dicen.

Llega Antoine-Joseph Santerre, comandante de la guardia que escoltaría al reo hasta el lugar del suplicio.

—*Partons* —dice el rey.

El carruaje tiene cuatro plazas. Santerre y el sacerdote Edgeworth se sientan a los lados del rey. Delante se acomodan dos soldados de la escolta.

Un escuadrón de jinetes con los sables desenvainados rodea el carruaje interponiéndose entre la multitud de curiosos. Un escuadrón de tambores atruena el espacio. A lo largo del trayecto cubren la carrera decenas de miles de guardias nacionales y de *sans-culottes* armados.

No queda mucho espacio para que los monárquicos intenten rescatar a su rey. No obstante, el consejero real Jean-Pierre de Batz, barón de Sainte-Croix, ha planeado un golpe de mano para liberarlo cuando el cortejo pase por la calle de Cléry. Hasta trescientos monárquicos armados se enfrentarán a la escolta y liberarán al prisionero. Incluso ha preparado un zulo en un inmueble perteneciente al conde de Marsan hasta que puedan sacarlo de la ciudad y llevarlo al extranjero.

El plan fracasa. Cuando el barón grita, según lo convenido, «¡adelante, amigos míos, salvemos al rey!», resulta que solo un puñado de hombres lo siguen. En la melé, los guardias matan a tres, pero los otros consiguen huir, entre ellos el barón.

¿Qué ha fallado?

Lo de siempre. Que la mayoría de los comprometidos se acongojaron ante la cantidad de guardias que escoltaban al soberano y no se atrevieron a intervenir. *Humanum est.*

Después de más de una hora de trayecto, serán las diez de la mañana cuando el carruaje llegue a su destino. La plaza de la Revolución está atestada de gente. En el centro de la marea humana sobresale, a unos dos metros de altura, el tablado con la guillotina rodeado de varias filas de soldados que forman un cercado de bayonetas. Al lado, la carreta que llevará los restos del finado al cementerio de la Magdalena, con el ataúd barato que facilita el Ayuntamiento.[237]

Al pie del cadalso aguarda Charles-Henri Sanson, con tres auxiliares, todos de negro, con tabardos y sombreros de tres picos en los que las escarapelas introducen una nota de color.

—La escarapela de *sieur* Sanson es de las nuestras —comenta con orgullo Brigitte—. La distingo porque es más grande y más rizada. A lo mejor la he hecho yo.

Luis desciende del carruaje. Sanson y un ayudante hacen ademán de despojarlo de la chaqueta verde que lleva puesta, a lo que él se resiste.

En 1830 el verdugo Henri Sanson, hijo del que ejecutó a Luis XVI, interrogado por el escritor Alejandro Dumas declaró:

> Al pie del cadalso decidimos atarle las manos como hacíamos con todos los reos, no porque temiésemos que pudiera defenderse, sino porque un movimiento involuntario podía complicar la ejecución o hacerla más dolorosa. Un asistente le dijo: «Tengo que atarle las manos». A la vista de la cuerda, Luis XVI no pudo reprimir un gesto de rechazo. «¡Eso no, nunca!» y se zafó del hombre que la sostenía. Los otros ayudantes pensaron que se resistía y se aprestaron a intervenir. Eso es lo que algunos historiadores han malinterpretado. Fue entonces cuando mi padre se acercó y le dijo en un tono de voz respetuoso: «Con un pañuelo, sire». Ante la palabra «sire», que no había escuchado desde hacía mucho tiempo, Luis XVI asintió. También contribuyeron las palabras que su confesor había pronunciado recordándole que también a Jesucristo le ataron las manos. Luis dijo entonces: «¡Así sea, entonces, eso también, Dios mío!» y extendió las manos.[238]

237. Después de la ejecución de los reyes, la guillotina muda de lugar y se instala en la barrera de Trône después de pasar brevemente por la calle de Saint-Antoine, cuyos vecinos se quejaban del hedor de sangre descompuesta.

238. Dumas, 1885, p. 133.

El cura Edgeworth escribe en sus memorias:

> La escalera que ascendía al cadalso era tosca y demasiado pina, por lo que el rey se apoyó en mi brazo para subirla y, por la lentitud con que lo hizo, temí por un momento que flaqueara su valor, pero para mi asombro, cuando llegamos arriba, me soltó el brazo y se dirigió con paso firme a la guillotina.

Sobre las palabras del rey antes de entregarse al verdugo existen versiones contradictorias. Según Edgeworth, «pronunció con claridad y voz firme "muero inocente de todos los crímenes atribuidos a mi cargo; perdono a los que han ocasionado mi muerte; y rezo a Dios para que la sangre que vais a derramar nunca caiga sobre Francia"», pero según el propio verdugo, *sieur* Sanson, en una carta fechada el 20 de febrero de 1793: «Llegando al pie de la guillotina, Luis XVI miró por un momento los instrumentos de su ejecución y preguntó a Sanson por qué los tambores habían dejado de sonar». Ya en el cadalso, se adelantó para hablar, pero el público gritó a los ejecutores que continuaran su trabajo y el redoble de los tambores ahogó el sonido de sus palabras: "Pueblo, muero inocente..."».

—*Va te faire enculé!*[239] —le grita Adèle la Tremenda desde la fila precedente. Será lo último que el monarca oiga de su querido pueblo.

Impedido de hablar al pueblo, Luis XVI se dirigió solamente a los que estaban sobre el tablado: «Caballeros, soy inocente de todo lo que se me acusa. ¡Ojalá mi sangre contribuya a la buena fortuna de los franceses!».

«Soportó todo esto con una frialdad y una firmeza que nos asombró a todos —prosigue el testimonio de Sanson—. Estoy persuadido de que esta firmeza procedía de sus firmes convicciones religiosas».[240]

239. «Vete a tomar por el culo» (con perdón, yo solo transcribo lo que oigo).

240. Carta al periódico *Thermomètre du Jour*. El original se subastó en Christie's el 7 de junio de 2006.

Sanson, con mano diestra de profesional, le esquila la melena y le remete la camisa dejando al descubierto el cuello. A continuación, lo arriman a la plancha basculante que al caer en horizontal deja el pescuezo en la *lunette* por la que debe descender la cuchilla. Es cosa de un segundo. La cuchilla se desliza entre sus carriles bien engrasados y la cabeza cae sobre la cesta.[241]

El asistente Gros agarra la cabeza por el cabello y levantándola en alto, chorreante de sangre, la muestra. La multitud estalla en gritos de «¡viva la nación!, ¡viva la República!».[242]

Una salva de artillería anuncia la muerte del rey a los parisinos. La viuda y los huérfanos también la perciben, entre sollozos, detrás de los gruesos muros del Temple.

Todo ha concluido. La gente despeja la plaza comentando el histórico acontecimiento que acaba de presenciar.

La humilde carreta del verdugo transporta el cadáver de Luis XVI, de treinta y ocho años, al cementerio de la iglesia de la Magdalena, donde Damoureau, un cura constitucional, le hace una misa de difuntos. Años después declarará:

> Luis vestía un chaleco blanco y calzas de seda grises con calcetines a juego. Cantamos vísperas y la misa de difuntos. El cuerpo, que iba en ataúd abierto, se arrojó sobre un lecho de cal viva al fondo del hoyo, se le puso la cabeza a los pies y se cubrió de tierra.

Así termina sus días el desventurado Luis XVI, *rex christianissimus* reconvertido, muy a su pesar, en rey ciudadano al que dos años antes el alcalde Jean-Sylvain Bailly había augurado: «Ahora seréis Luis el Justo, Luis el Bueno, Luis el Sabio, seréis realmente Luis el Grande». El monarca no superó la prueba. El pueblo lo rebajó al Cerdo de Varennes y Tirano Capeto.

La *Gaceta de Madrid* del 5 de febrero de 1793 anuncia tres

241. En el caso de Luis XVI parece que la cabeza quedó un poco retraída y la cuchilla seccionó el occipucio y la mandíbula.

242. Según otros, el que mostró la cabeza fue Henri Sanson, el hijo y sucesor del titular.

meses de luto en la corte «con motivo de la muerte de Luis XVI, rey cristianísimo de Francia, que terminó su carrera el día 21 de enero próximo pasado con una heroicidad igual a sus anteriores infortunios y a la inhumanidad del horrendo e inaudito atentado cometido contra su augusta persona».

Los clérigos franceses refugiados en España hacen misas por el rey muerto.[243]

Una leyenda popular, de probable origen masónico, sostiene que uno de los asistentes a la ejecución de Luis XVI recogió la sangre que goteaba bajo el cadalso y salpicó con ella a los espectadores mientras gritaba:

—*Jacques de Molay, tu es vengé!* —«¡Jacques de Molay, estás vengado!».

Jacques de Molay, el maestre de la Orden del Temple, ejecutado en la hoguera en la cercana isla del Sena en 1314, maldijo supuestamente a la estirpe de los reyes de Francia en la persona de Felipe el Hermoso, que lo condenaba.

243. *Por motivo de aver sido decapitado el rey de Francia, Luis Decimosexto, por orden de la Asamblea Nacional, en la plaza de San Luis, en París, día 21 de enero de 1793, los sacerdotes franceses expatriados, habitadores en esta villa de Castellón, con licencia de la Justicia y del señor obispo de Tortosa, celebraron fúnebres exsequias por la alma del dicho señor rey, en el día 21 de febrero del mismo año 93, en la yglesia del convento de padres dominicos de esta misma Villa, con assistencia del expresado señor Obispo, Justicia, prelados de las religiones con algunos de sus individuos y muchas gentes de todas clases y sexsos y los celebrantes en el altar, y cantores en el coro, fueron todos de los mismos clérigos franceses expatriados. El dicho rey don Luis XVI, dicen, murió por la religión y por el pueblo* (Rocafort, 1945, p. 82).

CAPÍTULO 39

# Una historia romántica

En el mercado de Les Halles se comenta la muerte de la mujer de Danton, Antoinette Gabrielle. Esta mujer sencilla y analfabeta, a la que muchos deben favores porque el revolucionario no sabía negarle ninguno, ha muerto de sobreparto en ausencia del marido.

—Algunos pensarán que es castigo de Dios por haber matado al rey, que es una profanación porque el rey es divino —comenta la señora Fournier.

—¿Y tú piensas eso, ciudadana?

La otra se sobresalta.

—¡Por supuesto que no! Lo que he querido decir es que los monárquicos se alegrarán.

—Pues no digas palabras ociosas, no sea que alguien te denuncie.

Georges Danton, el ogro sustento de la Revolución, se había enamorado de aquella muchacha feúcha, hija del propietario del café Parnaso, donde tenía su tertulia.

La declaración de amor fue indirecta y basta, muy propia de Danton:

—Oye, muchacha, ¿te gustaría servirme limonada a mí solo?

Antoinette Gabrielle se sonrojó. Las orejas le ardían bajo la cofia.

—No te apures, muchacha, que yo no me como a los niños

crudos. —El revolucionario soltó una carcajada estentórea—. Lo que te digo es que si quieres casarte conmigo, con permiso de tu padre, como es natural.

Después de seis años de matrimonio y tres hijos, ella nunca se ha atrevido a mirar a los ojos a su marido y él ha cambiado escasas palabras con ella, embebido como está en los asuntos de la Revolución.

En la fortaleza de Condé, en Bélgica, recibe Danton una carta de su hermano que le comunica la defunción de su esposa. Danton profiere un grito de dolor que sobresalta a los presentes.

—¡Mi Gabrielle ha muerto! —solloza desconsolado.

Inmediatamente, ordena a su cochero que prepare el carruaje.

—Regresamos a París.

El fiel cochero cruza los campos de Flandes y Lombardía sin más descanso que el necesario para cambiar de caballos en las postas. Lo sobrecogen los desconsolados sollozos que resuenan en la cabina del carruaje.

Llegan a París de noche. Los Desmoulins lo informan de que hace dos días enterraron a Gabrielle en Sainte-Catherine. Danton llora amargamente restregando el rostro contra las sábanas que aún guardan los efluvios de su esposa moribunda.

Fuera de sí, regresa a la berlina. Le pide al cochero que se dirija al barrio de Saint-Marcel, a casa del escultor Claude-André Deseine. El artista es un habitual del Club de los Jacobinos, a pesar de que es sordomudo y no se entera de los debates. Danton sabe que ha realizado algunos bustos policromados de las primeras figuras del partido.

Tres golpes vigorosos en el llamador. Una vieja criada abre la puerta y al reconocer a Danton se lleva el susto de su vida. Lo hace pasar inmediatamente.

Comparece el escultor en bata.

«Necesito algo de ti, Claude», le escribe Danton en la pizarra que el artista lleva pendiente de una leontina.

«¿Podemos verlo mañana?», escribe el artista.

Danton borra la pizarra con el puño de la casaca y escribe: «Tiene que ser ahora mismo. Vas a sacar un molde de cera».

Claude asiente. Va al taller a proveerse de lo necesario. Unos minutos después comparece, con el estuche de las herramientas y vestido de calle.

El coche aguarda. Al verlos salir, el cochero aviva el farol. Suben.

—A Sainte-Catherine, rápido —ordena Danton.

El enterrador del cementerio de Sainte-Catherine está fumando un tabaco a la entrada de su humilde caseta. La aparición de Danton a esas horas lo sobresalta.

—¿Dónde está mi mujer? Tengo que verla.

—Monsieur, lleva siete días muerta —objeta el sepulturero.

Danton le pone en las manos un manojo de *assignats*.

—Una pala —le exige.

El sepulturero hace un gesto de sorpresa. Creía que el doliente solo quería ver la sepultura, no abrirla.

—¡La pala! —le grita Danton.

A la luz de una lámpara de aceite desentierran el féretro entre el enterrador y el cochero. No está muy profundo, porque todavía tienen que venir los marmolistas a los que se ha encargado una lápida y, por otra parte, la tierra recientemente removida se ha ablandado con las últimas lluvias. Danton retira el barro con sus manos y de un tirón vigoroso abre la tapa. El cochero acerca el farol. La difunta parece dormida. El helado febrero ha retrasado la putrefacción del cadáver. Danton lo abraza con desesperación aullando como un animal herido, la besa en los labios yertos, le confiesa su amor, le expresa cuánto siente no haberla honrado más en vida. Lamenta los disgustos que le ha dado por sus infidelidades y por haber vivido para la Revolución, con olvido de sus deberes como esposo.[244]

Cuando logra serenarse se vuelve a Deseine y le indica por señas (ya que es sordo):

—Proceda, *citoyen*.

244. Lauley, 2009, pp. 178-179.

El escultor conoce su oficio y saca el molde del rostro de la difunta.

La Revolución acabó con muchas cosas, pero dejó otras, entre ellas el busto de Antoinette Gabrielle encargado por Danton.[245]

245. El busto que Deseine modeló a partir de la máscara mortuoria se expuso en el Salón de París de 1793 con el rótulo: «Retrato de la ciudadana Danton, exhumada y moldeada a los siete días de su muerte» (Madelin, 1914, p. 217). El busto acabó en el Museo de Bellas Artes de Troyes con la inscripción: «Muerta el 10 de febrero y exhumada el día 17 para obtener su molde en yeso por el sordomudo Deseine, 1793».

CAPÍTULO 40

# El complot del Clavel

La República se siente fuerte tras la ejecución del monarca y declara la guerra a Inglaterra, a Holanda y a España.

El 7 de marzo de 1792 Francia declara la guerra a Gran Bretaña y a la República holandesa. Manuel Godoy, ministro de Exteriores de España, firma su adhesión a la Primera Coalición contra Francia (Tratado de Aranjuez).

—Malo para los textiles catalanes y el hierro de Vizcaya, que tenían un potente cliente en Francia.

—Llevemos la libertad y la igualdad a España con nuestras victorias y diremos entonces con toda razón: «Ya no hay Pirineos» —promete el diputado Bertrand Barère.

—Nos parece más acorde con nuestros intereses y nuestros principios intentar convertir Cataluña en una pequeña república independiente que, bajo la protección de Francia, servirá de barrera allí donde terminan los Pirineos —propone por su parte Georges Couthon desde su silla de ruedas—. Este sistema halagará sin duda a los catalanes, que lo adoptarán más gustosos aún que su unión a Francia.

Un mes después llegan cartas a Antoine Roux por vía diplomática.

—Malas noticias, primo. Los patriotas españoles han arremetido contra las propiedades francesas. Nos han incendiado los almacenes de Cádiz y han requisado la casa y las oficinas.

—¿Ha habido muertos?

—De los nuestros parece que no, afortunadamente. Pero en Madrid han matado a unos pocos franceses bajo la sospecha de que iban a envenenar las fuentes.

Unos meses después, los Roux saben por otra carta que ha burlado la censura que las armas españolas están obteniendo algunos éxitos: han conquistado el Rosellón y la Cerdaña francesa (cedidos por España más de un siglo antes) y batido a los franceses en Céret, en el río Tec.

—Ya hemos ejecutado al Capeto, ¿qué hacemos con su mujer? —había preguntado Robespierre un año atrás.

Son tantos los problemas a los que acudir que la cámara deja pasar los meses sin ocuparse de la desventurada mujer que languidece en la prisión del Temple. O quizá simplemente la mantienen como rehén, a ella y a sus hijos, mientras dure la guerra con su hermano, el emperador de Austria.

Cambios. El 2 de agosto de 1793, a las tres de la madrugada, trasladan a la reina a la prisión de la Conciergerie. Con la mirada vacía, indiferente a las pullas de los guardias que la rodean, María Antonieta piensa en la triste suerte de ese niño de ocho años que le arrebataron hace un mes para educarlo como republicano, o en su hija María Teresa, familiarmente llamada Mousseline, que con quince años en flor queda en la prisión del Temple a merced de la *canaille.*

El calabozo de la reina en la Conciergerie es un sótano lóbrego cuyos muros rezuman humedad debido a la proximidad del Sena. Por todo mobiliario tiene un catre con un colchón de paja que apesta a orina de rata. Los guardeses de la cárcel, el matrimonio formado por Toussaint y Marie-Anne Richard, se compadecen de la prisionera y añaden al mobiliario una mesa y dos sillas con asiento de juncia. Para evitar que se suicide, dos guardias la acompañan día y noche detrás de una cortina supuestamente tendida para preservar su intimidad.

Los monárquicos urden un plan para salvar a la reina. Sobornan al administrador de la prisión, *sieur* Michonis, al matrimonio de los guardeses y al guardia Gilbert. El 28 de agosto, el monárquico Alexandre Gonsse de Rougeville visita a la reina y le entrega un clavel que esconde entre sus pétalos una minúscula notita. «Vamos a liberarla. Volveré el viernes».

La reina no tiene con qué escribir. Con un alfiler va pinchando la nota hasta componer la respuesta «no puedo hablar con nadie, confío en vos...».

Dos días después, Rougeville regresa y le explica que la fuga se realizará la noche del 2 al 3 de septiembre. Rougeville y Michonis aguardarán cerca de la prisión disfrazados de cocheros y el guardia Gilbert la sacará de la prisión.

Todo parece marchar según lo planeado cuando, el día de la fuga, al cruzar el patio, el guardia Gilbert se asusta ante las consecuencias de su traición, cambia de idea y le dice a la reina:

—Señora, no puedo comprometerme. Tiene que regresar a su calabozo.

Ella insiste en que ya es demasiado tarde para abortar el plan. Deben seguir.

—Si porfía llamaré a la guardia, señora. Si se fuga me costará la cabeza.

María Antonieta comprende que es inútil insistir. Resignada, regresa a su encierro. Gilbert está tan aterrorizado que al día siguiente confiesa el complot a las autoridades. Michonis y el matrimonio Richard van a la cárcel. Rougeville logra huir.

Los nuevos guardeses son *sieur* Bault y su esposa, que hacen lo posible por mejorar las condiciones de la prisionera.

Bault le pregunta al fiscal Fouquier de Tinville si puede entregar a la prisionera una manta.

—¿Te atreves a preguntar? —le espeta el fiscal—. ¡Te mereces la guillotina!

Después de diez semanas en la Conciergerie, el juicio a la reina se celebra los días 14 y 15 de octubre.

Las principales acusaciones son promover intrigas con potencias extranjeras, derrochar las finanzas del país y, la máxima humillación, mantener una relación incestuosa con su hijo.[246]

246. El fiscal Jacques-René Hébert se hacía eco de los folletines pornográficos que circulaban por Francia, según los cuales la reina y su cuñada

«El tribunal, después de la declaración unánime del jurado, condena a la susodicha María Antonieta, apellidada Lorena de Austria, viuda de Luis Capeto, a la pena de muerte».

De regreso a la celda, María Antonieta consigue lápiz y papel para escribir a Élisabeth, la hermana del rey.

> Te escribo, mi hermana, por última vez. Me acaban de condenar, no a una muerte ignominiosa, que solo lo es tal para los criminales, sino a que me reúna con vuestro hermano, el rey. Al igual que él, soy inocente, y espero poder mostrar la misma firmeza que él en los últimos instantes. Me siento tranquila como cuando la conciencia nada os puede reprochar. Me embarga un profundo pesar por tener que abandonar a mis pobres criaturas.

En aquella su última noche, el cabello de la reina, que era de un tono castaño claro, encanece por completo.[247]

El 16 de octubre María Antonieta se levanta a la hora acostumbrada, desayuna *bouillon* (sopa de carne o de pescado) y, ayudada por su fiel criada Rosalie Lamorlière, viste el sencillo vestido blanco con el que irá al suplicio. La criada tapa con su cuerpo el de la señora desnuda para hurtarla de la mirada de los guardias.

Llegan los cuatro jueces. El secretario del tribunal revolucionario lee la sentencia.

A las once de la mañana comparece el verdugo Henri Sanson (hijo de Charles-Henri, que sustituye a su padre).

—Hay que cortar el cabello de la reina —dice sacando unas tijeras.

—Lo haré yo —se ofrece madame Bault, la carcelera.

Sanson se encoge de hombros. La guardiana hace el trabajo. Nota la señora Bault que el verdugo recoge los mechones de pelo

---

Élisabeth enseñaban al niño a masturbarse y mantenían relaciones incestuosas con él.

247. Desde entonces, la *canities subita* se conoce como síndrome de María Antonieta.

para quemarlos y evitar que se conviertan en reliquias monárquicas.[248]

Sanson ata las manos de la reina a la espalda. Una carreta tirada por dos caballos aguarda en el patio de la prisión. El verdugo ayuda a la reina a subir. El tribunal revolucionario ha designado a un cura constitucional, el padre Girard, de Saint-Landry, para que acompañe y asista espiritualmente a la reina. El cura sube también a la carreta, pero la reina se niega a confesarse con un sacerdote sometido a la Revolución.

La carreta abandona el patio de la Conciergerie para dirigirse a la plaza de la Revolución. A lo largo del recorrido, la multitud insulta a la reina. El séquito pasa bajo la ventana de David, que aprovecha para tomar un apunte, con trazo cruel.

En la plaza de la Revolución, la reina sube las escaleras del cadalso con paso firme. Arriba pisa inadvertidamente a Henri Sanson.

—*Perdon, monsieur* —se excusa.

Los ayudantes del verdugo la toman por los brazos y la ponen contra la tabla basculante. Henri Sanson cierra el cepo y activa el mecanismo. Cae la cuchilla con un golpe seco. El verdugo toma la cabeza por los cabellos y la muestra a la multitud.

—*Vive la République!*

En el cementerio de la Magdalena, antes de arrojar el cadáver a la fosa común y cubrirlo de cal viva, el ciudadano Curtius, ya famoso por sus retratos en cera, realiza un molde en el que intenta reproducir la expresión de terror del rostro.

¿Qué será de los huérfanos de los reyes, el pequeño delfín y su hermana?

El niño Luis Carlos de Borbón (ya proclamado por los *émigrés* como Luis XVII) morirá el 8 de junio de 1795 en la prisión del Temple, a los diez años de edad. Causa de la muerte: desnutrición y malos tratos a los que le sometía su mentor y carcelero, el zapatero Antoine Simon, al que la República confió la educación revolucionaria del rapaz.[249]

248. En esta época imperaba la moda romántica de confeccionar dijes, medallones y otros relicarios con el pelo de familiares y amigos.

249. En su prolongado encierro, el niño contrajo la sarna y las escrófu-

Su hermana, la princesa María Teresa de Francia, también conocida como Madame Royal, quedó sola en la prisión del Temple cuando su último pariente, su tía Élisabeth, subió a la guillotina el 10 de mayo de 1794. Desde entonces permaneció en soledad año y medio hasta que el 18 de diciembre de 1795 la intercambiaron por algunos ilustres revolucionarios que estaban en manos de los aliados y pudo refugiarse en Austria, al cuidado de su primo el emperador Francisco II.[250]

---

las que le causarían la muerte (irónicamente, la enfermedad que pretendidamente curaban, por imposición de manos, los reyes de Francia). Vuelto el régimen monárquico aparecieron hasta dos docenas de impostores que intentaban suplantar al delfín, pero a la postre heredó los derechos el conde de Provenza, hermano de Luis XVI, que reinará entre 1814 y 1824 como Luis XVIII. Este gordo nada bondadoso advirtió que restauraría el *Ancien Régime* y perseguiría a los diputados que votaron la muerte de su real hermano.

250. Condenada a la soledad y a la incomunicación, escribió en la pared de su cuarto: «Marie-Thérèse-Charlotte es la persona más desgraciada del mundo. No sabe nada de su madre ni le permiten verla a pesar de que lo ha pedido mil veces. Vive, madre buena a quien tanto quiero, pero de quien no puedo tener noticias. Padre mío, vela por mí desde el cielo. Dios mío, perdona a aquellos que han hecho sufrir a mis padres» (De France, 1858, p. 326).

CAPÍTULO 41

# Los comulgados a muerte de la Vendée

Después de la derrota del invasor en Valmy, los voluntarios franceses se consideran libres de regresar a sus quehaceres y abandonan el ejército. La deserción en masa deja nuevamente a la República a merced de sus enemigos.

—¿Qué hacemos? —se preguntan en la Convención—. En cuanto los monárquicos acometan de nuevo nos derrotan.

Recurren nuevamente al admirado ejemplo grecorromano.

—¿No eran todos los espartanos guerreros que defendían a su República? Pues nosotros, lo mismo.

El anuncio el 23 de febrero de 1793 de un reclutamiento forzoso *(levée en masse)* para proporcionar tropas al ejército de la República provoca rebeliones en toda Francia.[251]

La población, mayoritariamente campesina, que nunca ha visto mundo más allá de los términos de su pueblo no entiende el ideal revolucionario como empresa común.

—¿Morir a manos de extranjeros por defender a gentes que no conozco? —se preguntan.

Una leva forzosa de ciudadanos es algo insólito, porque los ejércitos de entonces son de soldados profesionales (*soldado* viene de *sueldo*).[252]

251. No se concebía entonces el servicio militar obligatorio (esa novedad que ha alcanzado hasta nuestros días se impondría a lo largo del siglo XIX).

252. «La patria prescribe al ciudadano uno de sus deberes más severos,

—¿Cómo hacer entender que la República es una empresa común a estos paletos aferrados a sus tierras? —se plantean los padres de la patria.

Para mantenerla en futuras contiendas, la República decreta una leva de trescientos mil hombres que, mientras se confeccionan las listas, se hará efectiva en agosto. Al final, la cifra se reduce a cien mil. Considerable si se tiene en cuenta el tamaño de los ejércitos de la época.

Las provincias se amotinan contra el reclutamiento.[253] La rebelión más preocupante, la única que verdaderamente pone en riesgo a la República, es la de la Vendée,[254] una región del noroeste de Francia acendradamente católica y monárquica en la que todavía los campesinos besan la mano del señor cuando van a entregarle la renta de aparcería y dejan el trabajo para orar cuando la campana de la aldea tañe por el ángelus.

Durante el almuerzo, Gaston Roux comunica las últimas noticias llegadas a la Convención.

—Menuda la que hay liada. Los jóvenes se niegan a dar sus nombres a los agentes de la recluta. En algunos lugares hasta los han agredido. Lo más grave es que en las aldeas de la Vendée se han sublevado contra la República y han declarado que prefieren la muerte antes que defender a los asesinos del

---

el servicio militar y el impuesto de sangre. De los primeros batallones de voluntarios a las levas circunstanciales para hacer frente a la guerra, de la leva en masa (agosto de 1793) a la organización de la conscripción (1798), el servicio militar aparece como uno de los rasgos esenciales de la República» (Bertaud, 1979, p. 82).

253. A esas rebeliones podemos agregar los actos de resistencia venérea. Como los padres de familia estaban exentos del servicio de armas, Cupido se empoderó de Francia, que es, como sabemos, su tierra de preferencia. De pronto se produjeron tantos enamoramientos y casamientos apresurados que faltaba papel en las parroquias para redactar actas de matrimonio. Cualquier pajar era bueno para encargar un futuro ciudadano a la cigüeña que trae los niños de París (nuevamente centralismo jacobino) para declararse padre y rehuir la llamada de las armas.

254. Los departamentos de la Loire-Inférieure, Maine-et-Loire, Deux-Sèvres y la Vendée.

rey y a los compradores de los bienes nacionales robados a la Iglesia.

Al grito de «¡devolvednos a nuestros buenos curas, abajo los intrusos!» (o sea, los que han jurado la Constitución),[255] los vendeanos expulsan de sus parroquias a los *curés citoyens* y reponen a los refractarios.

Por evitar ir a la guerra por la República, los vendeanos hacen su propia guerra contra la República. En cuanto el cura toca la campana, los campesinos abandonan sus labores y van al pueblo a ver qué les ordena. Confesados y comulgados, sin miedo a la muerte, cogen pan para tres o cuatro días y, armados con escopetas, bieldos, guadañas, hoces y cuchillos, se ponen en marcha con la escarapela blanca de los Borbones en el sombrero, el rosario colgado al cuello y un crucifijo o la medalla de algún santo prendido en el pecho. Bajo unas banderas que han improvisado con tela roja y una estampa de Jesús cosida, avanzan rezando el rosario y de vez en cuando cantan el «Vexilla regis» («Banderas del rey»)[256] o una «Marsellesa» rebelde a la que han alterado la letra: «¡Vamos, ejércitos católicos, / el día de la gloria ha llegado. / Contra nosotros de la República / se ha alzado la bandera sangrienta».

—Debe intervenir la Guardia Nacional —propone el antiguo abate Legrand.

—Ya lo hace. En Paimbœuf, donde las órdenes llegadas de París señalaban una recluta de 145 hombres, la Guardia Nacional ha derrotado a una tropa de campesinos llegados de 32 comunas de la comarca bajo el lema «¡viva el rey y los curas buenos!». Al noble Charles-François Danguy, que los encabezaba

255. Bárcena, 2016, p. 78.

256. Un himno religioso compuesto, junto con el «Pange lingua», en el año 569 por san Venancio Fortunato a petición de santa Radegunda. Comienza así: «Las banderas del rey se enarbolan: / resplandece el misterio de la cruz, / en la cual la vida padeció muerte, / y con la muerte nos dio vida. / Vida que traspasada con el cruel hierro de la lanza, / manó agua y sangre / para lavarnos de las manchas / de nuestros pecados. / Cumpliéronse ya los proféticos /cantares de David, donde / dijo a las naciones: reinará Dios desde el madero» (Archivo de la Catedral de Zamora, Cantoral n.º 1, ff. 20v-21r.)

(muy a pesar suyo, porque al principio se resistió alegando su avanzada edad), lo han guillotinado en Nantes.

—Me alegro de que se restablezca la paz —dice Antoine Roux—. Bastantes problemas tiene la República en las fronteras.

Gaston separa las manos en un gesto de impotencia.

—Me temo que eso era solo un pequeño fuego que ha precedido al gran incendio.

Lo es. La rebelión de la Vendée se prolongará a lo largo de cuatro años con una crueldad pocas veces igualada en los conflictos del mundo moderno. Algunos autores la han considerado el primer genocidio sistemático de la historia.[257]

257. La República envió a reprimir la rebelión a Louis-Marie Turreau, cuyas «columnas infernales» lo arrasaron todo a su paso en observancia del deseo del militar: «Tenemos que convertir la Vendée en un cementerio nacional». En una carta de Carrier, fechada el 12 de diciembre de 1793, leemos: «Son también las órdenes de la Convención Nacional quitar todas las subsistencias, los cultivos, los pastos, todo en una palabra en esta maldita región, quemar todos los edificios y exterminar a todos los habitantes [...]. Oponte con todas tus fuerzas a que la Vendée tome o conserve un solo grano [...]. En una palabra, no dejes nada en este país de proscripción». Por su parte, el general Westermann escribe: «Ya no existe la Vendée. Siguiendo las órdenes que me habéis dado, aplasté a los niños bajo los cascos de los caballos, exterminé a las mujeres y ya, por lo menos, estas no parirán más bandidos. No tengo ningún prisionero que reprocharme. Todo lo he exterminado». Se calcula que la Vendée sufrió entre doscientos veinte mil y doscientos cincuenta mil muertos (Quétel, 2021, p. 496).

CAPÍTULO 42

# Lyon *delenda est*

Verano caliente. En junio, se suman a la rebelión Burdeos, Marsella, Toulouse, Nimes, Lyon y Normandía.

Centrémonos en Lyon. Es la segunda ciudad de Francia, con más de cien mil habitantes, y, aunque París sea la capital, Lyon la supera en ríos, el Ródano y el Saona, en banca, en comercio y en industria. Además, es la creadora de la sopa de cebolla.

La oligarquía financiera de la ciudad ha aceptado a regañadientes los avances de la Revolución, pero la base popular, enmarcada en unos treinta y dos clubes *(sociétés populaires des amis de la Constitution),* está en manos de un iluminado, Joseph Chalier, que ha convertido la ciudad en uno de los más firmes enclaves del jacobinismo.

Chalier es un empeñado lector de Rousseau que, sin renunciar al ideal de la justicia, ha cambiado el mensaje de Jesús por el de Marat.

Este peculiar individuo se adueña de Lyon durante ochenta días y pone la ciudad patas arriba. Su primera medida es entronizar una piedra de la Bastilla en una de las iglesias incautadas por la Revolución.

¿Una piedra en el altar mayor?

Bueno, es que esa piedra tiene su historia. Cuando Chalier supo la caída de la Bastilla, lamentó no haber participado en ella, pero al menos se personó en París para colaborar en la demolición de la fortaleza. Agotadas sus reservas, regresó a Lyon a pie, seis días con sus noches de caminata, llevando consigo, como la más preciada reliquia, uno de los sillares de la Bastilla.

Chalier remeda en laico su antiguo oficio de clérigo. Se inventa una especie de comunión profana consistente en arrodillarse y besar la piedra de la Bastilla.

—Este tío nos toma el pelo —comenta el tejedor Nomdieu en la fila comulgante.

—Tú besa la piedra y no pienses tanto, que nos va en ello la salud —lo reprende su esposa, más sensata.

Entre las iniciativas menos extravagantes del antiguo cura figura la fundación de una panadería municipal y almacenes de cereales, costeados con los crecidos impuestos que extirpa a los ricos.

Al término de su extravagante dictadura, las nuevas autoridades procesan al revoltoso, lo condenan a muerte y lo guillotinan a pesar de las protestas de Robespierre y otros prominentes jacobinos de la Convención, que exigían su indulto.

La ejecución de Chalier resulta bastante accidentada. La guillotina estaba desmontada en los almacenes del ayuntamiento y hubo que armarla a toda prisa, dejando mal equilibrado el marco por el que se desliza la cuchilla. Cae la pesada cuchilla y al alcanzar la *lunette* se atora, abriendo una herida en el pescuezo del desdichado reo sin conseguir decapitarlo. Chalier aúlla de dolor.

—¡Fuera, fuera, carnicero! —abuchean los espectadores.

Después de tres intentos, cosa de veinte minutos al menos, con el reo gritando que lo maten de una vez, el verdugo, nervioso, prescinde del artilugio del doctor Guillotin y remata su faena con un cuchillo.

La noticia de la caída de Lyon en manos de los monárquicos causa notable conmoción en París. Cuando unos días más tarde reciben la cabeza de Chalier conservada en una mediana salazón la colocan en el altar de Notre-Dame dentro de una urna. Media ciudad desfila para rendirle tributo, unos derramando cálidas lágrimas revolucionarias y otros con airadas peticiones de venganza.

—La segunda ciudad de Francia no puede estar en manos monarquistas ni un minuto más —declara Robespierre—. Por otra parte, la sangre de nuestro hermano Chalier exige venganza.

La Convención envía a cuarenta mil guardias nacionales reforzados por veinticuatro mil hombres detraídos del ejército de los Alpes. El general Kellermann, el prestigioso vencedor de Valmy, bombardea la ciudad antes de asaltarla. Se calcula que lanzó unos 44.000 proyectiles. Lyon, defendida por unos diez mil monárquicos, soporta el maltrato por espacio de un mes, al cabo del cual, faltos de alimentos y municiones, los defensores capitulan. Es el 9 de octubre.

¡Lyon ha caído!

Todo París se echa a la calle para celebrar la noticia, incluso los monarquistas, obligados a disimular su filiación política para evitarse disgustos.

—Ahora hay que darle un escarmiento ejemplar para que sirva de enseñanza al resto de la nación —proponen los diputados jacobinos más severos.

La Convención lo aprueba. Una comisión de cinco miembros decide que Lyon será arrasada y su nombre erradicado. En adelante se llamará Ville-Affranchie.[258] Solo se respetarán las viviendas de los pobres, que, naturalmente, deben ser jacobinos.

La demolición de la ciudad se encomienda a Georges Couthon, un amigo de Robespierre, paralítico de ambas piernas, que se hace transportar en silla de mano.

Couthon llega a Lyon, se da un paseo por la ciudad y, ante la expectación general, va golpeando con un martillo de plata los edificios condenados a la piqueta. Mientras lo hace piensa, muy en sus adentros: «Tantos hermosos edificios, ¿qué culpa tienen? ¿Por qué vamos a destruir tanta belleza? Yo soy muy jacobino, pero Atila no soy».

Decide tomarse con calma las demoliciones. Contrata principalmente a mujeres y niños desamparados para que de ese modo se ganen la vida.

258. El nombre solo perduró en una columna conmemorativa que se levantaría en el centro de la ciudad con la inscripción: «*Lyon fit la guerre à la liberté; Lyon n'est plus*» («Lyon hizo la guerra contra la libertad; Lyon ya no existe»). Es la consabida *damnatio memoriae.* Otras mil doscientas ciudades y pueblos cambiaron su nombre por otro más revolucionario: Sainte-Croix-du-Verdon, en los bajos Alpes, se llamó Peiron-sans-Culottes; Pont-l'Abbé pasó a ser Pont-Marat.

Como es natural, con una cuadrilla tan deficiente, las demoliciones avanzan poco, lo que acaba por exasperar a los halcones de la Convención.

—Tu amigo Couthon no cumple con las expectativas —le van con el cuento a Robespierre—. Hay que sustituirlo.

El Incorruptible cede, no vayan a pensar que ampara a incompetentes. Sustituye a Couthon por dos cónsules: Joseph Fouché y Jean-Marie Collot d'Herbois.[259]

Fouché es un antiguo seminarista que usa su cualidad más sobresaliente, la astucia, para sacar provecho de las cambiantes alternativas políticas de su época y se las arregla para sobrevivir a sus compañeros de viaje, que van quedando en el camino. Otro caso como el de Talleyrand.

En el naufragio del Titanic es seguro que hubieran figurado entre los supervivientes.

Por su parte, Collot d'Herbois es un actor de escaso relieve que malvivía en teatros ambulantes y como fracasado escritor de comedias[260] hasta que encontró acomodo en la política como animador cultural encargado de organizar fiestas patrióticas *(fêtes)*.

La primera providencia de Collot d'Herbois recién llegado a Lyon es organizar una de sus *fêtes,* a la que convoca a los lioneses con una salva de cañonazos.

—Menos mal que estos son de salvas —le dice el tejedor Nomdieu a su mujer.

Ella emite un suspiro y le ordena:

—Te pones la escarapela y el fajín tricolor bien visibles, que vamos a la procesión patriótica.

La procesión, a la que asiste buena parte de la ciudadanía ataviada con gorros frigios *(bonnets rouges),* pantalones a rayas y

259. ¿Cónsules?, se extraña el lector. Sí, es parte de la fascinación de los hombres de las Luces por el mundo clásico. Recordemos que en el gobierno de Roma actuaban dos cónsules compartiendo el poder y así se evitaban personalismos, puesto que se vigilaban mutuamente.

260. Sin embargo, su novela moralista revolucionaria *Almanaque del padre Gérard* fue un *bestseller* que lo catapultó a la fama.

carmañolas, la inconfundible vestimenta republicana, parte de la plaza de Bellecour y discurre por la orilla del Saona hasta el ayuntamiento.

En el primer paso procesional figura una gran estatua de Hércules con el hacha de la justicia al hombro, que se acompaña por un cortejo de la sección femenina del jacobinismo, féminas ataviadas con clámides blancas a la manera grecorromana.

El segundo paso presenta un busto del mártir Chalier, la urna que contiene sus cenizas y la paloma enjaulada que, según se dice, lo acompañó en el calabozo cuando esperaba la ejecución, todo ello sobre una plataforma cubierta con la bandera tricolor que portan cuatro *sans-culottes* parisinos convenientemente uniformados con pantalones a rayas rojas, blancas y azules, carmañolas y gorros frigios. Rodean el paso veinte militantes provistos de incensarios confiscados en iglesias.

Tras la nube de fragante incienso va el tercer paso, un asno ataviado con la casulla del arzobispo de Lyon, la mitra en la cabeza, con dos orificios por los que salen las orejas, un cáliz colgando del pescuezo y un misal atado al rabo.

Al llegar a la plaza del Ayuntamiento, Collot d'Herbois se encara con el busto del mártir Chalier y representa uno de sus más convincentes papeles:

—¡Chalier, Chalier! —declama llevándose la diestra al pecho—. ¡Ya no existes! Los asesinos te han inmolado, mártir de la libertad. Te juro que verteré su sangre para apaciguar tu espíritu airado. La sangre de los aristócratas será la ofrenda de tu altar.

Después abrevan al asno en el cáliz y queman el misal en una hoguera.

Esa chusca representación ideada por el comediógrafo y actor inaugura el gobierno de los dos cónsules.

Una orgía de sangre. El primer mes firman unas dos mil sentencias de muerte. Como la guillotina resulta demasiado lenta para despachar a tanto condenado, recurren a los fusilamientos e incluso al más expeditivo método de agrupar a más de trescientos cincuenta condenados y ejecutarlos con tres cañones cebados de metralla.[261] Cuando no dan abasto a abrir zanjas colectivas en los cementerios arrojan los cuerpos al Ródano, algunos todavía agonizantes.

D'Herbois y Fouché son caracteres opuestos (a lo mejor por eso los escogió Robespierre). El actorcillo es un tipo extravertido e irreflexivo; el exseminarista es reconcentrado y calculador.[262]

A la Convención llegan noticias alarmantes de Lyon.

—Les encomendamos que descastaran la ciudad de monárquicos, no que aniquilaran a la población —acusa el diputado Lebrun.

La Convención llama a capítulo al par de matarifes.

Fouché se ha distinguido tanto en la represión que ha merecido el apodo del Mitrailleur de Lyon (el Ametrallador de Lyon).[263] No obstante, cuando la Convención lo aparta del cargo, se las arregla para culpar a su colega.

D'Herbois terminará sus días en la colonia penitenciaria de Cayena (Guayana Francesa), donde morirá de fiebre amarilla.[264]

En Nantes, otra ciudad girondina, ocurre otro tanto. La Convención encomienda la purificación de la ciudad a Jean-Baptiste Carrier, que se instala en un palacete requisado del centro, Villetreux, y anuncia su avanzado proyecto de gobierno:

—He venido a matar; a matar mucho.

No va a resultar tan fácil, ciudadano Carrier. Las cárceles repletas de prisioneros vandeanos plantean el mismo problema

261. El experimento, que preludia los asesinatos en las cámaras de gas nazis, se realizó los días 4 y 5 de diciembre en la llanura de Brotteaux, cerca de la granja de Part-Dieu. Lo que son las cosas, hoy Brotteaux es un barrio residencial donde se ubican los mejores restaurantes de Lyon, capital gastronómica de Francia, entre ellos el Paella-Lyon, ideal *pour vous retrouver au pays des toreros.*

262. Después fue tan brillante ministro de la Policía que hoy se considera el precedente de las modernas agencias de espionaje.

263. Se refiere a la metralla con la que cebaba los cañones, no a la ametralladora, que todavía no existía.

264. Para entonces, Robespierre se había convertido en el virtual dictador cuyos designios aprobaban los diputados. Robespierre odiaba a Fouché. Es posible que lo llamara a París para ejecutarlo.

que siglo y medio después desvelaría a Hitler: ¿cómo ejecutar a tanta gente? Tres mil reos se hacen cargo del problema y le facilitan la labor pereciendo de tifus y de hambre en poco más un mes, pero restan otros tantos que se resisten a colaborar con la autoridad. ¿Cómo suprimirlos? A tiros se gastaría demasiada pólvora; con la guillotina se tardaría una eternidad. Finalmente, Carrier concibe la idea luminosa de aplicarles «la gran bañera nacional» *(grande baignoire nationale):* los embarca en gabarras del Loira bien apretados, y las sumerge en el centro del río.

—Y la gabarra se puede recuperar después, aligerada del peso —le indica uno de sus técnicos.

Muerte rápida y envase reutilizable, ¿se puede pedir más?

Después de veintitrés inmersiones colectivas vacía la prisión de l'Entrepôt des Cafés, antes superpoblada. Todos ahogados. Simple y limpio.

Por este servicio, el Loira recibe el honroso título de río republicano *(fleuve républicain)*. Entre noviembre de 1793 y febrero de 1794 se calcula que han pasado por la bañera nacional unas cuatro mil personas, incluidos niños.[265]

Uno de los condenados, Bretonville, se salva de la muerte gracias a los desvelos de su hija, que llega a un acuerdo con el jurado del comité revolucionario Jean Perrochaux, albañil de profesión, que «como precio de la libertad del condenado exige el sacrificio del honor de la demandante» *(de lui livrer son honneur),* aunque él lo niega.[266] El mismo individuo recibe de la ciudadana Ollemard Dudan la suma de cincuenta mil libras por tacharla de las listas de encarcelados.

265. En algunos casos, la fértil y sádica imaginación de Carrier ideó refinamientos divertidos, como desnudar a un cura y a una monja, atarlos de manera que los órganos sexuales contactaran y de esa guisa arrojarlos al Loira. A ese juego lo denominaba «matrimonio republicano».

266. Bois, 1989, p. 228. En el proceso a los asesinos de Nantes (Normand, 1794, pp. 101-102), Perrouchaux intenta escurrir el bulto declarando: «*Je n'ai fait à cette fille aucun proposition malhonnête, mais je puis assurer que la mère Bretonville m'a fait des offres dont j'ai rougi pour elle et sa fille*».

CAPÍTULO 43

# Plebe airada y hambrienta

El primero de enero de 1793 una muchedumbre de exaltados revolucionarios pulula por las carreteras y caminos de Francia con el hatillo al hombro. Van a París, a inscribirse en los regimientos que defienden la Revolución en las fronteras. Entre ellos percibimos a tres intelectuales españoles que dejaron Bayona para trasladarse a la ciudad donde se está forjando la libertad de la humanidad. Uno de ellos, el más pequeñito, apenas 1,50 de estatura, José Marchena, alienta a los otros dos, José de Hevia Miranda y Juan Antonio Carrese, que se han dejado caer a la sombra de un árbol con los pies aspeados de la caminata.

—Doscientas leguas más y estamos en París, al pie del cañón, donde hay que estar —los anima—. La libertad se defiende con sangre, pero también con sudor.

Después de cuarenta días de camino, el trío de españoles entra en París y se dirige a la pensión Notre-Dame, tercer piso del número 70 de la calle Grenelle, cerca de su confluencia con Saint-Honoré. Llevan una carta de presentación para el posadero.

—Lo tengo lleno —les explica—, pero en atención a que sois personas de calidad que lucháis por la libertad os instalaré en la habitación de las criadas.

Los españoles intercambian miradas optimistas.

—A ellas las pondré a dormir con mis hijas.

Es un cuarto sin ventanas, de techo alto, que recibiría algo de luz de una claraboya si no estuviera tan sucia. Hay una cama grande, que pueden compartir, y un jergoncillo individual.

—Huele a coño —se queja Hevia cuando el posadero se ausenta.

—La Revolución exige sacrificios —le recuerda Marchena.

Los tres españoles salen a pasear por la ciudad que tras la ejecución del rey ha clausurado el Antiguo Régimen e inaugurado el nuevo. Van al café Corazza, en las galerías del Palais-Royal, donde les han dicho que se reúnen refugiados españoles a seguir las discusiones de los jacobinos.

El café es un local amplio con mostrador de madera y mármol y veladores de hierro fundido. Lámparas de grasa de ballena iluminan a un grupo de hasta veinte personas congregadas frente a la tarima del local en la que un actor recita a Racine. El *limonadier* que lo sirve, detrás de su mostrador, frota con un paño una chocolatera de peltre.

Nuestros amigos toman asiento en un velador libre, al final del local, y admiran el melodioso francés del recitador, que es nada menos que el actor François Talma, de la Comédie Française. Lo que más llama la atención a nuestros amigos no es el recitado en sí, sino que Talma está acompañado por su bellísima esposa, Julie, y por la también actriz Louise Fusil.

—Aquí las mujeres van a los cafés. ¡Es la libertad! —exclama entusiasmado Hevia.

—¡Qué coño libertad! —replica Marchena—. ¿No ves que son putas?

Tras el recitado y los aplausos, nuestros amigos socializan con los compatriotas presentes y vienen a conocer al jacobino Andrés María de Guzmán, un aristócrata hijo de ilustre familia granadina, con fincas en Andalucía y Extremadura, que ha abandonado fortuna y clase social para sumarse a la Revolución y practicar el apostolado de las nuevas ideas. Recientemente se ha nacionalizado francés, rompiendo todo vínculo con la atrasada España. Su protector, Marat, lo ha designado para dirigir el club de los *cordeliers*.

—¿Españoles, eh? —les dice con su voz bronca de militar (ha alcanzado el grado de coronel del Ejército revolucionario)—, pues bienvenidos a la tierra de la libertad. Desde aquí podréis ayudar a la causa de la libertad en España, dado que todos los pueblos somos hermanos, bla, bla, bla...

Nada que nuestros amigos no conozcan.

Hombre llano y cordial, el coronel De Guzmán se deja invitar a café.

Después de socializar con los parroquianos del Corazza, nuestros amigos prosiguen su exploración por el centro de la ciudad. Les llama la atención que en las fachadas de las casas aparezcan artísticas pinturas con el lema republicano: «Unidad, indivisibilidad de la República; libertad, igualdad o muerte».[267]

—Somos libres, iguales y hermanos —dice Marchena entusiasmado.

Eso piensan también los parisinos.

Pero la cruda realidad se impone: ni tan libres, ni tan iguales, ni tan fraternos. La República ha generado una nueva burguesía pudiente, un avance social sin duda para sus componentes, pero el pueblo sigue padeciendo hambre y escasez.

En los talleres se leen en voz alta los periódicos que resumen las diatribas de los parlamentarios. Casi todos los diputados son hijos del Siglo de las Luces, gente trajeada, limpia, culta (entre la que predominan los abogados). A poco que te descuides, los encuentras haciendo el amor con la lógica y la razón en cualquier rincón del Parlamento.

Pero en la calle, especialmente en los barrios humildes, la hambruna se agrava. El pan parisino vale a veces el doble que en las provincias y además de caro comporta el valor añadido de que no se sabe de qué está hecho.

—¿Has notado que apenas hay serrín en las carpinterías? Es porque sirve para adulterar el pan —se queja Hevia—. Comemos lo mismo que las termitas.

La guerra con los angloholandeses impide salir a los pescadores. A París apenas llega pescado. A nuestra amiga Adèle la Tremenda no le compensa abrir el puesto y ha tenido que em-

267. Inspirado en el clásico «libertad, igualdad, fraternidad» que hoy es el lema oficial de la República Francesa.

plearse de ayudante de una mondonguera. Vedla vagar por Les Halles declarando lindezas.

—¡Me cago en cien santos amontonados con la Virgen en el copete! Al que coja escondiendo harina para la reventa le voy a dar tal puñalada que con diez carros de pita no habrá suficiente para darle un punto.

La misma escasez aqueja a regiones eminentemente agrícolas como la Vendée, que están levantadas en armas y descuidan los cultivos.

Muchas madres, aquellas mujeres de armas tomar que asaltaron Versalles, ven a sus hijos desfallecer de hambre y empiezan a albergar funestos pensamientos.

—Si ahora todos somos tercer estado y hemos alcanzado la igualdad, ¿por qué nos morimos de hambre como entonces?

No alcanzan a comprender que, aunque todos los ciudadanos somos iguales, algunos son más iguales que otros.

De aquella gran decepción de los *sans-culottes* va naciendo lo que con el tiempo será un grupo extraparlamentario, los *enragés* (los furiosos).[268]

Los *enragés* ven que, aunque se hayan abolido las clases privilegiadas, sigue habiendo ricos y pobres, potentados y pordioseros. Y la crisis arrastra a muchos honrados trabajadores al empleo precario o al hambre.

—¡Queremos igualdad de goces! —exigen.

O sea, que todos disfrutemos de las mismas cosas.

—¿De qué ha servido quitar al rey y a los nobles si seguimos pasando hambre?

Podríamos responderles con las palabras de James Carville, estratega de la campaña electoral de Bill Clinton: «¡Es la economía, estúpido!».[269]

268. El *enragé* más notorio, Jacques Roux, escribió un *Discurso sobre los medios para salvar Francia y la libertad* en el que proponía pena de muerte para los acaparadores y la creación de economatos que fijarían a la baja el precio de los víveres.

269. Y ese lema, repetido hasta la saciedad, le sirvió para ganar las elecciones a Bush.

La economía era un desastre en el Antiguo Régimen y sigue siéndolo en el nuevo. Incluso es posible que con el cambio se haya agravado.

Se echa de menos a Necker, aquel mago de las finanzas. Quizá él hubiera podido salvar a Francia de la inflación galopante, pero el antiguo ministro de Finanzas vive sus últimos años retirado en su castillo de Coppet, a orillas del lago Lemán, y no está por abandonar su vejez apacible.

El caso es que en la Convención Nacional, la ilustre jaula de grillos, no se produce mucho debate sobre la economía, una disciplina arcana para ellos. Desde el principio de la Revolución, tanto jacobinos como girondinos han defendido el libre comercio.

¿Qué falla entonces?

Falla que ignoran el funcionamiento del mercado, falla que han provocado una monstruosa inflación con los *assignats* (el papel moneda) y falla que el expolio de los bienes de la nobleza y de la Iglesia solo ha beneficiado a la bulímica burguesía, la única que dispone de dinero para adquirirlos. Al pueblo no le han llegado ni las raspas. Sumemos a ello que los cuantiosos gastos militares (exigidos por la guerra con los aliados europeos) mantienen una presión fiscal insoportable.

Los líderes populares surgidos de la plebe *enragé* comienzan a preguntarse si los diputados de la Convención Nacional sirven para algo. ¿Acaso no son responsables de la desastrosa gestión del procomún? ¿No son ellos los que confiaron el ejército al traidor Dumouriez? ¿No se están enriqueciendo mientras la pobreza crece en los barrios humildes?

Por el Palais-Royal y en los mercados de París circulan hojas volanderas con preocupantes propuestas: «La sed de riqueza no puede apagarse más que en arroyos de sangre».

Menudean los asaltos a panaderías, almacenes de víveres y abacerías. Un acaparador de harina amanece castrado y colgado de una farola. Adèle la Tremenda y otras viragos de su círculo social se personan en las tahonas blandiendo picas, chuzos, tijeras de esquilar, cuchillos, devanaderas y otras herramientas antaño pacíficas, y sugieren a los panaderos a qué precio deben vender el pan.

—Es que a ese precio me arruino —protesta el industrial—. No podré alimentar a mis hijos.

—Bienvenido al club —responde una desgreñada—. Tampoco nosotras podemos alimentar a los nuestros.

Después de unas semanas de paciente espera, José Marchena recibe un comunicado que lo cita, junto con José de Hevia y Juan Antonio Carrese, los otros intelectuales españoles, en la oficina del ministro de Exteriores.

Pierre Le Brun Tondu los recibe ante un escritorio atestado de informes y papeles, entre ellos el que pidió al jefe de policía sobre los ilustrados españoles que le han solicitado audiencia. «Marchena es un joven atolondrado con la apariencia de un hombre instruido y la presunción de todo ignorante. Cambia con frecuencia de principios revolucionarios. El otro colaborador, el tal Hevia, es por el estilo, tan desprovisto de sentido común como Marchena».

No es que el informe sea muy favorable. Le Brun necesita gente entusiasta con la que iniciar la andadura de dos oficinas de propaganda revolucionaria que ha instalado en Bayona y Perpiñán, pero no se atreve a confiárselas a estos zascandiles.

—De fondos, ¿cómo andáis?

—Impecunes —confiesa Marchena.

Asiente Le Brun.

—Mientras encontramos otro empleo mejor, os encargaré traducciones al español de escritos revolucionarios.

La situación de París es preocupante. Los barrios pobres están al borde del motín y esta vez no hay Bastilla que demoler ni monarquía que derrocar. A los diputados de la Convención Nacional les urge encontrar un culpable sobre el que desviar la atención de los *enragés.*

Los jacobinos (Robespierre, Danton, Marat y compañía) abandonan la doctrina liberal que han mantenido hasta ahora y buscan congraciarse con los *enragés.* Digamos que chaquetean y, comprendiendo que pintan bastos, se ponen al frente de la manifestación como si ellos mismos fueran *enragés.*

—Somos minoría en el Parlamento —se disculpan—. El mal funcionamiento de todo se debe a los girondinos, que son mayoría y nos arrollan.

Los irresolutos diputados de la Llanura, temerosos de *la solitude des modérés,* unen su voto al jacobino.

Obtenida la mayoría, los jacobinos encauzan la ira popular contra los girondinos.

El proceso se produce en tres etapas.

Primero: la Convención crea un Comité de Defensa Nacional, cuya tarea consiste en defender la República dentro y fuera de las fronteras. Para ello se crea un tribunal revolucionario que juzgue a los enemigos del Estado.[270] El Comité de Defensa Nacional, compuesto por parlamentarios de todas las tendencias, resulta poco operativo. Hay que reducirlo.

Segundo: lo reducen a nueve miembros (entre ellos, Danton, Robespierre y Sieyès) y lo denominan Comité de Salvación Pública. De este modo, los jacobinos se hacen con el poder ejecutivo.

—¿Qué sentido tiene este comité?

Netamente represivo. Uno de sus primeros decretos consiste en crear un Comité de Vigilancia, una especie de Gran Hermano que indaga en las conciencias y compone listas de sospechosos optantes a la guillotina.

¿Dónde está la discrepancia? En la mayoría girondina, sus adversarios políticos.

Los girondinos moderados se someten a los cada vez más extremistas jacobinos y estos acaban aboliendo la libertad con el pretexto de perseguir las actividades contrarrevolucionarias.

270. Danton sugiere «la necesidad de un tribunal revolucionario que aplique la venganza del pueblo». El tribunal revolucionario se compone de una mesa del tribunal, integrada por cinco magistrados, un jurado de doce miembros y un Ministerio Público con un fiscal y dos suplentes. «La ley —observa su enunciado— designa jurados patriotas para que juzguen a los conspiradores y defiendan a los patriotas calumniados».

CAPÍTULO 44

# Sombras del pasado

Diego y Brigitte tienen la tarde libre. El muchacho invita a su amiga al café del número 103 de la galería de Beaujolais, en el Palais-Royal. Es un local amplio en el que los parroquianos, mayormente *sans-culottes* y sus novias o mujeres, comparten grandes mesas corridas construidas con tablones reciclados de barcazas. Tres músicos ciegos tañen un violín, un clarinete y un contrabajo. Encima del mostrador un letrero bien perfilado advierte: «*Ici, on s'honore du titre de citoyen, on se tutoie, et l'on fume*» («Aquí nos honramos con el título de ciudadano, nos tuteamos y fumamos»).

Observa Diego que en los reservados las parejas se abrazan y se acarician sin pudor.

—¿Conocías este sitio? —le pregunta Brigitte.

—No había estado nunca.

—Claro, el señorito Antoine solo te lleva a lugares elegantes, no sea que te contamines con los pobres. Pues que sepas que es muy divertido.

Sale de detrás de una cortina una mujer muy maquillada que viste un justillo tan apretado que parece que de un momento a otro se le van a escapar los senos.

Le da instrucciones al ciego flautista y sonríe descarada al público mientras ellos comienzan la melodía.

—¡«La carmañola»! —grita entusiasmada la clientela al reconocerla. La corean con ella mientras siguen el compás golpeando las mesas con jarros y cubiletes.

*Madam'Veto avait promis*
*De faire égorger tout Paris*
*Mais son coup a manqué*
*Grâce à nos canonniers.*
*Dansons la carmagnole,*
*Vive le son, vive le son,*
*Dansons la carmagnole*
*Vive le son du canon!*[271]

Brigitte se une al coro entusiasmada. Diego se siente desplazado.

Cuando terminan, con un gran aplauso, ella le toma una mano con inédita ternura y le dice:

—Si supieras la letra también podrías cantarla. Tienes muy buena voz.

—¿Venías aquí con tu novio? —pregunta Diego.

—Sí —responde seria—. Y ahora está muerto y vengo contigo, ¿qué pasa? ¿Le vas a tener celos a un muerto? Si no me lo recordaras tanto, a lo mejor lo habría olvidado ya.

El 10 de junio de 1794, la Convención emite un decreto que acelere los trámites del tribunal revolucionario, dado que «cualquier lentitud es un crimen». Se prescinde de interrogar al acusado, se prescinde de abogados defensores, solo se escucha a los testigos de cargo.

«En resumen, no más justicia, ni siquiera revolucionaria, sino el establecimiento de una Inquisición jacobina».[272]

—Desde el punto de vista de los cacareados derechos humanos es una barbaridad —reconoce Gaston Roux.

—Entonces, ¿por qué lo habéis aprobado? —pregunta Antoine.

271. «La señora Veto prometió /degollar a todo París, / pero ha errado el golpe / gracias a los artilleros. / Bailemos la carmañola, / viva el sonido, viva el sonido. / Bailemos la carmañola, / ¡viva el rugido del cañón!».

272. Quétel, 2021, p. 420.

—Por miedo a Robespierre. Después, en conciliábulos, hemos decidido que mañana añadiremos un anexo por el que la Convención se reserve el derecho de arrestar a sus propios miembros. Es lo único que nos puede otorgar inmunidad parlamentaria.

Al día siguiente se lo plantean a Robespierre.

—Nadie estará a salvo de la ley —decide el dictador—. Y pediré la cabeza de los intrigantes que defiendan ese anexo.

La sinrazón se impone. Los parlamentarios están demasiado asustados para reaccionar, pero algunos empiezan a pensar en que el Incorruptible ha terminado con el espíritu abierto y fraternal de la República para instaurar una tiranía.

Liberado de todo obstáculo procesal, suprimida toda garantía judicial, el Terror entra en su periodo más sangriento, en el llamado Gran Terror.

En su mes más virulento (verano de 1794), los tribunales populares despachan unas dos mil condenas a la guillotina. Algunos jueces son analfabetos, lo que produce situaciones hilarantes que el periódico *Le Père Duchesne* reproduce:

> ACUSADO: Me permití una figura retórica que se llama *licencia poética,* nada más.
>
> JUEZ: Escribid, secretario, que el señor se permite licencias cuando la ley lo prohíbe y que incurre en la audacia de presumir de una figura licenciosa.
>
> ACUSADO: Pero, señoría, la licencia no está en mi figura, sino en la figura retórica.
>
> JUEZ: ¡Equilicuá! Debe de ser una facciosa esa mujer llamada Retórica. ¿Dónde vive?[273]

Asistir a la decapitación de los nobles es un espectáculo consolador, pero el malestar de las clases populares sigue creciendo.

273. Díaz-Plaja, 1991, p. 23. El mismo autor cita a Leopoldo Nunes, que en su *Madrid trágico* (1938) describe una escena similar en los tribunales populares de 1936, cuando el juez designado declara: «Este tribunal es una trinchera del pueblo. No queremos magistrados que ganaban dinero y trabajaban poco. No es preciso saber derecho. No hay Código».

La imposición de un Estado policial no remedia el verdadero problema de los pobres: el hambre.

Las mujeres se muestran particularmente sensibles cuando la hambruna aqueja a sus hijos. Las historias de bebés muertos de inanición menudean en los corrillos femeninos. Sin embargo, rechazan a aquellas más cultas que intentan liderarlas.

En el café Procope se discute acaloradamente la propuesta que la ciudadana Pauline Léon ha presentado al Parlamento sobre la creación de una Guardia Nacional femenina y el derecho de las mujeres a portar armas.

—Esas son las extravagancias que Théroigne de Méricourt inculca a las mujeres —dice Léon Moreau.

—Una barbaridad más, de las muchas que corren entre nosotros estos días —interviene el diputado Dehaussy de Robécourt—. Guardémonos de intervenir en el orden de la naturaleza. La naturaleza no ha destinado a las mujeres a dar la muerte, sino a dar la vida. Sus manos delicadas no se hicieron para manejar el acero ni para blandir las picas homicidas.

—Te recuerdo, ciudadano Dehaussy de Robécourt, que como personas tenemos los mismos derechos que tú —interviene Emma Bernard—. Y que una vez una mujer, Juana de Arco, salvó Francia de la tiranía. Como Judit, somos muy capaces de liberar al pueblo de sus tiranos.

—Eso es cierto —reconoce Paul Simon.

—Si no hubiera sido por las mujeres, no habríamos hecho la Revolución y seguiríamos siendo esclavos de los privilegiados.

—De todos modos, yo creo que habría que descartar eso de las mujeres armadas y entrometiéndose en política —razona Moreau—. Es preferible encontrar el hogar en orden y la cena lista cuando regresamos a casa después del trabajo en lugar de ver a sus esposas en asambleas en las que no siempre adquieren un espíritu dócil.[274]

Entre las mujeres militantes destaca Théroigne de Méricourt, la decidida y valerosa mujer que ganó una corona cívica por su heroica actuación en el asalto a las Tullerías.

274. Schama, 2019, p. 581.

—¿Por qué la llaman «la puta de los patriotas»?

—Las malas lenguas, y contrarrevolucionarias, aseguran que se ha tirado a toda la Convención.

—Son exageraciones de los malpensados biempensantes —apunta Gaston Roux—. No se le perdona que sea una mujer libre que se entrega a quien le parece porque está por encima de las convenciones sociales. Es la aplicación práctica de las ideas de Rousseau.[275]

—Pero eso de proponer a la Convención un batallón de mujeres armadas que defiendan la República parece propio de una mujer que tiene algún tornillo suelto —insiste Antoine—. Si continúa con sus extravagancias acabará mal.

Palabras proféticas. Las propias mujeres a las que pretende despertar a un mundo nuevo la acorralan en la terraza del club de los *feuillants,* la inmovilizan, la desnudan y le azotan las nalgas a la vista de la atenta y mordaz concurrencia masculina. La pobre activista no se sobrepone a la vergüenza y acaba en el sanatorio mental de la Salpêtrière.

Más afortunada es la actriz Olympe de Gouges, activista por los derechos de la mujer que memorablemente declara:

—Si la mujer puede subir al cadalso, también debe tener derecho a subir a la tribuna.

En otro mitin a las mujeres dice:

—El hombre ha necesitado tu ayuda para romper sus cadenas, pero cuando se ha visto libre ha sido injusto con su compañera. ¡Mujeres, abrid los ojos! ¿Cuándo dejaréis de estar ciegas? ¿Qué ventajas habéis sacado de la Revolución?

275. Dice, por ejemplo: *«Brisons nos fers, il est temps enfin que les femmes sortent de leur honteuse nullité où l'ignorance, l'orgueil et l'injustice des hommes les tiennent asservies depuis si longtemps»* («Rompamos nuestras cadenas; va siendo hora de que las mujeres escapemos de nuestra afrentosa nulidad en la que la ignorancia, el orgullo y la injusticia de los hombres nos tienen sujetas desde hace tanto tiempo»), Godineau, 2004.

CAPÍTULO 45

# Pueblo en armas

El motín estalla el 31 de mayo con un rebato de campanas que convoca a la sublevación.

La madre de los bronces, la campana gorda de Notre-Dame, llama a sus hijas menudas que sobrevivieron a la requisa en los campanarios de París.

—Los revoltosos han ocupado Notre-Dame y se turnan en el repique de la campana (el badajo pesa quinientos kilos).

El caudillo que los manda es Andrés María de Guzmán, el noble español pasado a la Revolución al que conocimos páginas atrás en el café Corazza. Por su destacada actuación en el rebato *(tocsin)* de las campanas de París, en adelante lo llamarán don Tocsinos.

El nombre de don Tocsinos se difunde entre los alzados. Es el héroe del día.

Antoine Roux, una vez más, manda cerrar las contrapuertas del negocio para convertir Roux et Frères en una fortaleza. Muchos obreros se toman el día libre para asistir a la manifestación en solidaridad con sus hermanos menos afortunados.

Las turbas rodean la Convención Nacional coreando consignas agresivas. La más preocupante de todas es: «¡Los diputados no nos representan!».

Días de zozobra en París y en Roux et Frères, donde se trabaja a puerta cerrada confeccionando uniformes para la Convención que no saben cuándo podrán cobrar, dada la difícil situación.

El 2 de junio una muchedumbre de *sans-culottes* armados de picas y mosquetes rodea el palacio de las Tullerías, sede de la Convención (la marcha de la familia real les dejó libre el palacio y pudieron trasladarse desde el Picadero).

—¡La chusma nos está rodeando! —clama uno de los ujieres irrumpiendo en la cámara.

Salen varios diputados a comprobar la gravedad de la situación. Pues sí, es más grave de lo que parece.

—Traen cañones y nos están apuntando.

—¿Qué hacemos?

—Apaciguarlos, que ya sabéis cómo se las gastan.

Un grupo de diputados encabezados por el presidente Hérault de Séchelles sale al patio para atender las demandas del pueblo. Hérault conversa con el *sans-culotte* jefe de la Guardia Nacional, François Hanriot.

—El pueblo de París exige la entrega de los individuos contenidos en esta lista —manifiesta Hanriot al tiempo que le entrega un papel—. La fuerza armada solo se retirará cuando la Convención haya entregado al pueblo a los diputados denunciados por la Comuna.

Hérault repasa la lista. Contiene los nombres de veintinueve diputados girondinos y dos ministros del Gobierno del mismo signo.[276]

—Esto es de lo más irregular —protesta el presidente haciendo ademán de devolver el papel.

Hanriot levanta el brazo hacia los artilleros. Cuando Hérault ve que aquellos energúmenos aguardan junto a los cañones con las mechas encendidas, deja de poner inconvenientes.

—Un momento, un momento... Hablando se entiende la gente, ¿no?

Hérault y los diputados regresan balando a sus escaños. La Convención emite una orden de arresto contra los veintinueve diputados girondinos denunciados por el pueblo. En la batahola que

276. Firmaban la petición treinta y cinco de las cuarenta y ocho secciones de París y el Club de los Jacobinos. El tribunal revolucionario condenó a muerte a los veintiún girondinos apresados y los guillotinó.

sigue, ocho de ellos consiguen evadirse, pero los veintiuno restantes quedan en poder del tribunal revolucionario que los juzga y condena a muerte. Los guillotinan el 3 de octubre (10 de brumario).

—Muy natural que los condenen —comenta Gaston Roux—. Fueron los girondinos precisamente los que se opusieron a la creación de ese tribunal que proponían los jacobinos más destacados (Danton, Lindet y Levasseur).

Hemos asistido al primer golpe de Estado de la historia contra un Parlamento elegido por sufragio universal (del 31 de mayo al 2 de junio de 1793).

—Como Saturno, la Revolución devora a sus hijos —había profetizado el portavoz girondino Pierre Victurnien Vergniaud.

Con el pretexto de defender la República de sus enemigos internos, la minoría jacobina o montañesa (extrema izquierda en términos actuales) se impone a la mayoría girondina (derecha moderada) e instaura un régimen de terror cuyo instrumento es el tribunal revolucionario.[277]

La tarde del día glorioso, cumplidos los designios revolucionarios, don Andrés María de Guzmán, ya don Tocsinos para la historia, acompaña a Danton a un merecido esparcimiento en el establecimiento de madame Sainte-Amaranthe, en el número 50 de las arcadas del Palais-Royal.

En los días siguientes, la Convención se apresura en legislar para que el pueblo que ronda fuera con picas, hoces y otras herramientas multiusos note que en aquel Parlamento se trabaja a destajo.

La República está arruinada. Se precisan medidas urgentes para aliviar sus apuros económicos. Un decreto establece la venta de las propiedades de los *émigrés;* otro, la parcelación de tierras comunales en lotes familiares; otro, la supresión de los derechos feudales todavía vigentes... Por otra parte, «la guillotina acuña

277. Los historiadores coinciden en que el Terror terminó con el ajusticiamiento de Robespierre (28 de julio de 1794), pero no se ponen de acuerdo sobre la fecha del inicio, unos creen que comenzó con el asesinato de Marat (julio de 1793), otros con la ley de sospechosos (septiembre de 1793), o con la muerte de la reina (octubre de 1793). Algunos distinguen un punto álgido, la Grande Peur, desde junio de 1794.

moneda», dado que la República confisca los bienes de sus víctimas. El problema es que a menudo los bienes confiscados se deterioran por falta de comprador: el que tiene dinero para comprarlos se abstiene por miedo a parecer rico.

Menudean las detenciones. Los comités de vigilancia extreman las precauciones. Incluso registran el cuarto donde vive José Marchena por leves sospechas de que pueda ser un agente español que se finge revolucionario. Realizado el registro, dejan la puerta precintada. Regresa Marchena y tiene que comparecer ante el Comité de Vigilancia.

—Con el debido respeto, solicito permiso para levantar los precintos. De lo contrario tendré que dormir debajo de un puente —alega.

Nota que el comisario está fumando uno de sus cigarros («sus» de él, de Marchena).

—¿Estamos locos o qué? —protesta—. Yo he consagrado mi vida, como un sacerdocio, a la defensa de la libertad de los pueblos. Soy un perseguido de la Inquisición española.

—Eso decís todos —comenta el comisario mientras sacude la ceniza con la uña del meñique—. Anda, ve a tu cuarto y levanta los precintos. Pero no abandones París sin avisarnos.

Los *enragés* no están en la Convención, pero la Convención legisla para contentarlos. Su líder, el sacerdote Jacques Roux (cuyo apellido coincide con el de nuestros amigos, pura coincidencia), predica:

—No se pueden apreciar los encantos de la libertad cuando se tiene que luchar contra el hambre. Los jacobinos no han hecho nada por los *sans-culottes*. Cerquemos la Convención[278] y gritemos unánimemente: «¡Adoramos la libertad, pero no queremos morir de hambre!».

—¿Quién es este Roux? —pregunta Gaston—. Mis colegas me preguntan si es pariente nuestro.

278. Efectivamente, esta iniciativa nos recuerda la de la plataforma ¡En Pie! que rodeó el edificio del Congreso de los Diputados el 25 de septiembre de 2012, en la que los *sans-culottes* españoles gritaban: «Lo llaman democracia y no lo es»; «Esta crisis no la pagamos»; «Que se vayan todos».

—Una pieza de cuidado —informa el diputado Lasnier—. A ti, como industrial que eres, debería preocuparte, porque no hace más que predicar que la burguesía mercantil que ha sucedido a los nobles y a los curas es peor que aquellos.

—¿Y de dónde ha salido semejante engendro?

—Era profesor en el seminario de Pranzac, donde se ganó fama de irascible y antipático. Daba unas bofetadas con la mano abierta que temblaba el misterio. Al parecer incitó al cocinero de la congregación, un tal Ancelot, escaso de luces, a matar de un escopetazo a un seminarista que no cerraba bien las ventanas. Juzgado como inductor del crimen consiguió que lo absolvieran, pero el obispo lo desterró a una parroquia minúscula, Saint-Thomas-de-Conac. Cuando cayó la Bastilla subió al púlpito a predicar que la tierra pertenece a todos e incitó a sus feligreses a que asaltaran las propiedades de los señores. Animados por su prédica, a la salida de misa, asaltaron la mansión del señor local. Él pudo escapar a uña de caballo, pero a sus perros, que los tenía muy buenos y muy cazadores, los asaron vivos.

—¡Menudo personaje y menudo paisanaje!

Lasnier toma un polvo de rapé de un estuchito de esmalte cuya tapa muestra la compenetración de Venus y Marte. Inspira profundamente, estornuda y prosigue:

—No es todo. Hace dos años se mudó a París, juró la Constitución y lo hicieron párroco de Saint-Nicolas-des-Champs, aunque es fama que se le ve más por el hogar de la sección de Gravilliers que por la parroquia. Desde entonces es raro el asalto a las tiendas o a bodegas en el que no esté implicado.

Pocos días después, Jacques Roux presenta a la Convención un amenazante escrito:

> ¿Habéis proscrito la especulación? ¡La respuesta es un rotundo NO! ¿Habéis impuesto pena de muerte contra los acaparadores? ¡No! ¿Habéis delimitado en qué consiste la libertad de comercio? ¡No! ¿Habéis prohibido la venta de dinero acuñado? ¡No! ¡Es evidente que no habéis hecho lo suficiente por el bienestar del pueblo! La libertad no es más que un fantasma hueco cuando unos comen mientras otros pasan hambre. La igualdad no es

> más que una palabra vana cuando el rico ejerce un derecho de vida o muerte sobre sus semejantes. La República no es más que un invento sin sentido cuando la contrarrevolución triunfa diariamente mediante el alza de los precios de los productos que las tres cuartas partes de la población no pueden adquirir sino a costa de grandes sacrificios.[279]

¿Se pueden soportar esas presiones y esas amenazas?

Marat y Robespierre expresan su enfado por el radicalismo del cura rojo.

—¿Qué hacemos con él? —se preguntan diputados responsables.

—¿Eliminarlo antes de que soliviante más al pueblo y nos robe la Revolución?

Acusado de causar disturbios en connivencia con las potencias extranjeras, lo arrestan y comparece ante el Tribunal Revolucionario. Comprendiendo que lo condenarán a la guillotina, se suicida de cinco puñaladas en la prisión de Bicêtre.

París está inmovilizada por el miedo, como el gazapillo fascinado por la cobra. «No se veía un solo coche en París en ese momento —escribe el barón de Frénilly en sus memorias—. Toda la vida se encerró dentro de las familias. Se hablaba poco, en voz baja, las puertas bien cerradas. Nadie estaba seguro del día siguiente; las mujeres no salían; los hombres, poco [...]. Cada muro mostraba en grandes caracteres: «Libertad, fraternidad, igualdad o muerte». En cada puerta de vivienda había un cartel en el que se leían el nombre y la edad de los moradores».[280]

Algunos panaderos hornean pan blanco, jugándose la vida; algunos clientes ricos lo consumen también con grave peligro de perderla. Se supone que todo buen ciudadano debe consumir la ración de «pan de la igualdad» que le asigna su cartilla de racionamiento. La composición de este pan es un misterio: harina de algarrobas, castañas, alforfón, cebada...

279. Soboul, 1976.
280. Quétel, 2021, p. 423.

CAPÍTULO 46

# Marat asesinado

Hace años, en mi juventud autoestopista y menesterosa, anduve por Normandía. Me atraían, casi a partes iguales, los oxidados restos del desembarco aliado en el Día D, el queso camembert y la insólita belleza del Mont Saint-Michel.

En mi errancia por Normandía acerté a pasar por la aldeíta de Les Lignerits y, como ese día diluviaba, aparte de mi interés por el arte, me refugié en la iglesita de Saint-Saturnin, que desde fuera parece un granero al que le hubieran clavado un modesto campanario en medio del tejado.

Las imágenes de Cristo y los santos que atesoraba el templo estaban deficientemente esculpidas, pero la bella pila bautismal era una filigrana neogótica que contrastaba con la rudeza del entorno. La estaba contemplando cuando una voz a mi espalda preguntó:

—*Êtes-vous intéressé par l'art?*

Me volví. El párroco, un cura gordo y coloradote, de bondadoso semblante.

—*Oui, monsieur.*

Posó una mano rolliza sobre el brocal de piedra.

—En esta misma pila bautizaron a Charlotte Corday.

—¿La que asesinó a Marat?

—La misma, *mon ami*. Venga y le mostraré su partida de bautismo.

Me precedió hasta la humilde sacristía, abrió un armario

atestado de libros y sacó un infolio encuadernado en tela. La página donde figuraba el acta de bautismo de la ilustre magnicida estaba marcada con una cartulina de Toblerone.

Me señaló el nombre con el que cristianaron al bebé que pronto se convertiría en una preciosa mujer y después en una famosa magnicida o, mejor, tiranicida.

Tras el hueco que el libro había dejado en el estante se veía una botella. Don André, así se llamaba el cura, extrajo otro libro y aparecieron dos vasitos.

—Va usted a probar un calvados de categoría, el famoso licor normando —me dijo mientras servía los vasos—. Lo destila un feligrés de la parroquia. De toda confianza.

Brindamos por la memoria de la bella Corday. Tras degustarlo alabé la calidad del brebaje.

—Es muy digestivo —chasqueó la lengua saboreándolo—. Cuando haga usted una comida copiosa tome entre plato y plato un calvados, un *trou normand* ('agujero normando'), como lo llamamos, y ya verá lo bien que hace la digestión.

Sentados en un banco de la iglesia, bajo las descomunales vigas que sostenían el techo, me contó la historia de Charlotte.

—Se llamaba Marie Anne Charlotte Corday d'Armont. Era una chica sencilla, provinciana, guapa y de buena presencia, con una mirada angelical y pura *(un regard angélique et pur).* Además de sus evidentes prendas físicas, la chica gozaba de una viva inteligencia. Había leído a Rousseau y a Montesquieu, y se interesaba por la política. Debe usted saber que Normandía era muy girondina. Aquí se habían refugiado muchos fugitivos del terror jacobino. Charlotte asistía a sus reuniones e intervenía activamente en ellas. Quizá era un poco fanática. Un pariente suyo que la conocía bien escribió: «Charlotte era de ideas fijas y rotundas. No podías contradecirla, era inútil. Nunca albergó dudas ni incertidumbres. Una vez tomada su decisión, ya no admitía que se le llevara la contraria».[281]

Había recibido una educación religiosa con las monjas de

281. Carta de su tío Frédéric de Corday, citada en Lenotre y Castelot, 1963, p. 209.

*l'abbaye aux Dames* de Caen. Quizá la lectura de vidas de santos mártires le inculcó cierta predisposición al martirio. Lo cierto es que el 9 de julio de 1793 tomó la *turgotine* que hacía la ruta de Caen-París. Dos días después se hospedó en el Hôtel de la Providence, Rue des Vieux-Augustins, número 19. De allí se dirigió a la casa del diputado Lauze de Perret con una carta de presentación para que le consiguiera una entrevista con Marat.

—Últimamente no viene por la Convención, muchacha —le dijo De Perret—. Tiene problemas de salud.

Charlotte regresó a su hotel, se encerró en su habitación y escribió una carta a Marat: «Procedo de Caen. Su amor por la patria me hace suponer que le interesará conocer los infortunios que ocurren allí. Estaré en su casa dentro de una hora. Si me hace la bondad de recibirme, podrá prestar un gran servicio a Francia».

No obtuvo respuesta. Por la tarde insistió con otra carta: «Espero que mañana me conceda una entrevista. Tengo que revelarle secretos esenciales para el futuro de la República».

Caía la tarde cuando Charlotte se preparó para matar: ocultó en su corpiño, bajo el pañuelo rojo que le cubría la garganta, un cuchillo de cocina con mango de ébano y virola de plata que había comprado esa misma mañana, por cuarenta sueldos, en la cuchillería de Cutler Badin, bajo la arcada del Palais-Royal (número 177 de la actual Galerie de Valois, hoy han puesto una tienda de artículos femeninos).[282]

En la calle tomó un coche de alquiler y solicitó del cochero que la llevara al número 18 de la Rue des Cordeliers, domicilio de Marat.

«Toc, toc», llamó a la puerta. Le abrió la secretaria y amante de Marat, Simone Évrard.

—Tengo una cita con el diputado —dijo Charlotte.

Simone vio ante sí a una mujer joven y atractiva que preguntaba por su hombre. Le dijo:

282. Leo en el escaparate: «*Retrouvez notre sélection de* sextoys *Satisfyer aux meilleurs prix. Satisfyer Double Joy stimulateur connecté pour couple, triple stimulation*».

—Marat no recibe, ciudadana. Está muy ocupado.

Charlotte porfía, pero Simone se mantiene en sus trece. Quizá intuye que aquella mujer angelical puede traer la infelicidad a su casa.

Del interior llega la voz potente de Marat.

—Déjala pasar, Simone.

Con un gesto de fastidio, Simone se aparta. En la estancia contigua dos mujeres están plegando ejemplares del último número de *L'Ami du Peuple*. Marat está en una pequeña estancia al fondo de la vivienda. Charlotte se sorprende al encontrarlo metido en una bañera, con una toalla empapada en vinagre a guisa de turbante. Por prescripción facultativa, Marat tiene que tomar baños fríos. Padece una enfermedad de la piel contraída en 1791, cuando tuvo que esconderse en una cloaca huyendo de sus perseguidores.[283] Como pasa horas en el baño se ha agenciado un tablero sobre el que sigue redactando sus artículos y confeccionando sus listas de guillotinables por delitos contra el Estado.

Charlotte le expone su embajada. La ciudad de Caen está infestada de diputados girondinos que conspiran contra el Estado.

—Dime sus nombres y te prometo que antes de que pasen ocho días los habré guillotinado.

Marat se incorpora un poco para alcanzar una hoja de papel de la gaveta contigua. Es el momento que Charlotte aprovecha para sacar el cuchillo y asestarle una puñalada que le atraviesa el corazón.

El revolucionario solo puede gritar *«à moi, à moi»*, antes de morir.

Acuden Simone y los criados. Al ver a Marat malherido, manando sangre a chorros, agreden a la asesina. La hubieran linchado de no ser porque dos guardias nacionales que pasaban por la calle acuden al tumulto y lo evitan.

283. Las salpicaduras de sangre sobre los papeles han permitido un análisis genético que sugiere que Marat padecía «una infección micótica primaria (dermatitis seborreica) infectada con patógenos bacterianos oportunistas». Tampoco se descarta que fuera celiaco con alergia al gluten del trigo.

—Si la matan nos quedaremos sin saber los nombres de sus cómplices —dice el guardia más viejo.

Acude también un vecino, el dentista Michon-Delafondée, que ayuda a sacar al agonizante de la ensangrentada bañera. Marat, la mirada perdida, balbucea sonidos ininteligibles con su último aliento.

Charlotte no pierde la compostura. Como una mártir de la causa, se ofrece al sacrificio.

Otro que acude desde la calle es el capuchino renegado Chabot, que, confrontado con el cuadro, le augura:

—Morirás por esto, harpía, irás a la guillotina.

—Lo sé de sobra —responde ella.

Cuando el capuchino le arrebata el reloj, ella observa con sorna:

—¿Olvidas que los capuchinos tenéis voto de pobreza?

Conmoción en París. ¡Una mujer ha asesinado a Marat!

—¿Cómo? —pregunta Gaston Roux incrédulo a su primo Antoine, que trae la noticia de la calle.

—Una puñalada en el corazón. Pepe Hillo no lo hubiera hecho con tanto acierto. Ni José Romero.

—¿Quiénes son esos?

—Dos toreros famosos en España. Yo los he visto entrar a matar y no sabría decirte quién lo hace mejor.

Entierro multitudinario. Extremas manifestaciones de pesar, lágrimas, ayes, amenazas, puños al cielo. Robespierre, serio detrás del féretro, disimulando el gozo que le produce haberse quitado de encima a este sujeto incordiante que le hacía la competencia.

Simone Évrard, envuelta en tocas negras, contando entre hipidos su propia versión. Por lo visto, el agredido le gritó *«à moi, ma chère amie!»* y expiró entre sus brazos.

Nuestro amigo Andrés María de Guzmán, don Tocsinos el de las campanas, reclama su cuota de protagonismo y asegura que Marat no murió enseguida, que le dio tiempo a escribirle una despedida amistosa.

—Era buen amigo mío. Conservo un billete que me escribió unos días antes.

Días después comienza el breve juicio. Cuando los acusadores llaman al primer testigo, Charlotte interviene.

—No se molesten. Yo asesiné a Marat.

—¿Quién te ha inducido a cometer el asesinato?

—Nadie. No tengo cómplices. Lo decidí yo sola.

—Crees que con esto has acabado con la Revolución.

Charlotte piensa un instante su respuesta.

—No. No lo creo.

Camino de la guillotina, según un médico testigo, por un momento empalideció al ver la guillotina, pero luego recobró su color y subió la escalera del cadalso con paso firme. Cuando el verdugo le arrancó el chal para dejar al descubierto el cuello, se ruborizó, pudorosa, pero enseguida recobró el ánimo y se dejó llevar a la tabla basculante con la conformidad del mártir.

Existía la sospecha de que Charlotte Corday hubiera obrado inducida por un amante. Esta sospecha se disipó cuando, examinado el cadáver, resultó que Charlotte era *virgo intacta*.[284]

El asesinato de Marat conmovió a Francia. El pintor y escenógrafo David se encargó de organizarle unos funerales de Estado a los que no faltó un perejil. Una procesión funeraria condujo el cadáver, entre multitudes plañideras, a su última morada en el Panteón. La idea era exponer el cadáver dentro de la bañera con un brazo colgando fuera, tal como quedó en su muerte, pero su rápida descomposición debido a las calores de julio lo desaconsejó. Hedía a distancia, a pesar de que lo rociaban con perfumes.

David reprodujo la escena del asesinato en su óleo más famoso, hoy conocido como *La Pietà de la Revolución*. Cuando lo presentó ante la Convención dijo:

—Ciudadanos, escuché la voz del amigo del pueblo que me decía: «David, coge tus pinceles..., venga a Marat...». Oí la voz del pueblo. Obedecí.

La Revolución genera sus propias reliquias. El corazón de

284. Loomis, 1964, p. 125.

Marat, mártir de la causa, se cuelga en la bóveda de su club. En el acto de su entronización exclama el oficiante:

—¡Preciosa reliquia de un dios! ¿Traicionaremos tu recuerdo algún día?[285]

285. Incluso abundaron las comparaciones de Marat con Jesús que produjeron un amago de establecer un culto al «sagrado corazón de Marat» que finalmente no prosperó.

CAPÍTULO 47

# El Terror

El 10 de julio de 1793 el Comité de Salvación Pública queda en manos de Robespierre, eficazmente secundado por su protegido Saint-Just y por Georges Couthon.

Robespierre se ha convertido en el vínculo entre la Convención, el Club de los Jacobinos y la Comuna. Reúne tanto poder que algunos lo llaman Maximiliano Primero.[286]

El joven Saint-Just, un petimetre guapo y elegante (imita a su maestro Robespierre), se convierte, aupado al poder, en un extremista fanático sediento de sangre. Lo apodan el Arcángel del Terror.

—La nave de la Revolución solo llegará a buen puerto sobre un mar enrojecido por torrentes de sangre —asegura—. Debemos castigar no solo a los traidores, sino a los tibios, a los faltos de entusiasmo. Solamente existen dos clases de ciudadanos: los buenos y los malos. La República debe proteger a los buenos y matar a los malos.

El pueblo, antes *canaille,* ahora rehabilitado en su condición de ciudadano, sigue padeciendo hambres y estrecheces, pero al menos se le compensa en venganza. El espectáculo de la guillotina, tan emocionante, es gratis.

Consciente de la presión de sus bases (los *sans-culottes* organizados en las secciones de barrios), el Incorruptible orienta su política hacia gestos populistas. La pena de muerte, hasta enton-

286. Quétel, 2021, p. 367.

ces aplicada liberalmente a traidores y sediciosos (a veces con fútiles pruebas), se amplía a los acaparadores.

—Ándate con ojo, porque si te registran la tienda y les parece que tienes demasiado género, te declaran acaparador —advierte a Gaston Roux un colega.

—Se agradece la advertencia, pero ahora solo me dedico a confeccionar uniformes para el ejército de la República: nunca les parecerá que almaceno demasiado género.

La noticia de la caída de Tolón en manos de los ingleses (27 de agosto de 1793) horroriza al Gobierno. Las autoridades de Tolón han proclamado rey a Luis XVII y entregado la ciudad, el arsenal y la flota de guerra francesa al almirante Hood. El desastre pone en peligro a la propia República. De golpe, pasan a manos del enemigo veintiséis de los sesenta y cinco navíos de alto bordo de la República, y dieciséis de sus sesenta y una fragatas, un desastre aún más grave que el de Trafalgar.[287]

—Hay que recuperar Tolón o la República está perdida —cunde la alarma en la Convención.

Entiéndase: «Si no recuperamos la plaza, lo mismo su ejemplo anima a los monárquicos de Francia a sublevarse e irá la soga tras el caldero, en términos españoles».

Conscientes de la importancia estratégica y simbólica de la plaza, las monarquías europeas se aprestan a defenderla. España envía un contingente de siete mil soldados al mando de Federico Gravina; Inglaterra hace lo propio con setecientos cincuenta hombres al mando de Samuel Hood. Se unen también tropas napolitanas y piamontesas.

La Convención envía a su militar más prestigioso, Napoleón, el joven capitán que ha destacado en la campaña de Italia por su arrojo y su novedosa concepción de la guerra.

Napoleón se hace cargo del asedio y solicita de la Convención poderes para «inspirar respeto y tratar con una multitud de tontos en el estado mayor con quienes hay que argumentar constantemente».[288] Obtenidos esos poderes, dispone tan inteli-

287. Hampson, 1970, p. 249.
288. De su carta de apelación al Comité de Seguridad Pública.

gentemente las baterías de asedio que el enemigo cede posiciones hasta que su situación se hace insostenible y se ve obligado a evacuar la plaza en un desesperado sálvese quien pueda que nos recuerda la caótica evacuación de Kabul ante el avance de los talibanes, en agosto de 2021.[289]

La pérdida de Tolón, rebautizado como Port-la-Montagne en castigo por su rebeldía, ha convencido a la Convención de que el peligro de la quinta columna realista es mucho mayor de lo imaginado. Persuadidos de que su propia propaganda patriótica lo exageraba, han descuidado la represión y ahí tienen las consecuencias. Si se quiere salvar a la República hay que adoptar medidas aún más severas.

La primera consiste en crear una ley de sospechosos que conduce a la guillotina a muchos ciudadanos por leves sospechas de monarquismo o por disentir de las ideas revolucionarias.

—Los peligros de la patria son extremos: los remedios también deben serlo —perora el delegado del Club de los Jacobinos—. Es hora de que la igualdad pasee la guadaña sobre todas las cabezas [...]. ¡Legisladores, poned el terror a la orden del día![290]

En medio de la aprobación general, la frase se convierte en la consigna de la Comuna: «Pongamos el terror a la orden del día».

Se crea una fuerza armada destinada a «contener a los contrarrevolucionarios» para un control efectivo de la población.

Como dice el historiador Taine: «El pueblo soberano en su calidad de bestia malvada se convirtió en dios».[291]

El 10 de octubre Saint-Just informa al Comité de Salvación Pública: «En estas circunstancias no se puede establecer la Constitución, porque carecería de la violencia necesaria para reprimir los atentados contra la libertad».

289. Los buques británicos que abandonaban el puerto rescataron a unos quince mil toloneses monárquicos de la multitud que, presa del pánico, se había concentrado en el paseo marítimo. En la estampida muchos murieron pisoteados y otros ahogados, al ser empujados al agua por la multitud enloquecida mientras los soldados de la Revolución disparaban a discreción sobre los fugitivos.

290. Quétel, 2021, p. 365.

291. Citado en *ibidem,* p. 424.

Un adagio latino ampara la medida: «*Necessitat legem non habet*» («La necesidad ignora la ley»).

O sea, en nombre de la libertad se suprimen las libertades constitucionales, objeto principal de la Revolución.

El dantonista Thuriot observa la existencia de un «impetuoso torrente que nos arrastra a la barbarie».

El oficial de sanidad Dufresne escribe a un amigo: «Francia no es más que un vasto cadalso donde el más fuerte inmola en nombre de la ley al más débil». Interceptada la carta, el tribunal popular lo condena a la guillotina.[292]

Guillotinan al obispo constitucional Antoine-Adrien Lamourette, acusado de «moderantismo».[293]

Entre las víctimas de esta purga figura Philippe Égalité, el duque de Orleans que tanto había ayudado a la Revolución en su andadura inicial. La fuga de su hijo con los *émigrés* lo ha convertido en sospechoso.[294]

Muchos nobles o monarquistas que se han mantenido en la sombra se asustan y procuran emigrar al extranjero, lo que se ha convertido en una aventura peligrosa. Se da el caso de uno de ellos, el conde de Labriges, que llega hasta la frontera y se pone a salvo disfrazado de aguador, con su barrica, su atuendo de *sans-culotte* y sus alpargatas. Otros no se atreven a intentarlo y prefieren refugiarse en zulos con la complicidad de algún criado fiel, dando a entender que han emigrado. Camille Marbot, la esposa de Gaston Roux, no se siente segura y cree que los revolucionarios le cortarán la cabeza por ser hija bastarda del conde de Clermont-Tonnerre. Se refugia en una estancia alta de la fábrica conocida como «el palomar» y solo sale a tomar el aire de noche, cuando los obreros se han marchado y solo quedan los criados de confianza.

292. Quétel, 2021, p. 376.

293. Lamourette es famoso por su ocurrencia de solventar los conflictos ideológicos que se suscitaban en la Asamblea legislativa mediante el *baiser Lamourette* ('beso de Lamourette'), un abrazo fraterno entre las partes.

294. Cuando el verdugo intentó quitarle las botas le dijo: «No perdamos el tiempo. Ya me las quitarás cuando esté muerto. ¡Date prisa! Terminemos cuanto antes».

—Está pirada la señoritinga —le dice Brigitte a Diego cuando regresa de subirle el almuerzo en una bandeja.

Las cárceles rebosan. Solo en París se hacinan ocho mil presos en espera de juicio, entre ellos nuestro amigo José Marchena, que tras la caída de los girondinos comprendió que su cabeza peligraba y salió de la ciudad camino de Bayona, pero fue detenido por la policía en Burdeos y está en la prisión de la Conciergerie en espera de juicio.

La guillotina no da abasto. Cuarenta y cinco ejecuciones el 13 de julio de 1794; el día siguiente se respeta por ser el aniversario de la caída de la Bastilla, pero el 15 ruedan treinta y cuatro cabezas; el día siguiente, treinta y una; al otro, cincuenta y una.

Cada amanecer gimen los ejes de las carretas sobrecargadas de reos camino del cadalso. Se había determinado que el máximo por carreta serían setenta, pero estrechándolos caben más de cien. Adèle la Tremenda y su círculo social madrugan a diario para asistir a las ejecuciones desde los primeros puestos. Para entretener la espera tejen calceta mientras comentan las incidencias del día. Por eso las denominan las *tricoteuses.*[295]

Dentro de las cárceles se relaja la moral sexual. «La pasión es tan fuerte que derriba las barreras sociales que todos aquellos "ex" conservan cuidadosamente en la cárcel, donde el protocolo y el uso de títulos sigue siendo de rigor».[296]

Algunos presos se divierten representando morbosamente la ejecución con una guillotina figurada por dos sillas, convenientemente juntas para reproducir el marco estrecho y largo del aparato. Una lotería designa al «condenado» que hace un discurso de despedida, abraza a los amigos e introduce la cabeza en la imaginaria *lunette*.

295. Las *tricoteuses* jaleaban a los condenados y comentaban vivamente entre ellas el comportamiento de cada cual frente a la muerte. Charles Dickens las retrata en su personaje madame Defarge, de su novela *Historia de dos ciudades* (1859).

296. Díaz-Plaja, 1991, p. 34.

CAPÍTULO 48

# Rebato de huesos

Han decapitado al rey y pronto decapitarán a la reina, pero el odio a la monarquía no se ha satisfecho.

—Es una pena que solo lo hayamos ejecutado una vez —se lamenta Adèle la Tremenda.

Barère, diputado de la Convención, propone:

—También deberíamos eliminar las reliquias de la tiranía. Hablo de los sepulcros reales de Saint-Denis, donde a lo largo de los siglos se han sepultado reyes, reinas, infantes, consortes y príncipes.

«El cadalso para reyes vivos no era suficiente, se trataba de matar al muerto».[297]

En agosto, con el fresquito que da el efecto cueva al interior de la basílica pregótica más importante de Europa, se inician las exhumaciones en presencia del anciano abad Dom Poirier.

Leamos a Alejandro Dumas padre:

> En 1793, había sido nombrado director del Museo de los Monumentos Franceses y, como tal, estuve presente en la exhumación de los cadáveres de la abadía de Saint-Denis, cuyo nombre cambiaron los patriotas ilustrados por el de Franciade. Cuarenta años después, puedo contarles las circunstancias insólitas que acompañaron a aquella profanación.

297. Quétel, 2021, p. 380.

El odio contra del rey Luis XVI que habían inspirado al pueblo, y que la guillotina del 21 de enero no había podido saciar, se había remontado a los reyes de su dinastía: quisieron perseguir a la monarquía en su origen, a los monarcas hasta en su tumba, aventar las cenizas de sesenta reyes. Además, es posible también que tuvieran curiosidad por comprobar si los grandes tesoros que decían estaban encerrados en algunas de aquellas tumbas se habían conservado tan intactos como pretendían.

El pueblo se abalanzó, pues, sobre Saint-Denis. Del 6 al 8 de agosto (1793) destruyó cincuenta y una tumbas, la historia de doce siglos. Entonces, el Gobierno resolvió regularizar aquel desorden, excavar por su cuenta las tumbas y heredar de la monarquía a la que acababa de golpear en la persona de Luis XVI, su último representante. Pues se trataba de aniquilar hasta el nombre, hasta el recuerdo, hasta los huesos de los reyes; se trataba de borrar de la historia catorce siglos de monarquía. Pobres locos los que no comprenden que los hombres pueden a veces cambiar el futuro..., pero jamás el pasado.

Habían preparado en el cementerio una gran fosa común según el modelo de las de los pobres. En aquella fosa, y sobre un lecho de cal, debían arrojarse, como a un basurero, los huesos de los que habían hecho de Francia la primera de las naciones, desde el merovingio Dagoberto, rey de los francos, hasta Luis XV, fallecido veinte años atrás. Así se daría satisfacción al pueblo, pero sobre todo se contentaría a los legisladores, a los abogados, a los periodistas envidiosos, aves de rapiña de las revoluciones, cuyo ojo queda herido por cualquier esplendor, como el ojo de sus hermanas, las aves nocturnas, es herido por cualquier tipo de luz. El orgullo de los que no pueden edificar es destruir.[298]

Las ilustres osamentas se arrojan en una fosa común del cementerio de La Madeleine. Junto a la de los pobres, para mayor escarnio.[299]

298. En *Les mille et un fantômes* (Dumas, 1849).
299. «Del 6 al 8 de agosto se abrieron 51 mausoleos con 47 yacentes y se destruyeron a martillazos sus inscripciones y fechas [...]. El 16 de octubre,

La momia de Enrique IV, fallecido en 1610 y embalsamado a la italiana, aparece en buen estado.

—Con cuidado, ponedlo de pie contra esa columna —solicita de los obreros el abad Dom Poirier.

Acuden los curiosos.

—Ténganle un respeto, porque fue un gran rey —indica el abad—. El lema de su reinado fue «un pollo en las ollas de todos los campesinos, todos los domingos». Solo tuvo el defecto de ser muy mujeriego, por eso lo llamaron Le Vert Galant (el Verde Galán). Aunque su médico de cabecera, el doctor La Rivière, le aconsejaba *«abstineat a quevis muliere, etiam Regina»* («absteneos de cualquier mujer, salvo de la reina»), él era como un cañón giratorio y le daba el salto a toda la que se encontraba. Amantes fijas tuvo unas cincuenta; transitorias, ni se sabe.[300] Había cumplido cincuenta y seis años cuando se prendó de una muchacha de quince, Charlotte-Marguerite de Montmorency, y para tenerla cerca la casó con su sobrino Enrique II de Borbón, un muchacho delicado al que horrorizaban los coños, según se murmuraba en la corte. Nunca lo hiciera, porque el Enrique se prendó también de la niña y huyó con ella a Bruselas, lejos de las babas del *vert galant*. No os lo pongo, amados hijos míos, como ejemplo a imitar, sino como escarmiento contra las malas inclinaciones de la carne. Habéis de saber que debido a su vicio contrajo muchas enfermedades infecciosas que lo obligaban a mear por una cánula de plata y que las ladillas le llegaban a las pobladas cejas.[301] Todo eso terminó

---

día de la ejecución de la reina, se abrieron 21 ataúdes reales, incluido el de Luis XV, que apestaba [...], 157 ataúdes reales o principescos se profanaron del 12 al 28 de octubre» (Quétel, 2021, p. 379).

300. «Su existencia era una serie continua de relaciones sexuales [...]. Todo le valía: la campesina, la prostituta, la burguesa, la marquesa, la prima, la monja... Su obsesión sobrepasaba toda medida [...]. En cuanto veía a una chica que le gustaba, ya fuera marquesa o plebeya, bajaba del caballo y retozaba con ella, incluso en el suelo, contra un árbol, en un establo...» (L'Estoile, 2011, I, p. 142).

301. «Estaba comido de ladillas, que había contraído acostándose con Arnaudina. Estos piojos españoles [sic], hartos de vivir en las partes bajas, o

cuando el regicida François Ravaillac le asestó tres puñaladas mortales cuando pasaba con su carroza por la calle de la Ferronnerie.

estando ansiosos de instalarse, habían tomado asiento en las axilas, en las pestañas y cejas, y se acercaban ya a la frente, sede de la corona», leemos en Théodore Agrippa d'Aubigné, *Les tragiques*, en Sierra Valentí, 2015.

CAPÍTULO 49

# Estrenamos calendario

En la olla de grillos de la Convención se discuten pintorescas propuestas. A raíz de la exaltación de la razón y del culto al Ser Supremo se plantea adoptar un calendario revolucionario que inaugure la era de la libertad.

El calendario al uso en los países europeos es el cristiano reformado por el papa Gregorio XIII en 1582,[302] que supuestamente comienza el año del nacimiento de Cristo. El calendario musulmán se inicia con la huida de Mahoma de La Meca a Medina el 16 de julio de 622; el judío, con la fundación del mundo el 7 de octubre del año 3760 antes de Cristo.

La Revolución, al rechazar cualquier religión revelada, debe idear su propio calendario basado en la razón.[303]

Este calendario revolucionario comienza el 21 de septiembre de 1792, fecha de la proclamación de la Primera República.[304] Se imprimen folletos que lo exponen a la ciudadanía. En

302. Del jueves 4 de octubre de 1582 del calendario juliano aceptado hasta entonces se pasó, según la reforma gregoriana, al viernes 15 de octubre de 1582, corrigiendo el exceso de diez días acumulado por el calendario juliano a lo largo de los siglos. Todavía resta un desfase adicional que se corrige introduciendo un bisiesto cada cuatro años. A pesar de ello, sigue habiendo un mínimo desfase que acumula un error de un día cada 3.323 años.

303. Aprobado por decreto de la Convención el 5 de octubre de 1793.

304. Previamente se manejaron distintas fechas para el comienzo de la era republicana o francesa: la apertura de los Estados Generales de 5 de mayo

Roux et Frères, el contable Mercier lo explica al personal reunido en el patio.

—El año republicano constará de doce meses de treinta días divididos en tres décadas.

—¿Quieres decir que desaparecen las semanas? —pregunta el tintorero Legrand.

—Las cuatro semanas tradicionales se trasforman en tres décadas —explica Mercier.

—En ese caso, *citoyen* tejedor, ese calendario tiene los días contados.

—¿Por qué, *citoyenne* fregona?

—¿No lo ves, *citoyen*? Por muy revolucionario que sea, los que pringamos en los telares no nos vamos a conformar con un día de asueto cada nueve de trabajo. Queremos lo de siempre: un día libre cada seis de trabajo, como en los buenos viejos tiempos.

Un murmullo de aprobación acompaña al interviniente.

—Tendremos que pensar en intercalar alguna fiesta cívica —concede Gaston Roux—. La Convención trabaja por el bien del pueblo y no se le pasará detalle tan importante.

—Volviendo a lo de los meses de treinta días justos —interviene Legrand—, pienso que una división tan rígida no tiene en cuenta el año solar de 365 días, 5 horas y 48 minutos.

—En efecto, *citoyen* —conviene Mercier—. Para absorber las irregularidades se le añaden al año cinco días, uno más si es bisiesto.[305]

—¿Y cómo llamaremos a los nuevos meses?

—Con nombres bucólicos. Los del otoño acaban en *-ario:* vendimiario, brumario y frimario;[306] los del invierno acaban en

---

de 1789; el día en que el tercer estado se declaró Asamblea Nacional, el 17 de junio de 1789; y el juramento del Juego de Pelota, 20 de junio de 1789.

305. Estos cinco días adicionales, llamados en principio *les sans-culottides* (a partir de 1796, año III, *les jours complémentaires*), caían en septiembre y se nombraban según sus fiestas: la Virtud (día 17 o 18), el Talento (día 18 o 19), el Trabajo (día 19 o 20), la Opinión (día 20 o 21), las Recompensas (día 21 o 22) y la Revolución (día 22 o 23, en años bisiestos).

306. *Vendémiaire*, del latín *vindemia*, 'vendimia', comienza el 22, 23 o

*-oso:* nivoso, pluvioso y nivoso;[307] los de la primavera acaban en *-al:* germinal, floreal y pradial;[308] y los del verano, acaban en *-or:* mesidor, termidor y fructidor.[309]

Un murmullo se eleva del auditorio. Hay división de opiniones. Legrand manifiesta abiertamente su disconformidad.

—Todo esto son paparruchas de los padres de la patria, que se pasan el día imaginando tontadas mientras los demás doblamos el espinazo.

Un murmullo aprobador muestra que esa es la opinión general. Mercier pide silencio y vuelve al quite.

—Tenemos que acostumbrarnos, *citoyens,* aunque al principio requerirá cierto cálculo. A ver si alguien me puede decir cómo se designará el primer día del nuevo calendario.

Murmullos. Cada cual consulta con el vecino, que tampoco se ha enterado de nada.

—A mí también me ha costado —reconoce Mercier—, por eso lo tengo calculado aquí —lee en el papel—: el antiguo 22 de septiembre de 1792 se convierte en el nuevo calendario en el primer día de vendimiario del año I.

—¿Y los días de la semana, como se llaman? —pregunta una de las tejedoras.

—Ya no existe la semana, *citoyenne*. Lo que hay son décadas y sus días se llaman *primidi, duodi, tridi, quartidi, quintidi, sextidi, septidi, octidi, nonidi, décadi.*

El pueblo murmura. Algunos lo encuentran ridículo. Otros, simplemente, innecesario.

---

24 de septiembre; *brumaire,* 'brumoso', comienza el 22, 23 o 24 de octubre; *frimaire,* de *frimas,* 'escarcha', comienza el 21, 22 o 23 de noviembre.

307. *Nivôse,* del latín *nivosus,* 'nevado', comienza el 21, 22 o 23 de diciembre; *pluviôse,* 'lluvioso', comienza el 20, 21 o 22 de enero; *ventôse,* 'ventoso', comienza el 19, 20 o 21 de febrero.

308. *Germinal* (de *germen,* 'semilla') comienza el 20 o 21 de marzo; *floréal,* 'florido', comienza el 20 o 21 de abril; *prairial,* de pradera, comienza el 20 o 21 de mayo.

309. *Messidor,* de *messis,* 'cosecha', comienza el 19 o 20 de junio; *thermidor,* de *thermos,* 'calor', comienza el 19 o 20 de julio, y *fructidor,* 'fructuoso', comienza el 18 o 19 de agosto.

Como sabemos, Napoleón suprimirá este extravagante calendario el 10 de nivoso del XIV, correspondiente al 31 de diciembre de 1805.

Al día siguiente, Francia amaneció el 1 de enero de 1806, felizmente reintegrada en el gregoriano.[310]

310. Han quedado vestigios del republicano; el más consistente, la «langosta a la termidor» creada por el cocinero Escoffier, que como saben sus aficionados, consiste en hacerla ligeramente al *grill* y luego naparla con salsa bechamel, nata fresca y mostaza inglesa.

CAPÍTULO 50

# El Terror en Burdeos

La pérdida de Tolón recuerda a la Convención que existen muchas ciudades importantes que podrían seguir su ejemplo, entre ellas Burdeos, orilla rumorosa del Garona.

El 16 de octubre de 1793 llegan a Burdeos cuatro representantes de la Convención (Guadet, Pétion, Buzot y Tallien) designados para someter a la ciudad rebelde. Los escoltan tres regimientos de infantería.

Los enviados se instalan en el antiguo seminario de la ciudad, reconvertido en Maison Nationale. Lo primero que hacen antes de deshacer las maletas es instalar una guillotina en el centro de la plaza Nacional (antes del Delfín).

Centremos nuestra atención en el más interesante de los cuatro, el abogado Jean-Lambert Tallien, un jacobino radical de los que animaron al pueblo a asaltar las Tullerías el 10 de agosto de 1792. Robespierre le ha encomendado que «alimente la guillotina».

¿Quién es este procónsul Tallien?, se preguntan los amedrentados bordeleses.

Un pelagatos crecido al albur de la Revolución. Era un periodista de tercera y ha ido escalando puestos a la sombra de la guillotina. Un piojo resucitado, como algunos lo llaman.

Pasquines por los muros: «Libertad o muerte», «República, una e indivisible», «Libertad, igualdad y fraternidad o muerte».

Como primera providencia reúnen a los jacobinos de la ciudad y crean un Comité de Vigilancia para examinar las denuncias de monárquicos y federalistas emboscados. La quinta columna jacobina colabora de buena gana. Una semana después estrena la guillotina el alcalde girondino Armando Saigle.

Constatado que el instrumento de la libertad funciona, regresan a París dos comisionados y quedan como procónsules Tallien y el antiguo cura Claude-Alexandre Ysabeau.

El nuevo alcalde es un jacobino lleno de proyectos para mejorar la vida de sus conciudadanos. Como buen filósofo, sabe que la riqueza no da la felicidad, por eso confisca los objetos lujosos en templos y palacios e impone un certificado de «buen ciudadano» que puede mantener al poseedor libre de sospecha. Lo malo es que el certificado cuesta casi dos mil francos.

Las cárceles rebosan. Entre los presos de la primera hora se cuentan José Marchena y su compadre Honoré-Jean Riouffe. Tallien los devuelve a París con los pies encadenados a una bola de hierro. De esa guisa, después de varios días de incómodo viaje, ingresan en la prisión de la Conciergerie.

A falta de otra lectura, el preso José Marchena se enfrasca en la *Guía de pecadores* de fray Luis de Granada. Para su sorpresa, la encuentra bien escrita y ponderada en sus juicios morales. No es que se convierta al cristianismo, pero la lectura del dominico modera su vitriólico volterianismo. En los ratos de diversión, Marchena inventa una religión novedosa, la del dios Ibrascha, y predica su disparatado evangelio a un ingenuo monje benedictino con el que comparte celda.

Aparte de las chinches que pueblan el jergón de paja donde duerme, Marchena se resiente de la comida de la prisión: dos veces al día una sopa aguada de huesos con algo de verdura y un corrusco de pan negro que parece fabricado con hollín. Allí, el que no tiene dinero para comprarles comida a los carceleros se muere de hambre. Marchena consigue recado de escribir y le dirige una carta al mismísimo Robespierre:

—Mátame de una vez, o dame de comer, tirano.

Otro ilustre preso español es Pablo de Olavide, el intelectual y político limeño que dirigió el ambicioso proyecto repoblador de las Nuevas Poblaciones en tiempos de Carlos III. Perseguido por la Inquisición a causa de sus ideas avanzadas, se refugió en Francia y la Convención le otorgó el título de ciudadano adoptivo, pero el Comité de Salvación Pública lo ha encerrado en la cárcel de Orleans. Aprovecha su encierro para pergeñar algunas novelas cortas y empieza una defensa de la religión, *El Evangelio en triunfo,* con la que espera congraciarse con la Inquisición para que le permita regresar a España.[311]

Un día les sirven en la sopa carcelaria trozos del tubérculo que llaman *pomme de terre* ('manzana de tierra').

—En España la llamamos patata —señala Marchena.

—¿Comen esa porquería en España?

—*Oui, monsieur.* Es una planta oriunda de nuestras colonias de América. Empezaron a consumirla los hospitales y los conventos de monjas pobres (las descalzas de santa Teresa) y ya se ha extendido a toda la población, aunque en las mesas nobles se ve poco.

En Burdeos, el comisario jefe Tallien comienza a estar molesto por las numerosas peticiones de clemencia que se le hacen, a veces en plena calle. Mujeres histéricas que tienen al marido o al hijo en la cárcel se abrazan suplicantes a sus piernas y los escoltas pasan dificultades para despegarlas.

Emite un decreto: «Toda ciudadana o cualquier otro individuo que interceda por un detenido se considerará sospechoso y se tratará como tal». O sea, irá al Comité de Vigilancia.

311. Los cuatro volúmenes de *El Evangelio en triunfo o Historia de un filósofo desengañado* se publicaron en Valencia por los Hermanos Orga, en 1797. En sus páginas leemos: «Un destino tan triste como inestable me condujo a Francia, mejor hubiera dicho me arrastró. Yo me hallaba en París el año de 1789; y vi nacer la espantosa revolución que en poco tiempo ha devorado uno de los más hermosos y opulentos reinos de la Europa. Yo fui testigo de sus primeros y trágicos sucesos y viendo que cada día se encrespaban más las pasiones y anunciaban desgracias más funestas, me retiré a un lugar de corta población. Mas ya la discordia, el desorden y las angustias se habían apoderado de los rincones más ocultos [...]. Cuanto más pienso en este inesperado suceso de Francia, tanto más me sorprendo y me confundo. Nada podrá anunciar tan repentino y absoluto trastorno. Porque, señores, no nos engañemos, esta revolución no ha sido como ninguna de las otras (pues) ataca al mismo tiempo el trono y el altar».

CAPÍTULO 51

# El ogro amansado

El 13 de noviembre de 1793 amanece frío, lluvioso y desapacible. Tallien hubiera preferido quedarse en la cama, pero el deber lo reclama. Después de desayunarse con unos panecillos y una estimulante copita de Mariani, el vino potenciado con hojas de coca, se sienta en su despacho de la Maison Nationale mientras su mayordomo le enciende la estufa.

¿Qué tenemos sobre la mesa?

Retira el lacre con un abrecartas de marfil que perteneció a un aristócrata guillotinado. Despliega la carta.

Una petición de clemencia para que se levanten los precintos de la residencia de la viuda de Boyer-Fonfrède (un girondino ejecutado recientemente en París). La firma una tal Teresa Cabarrús.

¿Quién es esta Teresa Cabarrús que se ha atrevido a molestar al comisario a pesar de la prohibición? Tallien se informa.

—Es una *socialité* que deslumbra en los salones y en los paseos, una española que ha vivido en Francia desde niña.

—¿Noble?

—Como si lo fuera. Es hija de un famoso banquero español, Francisco Cabarrús, al que el anterior rey de España, Carlos III, encomendó la fundación del Banco Nacional de San Carlos (antecedente del Banco de España). Aunque nació en la abundancia, su vida no ha sido un camino de rosas. La casaron a los catorce años con un noble de toga, el marqués Juan Jacobo Devin de

Fontenay, libertino, putañero y tan liberal que hasta le colaba las amantes en su mansión de la Rue Paradis.

Por doquiera que aparece, Teresa es la más hermosa, elegante y simpática. Está acostumbrada a conseguir lo que quiere.

—Pues creo que acaba de incurrir en un exceso de confianza —comenta Tallien.

El revolucionario no puede imaginar que en cuanto la vea quedará deslumbrado.

La Cabarrús, un bellezón de diecinueve años que sabe cómo rendir a un hombre a sus encantos, atesora la acumulada experiencia de una vida intensa.

«Es forzoso reconocerlo —escribe el mundano Norvins de Montbreton—; la condesa de Noailles, la mujer considerada reina de los salones, la deliciosa, la encantadora francesa, con su cabeza coronada de cabellos dorados, fue destronada por la divina andaluza,[312] que lucía su soberbia cabellera de azabache [...], el Creador había derramado sobre su cabeza la escala de perfecciones humanas a fin de mostrar al mundo el tipo de belleza de la madre del género humano».[313]

En resumen, que la señora está tremenda.

Cabe dentro de lo posible que, en vista del marido tan liberal que le había tocado, la joven Teresa aceptara el clásico *ménage à trois*. También ella se procuró un amigo, un *chevalier servant,* a la moda de su tiempo, Alexandre de Lameth.

Huyendo de la Revolución que se cobraba un tributo de sangre en la aristocracia, el matrimonio se trasladó a Burdeos. Allí se divorciaron y el marqués manirroto —se había cepillado las cincuenta mil libras de dote que cobró por su esposa— embarcó para la Martinica y se quitó de problemas.

Teresa no quedó desamparada en Burdeos. Libre de atadu-

312. Ya se sabe que para los franceses y extranjeros en general, toda española racialmente bella tiene que ser andaluza. Teresa, en realidad, no lo era, porque había nacido en Carabanchel Alto. Por cierto, otra andaluza famosa, la Bella Otero, era gallega, de Valga (Pontevedra).

313. Díaz-Plaja, 1991, pp. 48-49.

ras matrimoniales, se entregó a una intensa vida social disputada por los salones más elegantes.

Tallien contempla sobre su mesa la petición de la ciudadana Teresa Cabarrús. Haciendo memoria la recuerda. ¿No es aquella beldad que reinaba en los salones de París? Una presa apetecible para el señor de Burdeos, el que decide sobre la vida y la muerte, que tiene veintiséis años y un hervor en la sangre.

Tres días después ocurre el milagro: el Comité de Vigilancia concede la petición de Teresa y retira los precintos de la mansión de Boyer-Fonfrède para que su propietaria pueda ocuparla.

Teresa acude a la Maison Nationale para agradecer personalmente el favor al tirano. Tallien la recibe y queda prendado de ella (¿quién no?). Con la escasa discreción que cabe esperar en un individuo de su catadura comienza a cortejarla en espera de que le conceda sus favores.

La amistad con la Cabarrús serena las ansias exterminadoras del comisario. Rendido a sus encantos, le concede cuantas peticiones de clemencia le solicita ella, que son muchas. Es posible que de este modo Tallien intente deslumbrarla con la demostración de su poder omnímodo y de este modo compense su falta de otros atractivos.

Tallien nos recuerda a Amon Goeth, el oficial nazi de *La lista de Schindler* (1993), la película de Steven Spielberg, al que Schindler persuade de que el supremo ejercicio del poder consiste en perdonar a las víctimas en lugar de matarlas.

Dos miembros del comité, envidiosos del poder del comisario (y de que disfrute de la amistad de la mujer más deseada mientras ellos duermen en sábanas heladas) lo denuncian ante Robespierre.

El Incorruptible decreta la prisión de la ciudadana Cabarrús en el fuerte de Hâ mientras se practican las diligencias necesarias para esclarecer el caso. La orden llega a Burdeos precisamente el primer día de permiso que el comité ha concedido a Tallien para que marche a París a ocuparse de un asunto familiar.

¿La Cabarrús encarcelada? Tallien aplaza su salida, se presenta en el fuerte de Hâ con escarapela, fajín tricolor y todo el aparato de su cargo a exigir la inmediata liberación de la prisionera. El alcaide de la prisión se la entrega.

Liberada y agradecida, Teresa le abre su bisectriz esa misma noche (suponemos).

«Ahora pueden guillotinarme si quieren», imaginemos que piensa Tallien, el ser más feliz del mundo, mientras cumplido el primer himeneo echa un cigarrito sevillano y proyecta las volutas perfectas hacia el dosel que cubre el lecho.

Teresa, a su lado, teme que alguna lumbre se desprenda del cigarro y le estropee las sábanas. Está con un hombre que fuma como un cochero en lugar de aspirar el rapé como hacen los elegantes de su clase. Un patán. Bueno, parece que el sacrificio ha valido la pena.

Ya son pareja, pero no hacen buena pareja, si creemos a un biógrafo de la Cabarrús: «Teresa llega a la Revolución desde el piso alto; Tallien, desde lo más bajo [...]. Teresa conserva su elegancia innata, aquel sentido maravilloso del *savoir faire* que enloquecía a sus admiradores [...]. Tallien es el intelectual más bajo que existe, el libelista, y si se viste con elegancia, es con el amaneramiento que copia de Robespierre [...] en la pasión de Tallien se mezcla el desquite del derrotado de antaño que triunfa en la mujer que soñara, por parte de ella solo hay agradecimiento y anhelo de protección».[314]

La pareja no se recata. Se lucen en el paseo de carrozas en la calesa de Tallien; ella, ataviada a la moda romántica, como una diosa antigua, tocada con un bonete, la pica *sans-culotte* en una mano y la otra descansando sobre el hombro del tribuno. La misma imagen del poder.

Incluso, ya aparentemente convertida al republicanismo, amaga un discurso sobre la educación que lee en el templo de la Diosa Razón de Burdeos, como parte de las celebraciones por la recuperación de Tolón.[315]

314. Díaz-Plaja, 1991, pp. 116-117.
315. Se lo ha escrito Lacombe, presidente de la Comisión Militar.

CAPÍTULO 52

# Notre-Dame du Bon Secours

¡Tolón recuperado! Campanas al vuelo en París (pocas, porque la Convención ha requisado muchas para fabricar cañones y solo permite una por templo).

Un decreto de la Convención Nacional dispone la celebración de una fiesta cívica el primer *décadi* del mes para celebrar la victoria alcanzada contra los feroces ingleses y los pérfidos toloneses.

En Tolón se ha dispuesto una procesión cívica que se dirigirá al templo de la Razón. Teresa Cabarrús lee su discurso sobre la educación republicana «adecuadamente disfrazada de amazona con un traje de cachemira azul, botones amarillos, y cuello y bocamangas de terciopelo rojo. Sobre su cabellera negra, recortada a lo Tito y rizada, luce, algo ladeado, un sombrero de terciopelo escarlata con los bordes forrados de piel».[316]

Un cambio brusco en Tallien. El revolucionario sediento de sangre que había instalado la guillotina en el centro de Burdeos, bajo las ventanas de su residencia, el que mantenía a la población con el alma en un puño, celebra la Fiesta de la Razón trasladando la máquina ejecutora al fuerte de Hâ. Al propio tiempo, el número de ejecuciones desciende bruscamente.

Será una coincidencia, pero ese cambio del tirano sucede a raíz de su emparejamiento con Teresa Cabarrús.

316. Díaz-Plaja, 1991, pp. 125-126.

Los encantos de Teresa y su dulzura meridional amansan a la fiera. Los amedrentados bordeleses empiezan a notarlo.

—Lo ha apaciguado. ¡Menudo cambio de ser un vampiro sediento de sangre al gobernante benéfico y filántropo que ahora es!

—Si hasta sonríe...

—Desde que se acuesta con la española, parece que anda menos furibundo.

—Es verdad, ahora apenas guillotina a nadie.

—¡Que Dios nos conserve a esa muchacha!

Ante los agradecidos bordeleses que la bendicen a su paso Teresa deja de ser la amante del tirano Tallien para convertirse en Notre-Dame du Bon Secours (Nuestra Señora del Buen Socorro). La adoran.

Alarmado por la laxitud de Tallien, Robespierre lo llama a consultas a él y al otro cónsul, Ysabeau, que también se ha relajado y en lugar de perseguir a los girondinos se ha aficionado al *magret de canard* y a las ostras de la bahía de Arcachón, todo regado de un excelente caldo regional, de color rubí intenso, afrutado, con notas ahumadas y de caramelo.

El Incorruptible guarda en una gaveta de su escritorio cartas que señalan a la Cabarrús como causante de la relajación de Tallien.

Tallien e Ysabeau regresan a París para dar cuenta de su actuación en Burdeos.

En París encuentran cambios. Aquel petimetre, Saint-Just, ha crecido hasta convertirse en uno de los más fogosos oradores de la Convención. Fiel al estilo severo de su maestro y guía Robespierre, se opone a cualquier medida de clemencia. Las *tricoteuses* lo adoran, tan guapo y elegante. La propia Adèle la Tremenda no se recata de explicar lo que haría con él si se le pusiera a tiro.

—Le iba a dar tal ración de coño que cuando acabara con él tendría que andar con muletas.

Pocas voces se levantan contra los excesos del Terror jacobino, una de ellas, la de André Chénier, miembro del club de los *feuillants,* que escribe en el *Journal de Paris* apasionados artículos contra los atropellos de los tribunales. Víctima él mismo de sus denuncias, lo condenan a la guillotina. Desde la prisión de Saint-Lazare escribe un delicado poema, «La jeune captive», inspirado en la condesa Aimée de Coigny de Montrond, de veintiún años, de la que se enamora cuando compartían cautiverio.[317] Ella tuvo suerte y sobrevivió al Terror (moriría de muerte natural en 1822), pero su enamorado sucumbe en la guillotina el 25 de julio, tres días antes de la caída de Robespierre, un acontecimiento que podía haberle salvado la vida.

El invierno es tan crudo que muchos canales se hielan y la nieve impide los suministros por tierra, lo que dispara los precios. Los agobiados *sans-culottes* de los barrios humildes rodean nuevamente el Parlamento para exigir una disminución de precios.[318]

El 8 de diciembre llevan a Jeanne du Barry, la amante de Luis XV, a la guillotina. Durante el trayecto la dama se desploma en el interior de la carreta y suplica llorando.

—¡Vais a hacerme daño! ¿Por qué? Ayudadme, por favor.

Ante Sanson, ya sobre el tablero, arrecia en sus ruegos:

—¡Piedad, señor verdugo, un momento más!

Cae la cuchilla y ahoga su última súplica.[319]

Los revolucionarios habían conseguido derribar el Antiguo Régimen. Si iban a fundar un mundo nuevo basado en la razón

317. En el poema la joven se lamenta de su prematura muerte en la flor de la vida. Una estrofa dice: «Se alza la espiga naciente / y hoz no la toca impaciente, / y el pámpano en la ladera / la estación disfruta entera / que el cielo le concedió. / También soy bella, y soy joven; / no es tiempo de que me roben / la vida; y aunque mis ojos / solo ven ruinas y abrojos, / aún no quiero morir». La duquesa, que pasaba por ser una de las mujeres más atractivas de la corte, tuvo muchos amantes y fue una famosa *salonnière* en la época napoleónica.

318. El decreto de la ley de máximos (29 de septiembre de 1793) señala un máximo a los precios, a los salarios y a los beneficios. Este intento de establecer una economía dirigida fracasó: los campesinos y especuladores ocultaron sus productos y los desviaron al mercado negro. La Convención aboliría el decreto en 1794.

319. Antes de que la prendieran, tuvo la precaución de poner sus joyas a salvo, en Inglaterra. Las subastó la prestigiosa casa Christie's en marzo de 2004.

y en la libertad, convenía que también rechazaran la religión cristiana basada para ellos en supersticiones y fanatismos que en el pasado habían derramado mucha sangre del pueblo.

¿Con qué podían reemplazar el cristianismo?

Con una religión natural que aspirara a perfeccionar la humanidad en el ejercicio de dos valores eternos, la verdad y la libertad, dictados por la razón.[320]

El 10 de noviembre de 1793 la Convención proclama a la diosa de la Razón[321] y establece su fiesta *(fête de la Raison)*. Todas las iglesias de Francia habilitadas para almacenes o cuarteles desde el comienzo de la Revolución regresarán a su antiguo menester convertidas en templos de la Razón.

La ceremonia más vistosa, que ha de servir de guía al resto, se celebra en Notre-Dame, en París, con una liturgia ideada por Chaumette, Hébert y Momoro.[322]

—Un problema veo —dice Chaumette—. Habrá que poner una imagen de la diosa Razón *(la déesse Raison)* donde antes se veneraba a Santa María.

—... Y la gente sencilla acabará adorando a un bulto de madera o de piedra y diciendo que hace milagros —replica Hébert, iconoclasta—. La libertad y la razón son conceptos abstractos. Mejor los representará una persona que cambie en cada ceremonia o al menos cada cierto tiempo.

—No es mala idea. ¿Y a quién ponemos en la Fiesta de la Libertad?

—Lo tengo pensado: Sophie Momoro.[323] Tiene muy buen tipo de matrona romana y no es fea.

320. El origen de esta doctrina podría buscarse en las obras de Rousseau y Quatremère de Quincy, tan frecuentados por los intelectuales revolucionarios y Jacques-Louis David.

321. Identificada con la iconografía grecorromana de Sofía, «sabiduría».

322. Diversas inscripciones quedan todavía en las puertas de muchas iglesias francesas. Fouché no se contentó con las iglesias e hizo inscribir en los cementerios bajo su jurisdicción las sabias palabras: «La muerte es un sueño eterno» anticipándose al célebre título de Raymond Chandler.

323. Sophie Momoro, de soltera Fournier, era la esposa de Antoi-

—Ya, pero cuando se ríe muestra unos dientes desparejados.

—Le diremos que solo sonría y que se conduzca con la gravedad que corresponde a su alto ministerio.

La ceremonia resulta muy vistosa. Sophie aparece —si creemos a fray Luis Ducos— *en trage enteramente diáfano y la llevaban en unas andas.*[324]

Doncellas en agraz vestidas con clámides blancas y cíngulos tricolores danzan en turno para la diosa Razón, un coro ensayado interpreta el himno del que mencionaremos una estrofa:

*Venez, vainqueurs des rois, l'Europe vous contemple;*
*Venez, sur les faux dieux étendez vos succès;*
*Toi, sainte liberté, viens habiter ce temple;*
*Sois la déesse des français.*[325]

Una lámpara encendida arde en el altar que simboliza la verdad.

Danton y Robespierre reprueban la idea.

—Una ceremonia ridícula y falsa —protesta Robespierre.

Demasiado tarde para prohibir la ceremonia, pero al menos evitan que la Convención participe en ella. Algunos diputados lo hacen a título personal.

El culto a la diosa Razón, con sus variantes la *déesse Liberté* y la *déesse Nature,* no arraigó. Apenas cien días después sus principales sacerdotes y apóstoles, Hébert, Chaumette, Momoro y otros correligionarios, pasaron por la guillotina. Momoro se quejó más que los otros.

—Hacerme eso a mí, que lo he entregado todo a la causa de la Revolución.[326]

---

ne-François Momoro, el impresor oficial de la Comuna, domiciliado en el número 171 de la calle de la Harpe.

324. Ducos, 1814, p. 84.

325. «Venid, conquistadores de reyes, Europa os contempla; / venid y extended vuestros éxitos sobre los dioses falsos. / Tú, santa libertad, ven y habita este templo; / sé la diosa de los franceses».

326. A Momoro se debe la divisa «libertad, igualdad y fraternidad» (1791).

Su mujer, Sophie, también encarcelada, se salvó de milagro, aunque no de las chuflas de los carceleros, que conocían su anterior oficio de diosa en los altares de Notre-Dame.

Otra diosa de la Razón famosa es mademoiselle Thérèse Angélique Aubry, bailarina de conjunto de la ópera y prostituta a tiempo parcial, que comparece ataviada con una túnica blanca y un manto azul, y tocada con gorro frigio, «un pecho descubierto» *(dépoitraillée),* «los pelos sueltos» *(échevelée),* el muslo derecho desnudo, una pica en una mano, la otra sobre la hirsuta cabellera de un león de cartón piedra y la espalda apoyada en el tronco de un olivo.[327]

El culto a la Razón, tan agradablemente representado, no echa raíces. En la primavera de 1794 se sustituye por el culto al Ser Supremo, la nueva religión laica ideada por Robespierre.

—Este culto es cosa seria —señala Jean Valet—. El que quiera ver nalgas y tetas que se las pague *chez madame Sainte-Amaranthe.*[328]

327. Cantera Ortiz de Urbina, 1994. En una de las sesiones cayó del catafalco al que se encaramaba y se fracturó un brazo. Se la indemnizó.

328. *Chez Amaranthe,* en el número 50 de las arcadas del Palais-Royal, era una célebre casa de juego y de putas.

CAPÍTULO 53

# La Revolución devora a sus hijos

Eliminados los girondinos, los jacobinos acusan tres tendencias:

- hébertistas, denominados *exagérés* (exagerados), la facción más radical, el club de fans de la guillotina;
- dantonistas, denominados *indulgents* o *modérés*;
- robespierristas, denominados *irréprochables* o *terroristes*, la facción intermedia, aunque igualmente aficionada a la guillotina.

Los hébertistas, de amplia base popular, obedecen las consignas de Jacques-René Hébert transmitidas a través del periódico *Le Père Duchesne*. Reclaman una democracia directa, la descristianización y la guerra. Cuentan con el apoyo de los *sans-culottes*. Sus principales logros son la ley contra los acaparadores y la ley de sospechosos, en virtud de la cual se puede detener a cualquier persona por meras sospechas, incluso sin pruebas.[329]

329. En la ley de sospechosos (17 de septiembre de 1793) leemos: «Son reputadas personas sospechosas aquellas que por su conducta, relaciones, palabras y escritos se hayan mostrado partidarios de la tiranía o del federalismo y enemigos de la libertad; aquellos que no pueden justificar sus medios de subsistencia y el cumplimento de sus deberes cívicos, aquellos a quienes se haya rehusado los certificados de civismo; los funcionarios destituidos o suspendidos por la Convención o representantes; los que hayan sido miembros de la nobleza, maridos, mujeres, padres, madres, hijos o hijas, hermanos y

Los dantonistas siguen a Danton, que transmite sus consignas a través del periódico *Le Vieux Cordelier,* dirigido por Camille Desmoulins. Gente moderada dentro de lo que cabe, se oponen a las ejecuciones masivas y son partidarios de la reconciliación.

La Revolución va camino de convertirse en un reñidero de gallos cuando Robespierre, el Incorruptible, da un golpe de Estado interno y acaba con el guirigay.

¿Cómo lo consigue?

Guillotinando a las dos tendencias con pocos días de diferencia: los hébertistas el 24 de marzo, y los dantonistas, el 5 de abril.

Circula una caricatura de la ejecución de Hébert que cruelmente imita las que él publicaba en *Le Père Duchesne,* con el pie: «La gran cólera del padre Duchesne, viendo caer su cabeza por la ventana nacional».

Danton, Desmoulins, Guzmán y otros afines aguardan juicio en los calabozos de la Conciergerie. Con el paso de los días, Danton se convence de que no es tan intocable como pensaba. ¡A él, que era el más firme sostén de la Revolución!

Cuando comparece ante el tribunal, el secretario le pregunta rutinariamente por su domicilio.

—Pronto en la nada y mi nombre en el Panteón.

Llegado el turno de Camille Desmoulins, cuando le preguntan la edad, responde:

—La misma edad que el *sans-culotte* Jesús: treinta y tres años, una edad fatal para los revolucionarios.[330]

La joven esposa de Desmoulins, aquella pizpireta rubita de la que se enamoró cuando él todavía era amante de su madre, se explaya en su diario:

> ¿Qué será de nosotros? No puedo soportarlo más. Camille, mi pobre Camille, ¿qué será de ti? ¡Oh, Dios, si de verdad existes,

hermanas y agentes de emigrados que no hayan manifestado constantemente su afecto a la Revolución, los que hayan emigrado entre julio del 89 y mayo del 92».

330. Quétel, 2021, p. 410.

salva a los hombres que son dignos de Ti. Queremos ser libres. [...] Cuando más desgraciada soy, el valor me abandona.

La víspera de la ejecución, Desmoulins le escribe una dramática carta de despedida a Lucile:

¡Adiós, Loulou, mi vida, mi alma, mi diosa terrenal! Huye ante mí el río de la vida. Puedo verte aún, Lucile, te veo ¡mi amadísima! Mis manos atadas te abrazan y mi cabeza cercenada posa sobre ti sus ojos moribundos.

Danton es menos melodramático. Viudo del gran amor de su vida, contrajo nuevas nupcias con Louise Gély, la cuidadora de sus hijos, con la que ha mantenido una relación respetuosa, pero ausente de afecto.

—Maximilien, te estoy esperando —predice camino de la guillotina—. Pronto me seguirás.

Al pie del patíbulo, murmura:

—Lo único que lamento es irme antes que esa rata de Robespierre.

Al verdugo Sanson le dice, ya puesto en la tabla basculante:

—No olvides mostrarle mi cabeza al pueblo, valdrá la pena.

A las cabezas de Danton, Desmoulins y Guzmán seguirán otras muchas, entre ellas las de las viudas de Hébert y Desmoulins. También la del científico Antoine Lavoisier, el padre de la química moderna, que solicita un aplazamiento de su ejecución para terminar un experimento que estaba realizando.

—La República no necesita científicos ni químicos —le responde el borrico de turno—: el curso de la justicia no puede interrumpirse.

Otra ejecutada famosa es madame Élisabeth, en los papeles revolucionarios «Élisabeth Capeto, hermana del último tirano de Francia». La guillotinaron la última después de obligarla a presenciar las otras veintitrés ejecuciones del día.

Después de aquella espléndida cosecha de cabezas, Robespierre impone su dictadura sin oposición visible, a la sombra de la guillotina.

El pueblo asiente. Mientras perdure el peligro de invasiones extranjeras, esas hordas de extranjeros incitados por los *émigrés* que amenazan París, cualquier medida extrema del Comité de Salvación Pública queda justificada.

La situación cambia radicalmente en la primavera de 1794, cuando las milicias francesas derrotan al ejército austriaco en Fleurus, entran en Bruselas y recuperan el fuerte de Landrecies.[331] Los parisienses respiran, aliviados. Desaparece esa espada de Damocles que pendía sobre sus cabezas, la que justificaba el rigor de la represión contra los enemigos de la Revolución que supuestamente se preparaban para colaborar con el invasor.[332]

Como dice Bertrand Barère: «Las victorias se ensañaron con Robespierre como furias» *(«Les victoires s'acharnent après Robespierre comme des furies»).*

A ver qué pretexto tiene ahora el Incorruptible para justificar su dictadura.

—Si el peligro de la invasión extranjera ha desaparecido, podíamos suprimir el Tribunal Revolucionario y restaurar las libertades y los derechos que nos garantizaba la Constitución —propone uno de los diputados haciéndose eco del sentir común.

Pero pedirle al dictador que deje de serlo es peligroso. Robespierre se ha acostumbrado a gobernar como un autócrata. Jamás consulta al resto de los miembros del Comité de Salvación Pública. Mucho menos a la Convención.

Mientras tanto, la cuchilla de Sanson no conoce descanso. En junio caen en manos de la República dieciséis hermanas del Carmelo de Compiègne que se habían refugiado en el campo. Acusadas de «haber seguido viviendo fieles a su regla y a su supe-

331. En Fleurus los franceses utilizaron el globo L'Entreprenant para la observación de los movimientos de las fuerzas austriacas, con lo que se inaugura el empleo militar de una aeronave.

332. Por el sur tampoco parece que se avecinen problemas. La Hacienda española, tan próspera con Carlos III, está arruinada. En los primeros meses de la guerra se gastaron 700 millones de reales. El Gobierno de España se ha visto obligado a crear vales por valor de 45 millones de duros y ha subido los impuestos del tabaco y la sal.

riora» y de *traginer contre la République,* las condenan a muerte. La multitud acude a verlas. Al pie del cadalso van subiendo una a una después de despedirse de la madre superiora:

—Permiso para morir, madre.

—Ve con mi bendición, hija mía.[333]

333. El papa Pío X las beatificó en 1906. En total, la Santa Sede ha beatificado a 374 mártires de la Revolución francesa.

CAPÍTULO 54

# Tallien juega sus cartas

Tallien regresa a París requerido por Robespierre. El procónsul ha dejado en Burdeos a su amante, Teresa Cabarrús. Solo en su coche de doble tiro se adormece intentando rechazar los siniestros pensamientos que lo asaltan. Una brusca sacudida lo despierta. Contempla el paisaje, una arboleda salpicada de campos de labor. La niebla matinal que parece brotar de los surcos le recuerda al vaho del pan recién horneado.

—El pan —piensa—. Todo este cataclismo que pondrá el mundo al revés procede de que un día aciago faltó pan en París.

Que Robespierre el tirano te convoque a consultas no puede ser bueno. Tallien comprende que después de las fundadas denuncias de sus enemigos no puede esperar clemencia del Incorruptible. Todavía le queda el recurso de acudir a algunos diputados de la Convención que le deben favores.

Tallien juega con habilidad su última carta, siguiendo el ejemplo de su colega Joseph Fouché, el procónsul de Lyon en parecidas circunstancias.

Cuando Fouché recibió su cita para explicar su actuación como cónsul de Lyon ante el Comité de Salvación Pública, su primer pensamiento fue ponerse a salvo en la cercana Suiza, pero finalmente lo pensó mejor y urdió un plan que podía salvarlo. En lugar de comparecer ante el Comité que lo había citado, recurrió a la instancia superior, la Convención, donde podría justificarse ante los setecientos diputados que comenzaban a preocuparse por la deriva sanguinaria de Robespierre.[334]

La Convención había tolerado el Terror porque se vivía una emergencia nacional que amenazaba la República (guerra en todas las fronteras y sublevaciones en el interior), pero después de la derrota de los enemigos exteriores en Fleurus y la mejora de las condiciones interiores (los alimentos comenzaban a llegar de América) no había motivo para mantener el estado de excepción que suspendió la Constitución de 1793.

Tallien no solo se justifica convincentemente ante la Convención. Además, ha llegado en el momento justo con las credenciales oportunas. Los diputados confían en él (en unos meses lo promoverán a la presidencia del organismo). Salvado por la campana, Tallien se entrega plenamente a labrarse una clientela fiel y a sobornar con favores a los diputados que algún día puede necesitar.

Robespierre, tan espartano en su vida, tan libre de pasiones mundanas, anhela ser un misionero de la virtud. Ha tolerado la descristianización de Francia para arrebatar a la Iglesia su ascendiente sobre el pueblo, pero en realidad no es ateo como sus colegas. Cree en Dios, en un Ser Supremo. Profesa una especie de panteísmo que integra a ese dios en la propia naturaleza.

No quiere aplazarlo. El 8 de junio (precisamente Pentecostés) expone la idea ante la Convención en un elaborado discurso sobre «la relación de la moral y la religión con los ideales republicanos».

La obediente Convención decreta que «el pueblo francés reconoce la existencia del Ser Supremo y la inmortalidad del alma» e introduce la fiesta del Ser Supremo.[335]

El Ser Supremo se presenta al pueblo en los jardines de las

334. Era obvio que el intento de Robespierre de suprimir «a todo el que no alcance el grado de virtud requerida para ser buen ciudadano» provocaría una reacción desesperada de los que se sintieran amenazados (Ward, Prothero y Leathes, 1984, p. 364).

335. Letreros con la leyenda *«le peuple français reconnaît l'Être Suprême et l'immortalité de l'âme»* se expusieron en lugares de culto.

Tullerías. El sumo sacerdote Robespierre, ridículamente vestido de azul celeste y tocado con un sombrero adornado de plumas de avestruz, pronuncia un sermón en el que explica que «libertad y virtud nacen en el seno de la divinidad y ninguna puede vivir sin la otra». A la cuidada pieza oratoria sigue un vistoso fin de fiesta, luz, sonido y coreografías ideados por el pintor David. Coros virginales de miles de voces entonan el himno del Ser Supremo, credo de la nueva religión republicana.

Con gesto gallardo, sabiéndose protagonista del solemne momento, Robespierre toma una antorcha y prende un ninot que representa el ateísmo.[336] Al desvanecerse en pavesas aparece en su interior la estatua del conocimiento, un poco tiznada, pero reconocible, porque para eso lleva un cartel que lo declara.

El festival prosigue por la tarde con una procesión en la que un paso tirado por bueyes con cuernos dorados representa los distintos trabajos que enriquecen a la República.

No todo el mundo se rinde a las extravagancias religiosas del tirano. La fiesta del Ser Supremo molesta a muchos correligionarios.

—Robespierre está llegando demasiado lejos —señala Billaud-Varenne—. ¿Quién se cree que es para imponernos un dios?[337]

—Se cree Moisés —responde Collot d'Herbois—. El Moisés del pueblo francés, o de la humanidad.

¿Es Robespierre el profeta de Francia?, se preguntan irónicamente. Una visionaria pirada de la que todo el mundo se burla, Catherine Théot, «la madre de Dios», la que años atrás se proclamó la Virgen María y la nueva Eva y fue internada en el hospital de locos de la Salpêtrière, lo tiene por el hijo del Ser Supremo, el Verbo eterno, el Mesías designado por los profe-

336. «La gente se pregunta por qué tantas mujeres siguen a Robespierre [...]. Lo que pasa es que la Revolución es una religión y Robespierre ha creado una secta: es un cura que tiene sus devotos [...]. Se dice amigo de los pobres y de los débiles [...]. Se ha hecho una reputación de austeridad que apunta a la santidad» (Condorcet, 1792, citado en Ramírez, 2014).

337. En 1801 Napoleón prohibió los cultos a la razón y al Ser Supremo.

tas.[338] En un registro de su humilde casa, la policía encuentra bajo el colchón una carta en la que la visionaria proclama a Robespierre el Juan Bautista del nuevo culto. ¿Es original o la han colocado sus enemigos, los adversarios del Incorruptible?

El Incorruptible ya contaba con muchos adversarios, casi todos encubiertos, los que lo temen más que lo admiran, pero esta deriva deísta le crea muchos más. Entre los que piensan que se ha excedido en sus caprichos empieza a fraguarse una conspiración.[339]

—Hay que derribar al tirano antes de que acabe con la República.

Los afanes religiosos del Incorruptible no lo apartan por completo de su única pasión mundana, el odio a los que considera sus enemigos. En vista de que no ha podido suprimir a Tallien, decide atacarlo por su punto más débil: esa beldad bordelesa o española que lo tiene encoñado. Envía a Burdeos a su hombre de confianza, Marc-Antoine Jullien, para que vigile a Teresa y reúna pruebas de su labor como espía y protectora de la nobleza enemiga de la República.

Teresa percibe el peligro. ¿Qué puede hacer con Tallien tan lejos de Burdeos? ¿No han nombrado a su amante presidente de la Convención? Marcha a París para acogerse a su protección.

Demasiado tarde. El Comité de Salvación Pública ha decretado su detención. La orden de arresto de la ciudadana Cabarrús-Fontenay lleva la firma de Robespierre. Ingresa en la prisión de La Force.

Allí traba amistad con otra interna, una atractiva criolla de la Martinica, Marie Josèphe Rose Tascher de la Pagerie, reciente viuda de un noble pasado por la guillotina.

Tome nota el lector, porque esta criolla de sensuales hechuras y libres costumbres (¿quién podría contar los amantes que ha tenido?) será la famosa Josefina, primera esposa de Napoleón y emperatriz de Francia.

338. Quétel, 2021, p. 430.

339. Entre ellos, Laurent Lecointre, Barère, Carnot, Fréron, Barras, Tallien, Thuriot, Courtois, Rovère, Garnier de l'Aube y Guffroy.

Condenada a muerte, Teresa escribe una carta desesperada a Tallien.

En La Force, 7 de termidor

> El administrador de la policía me anuncia que mañana comparezco ante el tribunal, es decir, que subiré al cadalso. Muy distinto del sueño que tuve anoche: Robespierre no existía y las cárceles estaban abiertas de par en par. Pero gracias a tu notable cobardía pronto no quedará en toda Francia nadie capaz de realizar mi sueño.

Acompaña a la carta una daga y una nota.

—*Je meurs d'appartenir à un lâche* —«Voy a morir por pertenecer a un cobarde».

Eso duele, ¿eh, Tallien?

La carta surte el efecto buscado. Tallien se comunica con Fouché y los otros conjurados. Consigue que el golpe de Estado planeado se adelante al día 9 de termidor. Eso salvará a su amante.

CAPÍTULO 55

# La caída de Robespierre o la reacción termidoriana

Robespierre anda algo distraído estos días.

—Últimamente falta a las reuniones del Comité de Salvación Pública —se desespera su fiel Saint-Just con los íntimos—. Apenas asiste a las sesiones de la Convención. Incluso está descuidando sus cabildeos en el club jacobino.

Robespierre está triste, qué tendrá Robespierre, los suspiros se escapan de su boca de fresa, etcétera.

¿Qué le sucede al Incorruptible, qué íntima tormenta perturba su alma? ¿Tendrá conciencia de que esa escalada de terror que ha impuesto a la sociedad no puede mantenerse indefinidamente? ¿Le dolerá haber enviado a tantos inocentes a la guillotina?

¿Problemas de conciencia en un hombre que se cree en posesión de la verdad, que jamás ha dudado de estar siguiendo el camino correcto?

No; probablemente lo único que le sucede es que está cansado. Probablemente padece *surmenage* o síndrome de fatiga crónica.

Robespierre pasa los días encerrado en casa. Cuando sale no es para relacionarse con sus correligionarios, sino para dar largos paseos solitarios por el bosque de Meudon leyendo a Rousseau. Quizá se identifique con ciertos axiomas del filósofo. «No es posible reinar de modo inocente», «Todo rey es un rebelde o un usurpador».

¿Acaso él no se ha conducido como un rey absoluto desde que implantó el Terror?

¿Cómo escapar del laberinto en que se ha extraviado?

Su cambio de carácter es objeto de cábalas en el seno de la Convención. Quizá está deprimido por los disgustos que le da su querida hermana Charlotte. Quizá se está replanteando la vida, quizá...

En su ausencia algunos se atreven a verbalizar lo que todos piensan y callan: «¿De verdad eran necesarias tantas ejecuciones para defender la Revolución? ¿No se ha excedido en sus sospechas? ¿No nos habrá obligado a perseguir fantasmas?».

Sus antiguos cómplices, los que aplaudían tanta ejecución, comienzan a buscarse coartadas morales para desvincularse del tirano.

Por otra parte, Robespierre se pregunta: «¿No estaré intoxicado de poder?».

No fuma, no bebe, no va con mujeres malas (ni buenas), pero se alimenta de poder, el más poderoso afrodisiaco según la opinión de Henry Kissinger y de otros ilustres ingenios.[340]

Pocos conocen el secreto del inescrutable Robespierre. Acaba de descubrir que su verdadera vocación, lo que realmente lo hace feliz, es crear un sistema de educación nacional, una escuela laica que forme a verdaderos ciudadanos capaces de engrandecer Francia. Una escuela basada en la virtud y en la obediencia de las leyes, en el patriotismo y la fraternidad.

¿Es, entonces, que está atravesando una crisis personal?

El 28 de julio Robespierre despierta dueño de Francia y de las vidas de los franceses; en veinticuatro horas será un forajido condenado a muerte.

Un criado lo ayuda a vestirse. Escoge para la ocasión un traje azul celeste y corbata blanca de encaje, ligeramente almidonada. Frente al espejo se coloca la nívea peluca de coleta Ramillies debidamente empolvada y perfumada. Está guapo como un san Luis.[341]

340. El *efecto halo,* ese magnetismo del que hablan reputados psicólogos, el que humedece a los votantes y a las votantas en presencia de sus líderes y lideresas.

341. Excúseme, don Maximilien, por esta extemporánea mención del santo titular de los odiados monarcas de Francia.

Atentos ahora, que habla Robespierre a la Convención Nacional. Será el discurso más trascendental de su vida, aunque desde luego no el mejor ni el más eficaz.

Sube a la tribuna, esparce la mirada por el borreguerío convencional (de Convención) cuya transformación en manada de lobos apenas percibe debido a su miopía. Carraspea ligeramente aclarando la garganta. Perora. Dos horas de discurso para denunciar la existencia de una conspiración para terminar con él y con la esencia de la Revolución que su persona encarna.

—Desde hace más de seis semanas, la naturaleza y la fuerza de la calumnia, la impotencia de hacer el bien y de detener el mal, me han forzado a abandonar mis funciones de miembro del Comité de Salvación Pública —justifica sus recientes ausencias.

El discurso resulta bastante confuso. A ratos es tan autocompasivo que suena a despedida (¿como Cristo en Getsemaní?) y a ratos a justificación de su conducta.

Pero también suena a amenazadora denuncia de conspiraciones, lo que aterra a muchos de los presentes. «Una coalición criminal intriga dentro de esta misma Convención», ha dicho. Conociendo a Robespierre, que denuncie una conspiración quiere decir que ya ha preparado una lista de los siguientes aspirantes a la guillotina.

¿Gigantesca conspiración? ¿Está sugiriendo que rodarán docenas de cabezas? ¿Estará preparando el Incorruptible una próxima purga?

El error de Robespierre es la propia vaguedad de la denuncia, que alarma innecesariamente a muchos diputados. «¿Figuraré en la lista de los conjurados a la que alude cuando habla de "castigar a los traidores"?».

Todos tuvieron tratos en el pasado con Hébert o con Danton, recientemente caídos en desgracia. Eso los convierte en guillotinables.

Por las bancadas constitucionales cunde la alarma. Ni Llanura ni Montaña: ya no hay diferencias. Todos están en peligro. Las alusiones del Incorruptible a la conveniencia de depurar el Comité de Salvación Pública y reafirmar la autoridad suprema de la Convención alimentan las sospechas de los participantes en los dos organismos. Cada cual se cree cesante en la remodelación que sugiere el dictador.

Fouché, Tallien y los otros diecinueve representantes repartidos por las provincias en distintas comisiones a los que el Comité de Salvación Pública citó en París por medio de un seco comunicado el 19 de abril pasado llevan meses sospechando que en cualquier momento serán objeto de una purga. Es la única explicación que tiene haberlos reunido en París. Todos se sienten aludidos por las palabras de Robespierre.

—Otras revoluciones exigen solo ambición; la nuestra exige virtud —expone el Incorruptible a sus asustadas huestes.

Seiscientos parlamentarios, muchos de ellos sin más oficio que el de sentarse en aquellos bancos, se sienten amenazados: «¿Estaré en la lista?».

La indefinición de Robespierre ocasiona, en último término, su caída. Posiblemente solo haya pensado en una docena o algo así de depuraciones, pero su reluctancia a citar nombres hace que todos se sientan en peligro.

—Me nombraron para combatir el delito, no para administrarlo —termina su discurso—. Todavía no ha llegado el momento en que los hombres honrados puedan servir al país sin que se los castigue; los defensores de la libertad seguirán siendo delincuentes mientras dominen los sinvergüenzas.

—Cuando alguien presume de tener el valor de la virtud, es necesario que tenga el de la verdad —lo apostrofa Charlier—. ¡Nombrad a los que acusáis!

Robespierre le dirige una mirada despreciativa y se retira sin nombrarlos. Murmullos y consultas en las bancadas. El que más, el que menos tiene motivos para sentirse incluido en el número de los sinvergüenzas. ¿Quién no lo es comparado con el Incorruptible?

La solución a tanta zozobra parece obvia: suprimir al dictador. Sí, pero ¿quién le pone el cascabel al gato? ¿No se rumorea que hay una conspiración contra él? «Pues en cuanto pueda me apunto».

Los conspiradores afloran en los discursos siguientes.

—Es hora de decir toda la verdad —interviene Pierre-Joseph Cambon—: un solo hombre, Robespierre, se basta para paralizar la voluntad de la Convención Nacional.

Este oscuro parlamentario, que hasta ahora solo ha intervenido en cuestiones financieras y contables, se ha atrevido a poner en palabras lo que todos piensan. Eso anima a muchos.

El desánimo que traslucían las palabras autocompasivas del dictador anima a otros a insubordinarse.

—¡Nadie quiere mataros! —lo acusa André Dumont—. ¡Sois vos quien está masacrando a la opinión pública!

Por vez primera en muchos meses, Robespierre se muestra vacilante frente a los diputados de la cámara. Ese cambio de actitud trasciende. Aquella misma tarde la discusión continúa en el Club de los Jacobinos; Claude Javogues pone en palabras el sentir general.

—¡No somos ni facciosos ni conspiradores! ¡Simplemente no queremos que un solo hombre domine a la cámara!

—Te agradezco que me permitas saber quiénes son mis enemigos y los de la patria —replica Robespierre.

—Lo que yo observo —amenaza el robespierrista Dumas— es que sigue habiendo hébertistas y dantonistas que seguirán el camino de sus predecesores.

Robespierre relee el discurso que pronunció por la mañana ante la Convención. Finalmente declara:

—Hermanos y amigos, acabáis de escuchar mi testamento político. Si me abandonáis, no tendré inconveniente en beber la cicuta.

El viejo truco. Alude a Sócrates, el famoso filósofo ateniense, condenado por su ciudad a suicidarse.

«Era la acostumbrada técnica retórica de ofrecer su sacrificio personal por el bien de la *patrie*. Esa vez le tomarían la palabra».[342]

Aquella noche, los conspiradores Collot, Billaud-Varenne, Fouché, Tallien y otros que se sentían calificados para la guillotina se reúnen para concordar sus respectivas intervenciones ante la Convención.

342. Schama, 2019, p. 906.

Amanece el 29 de julio con un cielo despejado y luminoso en el que los astros y los planetas giran indiferentes a las pasiones humanas.

Los Roux evalúan la posibilidad de atemperar la producción de uniformes y reabrir las otras líneas de producción de sus talleres, ahora que la amenaza militar parece alejarse. Adèle la Tremenda desescama un pescado que le ha pedido Brigitte y le pregunta por el novio español:

—¿Te la sigue arrimando con fuerza? Tú no seas tonta, niña, y cásate con él antes de que se arrugue, que luego todos son lo mismo, le pierden afición a la fija y se van a meter la morcilla en otros pucheros.

En la Convención el nuevo día promete ser interesante, decisivo quizá. La sesión se abre a las once de la mañana con asistencia masiva de diputados. El nuevo presidente Collot d'Herbois (el actorcillo que acompañó a Fouché como procónsul de Lyon) convoca a la tribuna a Saint-Just, que previamente había pedido la palabra.

Antes de iniciar su intervención, el guapo lacayo de Robespierre recorre con la mirada la sala como ha aprendido a hacer del maestro.

Solo le permiten leer el primer párrafo. Las protestas le impiden continuar. En realidad, venía a ofrecer una propuesta de avenencia entre Robespierre y los disidentes, un «enterremos el hacha de guerra y tolerémonos por el bien de Francia», pero los aterrorizados parlamentarios (Billaud-Varenne y Carnot al frente) piensan que es una añagaza para preparar una nueva purga como las de días pasados.

Billaud-Varenne toma la palabra para denunciar, con ánimo encendido, la tiranía de Robespierre: «¿No fue él acaso el que impuso la ley del 22 de pradial que priva a los acusados del derecho a la defensa y de apelación? ¿No es él el que ha empleado a la policía en espiar a los diputados? ¿No arrebató los poderes a la Convención? ¿No nos ha anulado a todos los que legítimamente representamos al pueblo?».

Un murmullo aprobador acoge las acusaciones.

—¡Abajo el tirano! —se escucha un grito aislado.

Algunos rostros se vuelven hacia Saint-Just, el alevín de Robespierre. Misteriosamente permanece mudo. Hasta se diría que encogido en su escaño, «tierra, trágame», en lugar de replicar en defensa de su maestro.

En vista de que nadie lo defiende, Robespierre intenta responder personalmente, pero Collot d'Herbois le niega la palabra para concedérsela a Tallien.

El verdugo de Burdeos se levanta para apostrofar al acusado, nuevo Catilina y nuevo Cromwell. Para afirmarse en lo que dice enseña un puñal (¿el que recibió de Teresa Cabarrús con la carta desesperada?) y se muestra decidido a suprimir al tirano si la Convención no toma medidas.[343]

Lo realmente indicativo es la mención a Catilina y Cromwell, cuyas cabezas, como es sabido, acabaron expuestas al público para escarmiento de los alzados.

Se acaba de abrir la veda de Robespierre. Los que antes lo adulaban, en parte por miedo y en parte por interés, se animan ahora.

Marc Vadier, en su momento apodado Le Grand Inquisiteur, lo acusa de enviar policías y soplones para espiar a los diputados, de parcialidad, de no haber sido tan riguroso cuando juzgaba a sus seguidores o amigos (dijo la sartén al cazo).

Robespierre asiste con ojos encendidos a su linchamiento político. Sin poderse defender. Reiteradamente intenta rebatir a sus acusadores, pero el presidente no le concede la palabra.

—Por última vez, presidente de asesinos —estalla—, ¡le exijo que me permita hablar!

—Ya hablará cuando sea su turno.

Finalmente, Louis Louchet, un oscuro diputado dantonista que nunca se ha manifestado, gana sus cinco minutos de gloria.

—¡Acabemos con esto! —grita—. ¡Orden de arresto contra Robespierre!

La propuesta se vota a mano alzada.

Un bosque de manos se levanta para el recuento. Tantas no

343. Eran palabras mayores, pero debemos verlo en su contexto. Dado el ambiente exaltado de la reunión, no causó más efecto que el de las balas de fogueo exhibidas en julio de 2022 por Rufián en nuestro Parlamento.

apuñalaron a Julio César en el Senado romano, pero seguramente Robespierre, anonadado, recuerda la escena que reproducen tantos dibujos.

La Convención aprueba el decreto: «Maximilien Robespierre será en el acto puesto en situación de detenido».

Su hermano Augustin Robespierre salta:

—¡Soy tan culpable como mi hermano; yo solo he querido el bien de la nación, también quiero perecer a manos del crimen!

Lo arrestan tal como pide y además a otros tres robespierristas ilustres que no han dicho esta boca es mía: Couthon, Saint-Just y Le Bas.

Toca hacer leña del árbol caído. Aliviados por el resultado, muchos diputados expresan su entusiasmo mientras otros manifiestan su odio al tirano.

—¡La sangre de Danton te ahogará! —acusa Perrier.

—¡Ah! ¿Queréis vengar a Danton? —salta Robespierre—. ¡Cobardes! ¿Por qué no lo defendisteis en su momento?

Entran gendarmes que se hacen cargo de los detenidos para conducirlos al Comité de Seguridad General, donde quedarán en espera de juicio.

En la sala reina la euforia que sigue a la ansiedad. Algunos diputados dan vivas a la República.

—Es menester que la cabeza de este infame Robespierre [...] caiga hoy, con las de sus cómplices —propone Thuriot—. Es necesario purgar el sol de la República de ese monstruo que estaba a punto de proclamarse rey.

Como hizo el admirado Julio César y por eso lo asesinaron, se supone.

Robespierre raramente envía a la guillotina a elementos del pueblo. Por este motivo goza de muchos partidarios que apreciaron el Terror en su aspecto de venganza social contra las clases superiores. Tampoco hay que descartar que agradezcan el espectáculo gratuito de las sesiones de guillotina con que les ha entretenido el hambre. Al fin y al cabo, son *canaille,* aunque los hayamos ascendido a la categoría de pueblo.[344]

344. El poeta Chateaubriand cuenta que el conserje de su casa le co-

Como era de temer, los incondicionales de Robespierre se movilizan para liberarlo. El alcalde Fleuriot-Lescot, que le debe el cargo y la carrera, prohíbe a las prisiones de la ciudad que admitan a los detenidos.

—Hay que reunir fuerzas —propone—. Hay que arrestar a la Convención hasta que se depuren responsabilidades.

Con ese propósito convoca a las secciones de los barrios, pero muy pocas se dan por aludidas.

Mientras tanto, Robespierre y los otros detenidos se refugian en el ayuntamiento al amparo de Fleuriot-Lescot.

—Hay que hacer una proclamación —propone Couthon.

—¿En nombre de quién? —replica Robespierre desengañado.

¡Larga noche! El fiel François Hanriot, al que los acontecimientos han sorprendido borracho como de costumbre, allega tropas para ocupar la sede de la Convención.

La Convención emite un decreto ordenando la detención del alcalde y de la plana mayor de la Comuna. Gendarmes fieles al Parlamento arrestan a unos cincuenta robespierranos.

Los *sans-culottes* de las secciones que respondieron a la llamada del alcalde han esperado durante horas a algún líder que los acaudille. En vista de que no comparece ninguno, regresan a sus asuntos. Entre las cuatro y las cinco de la madrugada del día 28, la plaza del Ayuntamiento queda despejada.

La Convención sigue reunida. Barère propone que la Asamblea declare proscritos *(hors-la-loi)* a los cinco miembros rebeldes, así como al alcalde y a cuantos los apoyan.

Se aprueba la moción, que equivale a una sentencia de muerte (recordemos que a los proscritos se les puede ejecutar sin juicio previo).

---

mentaba con nostalgia aquellos días del Terror en que veía pasar ante su casa la *charrette* cargada de duquesitas con el cuello blanco como la nieve porque ya les habían hecho la *toilette* y se lo iban a cortar. Pero «ahora —añadía— eso ya se acabó. Se le han suprimido al pueblo esos placeres» *(Ah monsicur le vicomte, c'était le bon temps, cela! Chaque jour il passait devant nos porte des petites duchesses qui avaient le cou blanc comme la neige et on le leur coupait... Maintenant, c'est fini. On a retiré ces plaisirs au peuple!)*.

Paul-François-Jean-Nicolas, vizconde de Barras, en su calidad de jefe del Ejército, convoca a su lugarteniente Léonard Bourdon.[345]

—Escoge un piquete de hombres de confianza y ocupáis el ayuntamiento. A los fugitivos los quiero vivos.

Hacia las dos de la madrugada las tropas de la Convención sitian el ayuntamiento, que está defendido por los guardias nacionales al mando de François Hanriot. Tensa espera a uno y otro lado de la plaza, que Hanriot ha iluminado con antorchas.

Los soldados asaltan el ayuntamiento. Cuando ascienden en tropel la escalinata de mármol que conduce al piso principal, suenan varios disparos que los ponen en guardia. Con precaución, los fusiles prestos, se asoman al salón llamado de la Igualdad en el que se han refugiado los fugitivos.

Saint-Just y Dumas se entregan sin resistencia. Le Bas se ha suicidado (la diestra del cadáver aún sostiene la pistola humeante). Robespierre ha intentado imitarlo, pero con los nervios accionó el disparador prematuramente y la bala solo le ha fracturado la mandíbula. Otra versión asegura que el disparo ha partido de uno de los asaltantes, un soldado llamado Merda que en días sucesivos se pavoneará por las tabernas.[346]

Los restantes fugitivos han intentado escapar, pero son capturados. Couthon (el paralítico que se apiadó de los lioneses) se ha precipitado con su silla de ruedas por la escalera de servicio. Lo encuentran abajo, lastimado pero vivo. Augustin Robespierre y François Hanriot saltaron por una ventana a un patio interior, el primero se ha roto las piernas y el segundo ha tenido la suerte de aterrizar sobre un montón de basuras que amortigua-

345. ¿Quién es este Barras que reaparecerá en páginas futuras? Un personaje astuto, corrupto, amoral y bisexual que cuenta entre sus amantes a su secretario y a Josefina, la criolla amiga de Teresa Cabarrús que algún día se casará con Napoleón.

346. Merda hizo fortuna en el ejército napoleónico y llegó a general de brigada. Entonces cambió el nombre Merda, tan parecido a *merde,* por Meda. Murió gloriosamente en la batalla de Borodino (1812).

ron el golpe. Intenta ocultarse en el desagüe, pero lo descubren y lo sacan del agujero.

Robespierre se entrega a sus captores balbuciendo palabras ininteligibles. Ha perdido los dientes de un lado y sangra abundantemente de una gran brecha en la mejilla.[347] Dolorido y quejumbroso, se tiende sobre la mesa de la sala. Su horrible herida hubiera requerido la atención de un cirujano, pero solo se dispone de un enfermero que se limita a vendarla. Pasa el resto de la noche tendido en la mesa y soportando la presencia de curiosos que acuden a comprobar en qué ha quedado tanto poder, tanta arrogancia, tanta pulcritud y tanta elegancia.

Algunos se mofan:

—Sire, ¿sufre vuestra majestad? ¿Duele?

Aquejado de un dolor insoportable, Robespierre babea una saliva sanguinolenta, los ojos extraviados. Alguien se apiada y le tiende un pañuelo. El cuitado recupera los cortesanos modales del *Ancien Régime* que él mismo suprimió por decreto. Acierta a susurrar:

—*Merci, monsieur.*[348]

Conciliábulos de los golpistas, a los que no llega la camisa al cuerpo. Mientras el monstruo y sus adláteres vivan, existe el peligro de que sus partidarios los liberen. Mejor suprimirlo cuanto antes.

¿Cómo? Existe la argucia legal para eliminarlos sin juicio precio: declararlos fuera de la ley *(hors-la-loi)*.

La Convención había dispensado de ese trámite judicial al Tribunal Revolucionario.

El diputado Élie Lacoste sugiere que el patíbulo se levante

347. Léonard Bourdon, el mando de los asaltantes del ayuntamiento, declaró que Robespierre resultó herido por el disparo de un gendarme. En el informe de Bertrand Barère de Vieuzac se mantiene la tesis del intento de suicidio.

348. Recordemos que los revolucionarios habían suprimido el uso de *monsieur* ('señor') e impuesto el de *citoyen*. En esta hora trágica, débil y dolorido, parece que a Robespierre se le ha disipado la ideología revolucionaria y retorna a los viejos usos corteses del *Ancien Régime*. No es criticar, es referir.

en la plaza de la Revolución (hoy de la Concordia), donde ejecutaron a Luis XVI y a otras mil personas relevantes.

Aquella misma noche montan el tablado e instalan la guillotina. Como hace calor, algunos grupos de paseantes curiosos se concentran a ver los trabajos a la amarillenta luz de los fanales.

El 28 de julio, a las seis de la tarde, tres carretas abandonan la prisión de la Conciergerie llevando a los veintidós condenados. En la primera de ellas, Robespierre, tendido sobre un lecho de paja, parece más muerto que vivo.

—¡Vete, bandido! —le grita al pasar una mujer—. ¡Vas a la tumba con las maldiciones de las esposas y madres de Francia!

En la explanada del patíbulo se ha congregado una gran muchedumbre de curiosos, con las *tricoteuses* en primera línea. Las carretas tardan una eternidad en abrirse paso hasta la guillotina. Cinco filas de soldados con fusiles y bayonetas rodean el tablado. Redoblan los tambores. Inmediatamente comienzan las ejecuciones. El primero, Couthon, el paralítico, que es izado al patíbulo más inválido que nunca, porque la caída de la víspera le ha fracturado algún hueso.

Cuando le llega el turno a Robespierre, Sanson le arranca de un tirón el vendaje que le sujeta la mandíbula a fin de despejarle el cuello. El Incorruptible aúlla de dolor.

Los cadáveres de los ejecutados se inhuman en una fosa común del cementerio de Errancis y se cubren de cal viva.

En la calle el estro popular ha compuesto el epitafio del tirano:

> *Passant, ne pleure pas sur mon sort;*
> *si je vivais, tu serais mort.*[349]

Las ejecuciones de robespierristas no han terminado. Al día siguiente, la policía detiene a cerca de un centenar, de los que setenta y uno pasan por la cuchilla nacional sin juicio previo, también ellos como *hors-la-loi*.

Muchos presos amenazados por la guillotina recobran la li-

349. «Transeúnte, no llores mi muerte. / Si yo viviera, ¡tú serías el muerto!».

bertad, entre ellos José Marchena, que vuelve a la política con renovados ímpetus y consigue un puesto remunerado en compensación por sus catorce meses de cautiverio. En adelante moderará sus impulsos revolucionarios y se inclinará por una República burguesa sin concesiones a la *canaille*.

Otro liberado es Pablo de Olavide, que establece su residencia en Meung-sur-Loire y prosigue la redacción de su monumental obra, en la que abjura de sus errores de librepensador y hace una ardiente defensa de la religión. Con esta obra, de cuya sinceridad no es lícito dudar, alcanza el perdón de la Inquisición española.[350]

—Este día es uno de los más bellos para la libertad... —declara Tallien en la Convención—. Reunámonos con nuestros conciudadanos para compartir la alegría común: el día de la muerte de un tirano es una fiesta a la fraternidad.

Nadie le recuerda que él mismo ha tiranizado y ejecutado a medio Burdeos.

El chaqueteo de Tallien es solo uno entre muchos. Con la caída de Robespierre se producen muchas conversiones. Los más destacados escaladores de la Montaña se adhieren al paremiólogo José Marchena cuando sugiere «aquel va más sano, que anda por lo llano».

O sea, la Llanura.

—¿Nos dejaremos llevar como ovejas que van al matadero? —pregunta a un camarada uno de los jacobinos amenazados.

—A mí no me metas en ese colectivo —le responde el otro, que fue acérrimo robespierrista hasta ayer por la mañana—. Yo he tenido que disimular que era jacobino para sobrevivir, pero en mi conciencia siempre he sido de la Llanura.

—Pues ya somos dos. Yo también disimulaba mis verdaderos afectos por miedo al tirano.

350. En 1798 consigue su ansiada amnistía y regresa a España «con el cuerpo desastrado y el alma reconfortada». Carlos IV le concedió una pensión con la que se retiró a Baeza y se dedicó a escribir novelas cortas de fondo moral. Allí murió en 1803.

—Noticias de España —anuncia José de Hevia en la tertulia española del café Corazza—: los franceses han invadido el País Vasco. Ya están en San Sebastián. Muchos vascos colaboran con ellos bajo condición de que respeten sus fueros.[351]

351. Los franceses tomaron también Vitoria y Bilbao, que fueron devueltos a España a raíz de la Paz de Basilea (22 de julio de 1795), cuando España recuperó Guipúzcoa a cambio de los dos tercios orientales de La Española (Capitanía General de Santo Domingo) y de la promesa de no represaliar a los guipuzcoanos pasados al enemigo.

CAPÍTULO 56

# Notre-Dame de Thermidor

Teresa Cabarrús sale de la prisión de La Force nimbada de renovado prestigio. En los mentideros de París ha cundido la especie de que presa y todo intervino decisivamente en la caída del tirano. En Burdeos la llamaban Notre-Dame du Bon Secours; en París empiezan a conocerla como Notre-Dame de Thermidor.

Teresa no olvida a su compañera de infortunio, la mulata Josefina. Acude a Tallien y consigue que también la liberen.

La fama de Teresa y su papel en la política traspasa fronteras. William Pitt, el primer ministro británico, declara admirado: «Esta mujer sería capaz de cerrar las puertas del infierno».

Como antaño, Teresa triunfa en los salones de París, que después de la tiranía abren sus puertas y acogen a la buena sociedad o a lo que queda de ella. Es tan popular que el ambicioso Tallien piensa en desposarla para participar de su brillo y quizá hacer olvidar su siniestro pasado, cuando era el terror de Burdeos o participó en las matanzas de septiembre.

Contraen matrimonio el 26 de diciembre y se instalan en una mansión de estilo campesino tradicional, al gusto romántico, que empieza a hacer furor, en plena naturaleza, rodeada de copudos árboles, a las afueras de París (actuales Campos Elíseos).

Teresa ha alcanzado nuevamente el elevado tren de vida al que está habituada, pero no se siente feliz. No es que le falte nada, es que cada día es más consciente de que esas manos que la acarician en el lecho y esos ojos que se complacen en su belleza desnuda son las mismas manos manchadas de sangre y los mismos ojos que se han recreado en tantos horrores cuando en Burdeos hizo instalar la guillotina frente a las ventanas de su gabinete. Es el mismo que más recientemente, cuando una tropa de *émigrés* desembarcó en Quiberon con la ilusa pretensión de reconquistar Francia, ha fusilado a 748 personas, entre ellas algunos niños, a pesar de que se habían rendido a Hoche con la promesa de que se respetarían sus vidas.

—Hay demasiada sangre en las manos de este hombre —le confía a su amiga Josefina—. Jamás había sentido tanto asco por él.

Y va pensando en un recambio, alguno de esos moscones vestidos de seda que la rondan en cuanto aparece en los salones. Alguien rico y, a ser posible, poderoso.

El departamento del Aude celebra el fin del Terror en una carta a la Convención:

> La Revolución del 9 de termidor [...] ha sido testigo del renacimiento de la calma y la serenidad en los corazones de los franceses, que, liberados de los errores a los que el terrorismo los había conducido, y habiendo roto el cetro de hierro bajo el que el indeseable Robespierre los tenía sometidos, gozan ahora del fruto de vuestras sublimes obras, recorriendo con alegría el sendero de la virtud [...]. Antes, hombres sanguinarios mataban a víctimas inocentes por envidia, y el destino envió al patíbulo a infinidad de sufridos y honrados ciudadanos confundidos entre los culpables [...] ¡Francia es libre, feliz y triunfante![352]

Gaston Roux, más cerca de los acontecimientos, se muestra menos optimista.

—Querido primo, acuérdate de lo que te digo. Ha acabado el Terror Rojo, pero pronto empezará el Terror Blanco.

—A ver si con el cambio se recupera la economía... —se consuela Antoine.

—Ni para limpiarse el culo sirven los *assignats* —salta Adèle

352. McPhee, 1999, p. 120.

la Tremenda cada vez que un parroquiano intenta pagarle el filete de bagre con esos papeles devaluados.

—Es obligatorio que lo aceptes, *citoyenne* —protesta el cliente.

Adèle lo señala con el cuchillo de abrir vientres.

—¿Sí? ¿Y quién es el guapo que me va a obligar? ¿El mierdoso del alguacil de abastecimientos? ¡Corta y navega, *salaud,* que hoy no tengo el coño para ruidos!

La economía sigue por los suelos. No es solo que el Estado esté en bancarrota. Es que nadie quiere pagar impuestos y los recaudadores no se atreven a adoptar medidas drásticas por miedo a que los linchen. Ya se han dado casos de recaudadores puestos en pelota por los contribuyentes y después alquitranados y emplumados al viejo estilo.

—La patria no puede vivir del aire, como los camaleones —se quejan en la Convención, antes de pasar a otro asunto.

CAPÍTULO 57

# El Terror Blanco

Escribo estas líneas en Le Puy-en-Velay, la bella ciudad de Auvernia donde empezaba la Vía Podensis, uno de los ramales del Camino de Santiago francés.

Estoy sentado en un velador de la heladería Les Bio Givrés ante un helado doble de castaña rematado con media cereza confitada. Es el premio que me concedo por acometer con éxito la hombrada de subir los 268 escalones de piedra que requiere la visita a la iglesia de San Miguel. Baldado de agujetas, excuso decir.

¿Qué interés me ha traído hasta aquí? En realidad, quería visitar la iglesia de Saint-Laurent, donde se conservan, en una urna, los redaños de Bertrand du Guesclin, el señor de la guerra que decidió el futuro de Castilla y probablemente el de España cuando, asistiendo a la reyerta de Pedro el Cruel y su hermanastro Enrique de Trastámara, agarró por los brazos a Pedro para que el otro lo apuñalara:

—Ni quito ni pongo rey, pero ayudo a mi señor —justificó su acción.

Le Puy-en-Velay es una ciudad pintoresca asentada en un valle en el que sobresalen tres negros peñascos volcánicos que sirven de pedestal a sendos monumentos singulares: una iglesia románico-bizantina del siglo x, una catedral románica del siglo xii y una gran estatua de la Virgen de trece metros de altura, toda de hierro, fundida por Napoleón III con doscientos trece cañones capturados a los turcos en la guerra de Crimea (1860).

Por la tarde me he citado con mi amigo Jacques Le Brun, que tiene una librería especializada en literatura erótica, Le Hérisson Ouvert (El Erizo Abierto).[353]

Mientras paseamos por estas calles medievales conversamos sobre la Revolución francesa.

—Aquí mataron los revolucionarios a un par de docenas de nobles y a otros tantos curas, como en toda Francia, pero lo que más se lamenta hoy es que quemaran una famosa Virgen negra, dícese que traída por san Luis de las cruzadas.

—¡Vaya por Dios! —comento—. ¡Cómo sufre el patrimonio cada vez que avanzan los pueblos!

Paseando por la Rue de la Prison hemos llegado a la plaza de la Plâtrière, en la que se alza un austero edificio de piedra, la Chapelle de la Visitation.

—Ahí juzgaron a los Compañeros de Jehú, que habían perpetrado toda clase de asesinatos en la región durante la reacción termidoriana, de enero a junio de 1795 —me dice Jacques.

—¿Quiénes eran esos Compañeros de Jehú?

—Una especie de club de caza integrado por miembros de la burguesía y de la nobleza.

—¿Un club de caza? —me extraño.

—Sí; pero de caza al jacobino. Los Compañeros de Jehú se inspiraban en el personaje bíblico que mató a la cruel reina Jezabel (para ellos, símbolo del Terror jacobino). Eran vengadores o justicieros, según se mire. No se sabe a cuántas personas lincharon o asesinaron tras la caída de Robespierre.[354] Sacaban a los jacobinos de las cárceles o los buscaban en sus escondites y les daban el paseo. Digamos que al Terror Rojo sucedió el Terror Blanco, como también se ha llamado a la «reacción termidoriana».[355] Las

353. Sí, lector, yo también tardé en comprender la metáfora que encierra esa mención del espinoso animalito.

354. La novela de Alejandro Dumas *Los Compañeros de Jehú* (1857) presenta un relato muy romántico de ellos.

355. Júzguese el cariz de este movimiento vengativo por su himno más famoso: «Pueblo francés, pueblo fraternal, ¿puedes contemplar sin estremecerte de horror cómo sostiene el crimen sus banderas de carnicería y terror? Tú sufres mientras una espantosa horda de asesinos y bandidos ensucia con

matanzas se prolongaron hasta que las autoridades tomaron cartas en el asunto y encarcelaron a los que las perpetraban.

—Si queremos que se respete al Estado habrá que juzgar severamente a todo el que se tome la justicia por su mano —defendió Tallien ante el Parlamento.

—Hubo juicios, pero los tribunales fueron de lo más benévolo —admite Jacques Le Brun—. De los ciento catorce acusados que se juzgaron aquí, solo se produjeron tres condenas a muerte. El resto salió absuelto.

—Y los tres condenados fueron a la guillotina —concluyo.

—¡Qué va! Resulta que escaparon la víspera de la ejecución. O los dejaron escapar.

Las matanzas de la reacción termidoriana ocurrieron en toda Francia, aunque fueron más mortíferas en el sudeste, en Aviñón, Marsella, Lyon, Tolón y Nimes.[356]

—¿Y en París?

—En París los monárquicos realizaron sucesivas redadas para cribar la ciudad de jacobinos y simpatizantes. Uno de los que guillotinaron, por cierto, fue aquel Antoine Simon encargado de educar al pequeño delfín. Al margen de los guillotinados mediante proceso, se produjeron múltiples linchamientos a manos de los *muscadins,* jovencitos de las mejores familias, casi todos nobles, que armados de porras plomadas (las denominaban «la fuerza de la razón» o «el poder ejecutivo») apalearon a los simpatizantes del jacobinismo o a los que obtuvieron cargos municipales durante el Terror.[357] Otros pandilleros autodenomina-

---

su feroz aliento la tierra de los vivos. ¿Qué es esta primitiva lentitud? ¡Apresúrate, pueblo soberano, a devolver a todos estos bebedores de sangre humana a los monstruos de Ténaro! ¡Guerra a todos los agentes del crimen! ¡Perseguidlos hasta la muerte! ¡Compartid el horror que me invade! ¡Que no escapen!».

356. En Aviñón apalearon a uno de los jueces jacobinos, lo tiraron al río desde el famoso puente y lo arponearon. En Nimes se inventaron la «ley de fugas», o asesinato extrajudicial de presos que supuestamente intentan huir durante un traslado.

357. En el Museo de Carnavalet se conserva una de estas porras, de intimidante aspecto, que pueden contemplar en el cuadernillo de imágenes.

dos la *jeunesse dorée,* si es que no eran los mismos, más extravagantemente vestidos, simultanearon las palizas a *sans-culottes* notorios con la destrucción de los símbolos jacobinos, en especial las docenas de bustos de Marat que se veneraban en París. Incluso consiguieron que la Convención desahuciara del Panteón los restos de Marat y los arrojaron a las cloacas.

CAPÍTULO 58

# La afectación sucede al Terror

—Salimos de Judas y caemos en Pilatos —comenta Gaston Roux a su primo en la mesa del desayuno.

—¿Qué quieres decir?

—¿No has notado la cantidad de carrozas que llenan de nuevo las calles de París? Hasta hace dos días, bajo Robespierre, no nos llegaba la camisa al cuerpo. Ahora, muerto el tirano, reina la euforia y la gente se echa a la calle con ansias de vivir la vida y de gastar los dineros que tenían enterrados bajo la leñera.

Cierto. Con la caída de los jacobinos aflora el dinero que ha estado oculto durante el Terror. No solo las antiguas fortunas, también las nuevas que se han amasado en la Revolución, robando o especulando. Salen de sus escondrijos, rutilantes al sol de la libertad recién estrenada, los viejos luises de oro y plata. Por otra parte, las fortunas confiscadas regresan a sus dueños o a los herederos de los dueños guillotinados, que, de pronto, pasan de la pobreza a la abundancia.

Al gozoso tintineo del dinero antiguo, vuelven a llenarse las tiendas con los productos que antes se comerciaban en el mercado negro. A la gente le da por gastar.

Los cafés están a rebosar. Petimetres salidos de debajo de las piedras fuman en pipas de arcilla inglesas, finas y largas, y lucen casacas de color estiércol en las que brillan botones de nácar.

Vuelven las pelucas perfumadas de almizcle,[358] algunas, según se dice, confeccionadas con cabellos de guillotinados.

Vuelven los enormes pañuelos de muselina y las chaquetas de solapas levantadas hasta encuadrar la mandíbula del elegante.

Otros tienen motivos para adoptar la postura opuesta. Los nuevos ricos surgidos de la Revolución, a menudo con haberes de origen dudoso, procuran adoptar un perfil bajo y no hacen alarde de sus posibles.

> Nada de caballos ni calesas para no ofender al soberano de a pie —escribe Frénilly en sus memorias—, nada de plata para que parezca que patrióticamente se había entregado toda a la Casa de la Moneda. Incluso hacían gala de pobreza en público. El *bon ton* ('buen tono') era parecer arruinado, haber sido sospechoso, perseguido, sobre todo haber acabado en prisión [...], era una desgracia que no te hubieran guillotinado [...]. En un almuerzo en casa de Montrouge sufrí la afrenta de ser el único que no había estado en la cárcel.[359]

También regresan los usos sociales. La gente se llama de *usted.* Solo se tutea a los niños. Resulta sospechoso llamar *citoyen* al que ha sido un *monsieur* de toda la vida. Las damas vuelven a ser *madames* y *mademoiselles,* incluso Adèle la Tremenda no rezonga cuando algún comprador la llama *madame*.

«En todas partes encuentra uno mujeres: en los teatros, en los paseos, en las bibliotecas. El gabinete del sabio está lleno de rostros bonitos. Este es el único país del mundo donde las mujeres merecen ejercer el Gobierno: los hombres están locos por ellas y viven solamente para ellas», escribe Napoleón a su hermano.[360]

En la escalinata de la fachada trasera del Palais-Royal se rea-

358. El almizcle es una sustancia que se extrae de una glándula que los ciervos tienen junto a los genitales. De su denominación francesa *musc* deriva el nombre *muscadins,* con el que se conocía a los petimetres termidorianos que surgieron después del Terror.

359. Quétel, 2021, p. 486.

360. Fajardo, 2003, p. 331.

lizan trapicheos de mercado negro; en los soportales delanteros se abren nuevas *boutiques* y prosperan los cafés. Por doquier regresan las prostitutas al moscardeo de los nuevos clientes que atrae la animación del mercado. Madame Sainte-Amaranthe recibe género fresco de provincias: jovencitas que han jurado no pasar hambre, como la Escarlata de *Lo que el viento se llevó,* y que llegan a París dispuestas a alquilar sus encantos a caballeros pudientes y, con un poco de suerte, encontrar uno que las retire del fatigoso oficio y las introduzca en los elegantes salones que vuelven a abrirse para los exquisitos.

En Roux et Frères reina un optimismo razonable.

—No nos podemos quejar —dice Gaston cerrando el libro de cuentas—. Gracias a mis contactos en las alturas nuestros contratos como *fournisseurs* del Ejército seguirán mientras continúe la guerra contra la Coalición.

—Además hay mucha demanda de lino y gasa transparente —apunta Antoine.

Las matronas y las jovencitas quieren vestir a la romana, con sandalias doradas y clámides diáfanas de talle alto que expongan los pechos como en el expositor de un escaparate, si es posible con algún pezón aventurado a lo *négligée* que previamente han maquillado con *rouge*. Quieren ser Dianas, Minervas, Floras o, echando mano de la historia, Judits, Safos y reinas de Saba. Los joyeros no dan abasto fabricando pendientes y colgantes en forma de guillotina, que se han puesto de moda.

Los jóvenes de estas familias pudientes, que hasta entonces han estado reprimidos, explotan en un estallido de modas extravagantes. Vuelven las pelucas, casi siempre rubias, pero también azules o verdes. Abren los viejos teatros y se habilitan otros nuevos. Los paseos de París se llenan de petimetres autodenominados *incroyables* ('increíbles') y de sus equivalentes femeninas, las *merveilleuses* ('maravillosas').

—Perdone, autor, creo que se equivoca —me corrige una de ellas—. En realidad, somos *incoyables* y *meveilleuses*. Hay que destituir del abecedario la letra erre que tantas veces se ha repetido en la palabra maldita, *révolution*. Sepa usted que la Convención ha prohibido la palabra *revolución*.

En fin, toda clase de extravagancias y excentricidades. Lo único que se simplifica es el traje femenino, que adopta el llamado corte imperio, cómodo, sexi y fácil de confeccionar para que esté al alcance de la creciente burguesía.

Se cierran muchos clubes de discusión política[361] y se abren salones de baile, más de cien, algunos tan extravagantes como los *bals des victimes,* celebrados en el Hôtel Thellusson, limitados a familiares de guillotinados.

—¿Es posible que se hagan chanzas con la guillotina?

—Lo que oye. Son los aristócratas que permanecieron ocultos, algunos en zulos infectos, y ahora emergen triunfantes para recrearse en la suerte de haber escapado a su funesto destino. Los asistentes a estos peculiares bailes se conocen porque visten la *costume à la victime,* atavíos sencillos, preferentemente claros, con un brazalete de luto negro, y lucen el corte de pelo que despeja el cuello *(coiffure à la Titus),* en torno al que se anudan una cinta roja o acaso simplemente se dibuja una raya carmín que representa el corte de la cuchilla ejecutora. Esta *mise en scène* se complementa con el saludo, un espasmódico ladeamiento de cabeza que intenta imitar la decapitación.[362]

—*Putain!* —«¡La madre que los parió!».

Extravagancias aparte, regresa a París y a las ciudades la gran moda. Mademoiselle Minette, mademoiselle Rambaud y otras famosas modistas que antes se ganaban un mendrugo y un cazo de sopa cosiendo uniformes en tabucos miserables vuelven a abrir sus talleres en la Rue Saint-Honoré y reciben encargos de las grandes damas que tienen que renovar el vestuario para adecuarse a los nuevos usos sociales. Se impone la moda cómoda y

361. Entre ellos, el Club de los Jacobinos, clausurado el 13 de noviembre de 1794, por orden de la Convención, «por considerarlo una amenaza para el orden público». Un poco antes la *jeunesse dorée* ('juventud dorada') había devastado sus locales. «¿Y el peligro público somos nosotros?», clamaba el gerente a la vista del destrozo.

362. El historiador David Bell, conocido aguafiestas, escribe: «No existieron los bailes de las víctimas. Es una invención de los autores románticos de principios del siglo XIX». Sin embargo, en 1797 los mencionan algunos periódicos de *émigrés* y el diario parisino *Le Censeur Dramatique.*

*déshabillée,* los trajes sueltos, los peinados sencillos dentro de lo que cabe, se acabaron los peinados emperifollados de la corte, los bustos encorsetados, los ropones multifalda.

—Esto es opinable. El Directorio más que vestir a las mujeres se ocupó de desvestirlas. ¡Tantas transparencias, tantas ubres al aire!

—Por cierto, ¿has visto a madame Hamelin, *la Bonita Fea,* como la llaman? Josefina de Beauharnais la está introduciendo en los salones.[363]

—La he visto. Algunos la rechazan porque es negra, pero otros sueñan con sus labios gordezuelos, su melena azabache, sus hechuras perfectas y la gracia incomparable con la que se mueve. Atrae, dicen, por su dulce languidez y picante vivacidad *(douce langueur et vivacité piquante)*. Su marido puede considerarse dichoso, aunque, como sabes, también tiene que ser paciente, ya que debe compartirla con muchos.

—¿Es cierto entonces que colecciona amantes?

—Y aciertan, se considera la más traviesa de Francia *(la plus grande polissonne de France),* pero se necesita mucha fortuna para merecer su amistad.

—Han cambiado los tiempos, *mon ami* —reflexiona Antoine.

Después de tanta zozobra, triunfa la burguesía, la verdadera beneficiada por la Revolución junto con los acaparadores que han hecho fortuna pescando en río revuelto y ahora emergen como nuevos ricos.

Como es natural, los pintores hacen su agosto decorando palacios y retratando a los pudientes con los atuendos de las nuevas modas. Especialmente el incombustible David, que pasa de pintar jacobinos muertos a vaporosas damas de la alta burguesía como madame Récamier, una *salonnière,* modelo de elegancia, que mantendrá su misterioso atractivo hasta su vejez.

363. Fortunée Hamelin era criolla, de la Martinica, como Josefina, pero mucho más negra de tez. Hija de un hacendado rico, la enviaron a Francia aún niña y la internaron en un colegio de monjas de los que enseñaban a pulir a las chicas para que encontraran luego un buen marido. El afortunado fue Marie-Romain Hamelin, ocho años mayor que ella.

—¿Cuál es su secreto, madame?

—Que sé escuchar a los hombres.

Dado que la tontería es contagiosa, muchas de las mencionadas extravagancias francesas llegan a España e influyen en la moda. Jovencitas descerebradas se adornan con escarapelas y con pañuelos «a la guillotina». Algún periódico censura «la endemoniada idea de ponerse en los chalecos una doble solapa, casi siempre carmesí, que imita con bastante naturalidad los efectos de una cabeza degollada, cuya sangre baña el cuello y el pecho, es a lo que podía haber llegado la locura de mis paisanos; y decorar esta moda con el nombre de guillotina me parece que es el cúmulo de la depravación».[364]

«Cuando esperábamos que los disparates de nuestros vecinos transpirenaicos hubieran acarreado entre nosotros una justa detestación de sus modas y de todo cuanto pudiera tener relación con su modo de pensar, vemos que a pesar nuestro se nos han de estar refregando por estas barbas sus modas y su modo».[365]

Otro artículo del mismo tono se apiada de España: «Abiertas tus puertas a un comercio perjudicial, en que recibías todos los instrumentos de lujo y vanidad, a trueque de lo más precioso de tu sangre, halló la malignidad resquicio por donde, a pesar de tu cuidado y vigilancia, introducir el veneno bajo un aspecto agradable: así logró insinuar blandamente en los ánimos de los jóvenes incautos, no solo el amor a la extravagancia en el vestir, sino, lo que es peor, en el discurrir y obrar».[366]

¿Qué ha sido de Teresa Cabarrús, la bella española que finalmente plantó al fracasado Tallien?[367]

Vuelve a ser la *salonnière* cuya presencia se disputa el todo París. En la plenitud de su belleza, le ha dado por recuperar los

364. «Las modas», *Semanario Erudito y Curioso de Salamanca,* n.º 121, 11 de noviembre de 1794, tomo v, p. 93; citado por Dupuis, 1968, p. 107.

365. *Ibidem,* p. 106.

366. *El Correo de Murcia,* n.º 145, 18 de enero de 1794, tomo v, pp. 39-40: «La moda más lamentable», firmado M. M. M. (citado en *ibidem,* p. 106).

367. Teresa y Tallien se separaron en 1795, aunque no se divorciarían hasta 1802.

vestidos clásicos al estilo romano y recibe a sus admiradores con leves muselinas que sugieren e incluso muestran sus encantos. Atraída siempre por la erótica del poder, o tal vez sea al contrario, acaba en la cama del todopoderoso (y atractivo) jefe del Directorio, Paul Barras.

CAPÍTULO 59

# Días de ira

—Ya no hay rey, ni austriaca rumbosa, ni nobles derrochones... No entiendo cómo podemos estar peor que antes —se queja Brigitte—. Vengo de Saint-Antoine y he visto a unos *sans-culottes* asando ratas.

La muchacha no puede entender por qué hay más pobres que nunca. Porque no hay trabajo. ¿Y por qué no hay trabajo? Porque la nueva Convención, surgida tras el Terror, ha abandonado prematuramente la economía controlada provocando una inflación galopante. Los *assignats* se deprecian continuamente. Ya solo valen el tres por ciento de su valor nominal.

En Les Halles no hay casi nada que vender, cuatro berzas medio podridas, un tasajo de tocino rancio, manzanas arrugadas, peces en salazón enmohecidos... Los artículos más preciados se desvían hacia el trueque o al mercado negro, en el que solo se admiten monedas. Adèle la Tremenda está tan vigilada por la policía que deja las protestas para sus compañeras más jóvenes.

—¡Qué felices somos, monsieur agente! —se alivia cuando pasa un corchete por delante de su puesto—. Bebemos meados de yegua y decimos que la cerveza está buena; nos dan agua de fregar y decimos qué rica está la sopa. Y el que quiera carne que se ase un feto de los que tiran al arroyo las parteras del Hôtel

Dieu.[368] ¡Para el invierno, todas putas, y las que no tengan dientes a chupar pollas!

En los barrios obreros no hay trabajo ni nada que llevarse a la boca.

—Estamos peor que cuando asaltamos la Bastilla.

—Sí, pero ahora no hay cojones de asaltar el Parlamento.

—Es que los que tenían cojones ya murieron.

¿Para qué ha servido la Revolución?

La Convención arbitra medidas represivas. Policías infiltrados andan por tabernas y mentideros a la caza de sediciosos. Menudean las detenciones y las deportaciones a la Guayana. Se vigila que no haya disidentes en la Guardia Nacional.

Después de los sangrientos descastes de los dos Terrores, el Rojo y el Blanco, la situación es tan tensa que se produce un golpe de Estado que pone en peligro la República.

Acto primero.

El 1 de abril de 1795, pura casualidad lo de la fecha, una multitud de hambrientos irrumpe en la Convención al grito de «¡pan!, ¡pan!».

Los alborotadores quieren que se restablezca la Constitución de 1793 y que se socorra con alimentos a los necesitados. Los guardias los desalojan a palos.

Tallien y los moderados aprovechan la ocasión para culpar a los antiguos jacobinos que aún quedan en el Comité de Salvación Pública. Detienen a Collot d'Herbois, a Billaud-Varenne y a Barère, y los deportan a la Guayana.

Guillotina seca.

Acto segundo.

La Convención declara la ley marcial y establece la ración de pan por persona y día en sesenta gramos.

—Es todo lo que la nación se puede permitir.

—Sí, pero los ricos compran cuanto quieren pagando en monedas.

Inútil dialogar con los *sans-culottes*. El hambre es más fuerte que el miedo.

368. El Hôtel Dieu era el hospital de beneficencia de París, fundado en 651.

El 20 de mayo de 1795 (1 de pradial del año III) los jacobinos aprovechan la desesperación de los *sans-culottes* (porque el pan ha subido un 200 por ciento en un mes)[369] para perpetrar con ellos un golpe de Estado.

El plan consiste en tomar simultáneamente la sala de la Convención, en el palacio de las Tullerías, y el ayuntamiento.

Cuando irrumpen en la Convención, el diputado Jean-Bertrand Féraud, responsable de los abastecimientos, les sale al encuentro intentando contenerlos, pero una de las mujeres que acaudilla a la multitud lo mata de un tiro. El carnicero Louis Legendre lo decapita. El ciudadano Jean Tinelle clava la cabeza en una pica y la lleva hasta la presidencia de la cámara.

La exhibición del sangriento trofeo resulta un argumento de peso para que el resto de los diputados considere razonable ceder a las peticiones de los amotinados.

—Calma y parlamentemos —solicita el presidente.

—Queremos que bajen los precios, que lleguen suministros a París, que se libere a los jacobinos presos y que se forme un Gobierno revolucionario.

—Razonable —estima el presidente y mira en derredor solicitando la opinión de la cámara. Amedrentados por la chusma enardecida, los padres de la patria se muestran de acuerdo.

El Gobierno revolucionario solo dura tres días, lo que tardan las tropas leales a la República en ocupar los barrios obreros de Saint-Antoine y Saint-Marcel.

La policía hace sus averiguaciones. Detiene a los once diputados implicados en el golpe de Estado. Tras un juicio rápido seis de ellos resultan condenados a muerte.

Los condenados acuerdan arrojarse sobre la espada remedando el noble harakiri de los admirados romanos, antes que sufrir el escarnio público de la guillotina. Con esta intención se proveen de puñales que camaradas suyos han ocultado en la sala del juicio. Romme, Duquesnoy y Goujon consiguen suicidarse, pero Soubrany, Bourbotte y Duroy tan solo se hieren y van a la

369. Cuando la libra de pan sube de veinticinco sueldos a ciento veinte en menos de un mes.

cuchilla nacional. Inmediatamente, se incorporan al martirologio revolucionario como *mártires de pradial*.

En la Convención se hace examen de conciencia.

—El origen de los motines es la carestía de pan y en última instancia el hambre —observa un diputado—. Estamos de acuerdo en eso, pero también es cierto que son las mujeres las que azuzan a los *sans-culottes* para que se rebelen.

Se legisla en consecuencia prohibiendo a las mujeres que asistan a asambleas políticas y que se reúnan en número superior a cinco.[370]

—¿Cómo están los ánimos por Saint-Antoine? —le pregunta Diego a Adèle la Tremenda mientras ella le pesa el pescado.

—¡Ay, hijo! Peor que en tiempos del Capeto cabrón. Manadas de hijoputas, hijos de mil leches, entrometiéndose en nuestras casas, los niños llorando de hambre, los padres en la cárcel, y nosotras rezando para que vuelva Robespierre.

—Pero ¿por qué no actúan los *sans-culottes* como antaño?

—Porque ya no quedan, hijo. Los que tenían más cojones murieron y los mierdosos que los seguían haciendo de tripas corazón son ahora alguaciles y corchetes, paniaguados del Gobierno.[371]

Acto tercero.

El 5 de octubre, unos ocho mil *sans-culottes* reforzados por monárquicos intentan nuevamente secuestrar a la Convención, pero el diputado Paul Barras, jefe del Ejército, los madruga y les prepara un recibimiento adecuado.

Los *sans-culottes* avanzan en dos columnas por las márgenes del Sena. El plan es confluir en las Tullerías, sede de la Convención, y tomar el edificio, pero se topan con soldados que les

370. Andress, 2011, p. 580.

371. Le sobra razón a Adèle la Tremenda. «Incapaces de conquistar el poder, los *sans-culottes* se transformarán en los agentes mediante los que un Gobierno central despótico controlará a sus recalcitrantes ciudadanos» (Hampson, 1970, p. 206). Una situación parecida vivimos en España a la llegada de la democracia: el poder desactivó a los agitadores de los barrios y de las comunidades de vecinos otorgándoles sinecuras y ahí los tenemos, tan felices, al arrimo de sus mamandurrias.

cortan el paso. A la vista de los cañones cebados de metralla y la abundante fusilería deliberan.

—¡Cobardes! —los apostrofan las mujeres—. Os tiembla la barba mientras vuestros hijos se mueren de hambre.

—¡Hay que quitarlos de follar hasta que demuestren que tienen cojones! —azuza a sus huestes Adèle la Tremenda, que, aunque no tiene idea de quién fue Lisístrata, sabe de sobra qué estímulo mueve a los hombres.

Los más decididos animan a los otros.

—Acordaos de la Bastilla y de cuando entramos en palacio arrollando a los suizos.

Pero esos viejos tiempos no volverán, que están los viejos cuchillos tiritando bajo el polvo (con permiso de García Lorca).

Los fusileros hacen una descarga que queda corta. A través de la nube de humo los *sans-culottes* se lanzan al ataque con sus picas y sus variadas herramientas. Se entabla la más breve batalla de esta guerra. A los veinte minutos, cuando se disipa el humo, las columnas de *sans-culottes* han desaparecido dejando sobre el terreno unos cuatrocientos muertos y quizá el doble de heridos.[372]

Al día siguiente, las tropas avanzan sobre los barrios rebeldes y destruyen a cañonazos las barricadas.

—¡La República está salvada! —proclama Paul Barras.

—Sí —responde uno de sus colegas—, pero la Convención no puede mantenerse con este desgaste.

Lleva razón. Unos días más tarde la República cambia nuevamente de forma de gobierno y disuelve la Convención para sustituirla por un sistema de gobierno novedoso, el Directorio.[373]

372. Napoleón, que solo contaba con cinco mil hombres, había derrotado a una fuerza cinco veces superior mediante el uso inteligente de la artillería, su arma favorita. Las huellas de la metralla napoleónica pueden verse en los muros de la iglesia de Saint-Roch, Rue Saint-Honoré.

373. La inestabilidad política del periodo revolucionario se refleja en la anómala sucesión de Constituciones. Véase: la primera (3 de septiembre de 1791) establece la monarquía parlamentaria de Luis XVI; la segunda (21 de junio de 1793) no se aplica debido a la guerra, pero incluía conceptos tan

Antes de rematar ese capítulo recapitulemos sobre la huelga sexual mencionada líneas arriba con Lisístrata.

Muchas francesas llevaron su devoción por el cambio que también venía a emanciparlas a pedir que las más devotas revolucionarias «interrumpan el coito» en el momento crucial para reprochar a sus maridos divergencias políticas.

—¡Detente, detente, detente ahí mismo! —exclamaba una decidida ciudadana de la Rue Saint-Martin, en París—. Nunca más gozarás de las tiernas caricias que he malgastado contigo hasta que abandones esa opinión.[374]

El protofeminismo se refleja también, como queda dicho, en la adopción de un vocablo específico para la mujer: «La generalización de *citoyenne* marca un cambio más significativo que para *citoyen:* el nuevo nombre, por supuesto, reemplaza el antiguo sistema, pero hace mucho más, ¡ya que elimina cualquier especificidad del estado civil! Joven o vieja, casada, soltera o viuda, cada mujer recibe su propio nombre, *citoyenne,* que la vincula a la comunidad política sin pasar por un hombre».[375]

---

avanzados como la soberanía popular, el sufragio universal directo y los derechos del hombre; la tercera (28 de julio de 1795) establece el Directorio y reinstaura principios de la primera, entre ellos el sufragio censitario; la cuarta (13 de diciembre de 1799) instituye el Consulado; la quinta (2 de agosto de 1802) mantiene el Consulado e incrementa el poder de Napoleón; la sexta (18 de mayo de 1804) instituye el Primer Imperio francés; la séptima (4 de junio de 1814) es una carta constitucional de la monarquía restaurada.

374. Schama, 2019, p. 572.

375. Geffroy, Guilhaumou y Moreno, 1990, p. 73.

CAPÍTULO 60

# El Directorio

¿En qué consiste el Directorio?

El poder ejecutivo lo ejercerá un comité de cinco «directores» y el poder legislativo lo ejercerán dos cámaras, a saber:

- el Consejo de los Quinientos (electos por sufragio censitario);
- el Consejo de los Ancianos (doscientos cincuenta miembros electos por el Consejo de los Quinientos).

Los Quinientos dictarán las leyes; pero antes de hacerlas efectivas deberán aprobarlas los Ancianos.[376]

En la tertulia del café Procope aparece después de un tiempo desaparecido el abate Sieyès. Antoine Roux recibe a su antiguo amigo con un abrazo:

—Estábamos preocupados por ti. ¿Qué has hecho durante el Terror?

376. Un referéndum nacional sobre la nueva Constitución tuvo escasa participación: 1.057.390 votos positivos y 49.978 negativos de un total de cinco millones de votantes. Las primeras cámaras surgieron de los 30.000 electores propuestos por las asambleas electorales de los cantones franceses. ¿Solo 30.000? Es que se les exigía cierto nivel de renta. Los miembros de cada legislatura tendrían un mandato de tres años, con un tercio de los miembros renovados cada año.

—*J'ai vécu.* —«He sobrevivido».

Servida la ronda de cafés, se comentan los cambios.

—Tengo entendido que te han propuesto para miembro del Directorio —le dice Roux.

—Y lo he rechazado —responde Sieyès—. No quiero meterme en más berenjenales. Quiero retirarme un poco del escenario, leer y escribir. Los directores electos se odian a muerte y yo no tengo edad para andar mediando en la trifulca. Aparte de que no me veo con el ridículo uniforme que han ideado para los directores, con un sombrero emplumado.[377]

—¿Qué es eso del decreto de los dos tercios que votó la Convención? —pregunta Marchena.

—Dos tercios de los miembros de los Quinientos y los Ancianos serán miembros de la Convención disuelta. Dicho de otro modo, de setecientos cincuenta delegados, quinientos serán antiguos diputados de la Convención. De este modo se evita que los monárquicos sean mayoría en las cámaras legislativas. Le tienen miedo al conde de Provenza, que, muerto el niño delfín, se ha titulado Luis XVIII y recaba apoyos para reinstaurar el absolutismo.

—¿No será, más bien, que los diputados de la Convención quieren perpetuarse en la poltrona?[378]

—O sea, los mismos perros con distintos collares —remata Marchena.

Gaston no entiende la expresión española.

—Quiero decir —explica Marchena— que los que han hecho de mangas capirotes cuando eran revolucionarios, ahora, de la noche a la mañana, se convierten en constitucionalistas fieles observadores de las leyes: eso no cuela.

377. El pueblo los apodaría «los cinco mulos emplumados».

378. El miembro del primer directorio Louis-Marie de La Révellière-Lépeaux escribe en sus *Memorias:* «La preocupación principal de los diputados del Consejo de los Ancianos era conseguir un buen estofado, un pan y un vino excelentes, lengua de vaca, un buen rodaballo, un trozo de pastel, etcétera, y todo ello cuando la carestía asolaba a París y a toda Francia» (citado por Quétel, 2021, p. 475).

En efecto. Lo que el renovado Gobierno hace es aplicar, *avant la lettre,* el principio lampedusiano de cambiarlo todo para que nada cambie.[379]

Piden otra ronda de cafés, mientras el mandadero del establecimiento va a comprar los periódicos del día.

—También se abolen los comités de las secciones —apunta Gaston—. El Gobierno recupera el Ayuntamiento de París.[380]

—Me parece que el nuevo sistema le quita importancia a París para devolvérsela a las provincias —deduce Sieyès—. Quizá sea mejor. Hay que darle descanso a la guillotina y evitar personalismos.[381]

—¿Crees que funcionará? —pregunta Antoine.

—No lo sé. El sistema está ideado para evitar la concentración de poder, para impedir que aparezca otro Robespierre.[382]

—O sea, pasamos de la Revolución a la reacción.

—No sé a lo que pasamos, amigo mío —se encoge de hom-

379. Es la paradoja que expone Giuseppe Tomasi di Lampedusa en su novela *Il Gattopardo* (*El Gatopardo*, 1958): «Si queremos que todo siga como está, es necesario que todo cambie».

380. Se crearon los primeros doce distritos de París, cada uno con su comité.

381. El sistema de eliminación de adversarios se humaniza dentro de lo que cabe: a la guillotina del *citoyen* Sanson sucede la *guillotine sèche* ('guillotina seca'): en lugar de decapitarte te pasaportan a la colonia penal de la Guayana para que mueras de fiebre amarilla o de maltrato. Recordemos la historia del recluso Henri Charrière, *Papillon,* llevada a la novela y al cine, y la novela de René Belbenoit, *Dry Guillotine: Fifteen Years among the Living Dead* (*Guillotina seca,* 1938), que recrean aquel infierno.

382. El diputado Boissy d'Anglas propuso a la Convención «componer un poder ejecutivo de cinco miembros, renovados con un nuevo miembro cada año, llamado Directorio. Este Ejecutivo tendrá una fuerza lo suficientemente concentrada como para ser rápida y firme, pero lo suficientemente dividida como para que sea imposible que cualquier miembro considere siquiera convertirse en un tirano. Cada miembro presidirá durante tres meses y ejercerá, durante este tiempo, como jefe del Estado, con su firma y sello. Con el reemplazo lento y gradual de sus miembros, el Directorio conservará las ventajas del orden y la continuidad y tendrá las ventajas de la unidad sin los inconvenientes» (Tulard, Fayard y Fierro, 1988, pp. 198-199).

bros Sieyès—. Solo sé que Francia necesita una mano resuelta y firme.

Lleva razón el mayor de los Roux. El Directorio tampoco funcionará. Parece un régimen equilibrado y razonable, un Gobierno a la medida del país, pero solo durará cuatro años (de octubre de 1795 a noviembre de 1799) que ni siquiera serán tranquilos: conspiraciones de monárquicos y jacobinos, motines del hambre, crisis financiera, guerras exteriores contra las sucesivas coaliciones de las monarquías europeas.[383] Ni siquiera falta la guinda del pastel: una insurrección protocomunista.[384]

Hay un aspecto positivo: las guerras exteriores serán casi siempre victoriosas, lo que permitirá a Francia saquear las ciudades conquistadas, sometiéndolas a tributo y transfiriendo sus tesoros artísticos al Louvre.[385]

—O sea, comenzamos pensando que liberábamos a los pueblos oprimidos por las monarquías y hemos acabado ordeñándolos —observa irónicamente Antoine Roux.

—No nos hemos podido sustraer al sentido de la historia y de la naturaleza —responde el abate Sieyès—: el poderoso roba al débil; el pez grande se come al chico. ¿No es también lo que hacían nuestros admirados romanos y todos los imperios que en el mundo han sido?

383. Gran Bretaña, Austria, Prusia, el Reino de Nápoles, Rusia y el Imperio otomano.

384. En 1795, el Directorio se enfrentó a una nueva amenaza de la izquierda capitaneada por François-Noël Babeuf, que con la manía de adoptar nombres romanos se hacía llamar Gracchus Babeuf (Graco Babeuf) en memoria de los hermanos Tiberio y Cayo Graco, que pretendieron instituir en Roma una comunidad de bienes y acabaron muertos por mano airada, uno suicidado y el otro linchado por los senadores. Babeuf y sus fieles siguieron el ejemplo del modelo y acabaron sus días en la guillotina, el 27 de mayo de 1797.

385. Solo de la Tesorería del Vaticano, ocupado el 10 de febrero de 1798, se obtuvieron treinta millones de francos que, junto a otro tesoro capturado en Berna (Suiza), sirvieron para financiar la expedición de Bonaparte a Egipto. El Louvre recibió una transferencia de quinientas cajas de pinturas y objetos de arte.

Sieyès está algo desencantado con los resultados de la Revolución, o quizá sea que tampoco ve claro lo del Directorio. Ya vimos que cuando le propusieron ser uno de los cinco directores, renunció al cargo. Su infalible olfato solo ve una fuente de problemas.

—Quizá piensa que, más que cinco cónsules, París necesita un césar —opina Antoine Roux.

Los cinco directores electos son más optimistas, aceptan el cargo y se reparten otros tantos ministerios.[386]

Diego y Brigitte han consolidado su relación. Como otras parejas, salen a pasear por los jardines de Val-de-Grâce casi cada día, después del trabajo. Como suele ocurrir con el paso de los años, él ha ido perdiendo interés en la muchacha, al tiempo que ella acentuaba su dependencia afectiva. A veces, con más frecuencia últimamente, Brigitte le habla de matrimonio y de hijos, lo que provoca en Diego la consiguiente alarma. Antoine, su amo, ha decidido quedarse a vivir en Francia y parece que está buscando pareja entre la baja aristocracia que regresa para recuperar su patrimonio, pero él siente la añoranza de Cádiz y comienza a hacer planes de regreso.

—¿A Cádiz? —le dice Brigitte—. Pero si yo no hablo español ni conozco las costumbres.

—Tampoco yo hablaba francés cuando llegué y ahora lo chapurreo bastante bien y me he acostumbrado a la vida aquí, a pesar de los sobresaltos. Ya sabes mi situación. Tengo deberes. Mi padre ha muerto, mi hermana está en América y mi madre no tiene a quien la cuide en su vejez.

Al final, Brigitte parece resignarse.

—Bueno, si tenemos que ir, me acostumbraré.

Guarda silencio Diego. No sabe cómo decirle que regresar con ella no está en sus planes. Buscará mejor ocasión, en la intimidad, para comunicárselo con delicadeza.

386. Barras, Interior; Jean-François Rewbell, Asuntos Exteriores; Lazare-Nicolas-Marguerite Carnot, auxiliado por Étienne-François Le Tourneur, Ejército; Louis-Marie de La Révellière-Lépeaux, Religión e Instrucción Pública. Furibundo anticlerical, tuvo la ocurrencia de sustituir el catolicismo por una religión de nuevo cuño incluso más utópica: la teofilantropía.

—Todavía es joven y puede encontrar un buen marido, incluso mejor que yo —se persuade Diego.

En Roux et Frères también se hacen planes.

—Buenas noticias para el negocio —anuncia Gaston—. Vengo de las Tullerías. Me he encontrado con Berrou. El Directorio nos encarga la confección de los uniformes del Consejo de los Quinientos y del de los Ancianos.

—¿Es que se van a uniformar? —se sorprende Antoine.

—Eso parece. Los Quinientos irán de túnicas hasta los pies, cinturón azul, capa escarlata y sombrero de terciopelo azul; los doscientos cincuenta ancianos vestirán túnica azul-violeta, faja escarlata, manto blanco y sombrero violeta. Preparemos los materiales, porque en cuanto hagan el depósito empezamos.

—¿Pero hay dinero?

—He oído el informe de Barras. En las arcas nacionales cae una rata y se despanzurra. Los *assignats* valen menos que nada y, lo que es peor, con tanta Revolución y tantas reivindicaciones históricas, la gente ha perdido el hábito de pagar impuestos.

—¿Con qué se va a pagar a los funcionarios?

—Con un préstamo forzoso que harán los banqueros.

No es suficiente. Se arbitran nuevas soluciones. La deuda pública de bonos es inasumible. Como consolación paguemos un tercio y que los propietarios de los bonos se den con un canto en los dientes, ya que sacan algo. La alternativa es que no cobren nada.

Los economistas del Gobierno se estrujan las meninges para idear nuevos e imaginativos impuestos: a las chimeneas, a las ventanas, a los naipes, a los objetos de metales preciosos...

—¿Y al vino y a la sal?

—A esos no, que afectan al pueblo. No enfademos a los hambrientos que no tienen nada que perder.

—A la *canaille,* que dicen los monarquistas.

Los primeros ingresos se emplean en subvencionar el trigo y la carne para el pueblo de París. Afortunadamente, dos excelentes cosechas seguidas alivian el problema, aunque no lo resuelven.

París es como la Roma antigua. La gente se mantiene con *panem et circenses,* repartos gratuitos de trigo y gladiadores en el circo. París solo necesita matar el hambre, que para los espectáculos se basta solo, aunque la *canaille* añora mucho el espectáculo de la guillotina.

El contable de los Roux, *sieur* Mercier, revisando las prendas antiguas que dará a la criada para que vista a sus hijos, palpa algo duro en una chaqueta que lleva años sin ponerse, desde que enflaqueció. Busca en el bolsillo en el que ha palpado algo duro. Es una moneda de oro. La contempla con arrobo:

—Salve, rey Luis —le dice al guillotinado que aparece en relieve con su narigón borbónico—. Hoy vales un tesoro.[387]

Casi arreglados los problemas interiores, el Directorio pone su lupa en los exteriores. La primera coalición de monarquías contra Francia se disolvió en 1795, cuando Prusia, España y la República Holandesa firmaron la paz, pero la guerra continúa contra Inglaterra y Austria.

La aspiración francesa de ampliar el territorio nacional hasta los supuestos límites de las antiguas Galias (el hexágono delimitado por los Pirineos, el Rin y los Alpes) tropieza con una realidad problemática: Francia solo dispone de la tercera parte de las fuerzas de la campaña anterior y anda escasa de víveres y de armas.

Francia lanza a sus ejércitos en cinco direcciones: Jourdan atacará por el Sambre y el Mosa; Moreau por el Rin y el Mosela; Kellermann por los Alpes y Napoleón por Italia. Hoche se ocupará de Inglaterra e Irlanda.

En realidad, la fuerza principal estará con Moreau para asegurarse la orilla izquierda del Rin; el resto son operaciones de distracción.

Napoleón aprovecha su forzada estancia en dique seco para enamorarse, y lo hace con esa intensidad y fijeza que pone en todas sus acciones. En las redes de Cupido, él es pura poesía; Josefina, puro cuento. Rehúsa acompañar a sus conmilitones a

387. El luis de oro, que valía veinticuatro libras en 1789, se cambia en 1795 por dos mil cuatrocientas libras en papel. «Nunca había sido tan amada la efigie de Luis XVI» (Quétel, 2021, p. 478).

*chez Sainte-Amaranthe,* en el número 50 de las arcadas del Palais-Royal, donde puede adquirirse amor mercenario, y prefiere errar por los salones de moda husmeando el denso perfume de esa mujer de irresistible encanto que cuando sonríe se tapa la boca con el encaje del abanico para ocultar una dentadura averiada por su desmedida afición a la caña de azúcar.

Antes de partir para Italia, Napoleón contrae matrimonio con la criolla Josefina. El todopoderoso Barras la tenía por amante y para quitársela de encima ha favorecido su matrimonio con Napoleón. Actúan como padrinos el propio Barras y Tallien. La criolla aporta por toda dote dos hijos de su anterior matrimonio. En cuanto al novio, el notario que formaliza el enlace advierte a la novia que va a unirse a un hombre «que no tiene más posesión que el uniforme que lleva puesto».[388]

Después de dos intensos días de luna de miel en brazos de la mujer madura (y experta), que lo inicia en delicias insospechadas,[389] Napoleón parte para Italia al frente de un ejército formado de retales (las mejores tropas se las han quedado sus colegas Jourdan y Moreau).

Camino del tajo, Napoleón le escribe a Josefina apasionadas cartas de amor. A diario. Llegado a Italia, ya metido en faena, las cartas se distancian,[390] porque el corso debe concentrarse

388. Por cierto, en el certificado matrimonial falsifican la edad. Napoleón, que tiene veintisiete años, confiesa veintiocho; Josefina, que ha cumplido treinta y tres, confiesa veintiocho.

389. Como este es un libro serio evitaremos especulaciones sobre si Napoleón satisfizo a Josefina en esos intensos días. Circula la especie de que el rayo de la guerra poseía un micropene no excedente de cuatro centímetros debido a una enfermedad glandular. El miembro supuestamente amputado por el forense que le practicó la autopsia se expuso al público dentro de una urna de cristal en 1927 en el Museo de Artes Francesas de Nueva York. Cronistas ignorantes de que existen otras formas de satisfacer a una mujer lo definieron como «un pingajo o una anguila encogida» *(«a piece of leather or a shriveled eel»)* o como «el meñique de un bebé» *(«a little baby's finger»).*

390. La interesante correspondencia entre Napoleón y Josefina se reproduce en el libro *Napoleón y Josefina: cartas, en el amor y en la guerra,* véase Caso, 2014.

en sus problemas logísticos. Le han concedido un ejército tan mal avituallado y armado que la mitad de los soldados carecen de uniforme. Muchos van descalzos y portan fusiles que solo servirían en el atrezo de una ópera.

Consciente de sus deficiencias, Napoleón los arenga:

—Soldados, sé que estáis desnudos y hambrientos, pero ahí delante nos aguardan ricas comarcas y prósperas ciudades en las que proveeros de todo cuanto os falta, además de alcanzar honores y gloria. ¡Soldados de Italia! ¿Os faltará valor y aguante?

Comienza la guerra en los variados frentes. La gente sigue ávidamente las operaciones a través de los periódicos. En el café Procope se ha instalado un mapa en el que la clientela sigue las operaciones moviendo banderitas.

Gran sorpresa. Jourdan y Moreau, los generales en los que el Directorio ha puesto toda su confianza, pierden batallas,[391] pero el joven Napoleón las gana con su mal equipado ejército.

Napoleón derrota repetidamente a tropas combinadas de Austria y Cerdeña, mucho más potentes que las suyas, gana Niza y Saboya, y obliga a Austria a firmar una paz ventajosa para Francia (Tratado de Campo Formio, octubre de 1797), en la que Francia consigue Lombardía y los Países Bajos austriacos a cambio de tan solo Venecia, que de todos modos no era suya.[392] También invade Suiza y proclama la República Helvética.

El papa Pío VI, persona de derechas sin duda, abomina de la Revolución y del descreimiento que trae consigo y por lo tanto se pone de parte de la católica Austria y se suma a la coalición.[393] Napoleón derrota a los Estados Pontificios (entonces el papa, además de cabeza de la Iglesia, era soberano de estos Esta-

391. La de Amberg (24 de agosto de 1796) y la de Würzburg (3 de septiembre de 1796), ambas en suelo alemán.

392. Manfred y Smirnov, 1969, pp. 84-86.

393. Pío VI se sentía especialmente ligado a Austria, el único país que conoció en viaje apostólico, en su empeño por cumplir la profecía de san Malaquías correspondiente a su pontificado: «*Peregrinus apostolicus, Viennae, 1782*».

dos) y obliga al papa a ceder las legaciones de Ferrara, Bolonia y Romaña, y Aviñón y el Condado Venesino, además de pagar por los platos rotos: veintiún millones de escudos. Sumemos a ello cien obras de arte de los Museos Vaticanos y quinientos manuscritos de su biblioteca que pasan al Museo del Louvre y a la Biblioteca Francesa, respectivamente.

«A Venecia, la antaño poderosa ciudad de los dogos, Napoleón le impone una contribución de tres millones, cinco buques, veinte cuadros y quinientos manuscritos».[394]

La economía del Directorio recibe una importante inyección cuando Napoleón exige pagos en plata o en especie (particularmente trigo) a las ciudades italianas que conquista. A ello se une el sistemático saqueo de templos y montes de piedad. La mitad del botín obtenido se destina al mantenimiento de la tropa y a los gastos militares, la otra mitad va al tesoro de la República Francesa.[395]

El papa Pío VI apoquina el rescate de su Santa Sede, pero no le sirve de mucho: un año después, el asesinato del embajador francés suministra a Francia un estupendo pretexto para que ocupe Roma, proclame la República Romana y retenga al pontífice en calidad de prisionero del Estado.[396]

Con estas conquistas, Francia extiende las ideas de la Revolución por buena parte de Europa, al propio tiempo que se crea una serie de Estados vasallos[397] que le sirven de muro de contención frente a potencias como Inglaterra o Rusia.

394. Quétel, 2021, p. 506.

395. En sus *Memorias de Santa Elena,* Napoleón escribe: «Después de la campaña de Italia había enviado a Francia un mínimo de cincuenta millones de francos para el servicio del Estado. Es la primera vez en la historia moderna que un ejército contribuye a las necesidades de la patria en lugar de estar a su cargo».

396. Pío VI, que ya había cumplido ochenta y un años, no soportó tantas emociones y falleció en Valence-sur-Rhône. El prefecto de la ciudad anotó en el registro de defunciones: «Falleció el ciudadano Braschi, de profesión pontífice».

397. La República Holandesa (República de los Siete Países Bajos Unidos) y la República de Batavia (Países Bajos); la República Cisalpina en Mi-

«La guerra alimentaba al régimen, evitando su quiebra. Por esta razón, y cada vez más, la guerra era necesaria».[398]

Pero Inglaterra se mantiene inexpugnable. Un hueso duro de roer, que se resistirá incluso a Napoleón y será causa directa de su caída.

Inglaterra *«rules the waves»* («manda en las olas»), como constata su orgulloso himno, o sea, señorea los mares con su formidable escuadra.[399] El Directorio piensa que quizá las marinas unidas de Francia y España puedan enfrentarse a la inglesa. Firma con España el Tratado de San Ildefonso (agosto de 1796).[400]

En las primeras elecciones del Directorio para renovar el primer tercio saliente de los consejos (marzo y abril de 1797) triunfan abrumadoramente los monárquicos.[401]

Terror en las filas jacobinas. ¿Para esto hemos hecho una guerra? Después de tanto esfuerzo, de tanto sufrimiento, de tanta sangre, reyes decapitados, etcétera. ¿Regresarán los Borbones al trono? ¿Va a resultar que Francia es monárquica?

---

lán; la República de Liguria en Génova, la República de Piamonte, la República Romana en Roma, proclamada el 10 de febrero de 1798.

398. Quétel, 2021, p. 502.

399. La marina inglesa de esta época superaba con mucho en número de naves y en calidad de tripulaciones a las otras marinas europeas. En el prestigioso *Steel's Original and Correct List of the Royal Navy* leemos que, en abril de 1794, disponía de 303 barcos, entre ellos 127 navíos de línea. En 1799 el número ascendía a 646, incluyendo los tomados al enemigo (268 franceses).

400. Sí, lector. La monarquía española al principio de la Revolución consiguió invadir Francia, pero enseguida perdió fuelle y cedió terreno ante el contraataque de los revolucionarios franceses, inflamados de ímpetu neófito. No contentos con recuperar lo perdido, los franceses invadieron suelo español por los dos extremos de los Pirineos y ocuparon Bilbao, San Sebastián y Figueras. Ante el cariz que tomaban los acontecimientos, la indignación borbónica por el asesinato del primo Luis quedó en agua de borrajas. Godoy, como veleta bien engrasada, giró ciento ochenta grados y se alió con Francia contra Inglaterra.

401. «La derecha consiguió el 70 por ciento de los votos y se aseguró el 45 por ciento de los escaños (contra el 38 por ciento del partido dictatorial)» (Quétel, 2021, p. 490).

—¿Es posible? Si todo París es republicano... —se extraña Antoine.

—Existen muchos monárquicos encubiertos —observa Gaston—. Casi todos los que usan cuellos negros lo son. Van de luto por Luis XVI.

—¡Es la contrarrevolución! —se alarman los más sensibles, los que han hecho fortuna con el cambio de régimen.

Se avecina tormenta. Sirviéndose de su mayoría en las nuevas cámaras, los monárquicos derogan las leyes contrarias a la monarquía y consiguen la destitución de varios ministros jacobinos. Al calor del cambio, los curas *émigrés* regresan y abren sus iglesias. La gente va a misa como antaño.

Abren también los teatros de París. Se representan las nuevas comedias que ponen en solfa la Revolución y a sus personajes, entre ellos a las pescaderas y verduleras de Les Halles.[402] Alguna se ha vuelto señora en el río revuelto de la Revolución, aunque no consiga desprenderse de sus hábitos de mujer ordinaria y arrabalera.

En los clubes de París se comenta que el conde de Provenza, que ya se titula Luis XVIII, recibe visitas en su exilio de Alemania y prepara la caída de la República y la reinstauración de la monarquía.

En Milán, Napoleón, firme defensor de la República y opositor de las testas coronadas (a no ser que sea la suya), alecciona a sus soldados:

—Las montañas nos separan de París. Vosotros las franqueréis con la rapidez del águila, si fuera preciso, para defender la Constitución.

Y escribe una carta al Directorio: «¿Es que en Francia no quedan ya republicanos? Si necesitáis fuerzas, llamad al ejército».

Mala cosa cuando se habla de recurrir al ejército. Napoleón está creciendo tanto que pronto le hará sombra a la esmirriada República.

402. La más celebrada, *Madame Angot, ou La poissarde parvenue,* ópera cómica en dos actos de Maillot cuyo personaje central inspiró toda una serie de comedias semejantes.

El Directorio está dividido: dos de sus miembros son monárquicos (Barthélemy y Lazare Carnot); otros dos, republicanos (Rewbell y La Révellière). Paul Barras, dueño del fiel de la balanza, se une a los republicanos para formar un triunvirato en defensa de la República.

Napoleón ha descubierto una conspiración monárquica. Resulta que el nuevo presidente del Consejo de los Quinientos, el general Jean-Charles Pichegru, está en connivencia con las monarquías extranjeras para instaurar a Luis XVIII en el trono de Francia.

¿Qué hacer cuando la República está en peligro?

Lo primero, allegar tropas fieles cerca de París. Después, buscar un pretexto que justifique el golpe de Estado que estás preparando.

Paul Barras perora en su club contra los monárquicos:

—Cuando la democracia se pone contra la República, nada mejor que un golpe de Estado que devuelva las aguas constitucionales a su cauce: se anulan las elecciones anteriores y hacemos borrón y cuenta nueva.

—¿Qué hará el Ejército? —le preguntan.

—El Ejército es republicano.

Napoleón envía al general Augereau en auxilio de Barras.

El golpe de Estado se desarrolla el 4 de septiembre de 1797 (18 de fructidor).[403] El general Pierre Augereau[404] ocupa París con sus tropas, secuestra a los dos consejos y arresta a los diputados monárquicos. Destituidos los dos miembros monárquicos del Directorio, los golpistas anulan las elecciones de cuarenta y nueve departamentos, depuran a los monárquicos infiltrados en la Administración, destituyen a doscientos diputados monárquicos y deportan a la Guayana a sesenta de ellos.

O sea, la «guillotina seca».

403. Apoyaron el golpe de Estado tres de los cinco miembros del Directorio (Paul Barras, Jean-François Rewbell y Louis-Marie de La Révellière-Lépeaux). Además del canciller Talleyrand, ministro de Exteriores.

404. El mismo que sitió y rindió Gerona en 1809 durante nuestra guerra de la Independencia.

Probablemente, Napoleón es consciente de que el Directorio es un régimen fracasado, que lo que Francia necesita es un hombre fuerte que la gobierne con orden y autoridad, pero duda que sea el momento de imponerse. A los que se lo proponen les responde:

—La fruta no está todavía madura.

Una ola de desórdenes y motines sacude Francia. Nueva huida masiva de *émigrés*. Camille Marbot, la señora de Gaston Roux, vuelve a sentirse en peligro y regresa a su refugio del palomar.

Los jacobinos que dominan nuevamente los consejos se plantean el problema:

—Esto de las elecciones democráticas queda bien sobre el papel, pero en la práctica es un arma de doble filo, porque, como se ha comprobado, puede dar la victoria a los reaccionarios. Legislemos de manera que en el futuro se evite esta contingencia.

Solución: emiten una ley que concede a los nobles el estatus de extranjeros y les prohíbe intervenir en política.

Al calor de las novedades, con los curas monárquicos regresados a la clandestinidad, Francia alumbra una nueva extravagancia religiosa. Los autodenominados teofilantrópicos, o *amis de Dieu et des hommes* (amigos de Dios y de los hombres), proponen una religión «natural».

—Solo creemos en la existencia de Dios, en la inmortalidad del alma y en la religiosidad intrínseca del hombre —predica el filántropo Valentin Haüy en Notre-Dame de París, convertida en templo de la Cité.[405]

Napoleón regresa a París y mosconea un poco por los salones para hacerse ver y admirar. Es el héroe de Italia y todo el mundo se disputa su amistad.

405. Catedral cristiana, templo de la Razón, santuario del Ser Supremo y ahora esto... ¡La de extravagancias que ha tenido que soportar antes de que Viollet-le-Duc la llenara de quimeras de cemento que contemplan París con franco escepticismo!

CAPÍTULO 61

# Cuarenta siglos os contemplan

Recordemos que la chispa que inflamó la Revolución fue la escasez de pan, la hambruna que aquejaba a los desheredados de París.

Entre 1797 y 1799 se producen cosechas de trigo apreciables, lo que, unido a la creación de pósitos y a sensatas medidas administrativas, asegura un suministro de pan de razonable calidad a precios moderados.

Con la economía relativamente saneada, Francia se enfrenta a una segunda coalición de países monárquicos empeñados en acabar con la Revolución. Esta vez son Inglaterra, Rusia, Turquía, Nápoles y Suecia.

En tierra, el ejército francés, formado por ciudadanos entusiastas que pueden ascender por méritos de guerra, supera a los ejércitos asalariados de sus oponentes. Por mar es distinto: Britania domina las olas y mantiene un bloqueo que perjudica el comercio francés.

—Si cruzamos el canal e invadimos Inglaterra terminarán todos nuestros problemas —sugiere el director Lazare Carnot.

Napoleón inspecciona puertos y barcos en la costa atlántica. El material disponible no le convence.

—Preveo una derrota segura si intentamos forzar el bloqueo inglés. Falla la logística.[406]

406. Lo mismo le ocurrió a Hitler en 1940, para que se vea cómo se repite la historia.

—¿Qué otra cosa podemos hacer?

—Buscar otra manera de atacar a la Pérfida Albión. Conquistando Egipto. Cortemos allí la principal vía comercial que alimenta a Inglaterra, la que procede de la India a través de Egipto.

Egipto pertenece nominalmente al Imperio turco, pero en realidad la gobiernan los mamelucos, unas tribus guerreras establecidas allí de antiguo que se dejan sobornar por los británicos.[407]

—¡Albricias, primo! —se entusiasma Gaston Roux—. Si todo va bien es posible que muy pronto dispongamos de un suministro continuo de algodón egipcio de la mejor calidad.

Añadamos al algodón los dátiles y la caña de azúcar, dos productos que escasean en Francia debido al bloqueo británico. Y la carne de momia, todavía empleada por la farmacopea francesa.[408]

—¿Conquistar Egipto? Pero eso es colonialismo, al que la Revolución se opone —objeta Diego.

Gaston dirige al español una mirada piadosa.

—*Mon ami:* no sé si habrás notado que, con el tiempo, la Revolución va siendo menos idealista. Hemos descubierto que las riquezas de los países extranjeros también sirven para redimir a los pobres de Francia.

—Eso es cierto —reconoce Antoine—. Como nos decían en la doctrina, la caridad bien entendida empieza por uno mismo.

Gaston hace un gesto de acatamiento.

—Por otra parte, no va a ser solo una expedición militar. La acompañará un equipo científico formado por historiadores, geógrafos, astrónomos, arquitectos... Se trata de «iluminar el mundo y obtener nuevos tesoros para la ciencia», o eso dicen.[409]

407. Los mamelucos eran tribus guerreras establecidas en Egipto desde el siglo XIII. Algunos se unieron al ejército napoleónico como tropas auxiliares. Recordemos que el 2 de mayo de 1808 participaron en la represión de los madrileños, como recoge Francisco Goya en un famoso óleo *(El 2 de mayo o La carga de los mamelucos).*

408. Covarrubias alude en su diccionario al consumo de la carne de momia *(esta carne dizen ser de medicina que se receta para muchas enfermedades).* En 1908 todavía aparece en un catálogo de la compañía farmacéutica alemana Merck: «Momia egipcia verdadera, a 17,50 marcos el kilo».

409. En este cuerpo, denominado Commission des Sciences et des Arts,

Por otra parte, al inminente ministro de Exteriores, Talleyrand, y a los prebostes del Directorio les conviene alejar al ambicioso Napoleón del foco de la política.

—Si no lo promocionamos, existe el peligro de que se promocione él solo— apunta Barras.

Y Napoleón, ¿por qué se deja embarcar en esta dudosa aventura?

La explicación que se le atribuye es dudosa. Ponen en sus labios estas palabras, más propias de una hermanita de la caridad:

—Durante demasiado tiempo, esta chusma de esclavos mamelucos traídos del Cáucaso y Georgia ha tiranizado la parte más bella del mundo.[410]

¿Sueña el corso tal vez con emular a Alejandro Magno en sus conquistas?

Podría ser. A su edad, Alejandro Magno había conquistado Asia Menor, Egipto, el Imperio persa y llegado hasta la India. Claro que Alejandro era hijo de un rey y Napoleón solo de la pequeña nobleza corsa. En cualquier caso, Napoleón no se considera inferior a Alejandro. ¿Por qué contentarse con Egipto si desde allí podría conducir sus ejércitos a la India, la principal fuente de riqueza con la que cuentan los ingleses (el dinero con el que han fletado y mantienen más de cien navíos de línea)?

---

figuraban 167 científicos (arqueólogos, geógrafos, historiadores, ingenieros, biólogos, matemáticos, físicos...). Por espacio de dos años excavaron en yacimientos arqueológicos, dibujaron monumentos faraónicos, acopiaron muestras botánicas y minerales, y realizaron estudios geográficos que recogieron en los veinte tomos de la obra *Description de l'Égipte [Descripción de Egipto]*, publicada entre 1809 y 1822. El hallazgo más notable fue la famosa piedra de Rosetta. El 19 de julio de 1799 un soldado francés que cavaba un hoyo junto a las murallas de Rachid o Rosetta desenterró un fragmento de estela de granodiorita inscrita con un mismo texto en jeroglífico, demótico y griego. El egiptólogo francés Jean-François Champollion obtuvo una copia litográfica de la inscripción y descifró el texto jeroglífico comparándolo con el griego. Su obra *Précis du système hiéroglyphique des anciens Égyptiens [Resumen del sistema jeroglífico de los antiguos egipcios]*, publicada en 1824, sentó las bases del conocimiento de la cultura egipcia.

410. *Behrens-Abouseif*, 2019, p. 26.

—Ya han perdido las colonias americanas —medita—. Si pierden además la India no serán nadie. No les quedará dinero ni para un caldero de brea con el que calafatear sus orgullosos navíos.

Entre las lecturas del corso figura el *bestseller Voyage en Syrie et en Égypte,* de Constantin Volney (1788).[411] En una entrevista con el autor, este le advierte:

—Si los franceses desembarcáramos allí, turcos, árabes y *fellahin* ('campesinos') se unirían contra nosotros. Son unos fanáticos.

—¡Paparruchas! —exclama Napoleón—. *Audaces fortuna iuvat,* la fortuna favorece a los audaces.

El mismo entusiasmo se ha apoderado del Gobierno. Se crea la Armée d'Orient, el Afrika Korps de la Revolución.

El 19 de mayo de 1798, la Armée d'Orient zarpa del puerto de Tolón con una nutrida escuadra[412] que transporta lo más florido de su ejército, 32.000 veteranos. Desde la borda de una de las naves, nuestro viejo conocido Jean-Lambert Tallien contempla alejarse la tierra. Se ha alistado en la expedición a Egipto para huir de sus adversos hados. El que fue tan poderoso no es ahora nadie, está arruinado, su mujer finge dolores de cabeza cada vez que se le acerca con intenciones libidinosas y sus enemigos se burlan de sus accesos de hemoptisis («quien ha bebido tanta sangre no es raro que la vomite», dicen).

La primera hazaña de la escuadra napoleónica consiste en despistar a los espías ingleses haciéndoles creer que el objetivo de la escuadra es Irlanda, para auxiliar a los rebeldes de aquella isla. Mientras el almirante Nelson concentra sus navíos en Gibraltar

411. Su más célebre obra es *Las ruinas de Palmira.* Algún lector la recordará: «¡Salve, ruinas solitarias, sepulcros sacrosantos, muros silenciosos! ¡Yo os invoco! ¡A vosotros dirijo mis plegarias!...». La tradujo el emigrado e ilustrado Marchena.

412. Compuesta por 55 buques de guerra (13 de línea y 6 fragatas) y 286 embarcaciones de transporte con unos 38.000 hombres.

para cortarle el paso, Napoleón navega en la dirección opuesta por un Mediterráneo despejado de velas enemigas y hasta se permite conquistar, de paso, la isla de Malta.

Cuando Nelson descubre que el verdadero objetivo de Napoleón es Egipto, parte con su escuadra a todo trapo, tan rápido que llega a Alejandría dos días antes que los franceses. Al encontrar el puerto vacío se cree nuevamente burlado.

—¿Cómo no nos hemos percatado antes? —comenta—. Lo que ese ambicioso Napoleón se propone es conquistar Constantinopla y hacerse con el Imperio turco. ¡Zarpamos inmediatamente!

Y al día siguiente, mientras la escuadra de Nelson navega hacia Constantinopla en busca de su elusivo enemigo, Napoleón desembarca tranquilamente en Alejandría.

—Hemos venido a liberar Egipto de la secular tiranía de los mamelucos —proclama, pero el gran muftí de El Cairo, máxima autoridad islámica, emite una fetua condenando a muerte a los invasores cristianos, lo que aviva la resistencia de los nativos.

El objetivo de Napoleón es El Cairo, distante doscientos veinte kilómetros. En cuanto se aleja de la costa comprende que aquella tierra no es tan ubérrima como pensaba. En medio del arenal, bajo el sol abrasador, algunos soldados se suicidan enloquecidos por la sed.

Durante esta penosa marcha se anudan muchas conversaciones entre camaradas. Por una de ellas viene Napoleón a saber de las infidelidades de Josefina, que indiscretamente le revela su amigo el general Junot.

—Aquel joven teniente de húsares, Hippolyte Charles, que formaba parte de su escolta cuando nos visitó en Italia, era su amante en ese momento.

Napoleón palideció primero y después, ciego de ira, «empezó a golpearse la cabeza con sus puños».[413]

—¿Cómo no me has informado antes? —le reprocha.

413. Así lo expresa Louis-Antoine Fauvelet de Bourrienne, su fiel secretario, autor de unas celebradas *Memorias de Napoleón* (bueno, fiel hasta cierto punto, porque también le estafó medio millón de francos).

En plena campaña, pronto surgen otras urgencias que lo hacen olvidar su condición de marido cornudo.

En el paraje de Shubrakhit, a tres días de marcha de El Cairo, les sale al encuentro un ejército mameluco capitaneado por Murad Bey. Los mamelucos atacan profiriendo agudos gritos que evocan a Alá, disparan sus espingardas y desenvainan sus curvas espadas.

—¡Formación en cuadro! —ordenan impávidos los sargentos al redoble del tambor. Son veteranos de unas cuantas guerras y no se dejan impresionar por unos baladros.

La tropa forma cuadros de tres filas sucesivas: mientras una dispara, otra se apresta y otra carga, así se mantiene un fuego sostenido sobre el enemigo a la distancia correcta (según algunos, cuando se les distingue el blanco de los ojos).

—*Feu!*

La descarga abate a los jinetes delanteros, llegan detrás otros caballos que tropiezan con los caídos y descabalgan a sus jinetes. Caídos y por caer se amontonan estorbándose mientras los franceses disparan a bulto sobre la masa.

Murad Bey comprende que es inútil luchar contra esas tácticas de los cristianos. Tras quedar como Cagancho en Almagro se retira a El Cairo.

A seis kilómetros de El Cairo, en una llanura hoy invadida por los arrabales de la ciudad, los mamelucos han desplegado un ejército más numeroso y avisado que el anterior.

El 21 de julio se riñe la batalla de las Pirámides.[414] La fiera caballería mameluca, con sus sables exageradamente curvos y los bombachos de vivos colores que vemos en el óleo de Goya, supera en número a la francesa tan desproporcionadamente que no se puede pensar en enfrentarlas. Napoleón adopta un despliegue defensivo: forma cinco cuadros con una séxtuple línea de fusileros y los bagajes y animales en el centro. La artillería situada en los ángulos del cuadro barrerá con metralla los espacios inter-

414. Es muy probable que no dijera aquello de «soldados, desde esas pirámides cuarenta siglos de historia os contemplan», porque las pirámides quedaban muy alejadas, meros puntitos en el horizonte.

medios y el general que manda a la tropa en el lugar más expuesto, dando ejemplo.[415]

Durante dos horas, los mamelucos intentan una y otra vez romper los cuadros franceses mientras una lluvia de metralla y balas les va clareando las filas. Cuando advierten que no hay manera, se retiran roncos de gritar y abatidos. Los soldados de Napoleón prorrumpen en vivas a su general mientras levantan al cielo los gorros en la punta de las bayonetas. En el bando francés hay pocas bajas mortales y casi todos los heridos lo son de poca consideración.

Los científicos, que mientras duraba el tomate han permanecido escondidos tras el fardaje, en el centro de los cuadros, asoman tímidamente las cabezas, a contemplar la nube de polvo que dejan los egipcios en retirada. Algunos intercambian bromas, felices de seguir vivos.

—Ya tenemos algo que contar a los nietos —comenta el químico Claude-Louis Berthollet, inventor de la lejía, un producto tan oportuno para esta ocasión, porque más de uno se ha cagado en los pantalones.

—Tú aguarda hasta que nos veamos de nuevo en Francia, porque aquí me recelo que nos aguarda más de un susto —le responde su compadre Gaspard Monge, autor de una famosa *Géométrie descriptive*.

Tallien se levanta del suelo con el rostro todavía lívido y se sacude con el bicornio plegable el polvo de la levita. Descubre un agujero de bala en el fardo tras el que se resguardaba. Piensa que esta experiencia, convenientemente adornada, le ganará prestigio a los ojos de su Teresa. Nunca ha estado tan cerca de la muerte desde que en Burdeos hizo instalar la guillotina bajo su balcón.

Napoleón ocupa El Cairo sin resistencia. Los derrotados mamelucos se retiran a Siria.

En tiempos medievales, El Cairo había sido una gran urbe tres veces mayor que París, llena de espléndidos edificios, jardi-

415. Diecisiete mil fusileros, tres mil jinetes y cuarenta y dos cañones franceses se enfrentaban a veinte mil infantes y seis mil jinetes mamelucos.

nes y mezquitas. La que encuentra Napoleón es apenas sombra de lo que fue: algunos barrios están abandonados, hay edificios en ruinas en los que habita una población miserable. Algunas familias viven en tumbas monumentales con el pretexto de cuidarlas y evitar profanaciones.

Apenas instalado Napoleón, le llegan malas noticias.

—Sire, los ingleses nos han aniquilado la escuadra que dejamos en Abukir.

CAPÍTULO 62

# El desquite de Nelson

¿Qué ha ocurrido en Abukir?

Después del desembarco, Napoleón había dispuesto que los navíos franceses aguardaran al enemigo en el golfo de Abukir, a treinta y siete kilómetros de Alejandría, anclados en aguas someras y unidos entre ellos por fuertes maromas.

—Esta posición defensiva es impenetrable —comenta el almirante Brueys—. Nelson se va a llevar una buena sorpresa.

En efecto, cuando llega Nelson se lleva una sorpresa.

—¡Dios mío, gracias! —dice mirando por el catalejo con su ojo bueno—. Los franceses se han atado de pies y manos para que podamos brearlos a placer.

Al almirante Nelson le gotea el colmillo.

La idea genial del francés, propia de un acomplejado que no cree en sus propias capacidades, ha sido presentar un frente defensivo de más de dos kilómetros con el costado de estribor mirando al mar y el de babor a la costa. Creen que los ingleses no podrán atravesar esa línea por miedo a los bajíos cercanos a la costa y amontonan los equipajes en el costado de babor de cada nave para despejar el estribor y dejarlo apto para el combate. No han contado con que la marea creciente ampliará el fondeo y permitirá a los ingleses colarse por el hueco entre la costa y la línea defensiva.[416]

416. A pesar de ello, el primer navío inglés, el Culloden, embarrancó.

La víspera del combate, Nelson reúne a sus capitanes para explicarles el plan de combate. Al despedirlos dice:

—Mañana, antes de esta hora, me habré ganado el título de par o un lugar en la abadía de Westminster.[417]

Las flotas que van a enfrentarse están igualadas en potencia, trece navíos de línea cada una.[418] Si acaso la francesa goza de una ligera ventaja en número de cañones y potencia de fuego, pero los ingleses están mejor entrenados y pueden disparar tres veces en el tiempo que los franceses invierten en disparar dos.[419] Otra ventaja es que los navíos ingleses van equipados con carronadas, unos cañones de poco más de un metro, diseñados para el combate a corta distancia,[420] que disparan metralla para desarbolar la nave enemiga y barrer de defensores su cubierta.

Comienza la batalla. Los ingleses se despliegan adecuadamente en dos grupos. Algunos navíos del primero aprovechan un portillo que deja la marea para atravesar la línea francesa, desplegarse en su retaguardia y disparar a mansalva contra los desguarnecidos costados de babor de los franceses.

En el buque insignia galo, L'Orient —un impresionante navío de línea de dos mil doscientas toneladas de desplazamiento y ciento veinte cañones, superior en fuego a los buques britá-

---

El Goliath, que lo seguía, procuró navegar con sumo cuidado y atento a la sonda en el banco arenoso.

417. La abadía de Westminster es, como se sabe, el panteón donde Inglaterra sepulta a sus héroes y a sus grandes hombres. El cadáver de Nelson, muerto en Trafalgar (1805), lo trasladaron a Londres en un ataúd de plomo lleno de aguardiente y lo sepultaron no en Westminster, como él había previsto, sino en la catedral de San Pablo, en un ataúd fabricado con el fragmento del palo mayor de L'Orient, que en la batalla del Nilo cayó sobre el navío Swiftsure.

418. Un relato pormenorizado de la batalla se encuentra en <https://www.todoababor.es/historia/batalla-del-nilo-o-batalla-de-aboukir-1798/>.

419. Los navíos de línea solían instalar cañones de 31 libras en la primera batería y de 24 en la segunda, todos de unos 3 metros de longitud. Los de 24 libras pesaban unos 2.500 kilos; los de 31, unos 3.000 kilos.

420. Su distancia ideal de disparo era de cuarenta metros, pero algunas balas podían alcanzar los doscientos cincuenta metros.

nicos—, una bala de cañón despanzurra al almirante Brueys, que muere al poco. Después de unas horas de combate sostenido, ya anocheciendo, el navío se incendia causando el pánico de los buques ingleses que lo acosan. Cuando estalle su polvorín, las llamas alcanzarán a todo el que se encuentre en cien metros a la redonda.

El estallido de L'Orient siembra la bahía de astillas y restos humanos. Baste decir que su palo de mesana cayó en la playa frontera, a casi un kilómetro de distancia. El momento de la explosión será reproducido por numerosos cuadros y dibujos de la época.

La pérdida de L'Orient certifica la aniquilación de la flota francesa.[421]

Napoleón recibe la noticia con entereza militar.

—¿Cuántos navíos nos quedan?

—Cuatro, general.

—Nos quedamos sin flota. Está bien, o permanecemos en esta tierra o la abandonamos con grandeza.

Tallien, ¿lo recuerda el lector?, es ahora miembro del Instituto Egipcio y regenta un periódico. Le escribe una lastimera carta a Teresa, que todavía es su mujer: «Carecemos de todo.

421. Júzguense las pérdidas: por la parte inglesa, ningún navío, solo desperfectos; por la francesa, 2 navíos hundidos y 9 capturados. Las pérdidas humanas resultan igualmente desproporcionadas: por parte inglesa, 218 muertos; por la francesa, unos 2.000 (entre ellos unos 800 tripulantes de L'Orient muertos en el estallido de la nave). En Trafalgar, seis años después, se enfrentarán 27 navíos de línea ingleses contra 18 franceses y 15 españoles, y Nelson volverá a repetir su hazaña, un plan agresivo contra otro torpe y defensivo del francés Villeneuve. Resultado: unos 450 muertos ingleses frente a unos 3.250 enemigos. En esta ocasión, los ingleses apresaron 17 navíos, pero finalmente solo pudieron reutilizar 8, porque una inoportuna tormenta hundió el resto. ¿Cómo se explica la comparativa torpeza de la armada francesa? Por su falta de oficiales competentes. En los últimos diez años se habían licenciado el 75 por ciento de ellos (unos 5.400), descontentos con la deriva revolucionaria que había suprimido el prestigioso Cuerpo de Artillería de Marina por considerarlo infiltrado de aristócratas (<https://www.napoleon.org/en/history-of-the-two-empires/articles/the-british-navy-1793-1802/>).

Estoy tendido en el suelo; nos devoran las moscas, las pulgas, las hormigas, los mosquitos. Veinte veces al día añoro nuestra casa del bosque. Te ruego que la conserves, querida amiga. Adiós, mi buena Teresa, mis lágrimas caen sobre el papel. Los recuerdos más dulces de tu bondad, de nuestro amor, la esperanza de volver a encontrarte y de abrazar a nuestra querida hija sostienen al infortunado».

CAPÍTULO 63

# La marcha a Siria

En El Cairo, Napoleón, hombre ilustrado, adopta sabias medidas de gobierno: buena administración, recogida y quema de basuras, exterminio de las jaurías de perros cimarrones que señorean algunos barrios... Además, para atraerse a la población, adopta los usos locales y hasta menciona respetuosamente a Alá en algunas comunicaciones oficiales.

Fíese usted de los moros (lo digo desde la mentalidad de entonces). Cuando Napoleón cree que lo están aceptando, estalla un motín propiciado por el muftí, que ha declarado la guerra santa contra los franceses. Se suceden los atentados. La guerrilla urbana secuestra y ejecuta a los soldados que sorprende deambulando por la ciudad, a veces tras someterlos a atroces tormentos.

—Sire, esta gente solo obedece al palo —dice el general Kléber—. Intentar civilizarlos es como echar margaritas a los cerdos.

Napoleón aplica un correctivo proporcional. Cañonea sin piedad los barrios rebeldes, saquea la mezquita principal y decapita a los principales revoltosos, unos cien.

Pacificado El Cairo, Napoleón emprende la conquista de las posesiones turcas de Palestina y Siria, desde las que piensa abrirse camino hasta Damasco y de allí a la India británica en uno o dos años. Para ello emprende una penosa marcha por el litoral levantino tras los pasos de los fugitivos mamelucos. Va conquistando fuertes turcos, en los que deja guarnición. En un gesto de liberalidad revolucionaria libera a los prisioneros después de hacerles jurar que no volverán a combatir contra Francia..., hasta que, tras tomar Jaffa, descubre que entre sus defensores figuran los que liberó en El-Arish semanas atrás.

—Con esta gente no hay caballerosidad que valga. En adelante sacrificaremos a los prisioneros —decide.

Y degüella a tres mil de ellos.

Napoleón sitia Acre, la ciudad fuerte de los cruzados.[422] El defensor de la ciudad, Djezzer Pachá, apodado el Carnicero, se asegura de que la comunidad cristiana no va a traicionarlo; los ejecuta a todos y arroja los cadáveres al mar.

Después de dos meses de asedio, y de hasta catorce asaltos infructuosos, Napoleón renuncia. Lo hace en parte porque ha recibido noticias del desembarco de tropas turcas en Egipto y en parte porque sus fieles soldados comienzan a rebelarse ante la perspectiva de nuevos asaltos «pasando sobre los cadáveres putrefactos de sus camaradas insepultos».

El ejército expedicionario regresa sobre sus pasos, siempre acosado por las partidas beduinas y debilitado por el trabajo, las carencias y el cólera. Tan apurado va, que abandona a su suerte a heridos y apestados imposibilitados de caminar.

—Si caen en manos de los árabes, los martirizarán —observa el general Kléber.

—Dejadles a cada uno la dosis de opio suficiente para suicidarse.

Cinco mil cadáveres franceses jalonan las playas entre el delta del Nilo y Acre.

Si la empresa de Oriente atraviesa dificultades, las noticias que llegan de Francia tampoco contribuyen a elevar la moral del corso. Las disensiones internas del Directorio prefiguran un nuevo reparto de poder del que Napoleón quedará excluido si

422. Notemos la audacia de Napoleón y la calidad de sus veteranos revolucionarios. Con solo 13.000 soldados se atreve a sitiar una ciudad bien fortificada y defendida por 35.000 turcos y 10.000 ingleses, cuyo caudillo, el bajá de Damasco, no se atreve a enfrentarse con los franceses en campo abierto.

no está presente. Por otra parte, las monarquías enemigas han formado una nueva coalición.

Nuevamente en El Cairo, Napoleón medita mientras contempla la enigmática esfinge: el proyecto de llegar a la India ha fracasado.

—Regresamos a Francia —le dice a su asistente.

—Pero ¿cómo, sire? Los ingleses han desembarcado un ejército turco más numeroso que el nuestro.

—Reunamos nuestras fuerzas dispersas y derrotémoslos.

Los turcos se han fortalecido en Abukir y dominan el puerto. El 25 de julio de 1799 Napoleón lanza varias cargas sucesivas que los turcos resisten. El envalentonado general turco decide contraatacar con la bayoneta en campo abierto. Seguro del triunfo, ordena a sus hombres decapitar a todo francés que encuentren, incluso si ya está muerto.

Tremendo error enfrentarse en campo abierto con los fogueados franceses. Viendo al turco en el campo, fuera de sus defensas, los veteranos sienten gotearles el colmillo.

—Ya son nuestros —clama Kléber—. ¡A ellos, por Francia!

Los franceses contraatacan, arrollan a los turcos y les toman las defensas. Por fin se encuentran cara a cara los dos generales. Murat, de un sablazo, secciona tres dedos de la mano del pachá Mustafá y mientras el otro tiembla de miedo le advierte con voz baja y pausada:

—*Con,* decapita a otro francés y te cortaré algo que estimas más que los dedos.[423]

423. Se enfrentan unos 18.000 turcos contra unos 10.000 franceses. En el recuento final han muerto 386 franceses y unos 7.000 turcos, más de la mitad ahogados cuando intentaban ponerse a salvo en sus barcos.

CAPÍTULO 64

# *Rien ne va plus* (Napoleón)

Napoleón recibe un inesperado regalo de los ingleses: periódicos franceses recientes en los que puede comprobar el alarmante sesgo que está tomando la Revolución con un inoperante Directorio al frente del Gobierno. Después de pasar la noche estudiándolos, al alba pasea meditabundo por las cálidas arenas de Guiza, la esfinge recortándose en el cielo violeta del amanecer.

¿Qué está pasando en Francia?

Que no se les puede dejar solos. La bancarrota aqueja a la República más que nunca, a pesar del dinero que fluye de los saqueos exteriores. Los bancos privados (el avaro francés, que dice Machado) abusan de la nación y hacen su agosto. Cada año, por primavera, se convocan elecciones para el tercio saliente de los consejos, en las que los partidos recurren a toda clase de fraudes. Los neojacobinos están ganando terreno. Se teme que algún día se hagan nuevamente con las cámaras e impongan un nuevo Terror.

El campo se ha tornado inseguro, porque los abundantes bosques ocultan a bandas itinerantes, a veces muy numerosas, formadas por desertores y mendigos que por la noche atracan viviendas, ocultos tras capuchas o con la cara tiznada para hacerla irreconocible. Los llaman los *chauffeurs de pâturons* ('calentadores de pinreles') porque para facilitar las confidencias del pobre desgraciado que cae en sus manos sobre los escondrijos de sus monedas le ponen a calentar los pies en la chimenea. De paso le violan a la señora y a las hijas.

Napoleón comprende que es imperativo su regreso a Francia. Debe hacerse cargo de la situación antes de que aquellos ineptos arruinen la República, pero ¿cómo repatriar a sus tropas? Por mar sería imposible, con la escuadra inglesa al acecho; por tierra, tendría que atravesar todo el Imperio turco. Demasiado para su fatigada tropa. Rechaza este sueño que le inspira la *Anábasis* de Jenofonte y opta por el único plan factible: dejar a la tropa en Egipto y regresar a Francia él solo.

En la noche del 22 de agosto, se embarca en secreto en la fragata Muiron, velera y veloz, burla el bloqueo británico y desembarca en Francia el 9 de octubre.

¿Por qué regresa Napoleón a Francia de incógnito, sin comunicarle a nadie su decisión?

¿Por qué el padre de sus tropas se ha despedido a la francesa?

Por miedo a que los espías informen de su marcha a los ingleses y estos persigan y capturen su goleta en el Mediterráneo.

Antes de ausentarse ha dejado un mensaje al general Kléber.

—Si en el plazo de seis meses no te he enviado refuerzos y víveres, podrás rendirte.

Kléber estaba hecho de una pasta correosa: agotó el plazo y no se rindió. Resistió y derrotó a los ejércitos mamelucos que se le enfrentaban, pero al final pereció en un atentado.[424] Le sucedió el general Jacques-François de Menou, recientemente convertido al islam (se hace llamar Abdalá Menou) para casarse con

424. El 14 de junio de 1800, el estudiante coránico Suleiman al-Halabi, de veintidós años, se le acerca haciéndose pasar por mendigo y le asesta una puñalada en el corazón. Un tribunal egipcio lo condena a muerte, pero antes de aplicar la sentencia le quema la mano homicida hasta el hueso. La ejecución se realiza por empalamiento, colocando al condenado sobre un poste de punta roma que asegure el lento avance del palo por vía rectal. El desdichado tarda cuatro horas en morir, que pasa recitando pasajes del Corán. Su cráneo, que se envió a Francia para su estudio frenológico, figura hoy en el Museo del Hombre, no lejos de la calavera de Descartes.

Zobeida El Bawab, la bella hija de un acaudalado comerciante egipcio.[425]

Menou carecía de la determinación de su predecesor. Cuando una fuerza inglesa desembarcó en apoyo de los mamelucos ofreció la capitulación.

—Bastante hemos peleado ya. No se derrame más sangre.

Así capitularon los baqueteados restos de la Armée d'Orient, debilitados por el cólera y el hambre, y desmotivados de sus originales ímpetus revolucionarios.[426]

He intentado averiguar qué ocurrió firmado el acuerdo, pero no he hallado noticia alguna. No obstante, creo plausible que Menou invitara a su colega británico a una copita de licor de dátiles *(aragi)* en el garito cairota del que se había hecho asiduo.

¿En qué había quedado el ambicioso proyecto de Napoleón en Oriente? Vedlo reducido a Abdalá Menou, que, tumbado en un muelle diván, se recrea en las sensuales ondulaciones púbicas de una bailarina de *sharqi.* Tampoco nos cuesta trabajo imaginar que, cuando la chica se inclinaba sobre él para hacerle una zalema, Menou le introducía en el canalillo uno de aquellos *assignats* que se trajo de la lejana y ya casi olvidada Francia, el de cincuenta libras, que no valía ni el papel en el que estaba impreso.

---

425. Triste ejemplo de un noble convertido a la Revolución que, desmotivado, se rinde a la sensualidad del Oriente y a la vida regalada y renuncia a luchar por la redención de los parias de la tierra.

426. Esto explica que la famosa piedra de Rosetta descubierta por los franceses esté en el Museo Británico y no en el Louvre.

CAPÍTULO 65

# ¡Napoleón ha vuelto!

Recordemos que Gran Bretaña, Austria, Rusia, Turquía, Portugal, Nápoles y los Estados Pontificios se habían coaligado para obligar a Francia a regresar a sus fronteras de 1789 y desligar del vasallaje a las cinco repúblicas satélites de Francia.

El zar Pablo I de Rusia envía a Holanda una flota con veinte mil soldados y a Italia otros sesenta mil que refuerzan la ofensiva austriaca.

La situación de Francia es apurada. Debe enfrentarse a los trescientos mil soldados de la coalición con apenas ciento setenta mil propios, sin contar con que sus mejores tropas han quedado aisladas en Egipto.[427]

Sobrepasada por el enemigo, Francia cede terreno en todos los frentes: en Italia, retrocede hasta los Alpes; en Alemania, hasta la orilla izquierda del Rin; en los Países Bajos, hasta la antigua frontera. Las seis repúblicas satélites de Francia colapsan.

Un nuevo Gobierno, de mayoría jacobina, necesita urgentemente cien millones de francos. Piensan en imponer un préstamo forzoso a los que tengan impuesto predial de trescientos francos. El que no contribuya pierde sus derechos civiles.

427. El general Brune disponía de 12.000 hombres en Holanda; Bernadotte, de 10.000 en el Rin; Jourdan, de 40.000 en el Danubio; Masséna, de 30.000 en Suiza; Schérer, de 40.000 hombres en el norte de Italia; Macdonald, de 27.000 en Nápoles: un total de 170.000 hombres.

El general Jourdan propone reclutamiento masivo de jóvenes entre veinte y veinticinco años hasta completar la cifra de doscientos mil hombres, lo que levanta las lógicas reticencias. Antes de partir para la guerra, en un banquete que conmemora el 14 de julio, propone un brindis «por el regreso de las picas».

Después de cruzar el Mediterráneo sin contratiempos, Napoleón desembarca en el pequeño pueblo pesquero de Saint-Raphaël, cerca de Cannes, a tres jornadas de Marsella.

Han sido tres largos años de ausencia. Napoleón se encuentra con Josefina, temerosa ella de su reacción, pues lo sabe informado de sus infidelidades. El encuentro es glacial, pero él, por sus intereses políticos, no la repudia, sino que sigue la ficción matrimonial, lo que incluye alguna ocasional bofetada.[428]

No está Napoleón para ocuparse de problemas domésticos. Ni siquiera sentimentales. Otras urgencias ocupan su pensamiento. En exactamente un mes y un día se hará con el poder.

Sigámoslo en su recibimiento triunfal. Entre Aviñón y París, entusiastas multitudes salen a su encuentro con aclamaciones, aplausos, arcos triunfales, guirnaldas:

—¡Viva el salvador de la República!

—¡General, barre la basura del Directorio!

La prensa se une al aplauso. Algunos editoriales parecen escritos especialmente para él: «¡El orden! ¡El orden! ¡Ese es el objeto de toda Constitución, la tarea de todo Gobierno, el principio de toda prosperidad pública!».

Napoleón encuentra París en un estado lamentable. La República ha agotado el tesoro (solo quedan cincuenta mil libras en las arcas públicas). La *canaille* amenaza con amotinarse.

428. ¿Napoleón maltratador? Pues sí, dilecta lectora. Y no únicamente de la parienta, sino que además maltrató a toda Europa, como es bien conocido. ¿Era Napoleón machista? Como casi todos los hombres de su tiempo. El Código napoleónico establece, en su artículo 213, que «el marido debe proteger a su mujer, y la mujer debe obedecer a su marido».

El hambre y la corrupción administrativa recuerdan los tiempos de la monarquía.

—Solo hemos cambiado de ladrones.

Napoleón observa, medita y calla. Los gallos que le podrían hacer sombra en la cucaña del poder son Barras y Sieyès, pero ninguno de los dos tiene su prestigio. Ni siquiera se les ha ocurrido que podían detenerlo por abandonar a su tropa sin permiso del Directorio.

Los salones de París se disputan la presencia del victorioso general. Va al teatro, a la ópera, a conciertos. Recupera amistades y conocimientos. Le va tomando el pulso a Francia.

El Instituto de Francia lo nombra miembro de honor. Barras intenta ganarse su amistad, pero el corso se muestra esquivo. Aparte de que en otro tiempo fue amante de Josefina, Barras tiene fama de corrupto.

Napoleón planea hacerse elegir miembro del Directorio como primer paso para hacerse con el poder.

Sus adversarios lo bloquean. Según la ley, los «directores» deben tener cuarenta años cumplidos y él solo tiene treinta y ocho.

Sus adversarios creen que aún estarán a salvo durante dos años, pero el corso está habituado a superar mayores obstáculos. Con criterio sorprendentemente moderno, recurre a la propaganda. Empapela los muros de París con una solemne declaración: «El Consejo de los Ancianos me ha llamado y yo he respondido a su llamada».

Insisten sus adversarios en que no tiene edad.

Si el camino legal se cierra, solo queda una opción: el golpe de Estado. Precisamente nuestro viejo amigo el abate Emmanuel-Joseph Sieyès, ahora el más sensato miembro del Directorio, ha confesado: *«Je cherche un sabre»* («Busco un sable»), o sea, un general de prestigio que encabece un golpe de Estado y otorgue a Francia el Gobierno firme que necesita.

Sieyès y Gaston Roux siguen reuniéndose para conversar en el club del café Procope. Los dos están de acuerdo en que Francia necesita estabilidad y que esta solo puede proporcionarla el Ejército. La gente sensata, los burgueses, los propietarios y los funcionarios, quieren que un militar competente asuma el Gobierno, acabe con los desórdenes de la Revolución y ponga orden.

—La Revolución nos ha traído libertad e igualdad y ha suprimido las injusticias seculares —explica Sieyès—. Ahora se trata de conseguir la estabilidad necesaria para que la nación prospere. Como Augusto cuando impuso su voluntad al Senado e inauguró el Imperio.

El primer candidato de Sieyès era el general Joubert, pero tras su repentina muerte, un balazo en el corazón en la batalla de Novi, pensó en el general Moreau.

—Os lo agradezco, pero estoy muy mayor —responde Moreau, declinando el ofrecimiento.

Tercera opción: Napoleón, aunque a Sieyès le parezca el menos manejable.

El diputado Briot sube a la tribuna y cubre de flores al general: «¿Qué éxitos presagia la llegada de este héroe cuyo nombre vale un ejército, cuya espada triunfante en Oriente brillará de nuevo en Europa? [...] Este hombre digno de la confianza de los republicanos estará pronto al frente de nuestros ejércitos».

Napoleón se deja cortejar mientras prepara el golpe de Estado con el antiguo abate.[429]

Bonaparte expone sus planes a los principales comandantes del ejército: Jourdan, Bernadotte, Augereau y Moreau. No todos lo apoyan, pero al menos le prometen no interponerse en su camino.

Los pobres pasarán hambre, pero los gobernantes, no. Es tiempo de convites conmemorativos. El 4 de noviembre, Fouché, ministro de la Policía, organiza en su ministerio un banquete en honor de Napoleón. Todo el que es alguien en París se procura una invitación. Allí están Lucien, hermano de Napoleón y presidente del consejo, Talleyrand, Fouché y muchos otros.

429. Los conspiradores son Sieyès, Napoleón, Lucien Bonaparte (presidente del Consejo de los Quinientos, gracias a la fama de su hermano) y dos pájaros de cuenta: el diplomático Talleyrand y el ministro de la Policía Fouché.

En medio de los brindis, con el personal achispado, Arnault esparce su mirada por la concurrencia y murmura a su vecino de mesa:

—¡Menuda redada podríamos hacer aquí si cerráramos las puertas!

Ajenos al tsunami que los amenaza, los dos consejos (el de los Quinientos y el de los Ancianos) celebran su banquete de setecientos cincuenta cubiertos (por suscripción, que conste) en la antigua iglesia de Saint-Sulpice.

En la tribuna de los invitados, Napoleón parece distraído. Mientras sus compañeros de mesa se relajan en sana camaradería, él repasa su plan cuidando de no dejar ningún cabo suelto.

Después del banquete, los conjurados se reúnen en casa de Lucien Bonaparte para repasar los últimos detalles. Se trata de crear una situación excepcional de desgobierno que justifique la suspensión temporal de la Constitución.

O sea, un golpe de Estado blando, por así decirlo, incruento.

*Modus operandi:* tres miembros del Directorio (Sieyès, Roger y Barras)[430] renunciarán simultáneamente al cargo, creando una situación insólita porque los dos restantes (Moulin y Gohier) quedarán imposibilitados legalmente. Si intentaran insubordinarse, está previsto arrestarlos y mantenerlos incomunicados mientras dure el golpe.

Los conjurados cuentan con que, si se sienten amenazados, los consejeros aprobarán el nombramiento de tres cónsules provisionales que reconduzcan la situación. Excuso decir que esos cónsules provisionales serán Napoleón, Sieyès y Ducos.

El 9 de noviembre, a la hora en que abren las lecherías, numerosos oficiales vestidos de gala cumplimentan a Napoleón en su residencia de la calle Chantereine.

Napoleón los recibe con semblante preocupado.

430. Se especula que Talleyrand recibe millonadas para comprar a Barras. Lo que no queda claro es si las desembolsó o se las quedó para su peculio personal.

—Me pregunto cómo dejé Francia y en qué estado la he encontrado a mi regreso. Dejé la paz y encuentro la guerra. Dejé los millones de Italia y encuentro pobreza y miseria, las arcas del Estado vacías, la justicia vejada y la patria en peligro de precipitarse en el despotismo. Señores, mientras nosotros vertemos nuestra sangre por Francia y ensanchamos sus fronteras, la patria está en manos de *pékins* y *avocaillons* ['civiles' y 'picapleitos'] que la conducen al desastre. Pero nosotros amamos la República y la buena administración que la redima.

Mientras Napoleón se trabaja a sus generales, el Consejo de los Ancianos se ha reunido en las Tullerías en convocatoria urgente ante la noticia de una conspiración que pretende amotinar al pueblo de París y secuestrar a los consejos.

Los conspiradores (en realidad, los verdaderos secuestradores) ofrecen una solución: salvemos los consejos trasladándolos al palacio de Saint-Cloud, a unos cinco kilómetros de París. Acuerdan confiar a Napoleón el mando de todas las tropas y de la guardia nacional de la 17.ª División Militar (París y suburbios).

Informado de su nombramiento, Napoleón se dirige a los oficiales que lo acompañan.

—El Consejo de los Ancianos me encomienda el mando de la ciudad y del ejército. Lo he aceptado porque se van a tomar medidas favorables al pueblo. La República ha estado desastrosamente gobernada en los dos últimos años. Sé que habéis aguardado mi regreso para que acabara con esta penosa situación. Secundad ahora a vuestro general con la energía y la confianza que siempre he encontrado en vosotros. La libertad, la victoria y la paz devolverán la República al puesto que ocupaba en Europa y que solo la incompetencia y la traición amenazan. *Vive la République!*

A continuación, Napoleón, seguido de sus oficiales, se dirige a las Tullerías y comparece ante el Consejo de los Ancianos mientras sus generales de confianza ocupan los centros neurálgicos de la ciudad, incluido el palacio de Luxemburgo, sede del Directorio.

Los directores Louis Gohier y Jean-François-Auguste Moulin quedan en situación de «custodiados» por el general Moreau. Cuando protestan por el atropello, el general les informa:

—Cumplo órdenes de Napoleón, al que el Consejo de los Ancianos ha nombrado generalísimo de la región de París.

—Pero esa facultad solo la tenemos los componentes del Directorio —protesta Moulin.

Moreau le dirige una mirada irónica.

—Ya sé que no te resulta simpático el general Bonaparte.

Moulin traga saliva. Anteriormente había propuesto a sus colegas fusilar a Napoleón.

¿Dónde están los tres directores que faltan? Los directores golpistas se han presentado ante el Consejo de los Ancianos para poner sus puestos a su disposición y ofrecerse a la autoridad como simples ciudadanos.

Mientras tanto, Lucien Bonaparte comunica al Consejo de los Quinientos el decreto de traslado a Saint-Cloud.

Algunos diputados se muestran reticentes.

—No veo la necesidad —protesta Moulin—. París está tranquilo con los puntos estratégicos vigilados por el ejército.

—Los que lo han decidido en el Consejo de los Ancianos tendrán más información que nosotros. Allí podremos deliberar con sosiego sobre las graves cuestiones que nos plantea el futuro.

Esa noche se reúnen los conjurados en el Hôtel de Breteuil para examinar la situación y redactar los documentos que justificarán los cambios que los consejos aprobarán al día siguiente.[431]

En cuanto amanece, los diputados de los consejos se trasladan al palacio de Saint-Cloud escoltados por el general Sérurier. Algunos van preocupados porque en el ambiente flotan cambios no siempre bienvenidos, pero otros van confiados y felices, y hasta se acompañan con sus familias como si fueran a una romería.

431. Los conjurados asistentes a la reunión son el exministro de Asuntos Exteriores Talleyrand; el ministro de la Policía, Joseph Fouché; los diputados Lucien Bonaparte, Bérenger, Cabanis y Daunou; el director Sieyès y Gaudin, comisario general de la Oficina de Correos.

En Saint-Cloud varias cuadrillas de carpinteros llevan muchas horas acondicionando los salones donde deben debatir los consejos: el de los Ancianos se instalará en el primer piso, en la llamada Galerie d'Apollon; el de los Quinientos, en el invernadero (Orangerie) junto al palacio.

El Consejo de los Ancianos recibe a Napoleón con cierta hostilidad, pues corre el rumor de que quiere presentarse como un salvapatrias, el nuevo César o el nuevo Cromwell.

Napoleón intenta hacer un discurso tranquilizador, pero como está poco acostumbrado a las sutilezas parlamentarias le sale tan desmañado que lejos de aquietar los ánimos los solivianta.

Napoleón cambia de tercio y acusa al consejo de oprimir las libertades de los franceses y de haber violado repetidamente la Constitución.

Muchos diputados exigen el nombramiento de un nuevo Directorio que reconduzca la situación

—*Vive la Constitution!* —grita una voz.

—La Constitución no existe —dice Napoleón—, pero permanecen sus sagrados principios, la soberanía del pueblo, la libertad y la igualdad.

Las protestas arrecian hasta el punto de que Bonaparte amenaza con hacer intervenir a las tropas que aguardan afuera.

En la Orangerie la situación es igualmente confusa. Muchos diputados se sospechan víctimas de un golpe de Estado y muestran su disconformidad prorrumpiendo en vivas a la Constitución. Otros se muestran menos efusivos y prefieren acomodarse a las opiniones del presidente de la cámara, que además de serlo, está vinculado familiarmente con el poder.

La llegada de Bonaparte provoca un escándalo. Quizá cansado de fingirse moderado, comparece escoltado por un grupo de granaderos.

—¿Te atreves a profanar con sables y armas este santuario de las leyes? —se le encara el diputado Bigonnet—. ¿Vienes con hombres armados? ¡Esto es un abuso intolerable!

—¡Abajo el tirano! —suena una voz que es coreada por otras muchas.

—¡Abajo el dictador! —clama uno de los hermanos Aréna—. ¡*Hors-la-loi* para el nuevo Cromwell!

*Hors-la-loi* son palabras mayores. Lo que solicitan es un linchamiento sin juicio previo.

—¡Viva la República y la Constitución del año III!

En medio de la barahúnda, los débiles gritos de *«vive Bonaparte!»* apenas se perciben.

El presidente Lucien Bonaparte se desgañita en su tribuna intentando poner orden.

—Aquí ya no hay libertad —protesta—. Puesto que no me queréis escuchar, dimito. Aquí tenéis las insignias de mi magistratura.

—*Hors-la-loi!* —gritan algunos jacobinos. Es la fórmula para la ejecución inmediata, sin formación de causa, tan cara en los tiempos del Terror. Como con Robespierre. El camino directo a la guillotina. La diferencia estriba en que Napoleón está rodeado de fieles granaderos y que el palacio está sitiado por sus tropas.

—Es hora de que la tropa intervenga —opina Sieyès, que sigue los acontecimientos desde el salón contiguo.

Casualidad o no, en ese momento el general Murat irrumpe en el recinto al frente de sus granaderos.

—*Foutez-moi tout le monde dehors!* —«¡Fuera todo el mundo!».[432]

Los granaderos de Murat desalojan a sus señorías sin contemplaciones. Algunos están tan aterrorizados que saltan por las ventanas. Suerte que es planta baja y da a los jardines.

—Esto es un abuso —clama alguno.

—Te callas o te rompo los dientes de un culatazo —le sugiere un sargento de espesas patillas.

—¡Me callo, me callo!

Versión oficial que aparecerá en la prensa: Napoleón ha escapado por poco de la muerte de las manos de «veinte asesinos jacobinos» conchabados para eliminarlo que ocultaban estiletes en sus pomposos uniformes.

432. ¿No nos suena a Tejero entrando en el Congreso, o al general Pavía, o a todos los pronunciamientos que en el mundo han sido?

Lucien Bonaparte es también partidario de la intervención armada contra los conjurados que quieren subvertir el orden.

En vista de la desbandada de diputados que podrían levantar a las masas si llegaran a París, el discreto Fouché imparte instrucciones a la policía que guarda los accesos del palacio.

—Que nadie salga hacia París si no es con mi permiso.

Lucien Bonaparte regresa a la Orangerie y ocupa nuevamente la presidencia.

—Que los soldados busquen a los diputados que puedan encontrar y los traigan de regreso a la sala —ordena Napoleón.

Con cierta dificultad pueden juntar a una treintena, a los que no les llega la camisa al cuerpo. Suficientes para que voten un *consulat provisoire* que otorgue cierta legitimidad al chapucero golpe de Estado.

El Directorio no ha funcionado, todo el mundo está de acuerdo en eso, incluso los directores que lo componían. Hay que decidir una nueva forma de Gobierno menos colectiva, sin caer en lo excesivamente personal.

¿Quizá dos cónsules, como en la admirada Roma?

La experiencia de los dos cónsules ya se probó con la República y no siempre funcionó.

¿Tres cónsules entonces?

Se aprueba la moción.

Así termina el Directorio para dar paso a una nueva forma de gobierno: el Consulado.

Napoleón, Sieyès y Ducos se ofrecen como cónsules provisionales hasta que democráticamente se elijan los definitivos.

El intenso día se cierra con un gesto teatral muy al gusto de la época: Lucien, presidente del consejo, toma una espada y la pone en el pecho de su hermano.

—Te traspasaré con esta espada si alguna vez atentas contra la libertad de los franceses.

El Consejo de los Ancianos decreta la creación de una comisión de tres cónsules que pondrán orden en el Gobierno. Para obtener *quorum,* los soldados recorren los jardines del palacio y devuelven a la sala a los parlamentarios que encuentran.

Al anochecer, París se llena con pasquines que llevan la tinta fresca. La proclama de Napoleón.

—Franceses, reconoceréis sin duda en mi conducta el celo de un soldado en defensa de la libertad, de un ciudadano afecto a la República.

—Aquí acabó la infancia de la República, con los trastornos propios de su crecimiento —sentencia Lucien—. Hoy se viste la ropa viril. A partir de ahora se terminaron las convulsiones de la libertad.

Se redacta una nueva Constitución (la del año VIII, otra más) a la medida de los golpistas: un poder legislativo dividido en cuatro asambleas inoperativas y tres cónsules nombrados por un periodo de diez años que compartirán el poder ejecutivo.

En realidad, Sieyès quiere servirse de los otros para gobernar Francia, al estilo presidencial, pero en esta partida Napoleón tiene mejores cartas: es muy popular, sabe alimentar esa popularidad haciéndose ver en lugares de moda y además da la impresión de estar al mando porque en los documentos oficiales los cónsules se consignan por orden alfabético, Bonaparte el primero (seguido de Ducos y Sieyès).

Sieyès, el último.

O sea, Napoleón sucede a la Revolución.

Dueño del poder, el corso renueva la Constitución en el año X para autodesignarse primer cónsul vitalicio.[433]

—La Revolución francesa ha concluido —anuncia Gaston Roux después de ver el nombramiento de Napoleón en el periódico—. Al corso solo le falta proclamarse rey.

—Todo se andará —profetiza Antoine.

El diputado Bérenger toma la palabra, para defender a Bonaparte:

433. El 2 de diciembre de 1804, la Asamblea llama a las urnas a siete millones de electores franceses para decidir si se otorga a Napoleón el título de emperador. Acuden la mitad de los convocados y Napoleón sale elegido por un 99,93 por ciento de los votos.

> Gloria y gratitud a Bonaparte, a los generales y al ejército, que han librado al cuerpo legislativo de sus tiranos sin derramar una gota de sangre [...]. El día 19 de brumario es el del pueblo soberano, el de la igualdad, la libertad, la felicidad y la paz. Pondrá fin a la Revolución y fundará la República, que aún existía solo en el corazón de los republicanos.

En la fiesta de la República siguiente arden castillos de fuegos artificiales como antaño en Versalles. Desde la pradera de los Campos Elíseos, Diego y Brigitte contemplan, cogidos de la mano, el fascinante ascenso de las ruedas voladoras que despiden chispas de colores. El bebé que ella lleva en su seno le propina pataditas cuando percibe los estampidos.

# Epílogo

Entre 1803 y 1815 sucesivas coaliciones de monarquías europeas se enfrentaron sin éxito a Napoleón, que se había propuesto crear un imperio continental regido por Francia. Los invencibles ejércitos franceses pasearon los ideales republicanos al tiempo que lo saqueaban todo a su paso por toda Europa, desde Cádiz a Moscú.

Tras la definitiva derrota de Napoleón en 1815, el Congreso de Viena (1814-1815), convocado por los vencedores, suprimió las medidas liberales que Napoleón había heredado de la Revolución e intentó reinstaurar el *Ancien Régime.*

Demasiado tarde acordaban atrasar el reloj de la historia, porque ya las ideas liberales habían arraigado entre los pueblos de Europa.

En Francia regresaron los Borbones en la figura de Luis XVIII (el conde de Provenza, hermano del guillotinado Luis XVI), que reinó nueve años sin pena ni gloria hasta su muerte en 1824. Lo sucedió su otro hermano, el conde de Artois, ultraconservador jefe de los *émigrés*, que reinó seis años como Carlos X hasta que una nueva revolución lo obligó a exiliarse en 1830. Lo sucedió Luis Felipe I de Francia, jefe de la casa de Orleans e hijo del guillotinado Philippe Égalité impuesto por los revolucionarios («rey de las barricadas», lo llamaban), aunque al final decepcionó a las clases trabajadoras que lo habían aupado. Aunque aparentaba ser liberal, solo estaba al servicio de la gran burguesía.

La Revolución de 1848 fue consecuencia de la adquisición de conciencia de clase por el proletariado que hasta entonces había servido a los intereses de la burguesía. Esta revolución se propagó a otros países de Europa en los que estallaron revoluciones o motines obreros, España incluida, en lo que Pérez Galdós describió en sus *Episodios nacionales* (*Las tormentas del 48,* 1903).

Tras los cuatro anodinos años de la Segunda República (1848-1852), se instauró en Francia un Segundo Imperio en la persona de Luis Napoleón, sobrino del famoso emperador, casado con la española María Eugenia de Montijo.

Napoleón III comenzó su andadura política como presidente de la Segunda República, pero se las arregló para que los franceses proclamaran mediante plebiscito el Segundo Imperio de Francia (2 de diciembre de 1852), que participó en el reparto del mundo entre las grandes potencias europeas (a Francia le correspondieron Argelia, Senegal e Indochina). Fracasó en su intento de penetración en América, donde apoyó con tropas al emperador de México Maximiliano I (un Habsburgo al que los conservadores mexicanos habían regalado el trono).

Toda la *grandeur* del Segundo Imperio se desmoronó cuando su ejército fue derrotado por el prusiano en la batalla de Sedán (1870), lo que provocó la revolución de la Comuna parisiense y el exilio del emperador, que se refugió en Inglaterra.

La Comuna fue una revolución precomunista (admirada por Marx y Mao) que desgobernó París setenta y un días (entre marzo y mayo de 1871). En un París hambriento y bombardeado por los prusianos que lo asediaban, los *communards,* descendientes de los *sans-culottes* (entre los que se contaban muchas *femmes patriotes*), impusieron la dictadura del proletariado en una especie de socialismo autogestionario. Después del asedio de las tropas gubernamentales (o versallescas), decidieron destruir la ciudad antes que entregarla. Los *pétroleurs* y las *pétroleuses,* llamados así por las latas de petróleo que llevaban consigo, incendiaron los barrios más elegantes de la ciudad, incluido el ayuntamiento, el palacio de las Tullerías, las bibliotecas, los archivos y, en general, todo signo de cultura apreciado por la clase explotadora. Afortunadamente, hubo personas sensatas que salvaron buena parte del patrimonio, a menudo con riesgo de sus vidas.

La represión fue igualmente brutal. En los siete días de la Semaine Sanglante (la Semana Sangrienta, del 21 al 28 de mayo de 1871) fueron fusilados unos treinta mil *communards,* muchos de ellos en el llamado Mur des Fédérés (Paredón de los Federados) del cementerio de Père Lachaise y en otros lugares. En conjunto, esta revolución produjo en pocos días más ejecuciones que los nueve años de la Revolución de 1789.

Todavía los desheredados de París y de Francia mostrarían cierta unidad con la creación de un potente Partido Comunista y un Frente Popular en los años treinta del siglo xx.

# Apéndices

## 1. Los *sans-culottes* vistos por ellos mismos

¿Qué es un *sans-culotte,* señores granujas? Es un ser que va siempre a pie, que no tiene millones —como todos vosotros quisierais tener—, ni castillos, ni criados para servirle, y que habita sencillamente con su mujer y sus hijos, si los tiene, en un cuarto o quinto piso.

Es un hombre útil, pues sabe labrar la tierra, sabe forjar, aserrar, limar, cubrir una techumbre, hacer zapatos y verter hasta la última gota de su sangre por la salvación de la República.

Y porque trabaja podéis estar seguros de no encontrarlo ni en el café de Chartres, ni en los garitos donde se conspira y se juega, ni en el teatro de la Nación cuando representan *L'ami des lois,* ni en el teatro del Vaudeville para presenciar *La chaste Suzanne,* ni en los salones literarios donde por dos sueldos —que tan preciosos son— os ofrecen las porquerías de Gorsas con *La Chronique* y *Le Patriote Français.*

Por la tarde, el *sans-culotte* se presenta ante su sección, no empolvado, almibarado, bien calzado y con la esperanza de lucirse ante las ciudadanas de las tribunas, sino para apoyar con toda su fuerza las mociones buenas y para derrotar las que proceden de la abominable facción de los políticos.

Por lo demás, un *sans-culotte* tiene siempre su sable afilado para cortar las orejas de los malvados. A veces se luce en los paseos con su pica, pero al primer redoble del tambor lo veis partir para la Vendée, para el ejército de los Alpes, o para el del norte... La Asamblea General de la sección de *sans-culottes* considera un deber ciudadano proponer las medidas adecuadas para el fomento de la abundancia y la tranquilidad pública, por tanto, solicita a la Convención que decrete:

1. Que los anteriormente llamados nobles no puedan ejercer ninguna función militar ni ocupar ningún empleo público de ninguna naturaleza; que los antiguos parlamentarios, los financieros y los sacerdotes sean destituidos de todas sus funciones administrativas o judiciales.
2. Que los precios de los artículos de primera necesidad se establezcan de acuerdo con los de los años llamados antiguos, comprendidos los de 1789 y 1790, proporcionalmente a sus diferentes cualidades.
3. Que los precios de las materias primas se fijen de manera que los beneficios de la industria, los salarios del trabajo y las ganancias del comercio, que estarán regulados por la ley, permitan al hombre industrioso, al cultivador, al comerciante, el procurarse no solo las cosas indispensables y necesarias a la conservación de su existencia, sino también todo aquello que pueda ayudar a su goce.
4. Que los agricultores que por cualquier accidente hayan perdido la cosecha sean indemnizados por el erario público.
5. Que se conceda a cada departamento una suma suficiente para que los precios de los artículos de primera necesidad sean los mismos para todos los individuos que integran la República Francesa.
6. Que las sumas concedidas a los departamentos se inviertan en suprimir la diferencia de precio en artículos de primera necesidad, motivada por los transportes, en toda la extensión de la República Francesa, la cual debe procurar a cada uno de sus hijos las mismas ventajas.
7. Que los arriendos se anulen y vuelvan al mismo precio que tenían durante los años comunes que vosotros escogeréis

para fijar invariablemente el precio máximo de los artículos y géneros de primera necesidad.
8. Que se fije un máximo a las fortunas.
9. Que cada individuo solo pueda poseer ese máximo.
10. Que nadie pueda alquilar más tierras que las que son necesarias para una cantidad determinada de aperos de labor.
11. Que un mismo ciudadano solo pueda ser propietario de un solo taller o una sola tienda.
12. Que todos aquellos que tienen mercancías o tierras bajo su nombre sean reconocidos como sus propietarios.

La sección de los *sans-culottes* piensa que estas medidas llevarían a la abundancia y a la tranquilidad, harían desaparecer poco a poco la excesiva desigualdad de las fortunas y acrecentarían el número de los propietarios.[434]

## 2. Declaración de los Derechos del Hombre y del Ciudadano de 1789

Los representantes del pueblo francés, constituidos en Asamblea Nacional, considerando que la ignorancia, el olvido o el menosprecio de los derechos del hombre son las únicas causas de las calamidades públicas y de la corrupción de los Gobiernos, han resuelto exponer, en una declaración solemne, los derechos naturales, inalienables y sagrados del hombre, para que esta declaración, constantemente presente para todos los miembros del cuerpo social, les recuerde sin cesar sus derechos y sus deberes; para que los actos del poder legislativo y del poder ejecutivo, al poder cotejarse en todo momento con la finalidad de cualquier institución política, sean más respetados y para que las reclamaciones de los ciudadanos, fundadas desde ahora en principios simples e indiscutibles, redunden siempre en beneficio del mantenimiento de la Constitución y de la felicidad de todos. En consecuencia, la Asamblea Nacional reconoce y declara, en presencia del Ser Su-

434. Oña, s. f.

premo y bajo sus auspicios, los siguientes derechos del hombre y del ciudadano:

- Artículo 1. Los hombres nacen y permanecen libres e iguales en derechos. Las distinciones sociales solo pueden fundarse en la utilidad común.
- Artículo 2. La finalidad de cualquier asociación política es la protección de los derechos naturales e imprescriptibles del hombre. Tales derechos son la libertad, la propiedad, la seguridad y la resistencia a la opresión.
- Artículo 3. El principio de toda soberanía reside esencialmente en la nación. Ningún cuerpo ni ningún individuo pueden ejercer autoridad alguna que no emane expresamente de ella.
- Artículo 4. La libertad consiste en poder hacer todo lo que no perjudique a los demás. Por ello, el ejercicio de los derechos naturales de cada hombre tan solo tiene como límites los que garantizan a los demás miembros de la sociedad el goce de estos mismos derechos. Tales límites tan solo pueden ser determinados por la ley.
- Artículo 5. La ley solo tiene derecho a prohibir los actos perjudiciales para la sociedad. Nada que no esté prohibido por la ley puede ser impedido y nadie puede ser obligado a hacer algo que esta no ordene.
- Artículo 6. La ley es la expresión de la voluntad general. Todos los ciudadanos tienen derecho a contribuir a su elaboración, personalmente o a través de sus representantes. Debe ser la misma para todos, tanto para proteger como para sancionar. Además, puesto que todos los ciudadanos son iguales ante la ley, todos ellos pueden presentarse y ser elegidos para cualquier dignidad, cargo o empleo públicos, según sus capacidades y sin otra distinción que la de sus virtudes y aptitudes.
- Artículo 7. Ningún hombre puede ser acusado, arrestado o detenido, salvo en los casos determinados por la ley y en la forma determinada por ella. Quienes soliciten, cursen, ejecuten o hagan ejecutar órdenes arbitrarias deben

ser castigados; con todo, cualquier ciudadano que sea requerido o aprehendido en virtud de la ley debe obedecer de inmediato y es culpable si opone resistencia.

- Artículo 8. La ley solo debe establecer penas estricta y evidentemente necesarias, y tan solo se puede ser castigado en virtud de una ley establecida y promulgada con anterioridad al delito, y aplicada legalmente.
- Artículo 9. Puesto que cualquier hombre se considera inocente hasta no ser declarado culpable, si se juzga indispensable detenerlo, cualquier rigor que no sea necesario para apoderarse de su persona debe ser severamente reprimido por la ley.
- Artículo 10. Nadie debe ser incomodado por sus opiniones, inclusive religiosas, siempre y cuando su manifestación no perturbe el orden público establecido por la ley.
- Artículo 11. La libre comunicación de pensamientos y opiniones es uno de los derechos más valiosos del hombre; por consiguiente, cualquier ciudadano puede hablar, escribir e imprimir libremente, siempre y cuando responda del abuso de esta libertad en los casos determinados por la ley.
- Artículo 12. La garantía de los derechos del hombre y del ciudadano necesita de una fuerza pública; por ello, esta fuerza es instituida en beneficio de todos y no para el provecho particular de aquellos a quienes se encomienda.
- Artículo 13. Para el mantenimiento de la fuerza pública y para los gastos de Administración, resulta indispensable una contribución común, la cual debe repartirse equitativamente entre los ciudadanos, de acuerdo con sus capacidades.
- Artículo 14. Todos los ciudadanos tienen el derecho de comprobar, por sí mismos o a través de sus representantes, la necesidad de la contribución pública, de aceptarla libremente, de vigilar su empleo y de determinar su prorrata, su base, su recaudación y su duración.
- Artículo 15. La sociedad tiene derecho a pedir cuentas de su gestión a cualquier agente público.

- Artículo 16. Una sociedad en la que no esté establecida la garantía de los derechos, ni determinada la separación de los poderes, carece de Constitución.
- Artículo 17. Por ser la propiedad un derecho inviolable y sagrado, nadie puede ser privado de ella, salvo cuando la necesidad pública, legalmente comprobada, lo exija de modo evidente, y con la condición de que haya una justa y previa indemnización.[435]

435. Véase <https://www.conseil-constitutionnel.fr/es/declaracion-de-los-derechos-del-hombre-y-del-ciudadano-de-1789>.

# Cronología

**1762**

Se publica *El contrato social* de Rousseau, en el que se defiende que el rey recibe su soberanía del pueblo, no de Dios.

**1774**

10 de mayo. Luis XVI asciende al trono a la muerte de su abuelo Luis XV.

**1775**

Problemas con el suministro de grano. En algunas regiones estallan motines.

**1776**

El banquero suizo Necker es nombrado nuevo director general del Tesoro.

**1777**

Necker, ministro de Hacienda.

**1778**

Francia, en guerra contra Inglaterra, ayuda a las colonias norteamericanas sublevadas contra Gran Bretaña.

**1781**

Necker dimite. La deuda nacional francesa es ingobernable.

**1783**

Paz con Inglaterra.

Independencia de Estados Unidos.

8 de junio. La erupción del volcán Laki en Islandia crea una nube tóxica sobre los cielos de Europa.

19 de septiembre. Los hermanos Montgolfier vuelan su globo en Versalles ante Luis XVI y el pueblo de París.

**1787**

Planes para reformar el sistema tributario francés. No se llega a ningún acuerdo. La deuda nacional asciende a ciento doce millones de libras, pero la aristocracia se aferra a sus exenciones y privilegios y no quiere soltar la guita.

**1788**

Motines del hambre en varias regiones francesas.

Agosto. Reunión de los Estados Generales.

16 de agosto. Francia se declara en bancarrota.

**1789**

Motines del hambre.

24 de abril. Las turbas asaltan la fábrica de papel Réveillon y se beben la bodega de la familia.

5 de mayo. Apertura de los Estados Generales.

17 de junio. El tercer estado se constituye en Asamblea Nacional.

20 de junio. Luis XVI prohíbe reunirse a la Asamblea Nacional. La Asamblea jura no disolverse y se reúne en un frontón cercano (el Jeu de Paume).

9 de julio. El clero y la nobleza se unen al tercer estado y forman la Asamblea Constituyente.

11 de julio. Destitución del ministro Necker. Indignación en el pueblo llano, que lo considera el padre de los pobres.

12 de julio. Constitución de la Guardia Nacional.

14 de julio. Los parisienses asaltan la Bastilla.

16 de julio. Regreso del ministro Necker.

Muchos aristócratas se alarman y huyen a las provincias o al extranjero.

20 de julio. Agitadores coordinados siembran bulos por toda Francia. Cunde el pánico: es el Gran Miedo.

4 de agosto. Abolición del régimen feudal que caracteriza al *Ancien Régime.*

26 de agosto. La Asamblea Constituyente aprueba la Declaración de los Derechos del Hombre y del Ciudadano.

5 de octubre. Mujeres desesperadas por la carestía del pan marchan sobre Versalles, invaden el palacio y acogotan a la familia real.

6 de octubre. La familia real es obligada a mudarse a París. La corte y la Asamblea los siguen.

2 de noviembre. Desamortización de los bienes de la Iglesia y secularización de la Iglesia.

Diciembre. Emisión de *assignats* por la Asamblea Nacional.

**1790**

21 de enero. El doctor Guillotin presenta su novedoso instrumento de ejecución.

20 de febrero. Fallece el emperador José II de Austria y lo sucede su hermano Leopoldo II.

12 de julio. Se sanciona la Constitución Civil del Clero. Los clérigos serán funcionarios del Estado.

14 de julio. Se celebra la Fiesta de la Federación en el Campo de Marte.

4 de septiembre. Dimite el ministro Necker.

**1791**

2 de abril. Muere Honoré de Mirabeau.

23 de abril. Lafayette, jefe de la Guardia Nacional.

20 de junio. Frustrada huida de la familia real, que es detenida en Varennes.

17 de julio. Matanza del Campo de Marte, perpetrada por la Guardia Nacional, de los parisinos que demandan el derrocamiento de Luis XVI.

25-27 de agosto. Tratado de Pillnitz entre Austria y Prusia para restablecer por las armas la monarquía francesa.

3 de septiembre. Se proclama la nueva Constitución votada por la Asamblea Nacional.

13 de septiembre. Luis XVI acepta la Constitución.

1 de octubre. Primera sesión de la Asamblea Nacional Legislativa.

8 de octubre. Lafayette dimite como comandante de la Guardia Nacional.

**1792**

20 de abril. Luis XVI se ve obligado a declarar la guerra a Austria.

Mayo. Disolución de la Guardia Real.

Junio. Veinte mil guardias nacionales se acantonan en París para su defensa.

20 de junio. El pueblo asedia el palacio de las Tullerías. La familia real se ve obligada a refugiarse en un cuchitril próximo a la Asamblea.

11 de julio. Tropas austroprusianas invaden Francia. La patria en peligro. Alistamientos masivos para afrontar la guerra que preparan las monarquías de Europa.

25 de julio. Indignación de los parisinos al conocerse el comunicado del duque de Brunswick que los amenaza si maltratan a la familia real.

10 de agosto. Asalto del palacio de las Tullerías. Después de este incidente el rey y su familia se mudan a la fortaleza prisión del Temple, nada palaciega.

26 de agosto. Los prusianos invaden Francia y toman la fortaleza de Longwy.

2-6 de septiembre. Matanzas de septiembre. Unas mil trescientas personas son ejecutadas en procesos irregulares o sin proceso legal.

20 de septiembre. Victoria francesa en Valmy que alivia a la población parisina.

21 de septiembre. La Convención abole la monarquía. Se proclama la República Francesa.

Septiembre. Ejecuciones de aristócratas y clérigos.

19 de noviembre. La Convención declara que apoyará la liberación de los pueblos del mundo.

11 de diciembre. La Convención juzga a Luis XVI.

13 de diciembre. El Parlamento británico aprueba la guerra contra Francia.

**1793**

17 de enero. La Convención condena a Luis XVI.

21 de enero. Luis XVI es guillotinado.

1 de febrero. Francia declara la guerra a las monarquías enemigas.

24 de febrero. La Convención acuerda alistar a trescientos mil hombres.

25 de febrero. Parisinos hambrientos saquean tiendas de la ciudad, especialmente las panaderías.

7 de marzo. La Convención declara la guerra a España.

10 de marzo. Se crea el Tribunal Revolucionario contra los sospechosos.

11 de marzo. Comienza la revuelta de la Vendée.

18 de marzo. Derrota de Dumouriez en Neerwinden. Los austriacos recuperan Bélgica. Francia decreta movilización general.

6 de abril. Se crea el Comité de Seguridad Pública.

4 de mayo. La Convención fija el precio máximo para el trigo y la harina.

18 de mayo. La Asamblea nombra al Comité de los Doce para controlar a la Comuna.

31 de mayo. Expulsión de los girondinos y auge jacobino.

2 de junio. Arresto de los diputados girondinos.

24 de junio. Se aprueba la Constitución de 1793.

3 de julio. Apartan al delfín de su madre, la reina.

10 de julio. Renovación del Comité de Seguridad Pública.

13 de julio. Asesinato de Marat.

17 de julio. La Convención decreta la abolición de todos los derechos feudales.

27 de julio. Robespierre ingresa en el Comité de Seguridad Pública.

2 de agosto. María Antonieta es trasladada a la prisión de la Conciergerie.

23 de agosto. Alistamiento masivo de todo soltero o casado sin hijos.

28 de agosto. Tolón se entrega a los británicos.

4 de septiembre. Protestas en París por el encarecimiento de la vida.

17 de septiembre. Se aprueba la ley de sospechosos.

29 de septiembre. La Convención fija el tope de salarios y precios.

5 de octubre. Se aprueba el calendario republicano.

9 de octubre. Lyon se rinde a las fuerzas de la República.

10 de octubre. Se suspende la Constitución. Comienza el Terror.

16 de octubre. Ejecución de María Antonieta.

17 de octubre. Se entroniza la diosa Razón en Notre-Dame.

6 de noviembre. Ejecución del duque de Orleans, Philippe Égalité.

4 de diciembre. Nuevo Gobierno central.

**1794**

4 de febrero. Se abole la esclavitud en las colonias francesas.

6 de febrero. Napoleón asciende a general de brigada a los veinticinco años.

13 de marzo. Arresto de los hébertistas.
18 de marzo. Arresto de los dantonistas.
24 de marzo. Ejecución de los hébertistas.
5 de abril. Ejecución de Danton y sus seguidores.
4 de junio. Robespierre es elegido presidente de la Convención por unanimidad.
8 de junio. Celebración del Ser Supremo en el Campo de Marte.
10 de junio. Comienza el Terror.
26 de junio. Victoria en Fleurus sobre los austriacos.
27 de julio. Arresto de Robespierre.
28 de julio. Ejecución de Robespierre y sus seguidores.
12 de noviembre. Se clausura el Club de los Jacobinos.
24 de diciembre. Se retira la ley de máximos.

**1795**

1 de abril. Los hambrientos asaltan la Convención en demanda de socorro.
5 de abril. Francia y Prusia firman la Paz de Basilea.
4 de mayo. Los agitadores asaltan las cárceles en Lyon y asesinan a los jacobinos detenidos.
20 de mayo. Motines del hambre. Altercados por la comida en todo el país.
31 de mayo. Abolición del tribunal revolucionario.
8 de junio. Muere el delfín Luis Carlos.
22 de agosto. Se aprueba la Constitución del año III.
1 de octubre. La Convención aprueba la incorporación de Bélgica a Francia.
5 de octubre. Napoleón ametralla a los manifestantes que se disponían a asaltar la Convención.
16 de octubre. Ascenso de Napoleón a teniente general.
31 de octubre. Nombramiento del Directorio.

**1796**

2 de marzo. Bonaparte asciende a general del Ejército de Italia.
10 de mayo. Napoleón derrota a los austriacos en Lombardía. Se descubre la conspiración de Babeuf.

**1797**

18 de abril. Napoleón firma el tratado de paz con Austria sin consultar con el Gobierno.

27 de mayo. Ejecución del protocomunista François-Noël Babeuf.

4 de septiembre. El general Augereau impide una insurgencia monarquista en París.

17 de octubre. Tratado de Campoformio. Ganancias territoriales de Francia a cambio de Venecia.

**1798**

Enero. Planes para invadir Inglaterra.

19 de mayo. Napoleón parte hacia Egipto.

1 de agosto. Nelson destruye la flota de Napoleón en Abukir.

**1799**

16 de mayo. Joseph Sieyès, nuevo director.

18 de junio. El Consejo legislativo cancela el Directorio.

9 de noviembre. Golpe de Estado de Napoleón.

19 de noviembre. Napoleón, Sieyès y Ducos, cónsules.

13 de diciembre. Napoleón se proclama primer cónsul y el nuevo Consulado reemplaza al viejo Directorio.

# Bibliografía

Amour, François-Claude, marqués de Bouillé. *Mémories sur la Révolution Française*, Cadell et Davies, Londres, 1797. https://books.google.co.tz/books?id=VLYvAAAAMAAJ&printsec=frontcover#v=onepage&q&f=false

Andrés, Ramón d', «La repelente política lingüística del Estado francés», *El Miradoriu,* 1 de marzo de 2020, <https://elmiradoriu.wordpress.com/2020/03/01/la-repelente-politica-linguistica-del-estado-frances/>.

Andress, David, *El Terror: los años de la guillotina,* Edhasa, Barcelona, 2011.

Aubigne, Théodor Agripa d', *Les tragiques,* Gallimard, París, 1995.

Bárcena Pérez, Alberto, *La guerra de la Vendée: una cruzada en la Revolución,* San Román, Madrid, 2016.

Barras, Paul François, *Memoirs of Barras, member of the Directorate,* 2 vols., University of California, Libraries, 1895.

Beer, sir Gavin de, *Rousseau,* Salvat, Barcelona, 1985.

Behrens-Abouseif, Doris, «El Egipto otomano», *Desperta Ferro Historia Moderna, Napoleón en Egipto,* n.º 41, agosto de 2019, pp. 24-29.

Bell, David, *Shadows of revolution: Reflections on France, past and present,* Oxford University Press, Oxford, 2016.

Bertaud, Jean-Paul, *La révolution armée: les soldats-citoyens de la Révolution française,* Robert Laffont, París, 1979.

Besenval, Pierre-Victor, *Mémoires,* 2 vols., F. Buisson, París, 1805.

Blanco Corujo, Oliva, «Merodear sin entrar (comedia en tres actos). Las mujeres y las academias», en M.ª Antonia García de León Álvarez (ed.), *La excelencia científica (hombres y mujeres en las Reales Acade-*

*mias),* Instituto de la Mujer, Ministerio de Trabajo y Asuntos Sociales, Madrid, 2005, <https://web.archive.org/web/20120626225444/http://www.igualdad.us.es/pdf/excelencia%20cient%C3%ADficaf.pdf>.

Bodinier, Bernard, y Eric Teyssier, *L'événement le plus important de la Révolution: la vente des biens nationaux,* Société d'Études Robespierristes/CTHS, París, 2000.

Bois, Jean-Pierre, *La Revolución francesa,* Historia 16, Madrid, 1989.

Bourdin, Philippe, y Cyril Triolaire, *La Révolution française, actualité et héritages,* Belin, París, 2015.

Breton, Guy, *Historias de amor de la historia de Francia,* vol. v: *El siglo del libertinaje,* Bruguera, Barcelona, 1970.

Cabanès, Augustin, y Lucien Nass, *La neurosis revolucionaria,* Mercurio, Madrid, 1927.

Cantera Ortiz de Urbina, Jesús, «La mujer en la Revolución francesa de 1789», *Thélème: Revista complutense de estudios franceses,* n.º 5, 1994, p. 225.

Caravaca, Francisco, *Vida heroica de Napoleón Bonaparte,* Iberia, Barcelona, 1932.

Carlyle, Thomas, David R. Sorensen y Brent E. Kinser, *The French Revolution,* Oxford University Press, Oxford, 2019.

Caso, Ángeles (ed.), *Napoleón y Josefina: cartas, en el amor y en la guerra,* Fórcola, Madrid, 2014.

Castelot, André, *Le rendez-vous de Varennes ou les occasions manquées,* Librairie Académique Perrin, París, 1971.

Davidson, Ian, *The French Revolution: From Enlightenment to Tyranny,* Pegasus Books, Cambridge, 2018.

Díaz-Plaja, Fernando, *Francia 1789-España 1936: dos revoluciones y un paralelo,* Rialp, Madrid, 1991.

Doyle, William, *The Oxford History of the French Revolution,* Oxford University Press, Oxford, 2018.

Ducos, Luis-Fris, *Compendio histórico del origen de la Revolución francesa o Tramas de los filósofos modernos para conseguirla,* Imprenta de Álvarez, Madrid, 1814, <http://www.bibliotecavirtualdeandalucia.es/catalogo/es/catalogo_imagenes/grupo.do?path=1014169>.

Dumas, Alexandre, «Ce qu'on voit chez madame Tussaud», *Causeries,* Calmann-Lévy, París, 1885, pp. 107-139. <https://dumaspere.com/pages/bibliotheque/chapitre.php?lid=m1&cid=34>.

—, *El camino de Varennes,* La Gaya Ciencia, Barcelona, 1975.
—, *Les mille et un fantômes,* A. Cadet, París, 1849. Edición moderna en Slatkin, 1980.
Dupuis, Lucien, «Francia y lo francés en la prensa periódica española durante la Revolución francesa», *Cuadernos de Estudios del Siglo xviii,* n.º 20, 1968, <https://doi.org/10.17811/cesxviii.20.1968.95-127>.
Durant, Will, Ariel Durant y Miguel de Amilibia, *Rousseau y la Revolución: historia de la civilización en Francia, Inglaterra y Alemania desde 1756, y en el resto de Europa hasta 1789,* Sudamericana, Buenos Aires, 1976.
Fajardo, José Manuel, *La epopeya de los locos,* Suma de Letras, Madrid, 2003.
Ferrand, Franck, «Danton», *Au cœur de l'histoire,* Europe 1, programa de radio emitido el 3 de enero de 2012, <https://www.youtube.com/watch?v=uH95u_bJyAc>.
Forneron, Henri, *Histoire générale des émigrés pendant la Révolution,* 2 t., Plon, París, 1884.
France, Marie-Thérèse de, *Mémoires de Marie-Thérèse de France, duchesse d'Angoulême,* Au Bureau de la Mode Nouvelle, París, 1858, <https://books.google.es/books?id=JZ6N9ATIw7cC&printsec=frontcover&dq=editions:yUucKG0Wu4QC&hl=fr&sa=X&redir_es>.
Furet, François, y Mona Ozouf (eds.), *A Critical Dictionary of the French Revolution,* Belknap Press, Cambridge, 1989.
Geffroy, Annie, Jacques Guilhaumou y Sylvia Moreno (eds.), *Dictionnaire des usages socio-politiques (1770-1815),* vol. 4: *Désignants socio-politiques,* Klincksieck, París, 1990.
Gérard, Alain, *Vendée, les archives de l'extermination,* Centre Vendéen de Recherches Historiques, La Roche-sur-Yon, 2013.
Godineau, Dominique, «De la guerrière à la citoyenne. Porter les armes pendant l'Ancien Régime et la Révolution française», *Clio. Histoire, Femmes et Sociétés,* n.º 20, junio de 2004, <https://journals.openedition.org/clio/1418>.
Gracián, Baltasar, *El político don Fernando el Católico,* 1640, <https://www.cervantesvirtual.com › obra-visor › html>.
Gröber, Karl, *Children's toys of bygone days: A history of playthings of all peoples from prehistoric times to the xixth century,* Batsfard, Londres, 1932.

Gutiérrez de los Ríos, Carlos, conde de Fernán Núñez, *La Revolución francesa vista por el embajador de España,* Fundación Universitaria Española, Madrid, 1997.

Hampson, Norman, *Historia social de la Revolución francesa*, Alianza, Madrid, 1970.

Humbert, Jean-Baptiste, *Journée de Jean-Baptiste Humbert, horloger, qui, le premier, a monté sur les tours de la Bastille,* Chez Vollant, París, 1789.

Kapinos, E. v., *The life and death of Thérèse-Angélique Aubry as a historical fact and as an artistic drawing: The Goddess of Reason by I. A. Bunin,* <https://www.researchgate.net/publication/331326670_The_life_and_death_of_Therese-Angelique_Aubry_as_a_historical_fact_and_as_an_artistic_drawing_The_Goddess_of_Reason_by_IA_Bunin>.

L'Estoile, Pierre de, *Registre-journal du règne de Henri IV,* t. i: *1589-1591,* Droz, Ginebra, 2011.

Lauley, David, *Danton: The Gentle Giant of Terror*, Jonathan Cape, Londres, 2009.

Lefebvre, Georges, «La meurtre du compte de Dampierre (22 juin 1791)», *Revue Historique*, t. 192, fasc. 2, 1941, pp. 241-252, <https://www.jstor.org/stable/40947349>.

—, R. R. Palmer y Timothy Tackett, *The Coming of the French Revolution*, Princeton University Press, Princeton, 2015.

Lenotre, G., y André Castelot, *Les grandes heures de la Révolution française,* t. iii: *La veuve Capet,* Librairie Académique Perrin, París, 1963.

Lever, Evelyne, *Le grand amour de Marie-Antoniette: lettres secrètes de la reine et du comte de Fersen,* Tallandier, París, 2020.

Loomis, Stanley, *Paris in the Terror*, JB Lippincott, Abbe Books, Filadelfia, 1964.

Luna, Pablo F., «El "mayor acontecimiento de la Revolución": la venta de los *biens nationaux* en Francia, a finales del siglo xviii», *Mundo Agrario,* vol. 3, n.º 5, segundo semestre de 2002, <https://www.mundoagrario.unlp.edu.ar/article/view/v03n05a04/1487>

Madelin, Louis, *Danton*, Hachette, París, 1914, <https://archive.org/stream/dantonparlouisma028630mbp#page/n227/mode/2up>.

Manfred, Albert, y N. A. Smirnov, *La Revolución francesa y el Imperio de Napoleón,* Grijalbo, Ciudad de México, 1969.

MANIQUIS, Robert M., Óscar M. MARTÍ y Joseph PÉREZ, *La Revolución francesa y el mundo ibérico,* Turner, Madrid, 1989.
MARKOV, W., y A. SOBOUL, *Die Sans-culottes von Paris: Dokumente zur Geschichte der Volksbewegung. (1793-1794)*, Akademie-Verlag, Berlín, 1957.
MARRERO MARRERO, M.ª del Carmen, «Mitos y modelos femeninos en la literatura francesa del siglo XVIII», tesis doctoral, Universidad de La Laguna, <https://riull.ull.es/xmlui/handle/915/9912>.
MARTIN, Jean-Clement, *Infographie de la Révolution française,* Passés/Composés, París, 2021.
MCPHEE, Peter, *Revolution and Environment in Southern France: Peasants, Lords and Murder in the Corbieres, 1780-1830,* Oxford University Press, Oxford y Nueva York, 1999.
—, *La Revolución francesa: 1789-1799, una nueva historia,* Crítica, Barcelona, 2020.
MEUNIER, Dauphin, *La vida íntima y amorosa de Mirabeau,* Tallandier, París, 1930.
MICHELET, Jules, *Historia de la Revolución francesa,* Ikusager, Vitoria, 2008.
MONTJOIE, Galart de, *Histoire de la conjuration de Louis-Philippe-Joseph d'Orléans, premiere prince du sang, duc d'Orléans, de Chartres, de Nemours, de Montpensier et d'Etampes, comte de Beaujolais, de Vermandois et de Soissons, surnommé égalité,* Forgotten Books, Londres, 2018 [1796], <editions:harvardhwnp7v>.
MURIEL, Andrés, *Historia de Carlos IV,* Biblioteca de Autores Españoles, Madrid, 1959.
NORMAND, Jean-Bernard, *Les lundis révolutionnaires: histoire anecdotique de la Révolution française, 1790*, Hachette, París, 1889.
—, *Procès-criminel des membres du comité révolutionnaire de Nantes, etc. instruit par le tribunal révolutionnaire établi à Paris, par la loi du 10 mai 1793 [...] première partie*, Chez la Citoyenne Toubon, París, 1794.
OLAVIDE, Pablo de, *El Evangelio en triunfo o Historia de un filósofo desengañado,* Imprenta de don Joseph Doblado, Madrid, 1799.
OÑA, PEDRO, «Los *sans-culottes,* protagonistas de la fase exaltada de la Revolución», *Blog de historia del mundo contemporáneo,* s. f., <https://blogdelaclasedehistoria.blogspot.com/2015/08/los-sans-culottes-protagonistas-de-la.html>.

Opisso, Alfredo, *La Revolución francesa (1789-1795)*, Ramón Molinas, Barcelona, 1900.

Quétel, Claude, *¡Creer o morir! Historia políticamente incorrecta de la Revolución francesa,* Homo Legens, Madrid, 2021.

Ramírez, Pedro J., «A la revolución por la deuda», *El Mundo,* 12 de octubre de 2014, <https://www.elmundo.es/opinion/2014/10/11/543979c6ca47416d608b4577.html>.

Rocafort, fray Joseph, *Libro de cosas notables de la villa de Castellón de la Plana,* Sociedad Castellonense de Cultura, Castellón, 1945, <https://repositori.uji.es/xmlui/handle/10234/42461>.

Rojas, Carlos, *La Revolución francesa,* Gasso Hnos., Barcelona, 1956.

Rucquoi, Adeline, «De los reyes que no son taumaturgos: los fundamentos de la realeza en España», *Temas Medievales,* n.º 5, 1995, pp. 163-186.

Rutgers, Universidad del Estado de Nueva Jersey, «Icelandic Volcano Caused Historic Famine in Egypt, Study Shows», *ScienceDaily,* 22 de noviembre de 2006, <www.sciencedaily.com/releases/2006/11/061121232204.htm>.

Sanders, Barry, «A Flea in Your Ear», *Cabinet Magazine,* vol. 32, invierno de 2008-2009, <https://www.cabinetmagazine.org/issues/32/sanders.php>.

Schama, Simon, *Ciudadanos: una crónica de la Revolución francesa,* Debate, Barcelona, 2019.

Schönberger, A. y H. Soehner, *El rococó y su época,* Salvat/Alianza, Barcelona, 1971, p. 11.

Sierra Valentí, Xavier, «Enrique IV, Le Vert Galant, mujeriego y blenorrágico», *Un dermatólogo en el museo,* 19 de octubre de 2015, <http://xsierrav.blogspot.com/2015/10/enrique-iv-le-vert-galant-mujeriego-y.html>

Soboul, Albert, «Utopía y Revolución francesa», en Jacques Droz (dir.), *Historia general del socialismo. De los orígenes a 1875,* Destino, Barcelona, 1976, pp. 194-258.

—, *La Revolución francesa*, Orbis, Barcelona, 1985.

Taine, Hippolyte, *Los orígenes de la Francia contemporánea: el Antiguo Régimen,* t. 1: *La anarquía,* t. 2: *La Revolución*, La España Moderna, Madrid, 1922.

—, *The Origins of Contemporary France,* 6 vols., 2019, <https://www.gutenberg.org/files/23524/23524-h/23524-h.htm>.

Thiers, A., *Historia de la Revolución francesa,* Antonio Virgili, Barcelona, 1911.

Tocqueville, Alexis de, *The Old Regime and the Revolution,* University of Chicago Press, Chicago, 2013.

Tourneux, Maurice (ed.), *Procès-verbaux de la Commune de Paris,* Société de l'Histoire de la Révolution Française, París, 1894.

Tulard, Jean, Jean-François Fayard y Alfred Fierro, *Histoire et dictionnaire de la Révolution française, (1789-1799)*, Robert Laffont, París, 1988.

Vergé-Franceschi, Michel, y Anna Moretti, *Una historia erótica de Versalles,* Siruela, Madrid, 2017.

VV. AA., *Historia popular de la Revolución francesa*, Iberia, Barcelona, 1932.

Ward, A. W., G. W. Prothero y Stanley Leathes, *The Cambridge Modern History,* vol. viii: *The French Revolution,* Cambridge University Press, Cambridge, 1984.

Zweig, Stefan, *María Antonieta,* Acantilado, Barcelona, 2011.

# Índice alfabético